崂山改革开放实录

（第一卷）

中共崂山区委党史研究室 编

中国海洋大學出版社
CHINA OCEAN UNIVERSITY PRESS

崂山改革开放实录

（第一卷）

中共崂山区委党史研究室 编

中国海洋大学出版社
CHINA OCEAN UNIVERSITY PRESS

《崂山改革开放实录》
编审人员

主　　审　　江敦涛　赵　燕

副 主 审　　庄金杰　杜乐江

主　　编　　张　星

副 主 编　　王清华　张　冰　臧先锋（执行）　闫雪梅

编　　辑　　辛若玲　王峰磊

撰 稿 人　（按姓氏笔画为序）

于　志　马作祥　马黎明　王泽彩　王在峰

王莹莹　王明慧　王　勃　刘雅莉　李　忠

李　君　曲　波　吕爱军　米恒振　苏文欢

张雯雯　杨　敏　杨美清　邵琰景　邱华德

郑　妍　赵永胜　崂组轩　徐卫萍　钱永华

黄梦梦　崔　威　滕顺思

前　言

1978 年 12 月召开的具有重大历史意义的党的十一届三中全会，开启了举世瞩目的改革开放新时期。近 40 年来，改革开放成为时代的主题，极大地调动了亿万人民的积极性、主动性、创造性，极大地解放和发展了社会生产力，推动了我国以世界上少有的速度持续快速发展，给人民带来了更多福祉，使社会主义在中国大地上焕发出勃勃生机，迎来了思想的解放、经济的发展、政治的昌明、教育的勃兴、文艺的繁荣、科学的春天。实践证明，改革开放是坚持和发展中国特色社会主义的必由之路，党和国家又充满希望、充满活力地踏上了实现社会主义现代化的伟大征程。

习近平总书记指出：历史是最好的教科书。学习党史、国史，是坚持和发展中国特色社会主义、把党和国家各项事业继续推向前进的必修课。这门功课不仅必修，而且必须修好。坚持"一突出、两跟进"，深入总结研究好党的十八大以来以习近平同志为核心的党中央治国理政伟大实践，进一步突出开创和发展中国特色社会主义时间段的历史研究，即时跟进十八大以来党中央的决策部署，即时跟进以习近平同志为总书记的党中央的理论发展，是各级党史部门的政治任务。这就要求我们站在坚持和发展中国特色社会主义、实现中华民族伟大复兴中国梦的高度上，进一步坚定对党的历史伟业的自信心和自豪感，充分认识改革开放的重大意义和伟大成就，深刻总结改革开放的伟大历程和宝贵经验，增强做好党史工作的责任感、使命感和紧迫感，更好地肩负起以史鉴今、资政育人的历史责任和历史使命。

《崂山改革开放实录》丛书是中央、省、市党史部门统一部署的重大课题任务。目的就是深入贯彻党的十八大精神，全面系统收集改革开放以来崂山各方面的资料，准确记述各系统、各行业重大事件和成就，科学总结规律性认识和可资借鉴的经验，留存崂山改革开放的辉煌历史。

丛书共分三卷。第一卷采用 20 篇文章，以崂山改革开放历史发展为主线，着重反映了改革开放近 40 年来，各街道、各单位在改革开放新时期的一系列富有特色的重要决策、重要举措、重要事件、重要成果、重要经验，内容涉及物质文明、精神文明、政治文明、社会文明、生态文明和党的建设等领域，专题选题科学、突出特色；史料挖掘充分、编写规范；经验提炼到位、可资借鉴，为总结历史规律、做好当前各项工作提供了宝贵的历史启示和借鉴。

回顾过去，崂山各级党组织带领崂山人民在中国特色社会主义理论体系的指引下，以一往无前的进取精神和波澜壮阔的创新实践，谱写了摆脱贫困、实现小康、走向富裕的壮丽诗篇。放眼当下，崂山正处于全面建成小康社会的决胜阶段，全区上下正奋力建设宜居宜业的现代化山海品质新城。面对前所未有的机遇和挑战，破解新的难题、化解新的风险、激发新的活力、实现新的发展，需要始终把改革创新精神贯彻到工作中的各个环节。需要充分发挥党史"以史鉴今、资政育人"的作用，用党的伟大成就激励人，用党的优良传统教育人，用党的成功经验启迪人，用党的历史教训警示人。《崂山改革开放实录》是全区党组织的红色家谱。全区各级党组织要把党史、国史教育作为党员、干部的必修课，要充分发挥《崂山改革开放实录》存史、资政、育人的重要作用，做到在对历史的深入思考中做好现实工作、更好走向未来，为全面建成宜居宜业的现代化山海品质新城做出新的更大的贡献。

2017 年 11 月

目　录

崂山区改革开放探索与发展

中共崂山区委党史研究室

1978 年 12 月召开的具有重大历史意义的党的十一届三中全会，开启了举世瞩目的改革开放新时期。崂山区在中国特色社会主义理论体系的指引下，以一往无前的改革进取精神和波澜壮阔的创新实践、艰苦创业、励精图治、开拓创新，造就了沧桑巨变。2015 年，全区实现国内生产总值 509.8 亿元，是 1978 年 2.8 亿元的 182 倍；财政收入达到 119 亿元，是 1978 年 0.2 亿元的 595 倍。在经济建设、政治建设、文化建设、社会建设、生态文明建设和党的建设等各方面，取得辉煌成就，崂山人民谱写了摆脱贫困、实现小康、走向富裕的壮丽诗篇。

一、崂山区改革开放历程与成就

（一）全面拨乱反正与改革开放的起步时期（1978 年 12 月~1982 年 8 月）

1978 年党的十一届三中全会的召开，拉开了中国改革开放的序幕。全区广大党员、干部和群众的思想认识发生了深刻的变化，党的实事求是、一切从实际出发、理论联系实际的优良传统得到恢复和发扬，初步完成全区党组织在指导思想上的拨乱反正任务。1979 年 7 月，时任中共中央副主席、军委主席邓小平同志视察了崂山。之后，全区认真落实邓小平同志视察崂山的讲话精神，各级政府投入了大量的人力、物力和财力，整修"崂山之路"，推动崂山旅游经济快速发展。1982 年，崂山风景区成为国务院首批审定公布的国家重点风景名胜区之一。

崂山区改革发展从农村开始，建立了农村基本经营制度，确立农民

1

生产经营自主权和参与市场经济的主体地位，调动了农民的积极性，解放了生产力。到 1981 年 6 月，全区已普遍建立了多种形式的生产责任制。随着农村改革的不断深入，农业生产责任制在不断发展、完善中稳步前进。到 1982 年，全区实行以大包干为主要形式的家庭联产承包责任制的大队达到 133 个，占总数的 32.4%；实行专业承包联产计酬的大队 207 个，占总数的 50.4%；实行小段包工定额计酬的大队 70 个，占总数的 17.2%。各种形式的生产责任制的推行，基本上满足了农民群众的愿望和要求。

乡镇企业作为壮大农村集体经济、增加农民收入的一条重要途径，也随着农村的改革迅速发展起来，逐步成为崂山区农村经济的主体力量和国民经济的重要组成部分。充分发挥崂山地处青岛近郊的优势，发展多种经营和乡镇企业，开展蔬菜、果品、海产品加工，组建建筑队伍和运输队伍，搞劳务输出，发展建筑业和运输业，加强对专业户和经济联合体发展的引导，农村经济向专业化、商品化方向发展，多种经营有了较快发展。到 1982 年底，全区农业总收入 4725 万元、工副业总收入 20181 万元，均创历史新高。

（二）全面展开改革开放时期（1982 年 9 月~1991 年 12 月）

该时期崂山区农业改革的成功，也推动着工业企业改革的不断深入。区委、区政府作出了对工业企业进行整顿的决定。在企业中，调整和整顿了领导班子，深入开展增产节约活动，发动群众大搞技术革新、改造和挖潜，开展比、学、赶、帮劳动竞赛，大力提高产品的质量，降低原材料的消耗。围绕增强企业活力这个中心，积极推行企业承包责任制，逐步实现企业所有权和经营权的分离。对企业经营者实行厂长（经理）负责制、任期目标责任制和任期调离

1982 年，雕龙嘴村民实行农业承包责任制分田到户情景

审计制；按照市场机制的客观要求，对企业实行"劳动、人事、分配"三项制度的配套改革，实行全员劳动合同制和优化组合竞争上岗的内部风险制。

乡镇企业普遍实行放开搞活，广泛推行了"一包三改"责任制，坚持多种形式、多层次、多成分一起上的原则，重点发展村办集体企业，保护和鼓励个体企业，采取镇办、村办、联合办、个人办"四个轮子"一齐转的有效措施，使乡镇企业迅猛发展，成为崂山区经济的支柱。1988年乡镇企业产值达到16.11亿元，占全区工业总产值的82.7%，先后5次跃居全省区镇企业之冠，荣获"山东省乡镇企业先进区"。乡镇企业异军突起，带动了农村经济的快速崛起，农民人均纯收入由1978年的125元提高到1988年的885元。同时大批的农村富余劳力转移到乡镇企业发展中，从业人员达14.6万人，占农村劳力的47.8%，农村呈现了"离土不离乡，进厂不进城"的就业新格局。1991年全区工业总产值达到402223万元，区属、乡镇、村办工业分别发展到60个、149个和1588个，总产值分别达到60327、80881和179716万元。

农村改革首先是巩固和完善了以家庭承包为主要内容的生产责任制。开始实行口粮田按人口平分、口粮田以外余下的土地竞争投标承包的办法，使土地与劳动力得到合理配置，促进了农业生产的稳步发展。其次，全区实行了以改革供销社体制为中心的农村流通体制的改革，农民生产的自主权进一步扩大。全区出现了以多种经营形式的合作经济为主体的多种经济成分、多种经营方式同时并存和竞相发展的局面，经济联合体和农业专业户大量涌现。三是立足崂山的优势，引导和发展了一批集体农场和种植、养殖大户，逐步建立了蔬菜、果品、畜牧、水产"四个基地"，使传统的农业逐步向专业化、商品化、现代化方向发展。1991年，全区农业总产值达到105766万元，其中种植业产值21888万元，林业产值418万元，牧业产值14509万元，渔业产值68249万元。

随着新的经济体制的逐步建立，党政机构也顺应时代潮流，进行了改革和调整。1984年2月，全区13处公社改为10个镇、3个乡，实行党政分开，分别成立了乡镇党委、政府。全区412个大队改为行政村，并成立了村民委员会。1988年11月，经国务院批准，撤销崂山县，设立青岛市崂山区。这标志着崂山进入了城乡一体化建设新的历史时期。

（三）改革开放和社会主义现代化建设进入新阶段时期（1992年1月~2002年11月）

从1992年开始，以邓小平同志视察南方谈话发表和党的十四大确立市场经济体制改革目标为标志，我国对外开放和改革发展进入了新的阶段。崂山区改革开放进入全方位纵深发展阶段。1992年省委、省政府确定青岛为全省改革开放"龙头"；青岛市召开了对外开放大会，展开改革开放新布局。1992年6月，青岛市决定在崂山区建立高科技工业园。至1994年，入园企业达1719个，注册资金达562亿元，审批进园建设项目342个，总投资52.1亿元。园区内形成了计算机通信、医疗器械、生物化学工程和家用电器等骨干支柱企业。

1994年4月，青岛市市区行政区划做重大调整，设立新的崂山区，同时挂崂山区、高科技工业园、石老人国家旅游度假区、崂山风景区四块牌子。新崂山区以其优越的地理位置、明确的产业方向、良好的发展环境，成为青岛市"一园三区三线"经济发展战略的核心和改革开放的前沿阵地，成为极具活力、魅力和核心竞争力的青岛新东部。到2002年完成国内生产总值126.3亿元，是1994年24.97亿元的5倍多。合同利用外资达2.4亿美元。累计引进高新技术企业145家，其中收入过亿的23家。高新区产业区规划建设初具规模，成为国家首批高新技术产品出口基地。以旅游为重点的第三产业不断发展，初步形成了南、北、中三条旅游观光带。农村经济稳步发展，大力发展了崂山茶、优质果品、花卉、海珍品养殖。城乡人民生活水平不断提高，农民年人均纯收入4996元，是1994年1880元的2.6倍。

（四）科学发展与深化改革、扩大开放阶段（2002~2015年）

以党的十六大确定全面建设小康社会奋斗目标、提出科学发展观和加入世界贸

1992年，高科园首批高科技产业工程项目开工

易组织为标志，我国改革开放步入了制度性开放和深层次改革的新阶段。崂山区改革开放也进入全面融入全球化，在科学发展观指导下的科学发展阶段。特别是2011年后，山东半岛蓝色经济区等重点区域带动战略的加快实施，为崂山打造蓝色经济先行区和示范区带来难得的发展机遇。青岛市加快推进"七区"统筹发展，崂山由原来的"辅城"重新定位为全市新中心城区，促使更多城市功能项目、现代服务业项目向崂山布局，为加快推进城市化、发展现代服务业等带来深远影响。

党的十八大以后，我国经济、政治、文化、社会、生态、党建等各个领域进入了全面创新、全面治理、全面推进的新阶段，改革进入"新常态"，全面深化改革以前所未有的密度紧锣密鼓地进行。区委、区政府深刻把握"四个全面"战略布局，主动适应经济发展新常态，稳中求进、创新突破，始终抓住经济转型升级这条主线，推进金融、科技、旅游战略平台建设。至2015年，地区生产总值、税收总收入、区级一般公共预算收入跨越500亿元、200亿元和100亿元大关，服务业占比超过50%。转型发展取得突破性进展，经济结构优化升级，成为新常态下发展的主线，依托创新驱动、政策布局，在科技、海洋、金融、旅游等领域的持续发力，传统产业转型初见成效，新兴产业方兴未艾，经济增长新动力不断涌现。干成了一批强基础、惠民生、利长远的实事大事，推动全面从严治党迈出了坚实步伐，谱写了崂山发展史上的精彩篇章。

1. 把握稳中求进工作总基调，突出抓好转方式、调结构、稳增长，区域综合实力显著提升，三产结构日趋优化。全区生产总值从1978年的2.8亿元增加到2015年的509.8亿元，年均增长15.1%；人均GDP超过1.8万美元。财政收入从1978年的0.2亿元增长到2015年的119亿元。崂山区获得山东省双拥模范区、平安山东建设先进区、省级文明区、全国科技工作先进区、国家级通信产业园、国家级生态示范区、先进国家高新技术产业开发区、中国民间文化艺术之乡、国家火炬计划软件产业基地、国家知识产权服务业集聚发展试验区、国家电子商务示范基地、国家外贸转型升级示范基地、国家公共文化服务体系示范区、国家级海智基地、国家知识产权示范园区、国家级智慧城市试点单位等改革创新试点，财富管理金融综合改革试验区、青岛蓝色硅谷获批国家战略。金家岭金融区成为国家级财富管理金融综合改革试验区的核心区，获评全国最佳金融改革创新示范区。蓝谷产业创业带纳入全市重大战略布局，崂山风景区被评为国家蓝色旅游示范基地和国家通用航空旅游示范工程，崂山湾国际生态健康城纳入省"十三五"规划和省政府工作报告。

1978~2015 年崂山区 GDP 增长率与中国 GDP 同期增长率比较

年份	崂山区GDP增长率(%)	全国GDP增长率(%)	崂山区高于全国数值(%)	年份	崂山区GDP增长率(%)	全国GDP增长率(%)	崂山区高于全国数值(%)
1978	20	11.7	8.3	1997	30.1	9.2	20.9
1979	17	7.6	10.6	1998	20.4	7.8	12.6
1980	5	7.8	−2.8	1999	16.7	7.1	9.6
1981	1	4.4	−3.4	2000	20.4	8.4	12
1982	16.7	8.8	7.9	2001	24.3	7.3	17
1983	21.5	10.4	11.1	2002	21.9	9.1	12.8
1984	19.6	15.2	4.4	2003	19.6	10.0	9.6
1985	32.9	13.5	19.4	2004	16.2	10.1	6.1
1986	7.8	8.8	−1	2005	12.1	10.2	1.9
1987	23.2	11.6	11.6	2006	11.8	10.7	1.1
1988	34.8	11.3	23.5	2007	14.1	11.4	2.7
1989	8.8	4.1	4.7	2008	6.8	8.9	−2.1
1990	9.1	3.8	5.3	2009	8.5	9.2	−0.7
1991	7.2	9.3	−2.1	2010	11.9	10.6	1.3
1992	27	14.2	12.8	2011	14.9	9.5	5.4
1993	80.1	13.5	66.6	2012	10.6	7.7	2.9
1994	28.1	11.8	16.3	2013	9	7.7	1.3
1995	41.2	10.2	20.7	2014	8.9	7.3	1.6
1996	32.1	9.8	22.3	2015	8	6.9	1.1

随着崂山区改革发展的深入，崂山区产业不断升级，经济结构不断优化，发展方式逐步向科学发展转型。由于崂山山多地少，农业不能实现规模化生产，畜牧业和渔业产值增长缓慢，第一产业占国内生产总值的比重不大；高新技术产业和现代服务业等发展迅速，第二产业和第三产业发展迅猛，成为全区经济社会发展的支撑和财源建设的关键。第一产业在产值逐年增加的同时比重却在逐年下降，第二产业的绝对优势也逐渐消失，第三产业作为方兴未艾的新兴产业显现出了强劲的发展势头。产业布局实现了由"低小散"向"园区化""平台化"的转变。1978年，一、二、三产业比例关系约为70:28:2，1982年为65.52:30.2:4.28，到1994年达到13:65:22，到2002年达到3:66:31，至2015年达到1.13:47.98:50.89。第三产业增加值占全区生产总值比重超过第二产业，产业结构完成了由Ⅰ>Ⅱ>Ⅲ转为Ⅱ>Ⅰ>Ⅲ，由Ⅱ>Ⅲ>Ⅰ转为Ⅲ>Ⅱ>Ⅰ的两大演变。

2. 始终坚持民生至上，千方百计把百姓的事办好，人民生活质量明显提升，实现小康走向富裕。2015年，崂山区农民人均纯收入达到19181元，比1978年人均收入的125元增加153倍；全区社会消费品零售额由1978年的10145万元增至2015年的195.98亿元，增长195倍，达到全省领先水平。全区居民人均期望寿命由改革开放之初的不到70岁增至81.24岁。居民收入水平的提高，也带动了消费结构的变化，居民的消费领域不断扩展，从"衣食"为主转向了"衣食住行娱"并重，住宅、私家车，通信、教育、旅游等已逐渐成为普通消费项目，消费结构升级明显加快，城市恩格尔系数逐年下降，居民用于文化、教育、旅游、卫生、保健的支出不断增加。

位于南九水的柳树台春景

1978~2015 年崂山区与青岛市农民人均纯收入增长比较

单位：元

年份	崂山区农民人均纯收入	青岛市农民人均纯收入	增加值	年份	崂山区农民人均纯收入	青岛市农民人均纯收入	增加值
1978	125	146	−21	1997	3200	2599	601
1979	172	153	19	1998	3701	3177	524
1980	192	209	−17	1999	4003	3415	588
1981	200	218	−18	2000	4318	3637	681
1982	333	273	60	2001	4664	3901	763
1983	390	340	50	2002	4996	4195	801
1984	486	452	34	2003	5394	4530	864
1985	606	567	39	2004	5831	5080	751
1986	688	647	41	2005	6713	5806	907
1987	786	730	56	2006	7599	6546	1053
1988	885	820	65	2007	8670	7477	1193
1989	965	876	89	2008	9853	8509	1344
1990	1086	952	134	2009	10654	9249	1405
1991	1147	1021	126	2010	12052	10550	1502
1992	1237	1029	208	2011	14113	12370	1743
1993	1441	1255	186	2012	15935	13990	1945
1994	1878	1694	184	2013	17855	15731	2124
1995	2488	2225	263	2014	19810	17461	2349
1996	2890	2625	265	2015	19181	16730	2451

备注：2015 年农民人均纯收入统计口径变为农民人均可支配收入。

20 世纪 70 年代末、改革开放之初，盛行军便服、军帽，以及"人造棉""的确良"布料的衣服。80 年代后，西服、夹克衫、牛仔服等开始流行，衣着时尚化。90 年代末，衣着由繁重款式、绅士派头，变为简单的款式、自由休闲的派头。进入 21 世纪，衣着舒适、自然、休闲服装成为时尚。服装消费成衣率在 95% 以上，人均服装消费支出超千元，占生活消费支出的 14.45%。人均服装消费由改革开放初期的十几元，1988 年的 84 元，增至 2015 年的 1477 元，增长 100 多倍。改革开放之初，崂山地区居民大多以地瓜和地瓜干为主食，辅以面粉。80 年代后，面食成为居民的主食。1988 年，年人均食品消费 300 元，占居民生活消费支出的 46%；90 年代后，饮食结构从力求肚饱转向讲究营养。粮食占食品消费总额不到 10%，副食占到 50%，其他食品增至 30%，在外饮食增至 10% 以上，年人均在外饮食消费近千元。2015 年，居民食品消费支出 5000 多元，占生活总消费支出的 43%。70 年代，农村住房多为 3~4 间平房，砖石结构。80 年代，厨房单设，门窗宽大明亮。自建两层楼房者增加。80 年代末，已有 810 户农民搬进"将军楼"。90 年代后，富裕村庄集体统一规划施工建设集中居住楼区。之后，住房需求越来越向结构设计合理、安全、舒适、方便、环保、健康等方面发展。农民人均住房面积由 1978 年不足 20 平方米，全区年竣工住宅面积 4928 平方米；2015 年增至人均 50 余平方米，全区年竣工住宅面积 103 万平方米。20 世纪 70 年代，自行车与缝纫机、手表并称为"三大件"。自行车是家庭主要交通工具，到了 20 世纪 80 年代末，摩托车开始逐步成了人们的新宠和家庭富裕的象征。如今，自行车、摩托等交通工具正被新的变化所取代，而且是翻天覆地的变化。老百姓出门"打的"已成家常便饭。大街小巷明显增多的公交车，方便了百姓的出行。更大的变化则是私家车的逐年增多，1978 年，全区有小客车 48 辆、货车 61 辆。至 2015 年，人均用于交通通信支出近 2000 元，用于文化娱乐消费近千元；全区登记车辆 9 万辆；每百户拥有汽车达到 40 辆、彩色电视机 120 台、计算机 40 台、移动电话 220 部。

3. 加快推进城乡一体化进程，着力弥补农村发展短板，城市化进程步伐加快，城乡面貌日新月异。 1994 年行

2004 年，村委会换届选举现场

政区划以前，所辖区域大部分为农村，只有与市区相邻的部分具有初步的城市框架，城市化程度不高。区划以后，特别是1999年行政中心落成，带动了中心城区的发展，城区建设力度明显加大，城区范围不断拓展。公用基础设施配套资金投入力度前所未有，水、电、路、暖等服务设施陆续配套齐全，园林绿化、道路亮化、城区美化等工作稳步推进，极大地促进了崂山的城市化进程。整村改造成为推动城市化进程的主要动力，麦岛片、石老人村、金家岭村、北村、石湾、大小埠东、四姜改造项目纷纷开工建设，旧有的村庄改造成为现代化的居住小区，实现了"农村向城市、农民向市民、村庄向社区"的三个转变。崂山的交通框架基本建立。海尔路（李山东路）、贾汉路、李宅路、辽阳东路、滨海大道等主要交通路线投入使用，拓宽改造了崂山路、鱼水路，高标准建成了世园会周边配套道路工程、生物产业园市政配套工程、九水东路与滨海大道立交桥等城市交通路网，开工建设了地铁2号线、地铁11号线、地铁编组站等一批基础设施项目。农村进村路工程逐年推进，基本实现了村村通水泥（油）路的目标，农村社区交通环境日益改善；全市最大的综合性汽车总站——汽车东站的正式起用，使得全区城区交通网络更加完善。截至2015年，全区公交线路、车辆、泊位分别为95条、1405台、600个；完成客运周转量8031万人/千米，货运周转量132172万吨/千米。环境空气质量改善率全市第一，全区环境空气质量优良率达到80%以上。全面推进了金岭山、浮山生态公园建设，全区森林覆盖率、城区绿化覆盖率分别达到59.9%、43.6%，森林覆盖率全市第一。崂山的人居品牌价值不断提升，一个城市功能日益完善的新城区正无缝隙地融入都市生活圈；城区发展由量态扩张向质态提升转型、由城郊型向枢纽城区型转变；一个城市基础设施完善，集聚服务效能较好，综合承载能力较高的现代新兴城区在青岛的东部崛起。

4. 致力于深化改革、转换动能，着力打造"三大战略平台"，金融、科技、旅游成为支柱产业，产业竞争优势持续增强。 2015年，在金家岭金融区建设方面，累计投入使用金融楼宇面积突破450万平方米；140家金融企业落户，总数达到360家，涵盖19类金融业态；QDLP、QFLP等跨境投融资政策率先突破，形成了可复制推广的经验做法；制定出台《关于促进私募投资基金业发展的实施意见》，建成全省第一家基金大厦——青岛 PE·基金中心，全区落户基金管理人 80 余家，管理基金 90 余只，管理规模超千亿元；"财富金家岭"品牌影响力日益彰显，金融业实现增加值 70 亿元，增长 18%，占全区 GDP 的 13.6%；实现区级税收 17.8 亿元，增长 26.8%，占区级税收收入的 18%；累计引进总部企业 30 余家，总数达到 100 余家。聚集互联网金融企业、私人银行和专业财富管理机构 30 多家。金融业态丰富并形成强大经济拉动力，高净值客户占青岛市 1/3，业务规模占青岛市 1/2。金融业成为牵引崂山经济转型升级的主导力量。

崂山区聚集了全市 2/3 的海洋科研机构和高层次人才，拥有中国海洋大学、青岛大学、青岛科技大学、中科院生物能源与过程研究所、国家海洋局一所等一大批国内一流的高校和科研院所，14 个部级、10 个省级海洋类重点实验室；拥有各类海洋专业人才 4000 人，汇聚两院院士及外聘院士 26 人、国家"千人计划" 24 人、山东省"泰山学者" 100 人。顺应蓝色硅谷核心区建设的大势，立足崂山土地资源稀缺、发展空间不足的实际，提出了牢固树立聚焦高端的意识，大力整合资本、人才、总部、研发中心等高端要素资源，打造一流的蓝色经济发展高地和载体支撑体系。重点是建设青岛国际创新园、生物产业园等六大特色专业园区，启用青岛高层次人才创业中心、蓝色硅谷软件外包中心等六大科技孵化器，形成以海信研发中心、国家海洋药物工程技术研究中心为代表的六大研发基地，明确了全面构筑"六大"特色产业集群的发展重点，培育

青岛汉缆集团

形成电子通信、高端软件、生物医药、高端装备制造、新能源新材料和现代服务业六大特色产业集群。总建筑面积 103 万平方米的国家通信产业园实现主体封顶，其中国际创新园一期建成并投入使用，引进"蓝高新"企业 90 余家，实现年营业额约 40 亿元。高新技术企业达到 168 家，境内外上市公司达到 9 家，海洋生产总值完成 120.9 亿元，增长 13.9%。

全区拥有 5A 级景区 1 个，4A 级景区 3 个，3A 级景区 6 个，2A 级景区 1 个；拥有国家级节会 1 个，区级节会 5 个，国家旅游度假区 1 个。拥有鲁商凯悦酒店、麒麟大酒店、索菲亚大酒店等众多星级酒店，以及极地海洋世界、现代艺术中心、青岛大剧院等重量级的旅游项目，"山、海、城、文、商"皆备，具有发展旅游度假产业的良好资源。旅游项目开发成效显著，崂山茶苑、可口可乐、百雀林、会场渔村、枯桃花卉、神清农趣园，分别被评为国家、省、市级工农业示范点，全省首家旅游集散中心设立并运营。生态观光项目不断壮大，石老人观光园、雨林谷、二龙山、花花浪子等旅游项目初具规模。节庆会展产业发展壮大，对经济社会发展的带动作用明显，建设规模近 40 万平方米的国际会展中心和崂山茶博物馆、枯桃花卉展览交易中心等会展设施已基本建成。2015 年全区旅游接待人数 1391 万人次，旅游收入 92.5 亿元。崂山风景区品质提升工程全面展开，出台了景区与社区融合发展的意见。啤酒节连续多年荣登"中国十大节庆活动"榜首。"海上名山道教圣地度假天堂"的旅游品牌彰显，旅游已成为推动区域经济发展的重要力量。

5. 社会事业蓬勃发展，居民幸福指数日益增强。教育事业获得快速发展。不断加大教育资金投入力度，建设新学校、扩建、改建旧学校，为学校建设校园网、实验室、多媒体教学系统，极大地改善了学校办学条件。自 2006 年起，全区开始免除居民子女义务教育阶段杂费和课本费，此项举措使得全区近 2 万名义务教育阶段学生受益。至 2015 年，小学生、初中生、普高生均公用经费分别提高至 1050、1250、2000元/(生·年)。全区有各类幼儿园 110 所，公办中小学 38 所，民办普通中小学 6 所，成人教育中心 4 所。在校中小学生 30053 人，在园幼儿 8686 人，教职工 2753 人。全区义务教育阶段学生入学率、巩固率保持 100%，高中段入学率达 99% 以上。全区市级以上规范化学校达到 34 所，创建率达到 97.1%，其中，创建省规范化学校达到 23 所。公办中小学现代化学校创建率达到 100%。

全区吸引人才 12691 名。其中千人计划 1 人；博士和正高职称及以上人才 296 人；硕士、副高职称和高技能人才 1909 人；本科学历人才和特需人才 9546 人；留学回国人员 544 人；外国专家 395 人。新增市级专家工作站 26 家，引进入站专家 156 名，累计设立市级专家工作站 63 家，拥有国家级博士后科研工作站 13 家，流动站 27 家，工作分站 5 家，累计接收进站人员超过 1200 人。

文化事业繁荣昌盛。区级文化设施不断完善，实现了文化信息资源共享工程系统与党员远程教育系统、数字电视、政务网、图书馆、社区文化活动中心相连接的"五条连线"对接工作。全区 4 个街道 146 个社区建起 76 个达到市级先进标准的社区文化中心、76 个阳光社区图书室、76 个电子图书室、19 个文化广场，群众文化队伍发展到 177 支。

卫生事业稳步发展。以大病统筹为主的新型农村合作医疗制度的参合率达 98.51%，人口参合率、个人筹资标准、最高补偿封顶线等重要指标继续位居全省首位或前列。引进了青医附院等著名医院，新建了崂山医院，投入资金壮大街道卫生院，不断改善社区卫生室的医疗水平，以崂山医院、街道卫生院及 139 个社区规范化卫生室为重点的三级医疗服务网络基本形成。全区有各级各类医疗卫生机构 402 家，其中二级以上综合医院 2 家，专科医院 11 家，卫生院 5 家，社区卫生服务站 27 家，卫生室 180 家，其他医疗机构 177 家。有床位 1568 张，执业（助理）医师 1050 人，执业护士 980 人，每千人拥有执业医师 2.6 人，执业护士 2.4 人，床位数 4.5 张。

社会保障体系逐步健全。以"四保险一补助"为主要内容的社会养老保险体系不断深化，养老保障水平不断提高；全区老龄工作走在全市前列，敬老院的建设工作稳步推进；社会弱势群体救助体系已覆盖全区，残疾人事业、困难家庭临时救助、乞讨流浪儿童救助等获得长足发展，低保家庭救助实

前海一线

现了应保尽保。新增养老、医疗、工伤、生育、失业保险职工分别为5545、14386、2416、15633、17641 人，分别达到 18.20、17.15、14.10、12.44、12.07 万人。全区有 60 岁以上老年人口 44997 人，其中百岁以上老人 25 人。全区养老机构 9 家，养老机构总床位数 1922 张。全区城乡低保 1912 户 3724 人；发放城市低保金 348 万元、农村低保金 1758 万元。

二、崂山区改革开放经验与启示

（一）牢牢抓住解放思想和科学发展不动摇

发展是硬道理，是解决崂山一切问题的关键。按照市委"寻标、对标、达标、夺标、创标"的工作要求，坚持世界眼光，发挥本土优势，瞄准国内外先进城市，解放思想、更新观念，以更长远的眼光深耕城市发展空间，搭建一流平台，整合高端要素，不断增强系统竞争优势，确定并深入推进金融、科技、旅游战略平台建设，培育了一大批新的高端产业增长点，有效抵御宏观经济下行压力，转型发展取得突破性进展。强力打造金家岭金融新区、蓝色硅谷产业创业带、风景旅游度假区三大战略平台，实现以资本、技术和人才为核心要素的新一轮转型发展，把全区的综合经济实力提高到了一个新水平。

（二）牢牢抓住加强社会管理和保障民生不动摇

崂山发展和稳定的根基在基层。居民富则崂山富，社区稳则崂山稳，基层强则崂山强。把夯实基层基础工作作为一项重要任务，坚持重心下移，关口前移，加快探索加强和创新社会管理的新路径，积极寻求加强民生保障的新举措，不断提升崂山社会管理和民生保障水平，大力推行区级领导包信访积案、包农村社区制度，不断强化森林防火、社会治安、安全生产等社会治理基础，财力对民生投入的比重达到 60% 以上，在教育、卫生、文化、就业、社会保障等领域实施了一大批惠民政策，社会稳定、民生改善的根基不断夯实，打造出了幸福和谐崂山。

（三）牢牢抓住加强和改进党的建设不动摇

办好崂山的事情，关键在党。牢牢抓住提高党的建设科学化水平这一目标，坚持抓理想塑灵魂，抓班子带队伍，抓基层打基础，抓作风反腐败，努力打造一支能干事、会干事、干成事、不出事的党员干部队伍，着力形成求真务实、争创一流的干事氛围，为推动全区科学发展、和谐发展提供了坚实的政治保障。坚持以"世界眼光、国际标准、本土优势"审视区域发展，扎实开展"五标"创建和"转作风、重实干、大提速"活动，高质量组织群众路线教育实践活动和"三严三实"专题教育，干部队伍的思想境界和工作水平显著提高，尚实干、勇作为、敢担当的作风新常态初步形成。

（四）牢牢抓住尊重群众的意愿和首创精神不动摇

人是生产力中最活跃、最具能动性的因素。崂山区在自然资源匮乏的条件下，靠充分发挥人力资源优势，靠改革开放政策激发人民群众的积极性、主动性、创造性，逐渐成长为经济强区。各级党委、政府坚持解放思想、从实际出发，尊重群众的首创精神，鼓励群众自己起来脱贫致富，增强了广大群众的自立自强自主意识，使民众迅速脱贫致富，地方经济迅速发展。

（五）牢牢抓住坚持全面深化改革激发区域发展新动力不动摇

强化大抓改革的鲜明导向。积极争取中央和省市改革试点，大力开展体现崂山首创精神的差别化探索，鼓励实施更多惠及民生的"微改革""微创新"，推动改革举措精准发力；创新实施了一系列改革举措，有力激发了区域发展的活力，特别是以平台公司推动平台建设成效显著，通过区属平台公司的市场化运作，新建或盘活楼宇资源136万平方米，为产业转型提供了有力支撑，把握了加快发展的主动权；建立健全了与改革需求相匹配的责权体系，完善改革考核评价机制。强化了市场化改革思维的运用，创新了财政投融资模式，深化重点区属国企改革，加大PPP模式在基础设施建设等领域的推广应用，把崂山的资源优势转化成更为强劲的竞争优势和发展优势。特别是主动对接"供给侧"结构性改革新趋势，建立健全激励引导政策，推动"互联网+"模式在金融、科技、旅游等领域的深入应用，培育转型发展新动能。

回顾过去，展现在我们面前的，是一段真抓实干、攻坚克难的难忘历程，是一幅团结向上、开拓进取的生动画卷。成绩来之不易，发展催人奋进。展望未来，徐徐展开的新常态战鼓已起，崂山区踏上了全面建成小康社会、实现第一个百年奋斗目标的崭新征程。在改革与开放的崭新画卷上，崂山区正以高端高效的经济生态、宜居幸福的城市生态、公平正义的社会生态、风清气正的政治生态，秉承创新、协调、绿色、开放、共享发展理念，在率先全面建成小康社会，向基本实现现代化目标中，以更高的定位、更新的路径、更实的举措推动崂山发展，奋力建设宜居宜业的现代化山海品质新城，让崂山发展更出彩，让人民生活更幸福。

崂山区中心城区

改革开放以来崂山区组织工作发展的基本历程和重要经验

中共崂山区委组织部

1984 年 7 月，根据崂山县委《关于崂山县县级机构设置的通知》，设立崂山县委组织部。1988 年 11 月撤销崂山县设立崂山区，崂山县委组织部改称崂山区委组织部。1994 年 4 月，青岛市行政区划调整，设立新崂山区。历年来，全区组织工作把握大局大势，聚焦主责主业，精准施策、精准发力，推动组织工作创新发展，为全区改革开放、经济社会又好又快发展提供了坚强的组织保证。

一、改革开放以来崂山区组织工作的发展历程

（一）学习贯彻党的十一届三中全会精神，着力加强党员、干部队伍建设（1978 年 12 月~1994 年 6 月）

1. 学习贯彻党的十一届三中全会精神。党的十一届三中全会召开以后，崂山组织工作进入了新的历史时期。按照中央和省市县委部署要求，各级党组织采取集中学习和分散学习相结合、辅导学习和个人自学相结合、工作时间学习和业余时间学习相结合的方式，组织党员干部认真学习党的十一届三中全会精神，实现工作重心向社会主义现代化建设转移。

2. 加强领导班子建设。1985 年，领导班子和干部队伍党风整顿被列入县委主要议事日程。20 世纪 90 年代起，区委提出建立健全领导干部马克思主义理论培训制度的意见，领导干部定期到党校学习，实行培训、考核、使用三结合。1993 年，首次面向社会公开选聘区级领导干

17

部 1 人，担任高科园管委副主任。同时在区级机关干部中实行分级分类管理，优胜劣汰，能上能下。正职实行委任制，副职实行委任或聘任制，中层负责人和一般干部实行聘任制，由各部门管理。

3. 恢复加强基层党组织建设。 1984 年 6 月，成立 13 处乡镇党委，辖 22 个基层党委、56 个党总支、929 个支部、21925 名党员。1985 年 5 月~1987 年 3 月，全县开展整党。共有 13 个乡镇党委、911 个基层党支部、22270 名党员参加。排查出违规违纪党员 437 人，给予纪律处分 177 人，占参加整党党员总数的 0.72%；整党期间发展新党员 1505 人。到 1988 年，全区有党委 32 个、总支 60 个、支部 1158 个、党员 26520 人。

1990 年 9 月，区委派出农村工作队下乡包村，加强村级党组织配套建设。1992 年 6 月，全区 1296 个农村支部全部按照创建"农村党建先进区"标准，建立健全党的生活制度，强化监督考核机制，层层落实党建目标责任制。7 月，区委选用勇于改革、政绩突出、群众拥护的优秀农村干部为镇级领导干部。1993 年 9 月，在部分村和镇办企业建立基层党委。

（二）以邓小平理论为指导，深化组织工作的改革与发展（1994 年 6 月~1999 年 10 月）

1985 年，崂山县委下发的《整党通报》

1. 推进干部人事制度改革。 推动干部管理工作规范化。1994 年，制发了《关于镇村企业接收大中专毕业生工作的意见》，对接收的范围、程序、方法及大学生应享受的待遇作了统一规定；制发了《青岛高科技工业园、青岛市崂山区人事调配办法》，对调配原则、调配条件、调配方法及调配纪律作了规定。同年，制定了《青岛市崂山区镇机关、事业单位干部管理办法》《青岛高科技工业园、青岛市崂山区企业领导干部管理办法》《加强青年干部工作意见》等，多方面推进了干部人事制度改革。

加强干部监督管理。1996 年，制定了《加强园区高素质干部队伍建设意见》《国家公务员及机关工作人员考核暂行规定》《国家公务员及机关工作人员月考核补充意见》和《国家行政机关调整、警告工作人员实施细则》《关于对区管领导干部实行试用期的暂行办法》《关于实行领导谈话制度的暂行办法》等文件。经过民主评议，对1995年度表现突出的450名机关工作人员进行了表彰奖励，对2名工作人员提出诫勉，对2名工作人员给予免职处分。

启用"干部任免多媒体汇报系统"。1998年，完成人事管理信息系统网络建设，首次使用"干部任免多媒体汇报系统"向常委会汇报干部情况，汇报系统主要由笔记本电脑、多媒体投影仪、大屏幕等硬件设备及自主研发的汇报软件组成，汇报的内容包括了干部的基本情况、简历、考察材料、照片等信息。利用多媒体方式向党委汇报干部情况在省内属首家。

重视干部培训工作。自1994年起，先后制发了《崂山区干部培训"九五"计划和二〇一〇年远景规划》《崂山区委关于加强干部培训工作的意见》《崂山区干部学历教育管理办法》和《崂山区干部教育培训工作考核办法》等文件，认真抓好干部"双技能"（英语、计算机）培训和学历教育，并在国家重点高校建立培训基地，不断加大领导干部和优秀年轻干部培训力度。

2. 开辟基层党建工作新路子。根据中央和省、市委关于加强党的基层组织建设的部署要求，狠抓农村党组织建设、园区机关企事业单位党建工作、外商企业和私营企业党建工作等三大工作重点，在推进基层党建工作创新发展上努力谋求新突破。

1995年，突出抓好农村基层党组织建设。坚持"促强帮弱带中间"的思路，强化班子整顿。制定实施了《农村基层组织建设三年规划》，落实党委工作目标责任制。1996年，在园区机关、企事业单位党组织中全面组织实施"三建一带工程"，建立了机关工委、企业工委、工商分局党委和3个村级党委，将房地产、粮油两个党总支划归区委直属，进一步调整和健全了党的基层组织。1997年，建立了园区首家外商投资企业党委。截至年底，具备条件的外商投资企业单独建立党组织36家，党组织设置率达97.2%。建立了园区企业联合党总支，对流动党员和零星党员进行了有效管理，消除了党员管理的死角。

3. 推进行政机构改革。推进行政体制改革。1994 年，结合各部门职能分解及职位设置的实际情况，通过"定职能""定机构""定职位""定编制"，进一步界定职能、理清工作关系。1998 年，制发了《中韩等四个办事处管理体制与机构设置方案》和《关于撤镇设街道办事处实施方案及机构编制与职位设置方案》，在街道办事处建立起精简、效能的党政工作机构，保证了撤镇设街道办事处工作稳步推进。

调整事业单位布局。1995 年，共设置事业单位 28 个，编制 226 名，其中全额拨款事业单位 17 个，自收自支事业单位 11 个。1996 年，对科教局、农村发展局、妇联、计生局、财税局和经发局所属事业单位及新闻中心、林业服务中心和地名委员会办公室进行改革，对其职能、机构和编制进行了调整和规范，进一步优化了机构编制资源配置。为深化卫生改革，加快全区卫生事业的发展，1999 年，制发了《关于街道卫生院体制等有关问题的通知》，调整卫生院现行体制，街道卫生院行政、业务工作由区计生局管理，党的工作由各街道党委管理，各街道卫生院实行院长负责制和全员聘用合同制。

（三）学习贯彻"三个代表"重要思想，面向新世纪加强和改进组织工作（1999 年 10 月~2003 年 4 月）

1. 开展党政机关和企业"三讲"教育活动。按照中央和省、市委的部署，崂山区开展了以"讲学习、讲政治、讲正气"为主要内容的党性党风教育活动。活动从 2000 年 3 月 11 日开始，到 8 月 5 日结束，分两批进行。第一批参加人员为区级及有关单位的 11 个领导班子和领导干部，时间从 3 月 11 日至 6 月 2 日。第二批参加人员为区直各部门、各街道的 25 个领导班子

三讲教育活动简报

第 3 期

崂山区农发局"三讲"教育办公室编　2000 年 6 月 3 日

崂山区农村发展局领导班子
积极开展"三讲"教育第一阶段第二专题"讲政治"部分的学习和讨论

2000 年 5 月 29 日—6 月 3 日六天，崂山区农村发展局领导班子在"三讲"教育第一阶段第一专题"讲学习"的基础上，转入第二专题"讲政治"的学习，班子成员集中学习了毛泽东：《反对自由主义》（1937 年 9 月 7 日）、邓小平：《坚持四项基本原则》（1979 年 3 月 30 日）、《建设有中国特色的社会主义》（1984 年 6 月 30 日）、江泽民：《领导干部一定要讲政治》（1995 年 9 月 27 日）、《高举邓小平理论伟大旗帜，把建设有中国特色社会主义事业全面推向二十一世纪》（1997 年 9 月 12

崂山区委开展"三讲"教育活动简报

和领导干部，时间从 5 月 22 日至 8 月 4 日。2000 年 3 月 11 日，区委召开了"三讲"教育活动动员部署会。"三讲"集中教育分为"思想发动，学习提高""听取意见，自我剖析""交流思想，开展批评""认真整改，巩固提高"四个阶段，整个过程相互衔接，依次推进，全面展开。"三讲"教育活动期间，各单位共发放《征求意见表》1662 套，列出需整改问题 324 个，涉及 35 个方面，并组织力量实施整改，通过"回头看"活动，确保问题在年底前得到全部解决。活动开展期间，各单位领导班子及领导干部发扬整风精神，通过听取意见、自我剖析、开展批评与自我批评等方式，深刻查摆了思想上存在的问题，并边学边改，边整边改，精神风貌有了较大改观，整改工作成效明显。

2. 开展"三个代表"重要思想学习教育活动。2001 年 11 月至 12 月，根据中央和省、市委的统一部署，全区扎实开展了村级"三个代表"重要思想学习教育活动。区委成立了活动领导小组和工作机构，从区、街两级抽调 219 名机关干部成立了 4 个督导组和 63 个指导组。全区 4 个街道 139 个行政村（居）的 774 名"学教"对象参加了这次"学教"活动。活动共分集中学习、对照检查、整改提高三个阶段。2001 年 11 月 9 日，区委召开全区村级"三个代表"重要思想学习教育活动动员大会。11 月 9 日至 11 日，举办全区村级"三个代表"重要思想学习教育活动骨干培训班。11 月 13 日，各街道和村庄分别召开动员会，"学教"活动进入集中学习阶段。12 月 1 日，全区组织了"三个代表"重要思想集中考试。12 月 5 日，全区"学教"活动进入对照检查阶段，12 月 23 日转入整改提高阶段。2002 年 6 月 14 日，区委召开了全区村级"三个代表"重要思想学习教育活动总结表彰大会。至此，历时七个多月的崂山区村级"三个代表"重要思想学习教育活动基本结束。从效果上看，全区村级"三个代表"重要思想学习教育活动达到了"干部受教育、群众得实惠"的基本目标，有力促进了崂山区农村的改革、发展和稳定。

3. 深化干部人事制度改革。加大干部选拔任用工作力度。1999 年，拓展干部选拔任用渠道，面向全国公开招聘了 5 名副处级干部，改善了区直部门领导班子的文化和知识结构。加大对年轻干部的选拔培养力度，选拔推荐了 14 名同志为青岛市优秀年轻干部、11 名企业干部为青岛市企业优秀年轻经营管理者。同时，为规范和加强公务员管理，制定了《崂山区干部选拔任用工作暂行规定》《崂山区国家公务员和机关工作者交流暂行规定》《崂山区试行干部聘任制和任期制暂行规定》《崂山区国家公务员和机关工作者公开招聘、竞争上岗、双向选择暂行规定》和《崂山区干部考察和民主评议、民主推荐工作暂行规定》等文件，使干部管理工作趋于制度化、规范化。

开展干部集中调整交流。2001年，按照区委部署，组织实施了全区干部集中调整交流，组织对全区795名处级和科级干部进行了民主推荐和民主评议，有581人参加了综合知识笔试，410人参加了面试答辩，并对其中的331人进行了组织考察、综合民主评议、民主推荐、组织考察。经过双向选择和广泛征求意见，充分酝酿讨论，区委常委会决定，共提拔干部106人，重用26人，交流99人，进一步优化了干部队伍结构，提振了干部精气神。

做好干部教育培训。2002年，制发了《干部教育工作计划》《崂山区公务员培训证书实施办法》，组织全区公务员进行了依法行政考试，举办了为期一周的公务员更新知识培训班，并按照上级要求，选派干部参加了全市干部进修班、党风廉政建设培训班、中青年干部培训班、依法行政研讨班、WTO研讨班等10余个班次，逐步造就了一支适应社会主义市场经济发展需要的高素质干部队伍。

4. 加强和改进基层党建工作。农村基层组织建设工作逐步规范。为加强农村基层组织建设，不断提高农村干部在新形势下正确处理各种复杂矛盾的能力，1999年，村"两委"换届选举结束后，组织举办村"两委"干部培训班3期，指导各街道举办村"两委"干部培训班6期，培训村干部600余人次。2000年，制发了《关于改进和加强以党支部为核心的村级组织建设的意见》，并集中开展了农村干部思想作风和工作方法专题教育。2001年，选派58名机关干部组成18个农村工作队，派驻到18个班子软弱涣散、问题突出的村，协助各街道开展了为期8个月的驻村整顿工作。2002年，认真总结推广第一批农村工作队的经验，选派78名机关干部组成26个农村工作队，派驻到26个村，推进农村各项工作稳定开展。同年，制发了《关于加强以党支部为核心的村级组织规范化建设的意见》等一系列文件，会同有关部门认真抓好组织实施，使村级组织建设工作的重心逐步转移到规范化建设上来，村级干部队伍整体素质得到不同程度的提高。

加强机关、企事业单位和各类新经济组织党建工作。规范机关、企事业单位党务工作，加强对国有企业、外商投资企业和私营企业党建工作的宏观指导，及时做好破产、兼并、改制、脱钩企业党组织的设置以及在外商投资企业、私营企业中建立党组织工作。在社会团体和民间组织中建立党组织的工作也稳步扎实地开展起来。

加强和改进党员队伍的教育管理。为提高新发展党员质量，优化党员队伍结构，2000 年，严格执行发展党员工作预审制度和质量责任制，全年共发展党员 243 名，使一些长期不发展党员村、党的力量薄弱单位和各类新经济组织的发展党员工作有了改善。根据《民主评议党员和处置不合格党员工作实施细则》，处置了 3 名不合格党员，发挥了警示作用。2002 年，严格执行发展党员工作预审、公示等制度，全年共发展党员 205 名，并对 10 名不符合发展党员条件的人员，提出了暂缓发展的意见，确保了新发展党员的质量。

5. 调整理顺行政管理体制。深化政府机构改革。为加强城市管理，增强全区城管执法力量，1999 年，组建了区城市管理监察队伍，成立了区城市管理委员会，并下设城市管理监察第一大队和第二大队。2001 年，对区部分机关事业单位的职能、机构和编制进行了调整和规范，将区委办公室、区政府办公室分设，信访局、计算机信息中心由区委办公室、区政府办公室管理；撤销经济发展局、对外经济贸易局，组建发展计划局、经济贸易局，进一步深化了经济体制改革；撤销建设局，组建新的建设局、国土资源局、环境保护局，理顺了城市建设和管理体制；撤销农村发展局（林业局）、海洋与水产局，组建农业与海洋局；撤销劳动局，组建劳动和社会保障局、民政局，并将区卫生局所承担的公费医疗管理职能移交至区社会保险基金管理中心，完善了医疗管理和社会保险体制。

推进重点领域体制改革。2000 年，制发了《关于调整理顺我区安全生产管理体制有关问题的通知》，完成相关安全生产管理职能的划转工作，将安全生产管理、职业安全监察、矿山安全监察职能划归区经济发展局，锅炉压力容器等特种设备安全监察、检测职能划归区技术监督局，加强了对全区安全生产的管理。2002 年，明确崂山区、高新区、风景区的体制关系与机构编制等问题，青岛高新技术产业开发区管理委员会内部机构设置不超过 4 个，均为处级，确立崂山风景区管理委员会为市政府派出机构，内部机构设置办公室、政工处、宗教事务处、旅游处和资源管理处，促进了高新区、风景区的快速发展。

（四）加强党的执政能力建设和先进性建设，努力开创组织工作新局面（2003 年 4 月~2007 年 4 月）

1. 开展保持共产党员先进性教育活动。2005 年，在全区分两个批次深入开展了以实践"三个代表"重要思想为主要内容的保持共产党员先进性教育活动。第一批包括 54 个区直部门、100 个基层党组织、1686 名党员，第二批包括街道机关及社区、国有（集体）企业和"两新"组织等 1693 个单位、526 个基层党组织、11179 名党员。不断创新学习方法，组织开展了"唱响十首歌曲、读好十本书、观看十部片""我身边的共产党员"先进事迹征集、先进性教育知识竞赛、"飘扬的旗帜"先进性教育文艺汇演等活动，并在"崂山党建网"开设"保持共产党员先进性教育活动"专栏，开辟"党员先进性论坛"等栏目，确保学习活动扎实有效。深入开展了"三访谈""结穷亲、解民忧、受教育、促发展""岗位当先锋、真情暖百姓、永葆先进性""爱心助学""扶弱帮困""党性在岗位中闪光"和以"红色电影进社区、机关干部进企业、宣讲活动进支部、党员温暖进千家、先进事迹进万户"为主要内容的"五进基层"实践活动，为党员发挥作用搭建舞台。活动开展以来，共走访困难群众 1300 多户，捐赠慰问金和慰问品折合共计 140 余万元，结成帮扶对子 1548 个，解决生产生活困难 701 件，用于扶贫救困资金合计达 320 余万元。

2. 开创干部人事工作新局面。竞争上岗成为选拔任用党政领导干部的重要方式。2003 年，在前期调研的基础上，结合区内实际，提出了《崂山区党政群机关机构改革科级及以下人员定岗意见》，组织了全区科级干部的调整交流工作。在本

崂山区开展保持共产党员先进性教育活动

次科级干部调整中，全区共有 38 个部门采取了竞争上岗方式，有 6 个部门采取了民主推荐方式。各部门通过竞争上岗和民主推荐的方式共调整科级干部 504 名。其中通过竞争上岗方式调整干部 403 人，通过民主推荐的方式调整干部 10 人。通过竞争上岗和民主推荐，共提拔科级干部 275 人，有 30 名在任的科级干部在竞争上岗中落选，推进了干部选拔任用工作的民主化、科学化、制度化。

加强干部考察考核工作。2005 年，为准确摸清、吃透全区领导班子和干部队伍现状，结合年度考核，对全区所有街道、区直部门（单位）领导班子和处级干部进行了一次全面考察。一是形成了区管领导班子和处级干部考察情况报告，对全区领导班子和处级干部的主要特点及存在问题进行了全面客观的分析。二是形成了具有代表性的区管领导班子和领导干部问题案例，集中归纳了领导干部存在的管理能力较弱、领导方式方法欠缺等多个方面的问题。三是提出了需要进行谈话打招呼的 18 个处级干部名单。这为干部调整、培训、监督等工作，为区委选好、配强各部门（单位）领导班子和领导干部提供了科学依据。

规范科级干部选拔任用工作。为进一步加强全区科级干部选拔任用工作的制度化和规范化建设，2006 年，立足区内科级干部队伍建设的需要，研究制定了《关于进一步规范科级干部选拔任用工作的意见》《关于建立组织部门列席下级党组织讨论决定干部任免会议制度的意见》，对科级干部选拔任用的资格条件、工作程序、决策过程和有关要求等做了详细规定。

自 2003 年起，开展了大规模培训干部工作。充分发挥组织人事部门牵头抓总的作用，建立分层分类培训机制，举办了处级干部培训班、科级任职培训班等，组织 30 名领导干部赴上海复旦大学、苏州市委党校进行培训考察，组织 12 名处级领导干部赴澳大利亚进行公共

科级干部任职培训班

管理培训；会同区委宣传部、区委党校开设"每月讲坛"，邀请相关专家学者为广大干部讲授前沿理论成果；实施以考促训，组织全区公务员进行了法律法规、更新知识等方面的培训考核，全区干部队伍整体素质不断提升。

3. 构筑农村基层党建可持续发展新格局。 开展"包村双建三促"活动。为充分发挥区直部门的综合优势，帮助村庄加强领导班子和党员队伍建设，建立健全村务管理各项规章制度，促进农村社会稳定和经济发展，2004年，在全区开展了"包村双建三促"活动，即包一个村庄，帮助建设一个好的村级领导班子、建设一支好的党员队伍，促稳定、促发展、促村级规范化管理。通过组织52个区直部门与47个重点村庄结对帮扶，有18个三类村转化为二类、一类村，村级事务管理逐步走上规范化、民主化、法制化的轨道，同时，帮包单位共为农村发展投入资金200余万元，帮助社区发展经济，帮助群众解决吃水、交通等实际问题。

实行民主管理三项制度。随着全区经济社会的快速发展，群众生活和乡风村貌发生了巨大变化，但各种矛盾和问题也进入凸显期，个别社区干部在处理征地、拆迁等涉及居民切身利益的重大问题时，决策不民主、办事不公开，损害了群众利益，伤害了群众感情；一些社区通过多年发展，特别是在城市化进程中积累了大量财富，面对随之增多且规模越来越大的物资采购、工程建设项目，个别社区干部忙于从中捞取个人利益，造成了极坏的影响。解决这些问题，制度建设是治本之策。为此，崂山区于2005年出台了《崂山区社区重大事务民主决策办法（试行）》《崂山区社区采购管理办法（试行）》和《崂山区社区工程建设项目发包办法（试行）》。通过实施民主管理三项制度，对社区重大事务按照居民个人或集体提议、"两委"商议、党员大会审议、社会公众评议、居民会议或居民代表会议决议、公开决议、实施决议等7个步骤进行决策，有效规范了社区班子和干部的行为，有力保障了党员群众的民主权利，各类由社区事务决策、管理引发的矛盾和上访明显减少。2007年，青岛市在崂山区召开"青岛市党组织领导的村级民主制度化建设工作会议"，总结推广了崂山区的经验做法。

4. 实施人才强区战略，加强人才队伍建设。 按照中央提出的"实施人才强国战略"的部署要求，崂山区积极探索、大胆实践，大力推进人才强区战略的实施，逐步形成了以人才培养、引进和使用为主要内容的人才资源开发体系，为全区经济社会发展提供了坚强的人才保障和广泛的智力支持。2004 年、2006 年，先后制发了《崂山区（高新区）2004—2008 年人才队伍发展规划》《"十一五"人才发展规划纲要》，人才工作进入了规范化、制度化良性发展的轨道。2004 年，先后到上海、北京及省内部分重点高校，选调优秀毕业生充实到相关单位。2005 年，与中科院海洋研究所博士后科研流动站合作，开启了由政府、科研机构、企业合作培养博士后研究人员的全新模式；同年，开展校（所）地人力资源合作活动，建立了高级专家信息库和专家项目课题库。2004、2006 年，先后开展了两批专业技术拔尖人才选拔工作，评选出了在高新技术研发推广、农业技术推广以及文教卫生等方面做出突出贡献的优秀人才。校（所）地人力资源合作与专业技术拔尖人才选拔等工作的深入开展，进一步激发了广大科技工作者的积极性和创造性，有效促进了科技成果的研究开发和转化应用。

5. 推进党政群机关机构改革。进一步优化机构设置。2003 年，制发了《青岛市崂山区党政群机关机构改革实施意见》，区委设置纪律检查委员会机关、区委办公室、组织部、宣传部、统一战线工作部、政法委员会和区直机关工作委员会 7 个工作部门，老干部局和区委、区政府信访局 2 个部门管理机构；区政府设置工作部门 20 个，部门管理机构 1 个；设置 3 个群团机关工作机构；调整设置 16 个事业单位，街道党政机构合并设置 4 个综合性办公室。2004 年，实行计生与卫生合署、宣传与文化合署，卫生和文化相对独立运行的管理体制，并且专门增加卫生和文化的行政编制，理顺了计划生育和卫生、宣传部和文化局的管理体制。

调整理顺管理体制。2005 年，针对全区水资源管理、水利工程建设管理存在相关部门职能交叉、体制不够顺畅等问题，将供水管理办公室隶属关系由区政府（管委）直属调整为区水利局下属，推进"一龙管水"体制改革；加强拆迁管理局机构编制建设，拆迁管理办公室更名为拆迁管理局，内设机构由原来的 2 个增加到 4 个；建立起完备的土地监管和执法体系，组建了国土资源执法监察大队；撤销发展计划局、经济贸易局，组建发展和改革局、企业发展局，确保项目推进过程中各环节无缝对接。2007 年，设立了森林病虫害防治工作站、住房保障中心和区城市管理治安警察大队，改善了部分机构不健全、职能和服务不到位的状况。

6. 统筹抓好老干部工作。 2003 年，全区建立了离休干部离休费医药费保障机制和财政支持机制，全面落实老干部生活待遇。同时，按照上级部署，积极建立离退休干部党支部，不断丰富离退休干部精神文化生活，全面落实老干部政治待遇。注重发挥老干部政治优势，全力做好关心下一代工作。2005 年 4 月 18 日，创办区老年大学，不断满足老年人求知、求乐、求健、求进等精神文化需求。

7. 加强组织部门自身建设。 2004 年 7 月 1 日，区委组织部开通崂山党建网。2005 年，区委组织部机关深入开展保持共产党员先进性教育活动，以及建设"四型机关""双学三创"等主题实践活动。2006 年，强化部机关"科学识人、公正用人、爱心待人、诚实做人"的服务理念，区委组织部被评为省级文明单位，同时被市委、市政府授予"青岛市第三届人民满意的公务员集体"称号，并记集体三等功。

（五）深入贯彻落实科学发展观，提升组织工作科学化水平（2007 年 4 月~2012 年 11 月）

1. 开展深入学习实践科学发展观活动。 根据市委统一部署，从 2009 年 3 月份开始，分两批对全区 693 个基层党组织科学发展观学习实践活动进行了全面部署。活动中，建立了"一考二查三评"的指导检查制度和"一课七指导"的联系点制度，共建立领导干部联系点 118 个，示范点 30 个。派出了 12 个指导检查组，建立了周例会制度，确保活动整体推进。

通过开展党委组织集中学、专家授课深化学、专题辅导引领学、座谈交流促进学、典型示范带动学等活动，开设"科学发展大讲堂"、出版《崂山区学习实践科学发展观典型案例选编》和《崂山区第一批学习实践活动资料汇编》、举办"科学发展在崂山报告会"、成立"宣讲团"、实施"菜单式"专题辅导讲

"科学发展在崂山"报告会

座、建立"学习实践活动专题网站"等形式，使全区 15697 名党员干部受到了全面系统的教育，全年全区共举办培训班次约 160 期，培训 17000 余人次。

通过建立联系点、召开座谈会、书面征求意见、基层走访调研、网上征求民意、班子谈心等多种方式，收集各方面意见建议 5600 多条，解决问题 559 个，完成为民办实事 158 项。《光明日报》《大众日报》等媒体先后报道了崂山区的经验做法。

2. 提升领导班子和干部队伍建设科学化水平。实行"两公开四差额"选拔任用干部。2009 年，按照《干部任用条例》和省委组织部《"两公开四差额"选拔任用县乡党政正职试行办法》的规定，结合区内实际，拿出街道党工委书记、办事处主任各 1 个职位，进行了公开选拔职位及职位要求，公开选任方法及选任程序，实行差额推荐、差额考察、差额酝酿、差额表决的 "两公开四差额"选拔。组织召开了区委委员、候补委员和其他在职副区级领导干部共 44 人参加的初始提名会议，根据推荐得票情况，确定了 4 名初始提名人选，并按照要求到相关单位进行了差额推荐、差额考察，根据推荐和考察情况，提交区委书记、副书记、纪委书记、组织部长进行了差额酝酿，最后在区委常委会上差额表决出了任用人选，进一步提高了选人用人公信度。

建立科级干部选拔任用和监督工作体系。为进一步规范科级干部管理，2010 年，研究起草了干部管理工作"一个意见，四个办法"，即《关于进一步加强科级干部管理的试行意见》和《崂山区科级职位竞争上岗暂行办法》《崂山区科级干部轮岗交流工作暂行办法》《科级干部选拔任用工作全程纪实暂行办法》《崂山区科级干部选拔任用工作有关事项报告暂行办法》，将科级干部管理中涉及的选拔任用、轮岗交流、监督考核、教育培训等工作用制度的形式予以确定，并首次将科级干部选拔任用工作纳入全区目标绩效考核，确保了科级干部管理有章可循。

3. 提升干部教育培训科学化水平。根据上级部署要求，结合全区改革发展新形势需要，开展了新一轮大规模培训干部工作。充分发挥市委、区委党校等干部培训主阵地作用，举办了 15 期以处科级领导干部、选调生、基层公务员为对象的主体培训班次；紧紧围绕建设高新技术产业核心区、国际旅游度假区和现代服务业聚集区的需要，举办了 3

期以旅游业发展、蓝色经济发展、城乡建设为主题的特色专题班；与中央党校、复旦大学、浙江大学等密切合作，举办了 11 期精品培训班，实现高校优质资源与干部知识需求的有效对接。

加强干部教育培训基础工作和长效机制建设。2011 年 6 月，区委组织部、区委党校、区财政局联合印发了《崂山区行政事业单位培训费管理暂行办法》，从培训对象、地点、经费、师资、课程、内容、目标等方面进行严格审核把关。同时，加强学风建设，实行干部教育培训承诺制度和领导谈话制度，严格干部教育培训考核管理。

4. 提升基层党的建设科学化水平。为进一步加强社区班子建设，增强社区干部的责任意识、服务意识、廉洁勤政意识，2008 年，在全区社区班子和干部中全面实行"一诺两审三评"制度，即每届社区"两委"班子及成员，在任职之初就任期及每年度所要达到的工作目标做出承诺，对其任中和离任经济责任进行审计，每年年终由党员、群众、上级对其践诺情况进行满意度测评。"一诺"，即任期承诺；"两审"，即任中审计和离任审计；"三评"，即党员评、群众评、上级评。通过推行"一诺两审三评"制度，激发了社区干部干事创业的积极性，提高了社区干部按规矩管理社区事务的自觉性，增强了党员群众参与社区管理的主动性，使社区工作逐步走上了规范化和制度化的轨道。

2011 年，把社区"两委"换届选举工作作为头等大事，强化领导，精心组织，规范操作，扎实推进，营造了和谐的新局面，选出了一个好班子，呈现出直选比例高、党员群众参选率高、党组织选举透明度高、新一届社区班子整体素质有新提高、班子结构进一步优化的特点，得到了市领导的充分肯定，经验做法被《新华社（山东参考）》等刊载。

建立以楼宇党委为主体的"1+X"党组织孵化模式。截至 2011 年底，崂山区有商务楼宇 25 座，入驻非公企业 1700 余家，与此同时，入驻非公企业的党建工作存在着一定的空白。2012 年，积极适应新形势，创新党组织设置方式，在楼宇商务区探索建立以楼宇党委为主体的"1+X"党组织孵化模式，新建 10 个楼宇党组织，有效填补了非公企业党建空白点，使党组织建设与企业发展同频共振，增强了党建工作吸引力，实现了多方共推、共赢互促的良好局面。

5. 提升人才工作科学化水平。创新完善人才工作机制。2009 年，制发了《关于加强和改进人才工作的意见》，建立了区委统一领导、组织部门牵头抓总、职能部门各司其职的人才工作领导机制；组织召开全区首次人才工作专题会议，研究制定了人才工作领导小组工作规则，建立了人才工作决策机制。2010 年，制发了《崂山区中长期人才发展规划纲要（2010~2020 年）》，按照"服务大局、上下衔接、务实可行、改革创新、突出特色"的原则，谋划了今后五至十年大力推进人才发展的目标、思路和措施。

加强人才平台载体建设。2009 年，创新海外人才引进平台建设，以创业园为载体，与市人事局合作，共建"青岛留学人员创业园"，为促进海外高层次人才来崂山区创新创业搭建了平台。2010 年，在汉缆集团新设立了国家级博士后科研工作站，为推进企业上市进程提供人才资源方面支持。通过加强人才平台载体建设，成功引进了生物医药、新材料等领域的多名海外高层次人才，形成了"借力引才"的良好效果。

统筹推进重点人才队伍建设。2010 年，出台了《崂山区优秀创新团队评选暂行办法》《崂山区优秀技师选拔管理办法》，在各区市中创新性提出加强高层次创新团队和高技能人才队伍建设，为加强和促进区内高层次人才队伍建设、创造人才成长发展的良好环境提供了政策保障。

6. 提升行政管理体制改革科学化水平。扎实推进政府机构改革。为进一步转变政府职能，理顺工作关系，2008 年，共调整处级机构 20 个，合理设置青岛高科技工业园管理委员会的内部工作机构和下属事业单位青岛高新技术创业服务中心，组建区房地产开发管理局，撤销城管局和建设项目管理中心组建区市政公用局，将招商一局、二局合并组建区招商局，将区企业发展局更名为区经济贸易局。2010 年，制发了《关于青岛市崂山区人民政府机构改革的意见》，建立内外贸统一的商务管理体制，加强文化领域综合管理，推进城市建设统筹，完善交通运输管理体制，强化人力资源统一管理、合理流动和有效配置。

进一步理顺部门职责关系。2011 年，全面完成机构改革人财物移交工作，并跟踪落实部门"三定"规定执行情况。加强重点领域工作力量，区拆迁管理局更名为区房屋征收管理局并重新进行了"三定"，设立了区文化市场行政执法局，将政府投资建筑工程项目建设管理的职责、机构和人员由区房地产开发管理局划入区城乡建设局，将食品安全综合协调工作职责由区卫生局移交至区政府办公室承担。2012 年，对青岛高科技工业园管理委员会重新进行了"三定"，加挂青岛蓝色硅谷产业创业带管理委员会牌子，为区政府派出机构，规格为副区级，设置 5 个职能处室，激发了全区科技创新活力。同年，按照青岛市突出发展高端服务业的战略部署，区服务业发展局增设项目推进科，负责金融业项目的协调推进和崂山区"青岛金家岭金融新区"建设工作领导小组办公室的日常工作。

7. 加强和改进老干部工作。 2007 年 4 月，创建了具有崂山特色的家庭、单位、离退休干部党支部和区委老干部局"四位一体"的老干部新型服务机制，推动老干部工作从基础性待遇落实向多渠道加强亲情服务和精神服务转变。2011 年 8 月，区委组织部、区委老干部局联合下发了《关于进一步完善离退休干部有关制度的通知》，拓展离退休干部工作领域，规范离退休干部工作方式，完善在职干部联系离退休干部制度，健全向离退休干部通报情况制度等。

8. 提升组织部门自身建设科学化水平。 按照上级统一部署，2008 年，区委组织部深入开展"讲党性、重品行、作表率"活动，2009 年，扎实开展深入学习实践科学发展观活动，2012 年，以"迎接十八大，争当'三服务'优秀标兵、争创'两满意'模范部门"为主题，扎实推进学习型机关建设。通过一系列措施，组工干部的责任意识、大局观念、工作质量和服务水平得到进一步提升，组织工作服务科学发展的能力得到进一步增强。

（六）学习贯彻党的十八大、十八届三中四中五中全会和习近平总书记系列重要讲话精神，全面改进和加强组织工作 (2012 年 11 月~2016 年 1 月)

2014 年 3 月 4 日，崂山区党的群众路线教育实践活动动员大会

1. 开展党的群众路线教育实践活动。 按照中央和省、市委安排部署，崂山区参加全市第二批党的群众路线教育实践活动，活动从 2014 年 2 月开始，2014 年 9 月结束。参加单位包括：区机关及其直属单位和企事业单位，街道及所属单位，

社区、非公有制经济组织、社会组织等基层单位。具体到每个单位，集中开展教育实践活动的时间一般不少于3个月。教育实践活动的总要求是"照镜子、正衣冠、洗洗澡、治治病"，主题是"为民务实清廉"，反对形式主义、官僚主义、享乐主义、奢靡之风。

2014年3月4日，召开全区教育实践活动动员大会，传达学习了中央和省市委教育实践活动有关会议精神，对全区教育实践活动进行了动员部署。3月5日，召开骨干培训会议。认真抓好学习教育、听取意见、查摆问题、开展批评，整改落实、建章立制三个规定动作，并结合实际，深入开展了"接地气、连民心、铸党性""四个百日集中整治"等活动，确保教育实践活动取得群众满意效果。活动开展以来，各单位共完成整改任务341项、重点整改事项160项，解决群众反映的热点难点问题400多个；新建制度139项，修订制度288项，形成作风建设抓常抓细抓长的新常态。省市联合督导组对崂山区教育实践活动给予充分肯定，经验做法被《人民日报》《光明日报》《大众日报》等刊载。

2. 开展"三严三实"专题教育。 根据中央和省、市委关于在县处级以上领导干部中开展"三严三实"（严以修身、严以用权、严以律己，谋事要实、创业要实、做人要实）专题教育的部署安排，崂山区"三严三实"专题教育从2015年5月份开始，全区各级同步进行，不分批次、不划阶段、不设环节。参加人员包括全区各级党的机关、人大机关、政府机关、政协机关、人民团体、直属事业单位及其内设机构处级以上领导干部。各街道各部门各单位科室负责人要参加专题学习研讨。"三严三实"专题教育突出抓实专题党课、专题学习研讨、专题民主生活会和组织生活会、整改落实和立规执纪4个关键动作。

党委（工委、党组）书记讲专题党课。"三严三实"专题教育以党委（工委、党组）书记讲专题党课开局起步。5月14日，区委举办"三严三实"专题教育党课，区委书记为全区各级领导干部讲专题党课。5月底前，全区所有部门（单位）完成动员部署。

开展专题学习研讨。6月至11月分3个专题开展学习研讨，每个专题大体安排两个月时间。各党委（工委、党组）中心组结合年度学习计划，分别列出了每个专题重点学习篇目和需要解决的重点问题，确定了研讨主题。

召开专题民主生活会和组织生活会。领导班子专题民主生活会和年度民主生活会合并召开。其他处级以上领导干部参加所在党支部的专题组织生活会。2016 年 1 月 14 日，区委常委班子召开了"三严三实"专题民主生活会。

强化整改落实和立规执纪。组织处级领导干部边学边查边改"不严不实"问题，集中整治基层干部不作为乱作为等损害群众利益问题，分 2 批通报了 16 起典型案件，"三严三实"专题教育取得了明显成效。

3. 加强干部教育培训，提高干部专业化能力。以党的十八大、十八届三中四中五中全会精神和习近平总书记系列讲话精神为重点，围绕全区中心工作和干部学习需求，深化拓展干部教育培训工作。发挥区委党校"中心阵地"作用，开设各类主体班和专题班，每年培训干部 8000 余人次；坚持"走出去"，以社会管理创新、法治建设等为主题，与国内重点高校合作，不断强化高端基地培训；继续采取"请名家、讲名篇、上名课"的方式，每年举办 6~8 期"领导干部大讲堂"；充分发挥网络信息量大、覆盖面广、方便快捷等优势，以青岛干部网络学院学习平台为依托，组织全区 54 个单位 1160 余名公务员及参公人员开展网上自主选学活动，有力提升了领导干部理论、政策水平和领导科学发展的能力。严格干部培训考核，实行干部教育培训学分制管理，公务员（含参公人员）学分考核结果与年度考核挂钩，学分考核结果不达标的，年度考核不能评为优秀等次。

4. 坚持好干部标准，加强领导班子和干部队伍建设。突出对干部德的考核。2012 年，认真贯彻落实中组部《关于加强对干部德的考核意见》，对全区 68 个部门（单位）的领导班子和 400 余名处级干部进行了考核测评，并充分利用考核成果，突出德在干部标准中的优先地位和主导作用，为区政府办公室、区发改局、财政局和中韩街道等 15 个重要部门和街道调整配备了主要负责人。

加强对全区重点工作的干部力量配备。2013 年，围绕"三大战略平台"建设，坚持"信念坚定、为民服务、勤政务实、敢于担当、清正廉洁"的好干部标准，调优干部队伍、配强领导班子，为金融新区建设指挥部、高科园管委、崂山风景区管理局等调整配备了 40 余名处级干部。围绕推动新型（农村）社区建设，从全区 49 个部门选派 65 名机关干部到新型（农村）社区工作锻炼，并研究制定了选派管理办法，推动干部在基层一线转变作风、提升实际工作能力。

改进选人用人机制，做好干部监督工作。2014~2015 年，认真贯彻落实新修订的《干部任用条例》，制定出台了《关于规范科级干部选拔任用工作的通知》，起草了区管干部选拔任用工作流程，使干部选拔任用工作更加科学、规范。落实从严管理干部要求，扎实做好超职数配备干部整改消化工作，认真做好领导干部报告个人有关事项工作、公职人员违规在企业兼职（任职）和出资办企业规范清理工作、在职和离（退）休干部在社会团体兼职清理工作、配偶已移居国（境）外的国家工作人员管理工作等，实现了对干部的经常性监督管理。

5. 突出实干导向，优化科学发展综合考核体系。 围绕市指标提升和全区"三大战略平台"建设任务，持续完善考核办法。2012~2014 年构建了实地考核、定量定性考核、社会评价和民主评价"四位一体"的科学发展考核体系。2015 年按照"五位一体"总体布局要求，把有质量、有效益、可持续的经济发展，民生改善、社会和谐进步、文化建设、生态文明建设和党的建设，统筹纳入考核评价。2016 年坚持"创新、协调、绿色、开放、共享"五大发展理念，持续强化对经济发展、改善民生、生态效益、科技创新等方面的考核，优化和构建了"以主要经济社会发展指标为核心，公共目标为支撑，创新创优和群众满意度为印证"的指标体系。

围绕提高全区一盘棋推进考核工作的合力，建立健全系统的考核运行机制。先后建立区领导包市指标责任制、联席会议定期调度、市指标红色预警、约谈落后指标负责人等工作制度，为考核工作的统筹推进提供了有效组织保障。同时实行市指标排名与区考核结果挂钩，按季度通报市指标排名，先后组织 13 个单位在全区考核大会作典型经验交流或检讨发言，有效增强了各单位干事创业、进位争先的意识。

围绕提升考核信息化水平，实施"互联网+"行动。2013 年在全市率先建立"科学发展综合考核电子信息平台"，将市、区两级指标纳入信息平台，实现市指标和全区重点工作季调度分析常态化、会商协调推进制度化，强化指标运行日常监控，推进考核任务有效落实，崂山区的市考核成绩从全市第 10 名合格、第 7 名进位争先奖到第 4 名优秀等次，实现了稳步提升。

6. 树立大抓基层鲜明导向，统筹加强党员队伍和基层党组织建设。 实施社区党组织星级化管理。针对有的农村社区党组织服务方式单一、凝聚力战斗力下降以及社区"三资"管理不规范、经济发展停滞不前等问题，崂山区结合区域实际，将省市确定的社区党组织"五个好"标准进一步细化量化，设定了团结奋进、制度落实、场所规范、推动发展、群众满意五颗星，党组织根据评星情况定为"五星""四星""三星""二星""一星"五个等级，评星定级情况作为评先树优和核定农村社区干部报酬的重要参考依据。通过实施"星级化"管理，改变了社区干部"干好干坏一个样"的思想，激发了干事创业的热情，一些影响干群关系、影响农村稳定的热点难点问题得到有效解决，先后有 10 余个初定为"二星""一星"的社区党组织实现了转化升级。《新华社（山东参考）》《中国组织人事报》等媒体先后进行了宣传报道。

规范党员组织关系转接工作。2015 年 5 月，制发了《关于对新型社区综合党支部党员组织关系进行集中转接的通知》，根据党员的工作（学习）、居住地、选民登记等实际情况，从便于管理的原则出发，确定每名党员组织关系转接去向。各街道召开专题会议，对新型社区综合党支部党员组织关系集中转接工作的政策界定、转接流程等提出具体要求。指导新型社区综合党支部对所属党员情况进行调查摸底，组织党员填写党员基本信息表，并根据摸底掌握的党员情况，研究提出初步转接意见，提报新型社区党委会议研究，报街道党工委审核。审核通过后，按照党员组织关系转接流程，实施党员组织关系集中转接。其中，拟转入农村社区的党员通过社区公开栏等形式进行公示。这一规定的出台，在维护好社区和谐稳定同时，实现了新型社区党员的有序流动。

2013 年 1 月 30 日，崂山区人才工作会议暨"山海英才"表彰会

7. 创新集聚人才体制机制，推动人才工作转型升级。创建"山海英才"品牌。2013年，对区内各专项人才计划进行整合，创建了具有崂山特点的"山海英才"人才工作品牌，从人才发展专项资金中对入选"山海英才"工程的拔尖人

才、优秀创新团队、优秀技师进行奖励；同时，创立了"创业崂山·情系人才"服务品牌，组织开展高层次人才走访慰问、学术休假、菜单式健康查体医疗等服务，营造了更有吸引力、更具竞争力和更显活力的人才发展环境。

加快聚集高层次人才。为服务区域发展战略、服务社会事业发展、服务产业发展、服务民生，崂山区加速人才汇聚，2014 年，全区"千人计划"专家增至 31 人，省"泰山学者"海外特聘专家增至 53 人、特聘专家增至 43 人，海外高端人才引进位居全市首位。同时，加大金融、高端研发、旅游度假等领域的优秀团队和创新创业人才引进力度，引进博士、正高职称人才 300 余人，硕士、副高职称人才 1800 余人，人才引进呈加速态势。同年，出台了《崂山区鼓励中介机构和个人引进高层次人才的办法》，首次面向社会购买引才服务，调动社会力量参与引才工作，激发引才融智活力。

实施"创新、创业、创客"战略。围绕推进大众创业、万众创新工作，2015 年，会同有关部门制定下发了《"构建创客新高地打造青岛中央创新区"行动计划》，提出培育引进各类创客团队和优秀人才的目标任务，组织实施创新创业人才汇聚计划 10 项行动。成功承办了"第 15 届中国·青岛蓝色经济国际人才暨产学研合作洽谈会"和"2015 中国海洋科学与技术博士后论坛"两个规格高、影响面广的人才活动，崂山在海内外人才中的影响力进一步提升。

8. 统筹推进机构编制工作，行政管理体制改革不断深化。
做好重点领域机构保障。为更好地推动解决关系人民群众切身利益的食品药品安全问题，2013 年，将食药、工商、质监三部门由垂直管理调整为区政府工作部门，整合食品生产、流通、消费等环节安全监管职责，调整区食安办管理体制，组建了区食品药品监督管理局。2014 年，设立了崂山湾国际生态健康城开发建设办公室和青岛金家岭金融聚集区管理委员会，在区法院设立了全市首家区级金融审判庭。2015 年，加快实施创新驱动发展战略，在青岛高科技工业园管理委员会加挂区科技创新委员会牌子。

深化行政管理体制改革。2014 年，设立了区委全面深化改革领导小组办公室、区政府行政审批制度改革办公室，加强了全面深化改革工作力量。围绕简政放权、强化服务，公布区级行政审批事项清单、行政权力清单、责任清单，并建立了动态调整机制，方便了群众办事。印发政法委、司法局、卫计局、市场监管局"三定"规定，整合不动产登记职责和机构，整合政务服务和公共资源交易职责和机构，加大机构编制动态调整力度，将有限的资源向民生等重点领域倾斜，优化了安监、卫计等单位的机构编制。

积极稳妥推进事业单位分类工作。2014年，制发了《关于做好全区事业单位分类工作的通知》，严格按照社会功能划分了全区279个事业单位的类别。取消事业单位法人年检制度，不再对事业单位年度报告书及其他相关材料进行集中审查，实施事业单位法人年度报告公开制度，强化了事业单位监管。

9. 认真做好新形势下老干部工作，推动老干部工作转型发展。认真贯彻《关于进一步加强和改进离退休干部工作的意见》，坚持落实好老干部政治待遇和生活待遇，扎实推进离退休干部思想政治建设和离退休干部党支部建设，巩固加强老年大学和活动中心"两个阵地"，充分发挥老同志的政治优势、经验优势、威望优势，激励老干部为党的事业增添正能量，全面推进老干部工作转型发展。

10. 加强组织部门自身建设，打造模范部门和过硬队伍。党的十八大以来，区委组织部积极适应新常态，不断加强自身建设。2013年，按照上级部署，区委组织部参加了全市第一批党的群众路线教育实践活动，认真抓好学习教育、听取意见、查摆问题、开展批评、整改落实、建章立制等规定动作的落实。注重机关文化建设，围绕"讲政治、重公道、业务精、作风好"组工文化核心，重点打造了一条组工文化走廊，编绘了一套组工文化漫画，《人民日报》、《中国组织人事报》等给予报道。2014年，区委组织部研究出台财务管理制度等新规，以制度机制促作风建设常态化。2015年，先后开展"四看四查四促"主题教育以及"三严三实"专题教育，着力打造模范部门和过硬队伍。

二、崂山区组织工作重要经验

改革开放以来，崂山区党的组织工作自觉服从服务于改革发展稳定大局，不断探索、不断创新，为全区经济社会又好又快发展提供了有力的组织保证，积累了在新的历史条件下加强和改进组织工作的宝贵经验。

（一）坚持围绕中心、服务大局，才能使组织工作始终沿着正确的方向前进

党的组织路线是为党的政治路线服务的。改革开放以来，崂山组织工作始终自觉服从服务于全区的中心任务，体现了很强的党性和大局责任。比如，大力整顿基层党组织和党员队伍，选拔培养德才兼备的好干部，积极做好人才培养引进工作，保证了崂山区改革开放和现代化建设的顺利推进。在项目"双包双促""千名机关干部进千企"、推动新型（农村）社区建设等重大任务中，组织动员党员干部为党分忧、为民解难，提供了强大的政治和组织保证。实践证明，围绕中心、服务大局是组织工作的生命线，只有把组织工作放到党和国家大局中来谋划和推进，组织工作才能明确科学定位，更好履职尽责，体现社会价值。

（二）坚持解放思想、改革创新，才能使组织工作始终充满生机与活力

解放思想、实事求是、与时俱进是组织工作必须始终遵循的思想原则。30多年来，崂山组织工作坚持继承与创新相结合，不断研究新情况、解决新问题、创造新经验。比如，党的基层组织设置形式不断创新，从支部建在社区、学校、机关企事业单位，现在发展到建在楼宇、建在产业园上，覆盖面不断扩大。深化干部人事制度改革，从单一封闭的干部选任方式到建立在发扬民主基础上的多样化选任方式的转变，从主要靠领导"伯乐相马"到主要靠制度选人的转变。深化对人才重要性和人才工作规律的认识，把人才作为经济社会发展第一资源，形成干部工作、组织工作、人才工作"三个轮子"一起转的组织工作新格局。实践证明，组织工作只有始终坚持从实际出发，不断解放思想、改革创新，才能充满生机活力。

2016年3月30日，全区"双包双促"活动和"双千"活动表彰动员大会

（三）坚持走群众路线、发扬民主，才能使组织工作最大限

度地符合最广大人民的利益

在组织工作中扩大民主，认真听取各方面的意见和建议，体现为人民掌权、对人民负责，是组织工作取得成效的重要保证。无论是在"三讲"教育、"三个代表"重要思想学习教育、先进性教育、学习实践科学发展观活动中，还是在党的群众路线教育实践活动、"三严三实"专题教育中，崂山开展组织工作都积极听取广大干部群众的意见和建议，有针对性地解决工作中存在的突出问题，使组织工作最大限度地符合最广大人民的根本利益。实践证明，充分发扬民主，增加组织工作的透明度，充分听取和尊重人民群众的意见，是组织部门和组工干部保持公道正派、抵制歪风邪气、维护好实现好发展好最广大人民群众利益的有力武器。

（四）坚持从严治部、从严律己，才能使组织工作让党和人民满意

加强组织部门自身建设是做好组织工作的关键。改革开放以来，崂山区委组织部和广大组工干部在加强自身建设实践中不断创造、积淀和升华，形成了以政治坚定、公道正派、廉洁勤奋、求实创新为核心的优秀组工文化。广大组工干部坚持对党忠诚、为民奉献的政治追求，不断增强政治意识、大局意识、核心意识和看齐意识；恪守实事求是、公道正派的职业品格，着力建设党员之家、干部之家和人才之家；始终弘扬与时俱进、改革创新的进取精神，不断解放思想、开阔眼界、开阔思路、开阔胸襟；保持严格自律、清正廉洁的政治本色，从严治部、从严律己、从严带队伍；坚持党性坚强、模范过硬的要求，做到党有号召、组织部门先带头，组织工作有部署、组工干部作表率。实践证明，只有坚持不懈地抓好组织部门自身建设，努力建设模范部门、打造过硬队伍，组织工作才能更好地做到让党和人民满意。

执笔人：崂组轩

审核人：孟兆轲

签发人：庄金杰

崂山区推进文明城市创建
的历程与成效

中共崂山区委宣传部

文明城市创建是一个城市发展的有效载体,是居民素质的提升过程。从最初的抓"文明言行、环境卫生、服务质量、交通环境",发展到以物质文明、政治文明、精神文明、社会文明、生态文明协调发展为目标,市场经济领先,文化事业发达,社会秩序良好,人文环境健康,诚信体系完善的文明城市创建。在城市文明创建过程中,青岛市崂山区始终以造福人民为根本,在促进经济发展、推动社会进步的发展目标上,着眼"提升城市品质、提升居民素质",注重探索规律、改革创新、完善机制,用十几年的奋斗,助力青岛市荣获全国文明城市殊荣,并连续两届被省委、省政府表彰为"省级文明区"。

一、基本历程

(一)兴起演变阶段(1981~2003年)

崂山区文明城市创建工作基于崂山区精神文明建设活动的长期开展。20世纪80年代初期,崂山区兴起精神文明建设活动,1981年首先开展"五讲四美三热爱"活动。1982年,开展文明礼貌月活动,并建立由党政领导和驻区部队领导参加的联席会议制度,负责指导全区精神文明建设活动。1986年,开始精神文明单位创建工作。1987年,崂山县委、县政府制定精神文明建设规划,在全县城乡开展以做文明市民、建设文明城市为主题的群众性精神文明建设活动。1991年,在全区开展以创优良秩序、优美环境、优质服务,做文明市民为主要内容的"三优一做"活动。

　　1994 年，崂山区区委、区政府提出广泛开展创建省级文明区建设活动。1996 年，实施以"三优一做"为主要内容的创建文明城区的主体工程，以创建文明单位、文明村镇、文明家庭为主要内容的基础工程，以军警民共建社会主义精神文明为主要内容的共建工程，以学先进、讲奉献、树新风为主要内容的示范工程，加大精神文明建设力度，加强思想道德建设，建立并完善精神文明建设的各项制度、考核和激励机制。1997 年 2 月，区委全会通过《崂山区"九五"期间社会主义精神文明建设规划纲要》，提出创建省级文明区建设工作先进城区。4 月，投入到争创青岛市精神文明建设先进区的阶段，重点加强风景区、度假区及沿线、村的环境建设，开展"五大创建"（创建文明街道办事处、文明单位、文明户、军警民共建先进单位、环境建设文明示范村/小区）活动。全区建起 120 多个军民共建点，促进军地双方的精神文明建设。区政府拨专款设立青岛首家区级精神文明建设奖励基金，用于奖励做出突出成绩的先进个人。1998 年，广泛建立文明市民学校和家庭学校；开展"面向 21世纪崂山人形象"大讨论和争创"五好家庭"与"星级文明户"活动；组织"送书、送电影、送科技下乡"活动。崂山区获青岛市精神文明建设先进区称号。

　　1999 年 2 月 13 日，中共青岛市委、市政府印发《关于深入开展创建文明城市的决定》，决定在全市开展创建全国文明城市活动。崂山区迅速贯彻落实，4 月开始争创山东省精神文明建设先进区暨青岛市创建文明城区竞赛优胜奖，先后召开区常委会和区委八届六次全委扩大会议，传达全市创城工作精神，并专门召开全区创建文明区活动动员大会，下发《关于深入创建文明城区工作的实施意见》和《崂山区创建文明城区目标任务责任分解》，从经济繁荣、政治清明、规划科学、建设美观等 8个方面提出了具体的目标任务，把创建目标任务量化、细化，落实到各街道和区直部门。

　　当年，崂山区以爱国卫生月为主题，出动 1.3 万余人，清理"树挂"、疏通沟渠、消灭蚊虫孳生地、清理乱贴乱画和违法建筑，清理城乡接合部垃圾杂物共 300 余吨。6 月在全区开展评选环境卫生"十差"单位活动，实行区级领导包村和区直部门与沿线村庄结对整治村庄环境责任制，加大对创建工作的督查力度，对查找存在问题和薄弱环节的督促整改。在整治卫生环境的同时，以"倡导文明新风，共建美好家园"为主题，推动各行各业掀起文明创建的热潮。旅游景点、饭店、银行等服务窗口践行宣传青岛市文明市民"八不"（不随地吐痰、不乱扔杂物、不乱倒垃圾、不乱贴乱画、不损坏公物、不打架骂人、不酗酒滋事、不在公共场合吸烟）行为规范，提升交通秩序、公共设施、环境卫生水平，提高公共服务质量；中小学生和青年志愿者，开展"八不"劝诫、清扫卫生、爱绿护绿、发放宣传材料活动，形成"小手拉大手、共建文明区"的效应；机关事业单位开展以提高行政效能为主题的"争创文明机关、争做人民满意公仆"活动，发挥精神文明"第一窗口"的表率作用；各行各业积极开展文明单位创建，区直各单位、广大基层组织、外资企业、民营企业创建文明单位的积极性和参与意识空前高涨，催生了全民创建的社会意识。

2000~2001年，实行全区精神文明建设工作目标责任制，以"人人参与、美化家园、携手共建文明区"为主题，开展"倡导文明新风，共建美好家园"、遵守"八不"（同上）行为规范等活动。2000年10月，崂山区向省、市文明委上报了《崂山区创建山东省第五届精神文明建设工作先进区自查报告》和申报档案材料，拍摄了《走向现代文明——崂山区创建文明城区工作纪实》汇报录像片，整理有关创建档案并专门赴济南向省文明办进行了工作汇报。2001年9月，省委、省政府命名崂山区为"山东省第五届精神文明建设工作先进区"，崂山区的精神文明建设工作迈上一个新台阶。

2001~2003年，崂山区加大创建"山东省第六届精神文明建设工作先进区"工作的力度，强化思想道德教育力度，加强城区基础设施建设，加大各类创建成果的巩固、发展和管理，经济、社会、文化各方面取得了显著的成绩，现代化国际城市新城区的雏形框架已基本形成，高新技术主导产业初具规模，旅游经济拉动作用日益明显，农村经济的基础地位不断巩固，形成良好投资发展环境、服务环境和人居环境。

第五届精神文明建设先进区

经过从群众性精神文明建设到争创"青岛市精神文明建设先进区"，再到争创"山东省精神文明建设工作先进区"的历程，崂山区精神文明创建工作经历了一个从认识到实践不断深化的发展过程，逐步形成了思想上的共识、比较清晰的工作思路、正确的方针原则和有效的工作措施。主要体现在：各级党政组织对创建工作的认识不断提高，确立了抓创建工作、改善城区综合环境，就是抓机遇、抓发展、抓后劲的思想，树立了"人人都是投资环境""环境也是生产力""环境影响和决定崂山区域竞争力"等现代观念；各级党政组织把创建工作摆上重要位置，区委、区政府以及基层各级组织，坚持把文明城区创建工作作为促进经济社会可持续协调发展、服务改革发展稳定大局、加快实现富民强区、率先基本实现现代化奋斗目标的一件大事来抓，把创建工作纳入全区和部门经济社会发展绩效目标管理，千方百计从人力、财力、物力上予以保证，促进创建工作健康顺利发展；加强领导，形成了坚强有力、行之有效、上下协调的领导机制和工作机制，成立了由区委书记任组长，区委、区政府有关领导和区直部门参加的创建领导小组，下设办公室并设立了四个创建小组，具体抓创建工作的组织部署、协调指导、检查督促；把握正确的创建原则，坚持围绕中心，服务大局，重在建设，以人为本，按照"源于标准，高于标准"的要求，着眼提高城区文明程度和居民素质、让人民群众满意的目标，在实践中积极探索，自加压力，积极创新，形成具有特色的创建工作思路和办法，为下一步崂山区参与青岛市创建全国文明城市以及争创省级文明区积累了宝贵的经验、奠定了坚实的基础。

（二）争创提升阶段（2003~2011 年）

全国文明城市创建自 2003 年开始，三年一轮，每年测评。2003~2005 年期间，是崂山区参与全市全国文明城市创建工作的第一个周期。

2003 年 4 月 29 日，崂山区召开文明委全委（扩大）会议，成立了由区委书记任组长的崂山区创建全国文明城市工作领导小组，领导小组办公室下设综合督查与创建活动组、政务环境与市场环境组、社会稳定和法治环境组、市容与生态环境组、社会保障与生活环境组、宣传与人文环境组六个组，全部由区级分管领导牵头，实现每日工作调度、指导督查、信息通报。同时，加强区文明办和区创城办工作力量，区文明办增加 6 个编制，从区委办、区政府办、公安、城管、执法局等部门抽调精兵强将组成督导组，充实到领导小组办公室，从区财政中划拨创城专项经费，为创城工作提供了坚实的人力、财力保障。全区各街道、各部门、各单位也建立了相应的迎检工作领导小组，形成了一把手负总责的领导体制和"上下联动、各方参与、齐抓共管"的工作机制，为做好创城工作提供了有力的组织保证。

2004年启动了"文明崂山"暨山东省精神文明建设工作先进区创建工作，6月中旬，制定下发当年创建方案，召开动员大会，将目标、责任逐一落实，各单位根据方案组织开展创建活动。7月，邀请人大代表、政协委员对各责任单位创建文明城区阶段性工作情况进行全面督查。8月，对工作情况进行调研，发现问题及时通知各有关责任单位，并督促限期解决。9月，对创建工作进行全面督查，进一步解决创建中出现的问题。10月开始，对创建文明区工作进行总结并整理档案，迎接当年测评工作。当年重点开展了"社区图书室援建和社区读书活动""居民学科技"科普月宣传活动、"清理垃圾、清除违章、搞好绿化"三项整治活动、"百城万店无假货"创建活动、"公民道德宣传日"活动等一系列精神文明创建活动，丰富了精神文明创建内涵。

2005年是第一轮文明城市创建的最后一年。按照市委、市政府工作部署和要求，围绕创建文明城市工作，突出抓好五个重点环节：通过开展"文明礼仪进社区"、"共建书香社区"等活动，突出抓好市民素质的提高，市民知晓率和参与度明显提升；通过"条抓块包，以块为主"，各责任单位各司其职，突出抓好卫生死角、重点道路、重点市场的环境卫生清理整治工作，环境面貌焕然一新；通过以点带面，重点抓好金家岭社区"文明社区示范点"和石老人、凯旋、丽海花园等4个"青岛市文明城市实地考察重点社区"建设，构建和谐家园；通过为群众办实事，督办落实各类问题552件，处理落实各类群众来信和举报电话反映问题170余件，使创城工作成为一项名副其实的"民心工程"，得到了广大市民的积极拥护；通过率先开

"创建文明城市、共建书香社区"捐书活动

展生态文明村（居）创建，打造全市首个社区品牌——"金岭乐园"，首创开展道德、科教、文体、法律、卫生、文档"六进"社区等富有特色和实效的文明创建活动，全区精神文明建设硕果累累，全区共创建全国级文明单位先进单位 2 个、省级文明单位 7 个、市级文明单位标兵 20 个、市级文明单位 57 个，5 人被授予"青岛市文明市民"称号，1 个家庭被授予"青岛市十佳文明家庭"称号，有 7 件好事被评为"青岛市精神文明建设好事"。

2005 年 10 月 26 日，中央文明委授予青岛市全国文明城市称号。在第一轮文明城市创建中，崂山区委、区政府按照"全民创城、全民受益"的原则，坚持"创城依靠群众、创城为了群众、创城造福群众、创城提高群众"的方针，着重从"加强组织领导、做好宣传报道、整治区容区貌、加大督查力度、解决群众问题、组织问卷调查"六个方面全面做好全区创城迎检工作，形成了"气氛上热起来，全社会动起来"的创城良好局面，社会环境、居民生活环境得到了明显改善，全区的文明程度和居民素质有了较大提高，以模拟测评、正式测评全市领先的成绩顺利通过中央测评组考核验收，得到中央测评组"崂山区的居民热情好客，崂山创城工作很到位"的高度评价。崂山区金家岭社区居委会和崂山第八中学分别被中央文明委授予"全国创建文明村镇先进村"称号和"全国精神文明建设工作先进单位"称号，崂山区成为当时全市 12 个区市中获奖最多的区，为全市文明城市创建工作做出了应有贡献。

2006~2008 年，全市进入第二轮文明城市复查阶段。

金家岭社区"全国创建文明村镇工作先进村"揭牌仪式

2006 年，根据全市创城责任分解，崂山区制定下发了涉及到的 33 项指标、88 项测评内容和 143 项测评标准的《崂山区落实〈青岛市创建全国文明城市工作目标责任分解〉职责分工》，组织相关部门开展了以整治户外广告、清理占路亭体、治理户外经营为主要内容的

"三项整治"活动；以规范道路交通秩序、打击黄赌毒为主要内容的社会治安整治活动；以迎检沿线市场卫生环境整治活动；运输市场专项整治活动；对未升位的对外公开电话集中清查活动。同时，为进一步提高群众对创城的知晓率、参与率和支持率，开展了"三个一"（开辟一个专栏，制作一批宣传材料，开展一系列丰富多彩的文体活动）系列活动，并积极利用电视、报纸、宣传条幅、纳凉晚会、电子屏幕、广告牌、手机短信、宣传车等宣传媒介，加大对全区创城工作和相关知识的宣传力度。

6月，起草下发了《关于做好迎接青岛市创建文明城市测评工作的通知》（崂文明〔2006〕10号），并向市测评组上报实地测评点17处。7月，牵头召开了实地测评相关责任部门协调会，对实地测评的重点和各责任单位具体职责进行了布置，并在会上下发了《关于下发我区创建文明城市实地测评点标准及责任分工的通知》（崂文明办〔2006〕17号）。12月4日，青岛市实地测评组分两组对全区城市管理和社区建设情况进行了实地测评，测评结束后市测评组对崂山区文明城市创建工作给予了高度评价。

2007年，在青岛市即将承办奥运会的大背景下，崂山区按照《青岛市人文奥运总体运行纲要》的统一部署要求，把推进人文奥运与创建全国文明城市工作紧密结合起来，将奥运元素更多地融入整个城市和市民生活，制定了《崂山区开展"扬奥运风帆，建文明崂山"活动，推进人文奥运工作实施方案》，在全区先后开展了"迎接奥运帆船赛，争做文明崂山人""奥运知识进万家"、迎奥运文明示范创建、"志愿行动，有你有我"等5大系列40多项群众性人文奥运活动。结合"城市管理年"活动，实施"绿化、美化、亮化、硬化、净化"工程，完善城区基础设施建设，加大城市环境综合整治和督导检查的力度，解决群众反映强烈的环境卫生问题，切实改变人民群众的生活环境，为奥运会帆船比赛创造良好城市环境的同时，全面提升市民的文

"扬奥运风帆，建文明崂山"启动仪式

明素质和城市文明程度。

2008 年，崂山区积极争创省级文明区。根据省、市文明办工作安排，制定了《崂山区创建省级文明城区迎检工作责任分解》，调整和充实创建省级文明城市工作领导小组，设立创建办公室和综合督查与创建活动组、政务环境与市场环境组、社会稳定和法治环境组、市容与生态环境组、社会保障与生活环境组、宣传与人文环境组 6 个工作组，负责创建文明城市的综合协调、督查落实，迎接测评的文字、档案、统计和实地考察等各项准备工作。将省级文明城市 7 项测评项目、27 项测评指标、86 项测评内容进行责任分解，组织各单位逐项进行自查，共整理档案 1250 卷，顺利通过检查验收。2008 年 9 月 5 日，崂山区荣获"山东省创建文明城市工作先进区"称号，受到省委、省政府通报表彰。

遗憾的是，在 2009 年 1 月评出的第二批全国文明城市中，青岛名落孙山，而 2009 年也正是第三轮文明城市创建的开端之年。全市上下，为夺回荣誉奋起而战。

2009 年，崂山区一方面加强集中综合整治，城区环境面貌发生了翻天覆地的变化。把平时根深蒂固、容易反复的一些难点问题，纳入重中之重全力以赴解决。迎检期间，全区共拆除各类违法建筑 70 多处计4000 多平方米，安装隔离护栏 8200 多米，道路划线 15000 多平方米；取缔无证经营 296 户，整改不规范门头字、户外广告 212 处；人行道修补、绿地内铺装小路、嵌草等 6000 多平方米；增加道路、绿地保洁人员 300多名，对"两纵五横"七条主干道全程监控、保洁，更换、加设了 415个果皮箱，清理外运垃圾 200 多吨；检查网吧 800 多次，停业整顿 7 家，社会环境和城区面貌发生了翻天覆地的变化。

另一方面，深入宣传发动造势，居民整体文明素质得到了大幅度提高。期间共在城区主干道、各街道社区设置灯杆旗 800 余杆，大型广告牌、围挡 100 余块，灯箱、候车亭 70 余个；在全区发放《我为创城加一分——致全区居民的一封信》12 万份；组织城市文明指数模拟测试，发放《城市文明指数模拟调查问卷》13000 余份；张贴创城宣传招贴画 9万余张，营造了浓厚的社会氛围。同时，通过新闻媒体广泛宣传造势，先后在区、市媒体发表创城内容的稿件近百篇，在区、市内部信息转发相关经验 11 篇。全方位、全覆盖的宣传教育似春风化雨，使创城工作家喻户晓，人人皆知，激起了全区居民巨大的创城热情。当年，崂山区在青岛市城市文明公共指数测评中获七区总分第一名，有 21 个单位和 38 名个人在创城中受到市文明委表彰。

2010 年，建立完善创城长效化机制，构建了横向到边、纵向到底的责任链，将各项指标任务细化、量化，分解到位、到人，有效实现了每项措施有人实施、每个问题有人解决、每件责任有人承担；将督查与责任追究结合起来，将创城工作纳入区委、区政府目标绩效考核，纳入精神文明建设考核，纳入干部工作绩效考核，切实保证了各项创城迎检指标达到高标准。在全市率先开展的"排队乘车"，在全区主干道安装隔离护栏，为在全市范围内推广做出率先示范。在香港东路 21 个公交站点推行文明排队乘车活动，通过"建队伍、重宣传、抓管理"，打造品牌，树立亮点，不断推动文明排队乘车工作向制度化、长效化发展，全区交通秩序井然，公交运行效率提高，文明排队乘车蔚然成风，在社会上引起了良好反响，得到了青岛市文明委的充分肯定。

2011 年是第三轮全国文明城市创建工作的决战决胜之年，崂山区紧紧围绕"我和我的城市共奋进"的主题，举全区之力，协调各方，上下联动，以争创一流、争当标兵的标准，用超常规的工作精神、超常规的措施手段、超常规的力量投入、超常规的宣传发动，着力从"抓整治、重民生、强素质、优管理"四个方面狠抓各项工作的落实，开展了一系列丰富多彩的创建活动：树立细节意识，扎实做好卫生"死角"清理、交通秩序整治、城区美化亮化等工作；按照新农村建设"五化"的要求，加大河道、生态绿化、社区卫生等农村环境综合整治力度以评选"崂山区道德模范""崂山区美德少年"为载体，深入实施社会公德、职业道德、家庭美德、个人品德"四德工程"建设，加强"社会课堂"建设，健全学校、家庭、社会"三结合"教育网络，形成了全社会关注未成年人思想道德建设的良好氛围；开展文明行业、文明单位、文明社区、生态文明社区创建活动，涌现出一批省级文明行业、单位和

文明排队乘车活动

社区；发挥机关干部的示范带动作用，在全区广泛开展"文明交通志愿服务"活动。圆满完成了创建省级文明区和创建全国文明城市测评工作，取得了创建省级文明区综合测评成绩三区组第一的优异成绩。

2011年9月，崂山区被省委、省政府表彰为省级文明区。12月20日，青岛以省会和副省级城市复查测评总分第一名的成绩，恢复了"全国文明城市"的称号。崂山区在探索城市文明常态化的过程中，实现了城区品质新的跃升。

（三）巩固复查阶段（2012年至今）

2012年进入第四轮文明城市创建阶段后，创城工作更趋常态化，崂山区通过调整创建方式、创建体系、创建重点，进一步转变工作思路，加快完善重长效、管长远的创建体制机制，居民素质和整个城区的文明程度进一步提升。3月初召开了全区创城动员大会，印发了《关于2012年度创建文明城市工作的实施方案》和责任分解，先于全市两个月启动了第四轮文明城市创建工作，明确了从抓环境卫生、抓秩序整顿，更多地向提升居民道德素养，提升软环境方面转变的新思路。

8月初组织召开了全区创建文明城市联席会议，全面部署迎检各项工作，拟定了全区迎接中央测评方案，各责任单位也相继制定了各实地测评点的迎检预案和应急预案。结合测评标准，积极运用"大干300天"行动取得的成果，实现从主要干线向背街小巷延伸，从繁华地带向管理薄弱区域延伸，从点上突破向面上覆盖，累计拆除违法建筑787处，查处、规范占路经营、取缔非法摊点3136起，深入治理"视觉污染"，依法拆除户外广告121处、2200多平方米，累计整治门头牌匾150多处、2600多平方米，实施了深圳路沿线3万平方米的建筑立面整治工程等。组织了6000多人次参与交通秩序和不文明行为劝解志愿服务活动。

8月中旬，启动了"责任区"负责制，在每周一路口上岗的基础上，在建成区主次干道两侧划分"责任区"，由区直各部门、各单位于每个工作日下午在责任路段进行环境清洁、文明劝解和巡查反馈，实现"横到边，纵到底"的全覆盖网格化管理。8月30日，顺利完成中央文明委对崂山区创建文明城市和未成年人思想道德建设全面测评任务。

2013年4月27日，召开创城工作会议，率先启动当年创城工作，将创城工作与市容环境整治、城市建设管理、乡村文明行动、"三下乡"以及学雷锋、志愿服务等日常工作相结合，开展了窗口行业文明服务行动、小餐饮店专项整治、文明交通行动等，进一步丰富创建内容、扩大创建工作覆盖面，实现了创建工作由中心城区向城乡接合部和农村社区延伸拓展。组织文明交通志愿者及各类执法人员全体上岗，加强引导劝诫和执法力度，分别于7月下旬和8月下旬圆满完成了"省级文明区"和文明城市迎检测评工作。

2014年是第四轮全国文明城市和省级文明区创建三年周期的最后一年，也是分量最重、最为关键的一年。中央文明办对测评作出重大调整，测评内容更加突出诚信建设制度化、志愿服务制度化等重点，测评方法变为暗访抽查，入户调查改为电话访问。

面对全新考验，崂山区一方面突出抓好教育引导。组织开展"人人动手，建洁美社区""志愿服务我先行，文明监督我有责"等系列宣传教育促进活动；启动崂山区机关志愿服务活动，每月组织党员干部深入基层群众，开展便民服务、义务劳动、扶贫济弱等活动，机关干部通过丰富多彩的服务实践、细微具体的帮扶、与社会各界群众面对面交流，带头宣传方针政策、带头引领文明风尚，在全区形成创城靠大家、创城为大家的良好氛围。另一方面，突出治理脏乱差。拆除违法建筑21.9万平方米，清理乱摆乱放广告牌150余块，取缔占路经营240余处，整治人行道乱停车400余起，清理小广告3000处，对城区500余万平方米的道路实行定人、定区域、定时间、定职责的"四定"方式进行保洁，新增绿化面积17万平方米，在78个社区进出口路口设置了景观标志，实现城区景观新提升。年底，顺利通过全国文明城市和省级文明区复查，再次被省委、省政府表彰为"省级文明区"。

2015年，启动第五轮文明城市和省级文明区创建，文明城市创建更趋常态化。建立健全了文明创建工作领导体系，成立了创城联席会议机构，印发了文明城市日常测评体系和责任分解，抓好了创城的舆论宣传和氛围营造工作，圆满完成了中央和

机关志愿者开展义务劳动

省、市对崂山区的文明城市创建和未成年人思想道德建设测评工作。

2016年，崂山区进一步抓好创城常态化，牢牢把握"六个注重"，即注重日常管理，注重工作结合，注重民生服务，注重宣传教育，注重问题解决，注重制度落实，将创城工作列入全年计划、融入日常工作。开展邻里守望、爱心救助、机关志愿服务等志愿服务系列活动，引领社会文明互助风尚；打造17处崂山区未成年人思想道德建设社会课堂场馆，营造未成年人健康成长社会环境；命名36家文明餐饮单位，深化餐饮行业文明创建；加大"讲文明树新风"公益广告刊播力度，在深圳路、海尔路等主干道、公交站点候车厅，在鲁信长春社区及崂山区实验小学、崂山三中等学校周边设置各类公益广告1200余块，营造浓厚氛围；开展环境综合整治、交通秩序治理、绿化提升工程等，居民素质不断提升，城市品质日渐跃升，文明城市创建工作也逐渐步入常态化、规范化、机制化的轨道。

二、主要成就

（一）居民素质日益提升

崂山区坚持贴近实际、走向基层，创新文明建设载体，通过实施"四心四德工程"，开展"崂山区道德模范""崂山区美德少年""社区好人榜"等评选宣传，开展净化社会文化环境、"做一个有道德的人"主题活动和未成年人"社会课堂"建设，引导广大群众学习美德，崇尚文明，争当楷模，将文明的种子撒在崂山大地，植根于广大群众之中，为文明城市创建修炼深厚内功。崂山区好人层出不穷，共有国家级好人8个，省级、市级好人54个，区级道德模范、好人百余名，全区上下普遍形成了学好人、讲道德、创文明的良好社会氛围。

（二）人文环境向上向善

崂山区通过组织开展机关志愿服务、"弘扬雷锋精神 共创和谐崂山"、邻里守望、"情暖夕阳 关爱空巢""红马甲"医疗志愿服务等一系列志愿服务活动，每年有来自社会各界、广大居民的20万人次积极投身其中，营造出文明向善、乐于奉献的城区美德。全区注册志愿者4.8万余名、志愿服务组织394个，其中，大河东社区被社区志愿服务全国联络总站评为"社区学雷锋志愿服务联络示范站""情暖夕阳 关爱空巢"

志愿服务项目被评为全国邻里守望志愿服务"优秀实践成果奖"。

（三）社会服务更加高效

广泛开展文明行业、文明单位、文明社区、文明旅游等创建评选活动。全区共有各级文明单位（社区）265个，其中全国文明风景旅游区1个、省级文明单位（社区）43个、市标文明单位（社区）39个、市级文明单位（社区）74个，文明餐饮单位36家，通过拓宽文明创建载体，崂山区党政机关、窗口行业、企事业单位不断立足岗位，转变作风，发挥出文明单位示范引领作用，激发了各级各单位服务群众、奉献社会的自觉意识，为群众提供了更加高效、优质、务实的服务，社会关系更为融洽和谐。

（四）城市品质不断优化

创建全国文明城市规划与城市建设总体规划相衔接，突出抓好市政基础设施、道路交通设施、公共文化设施建设，不断增强城市的承载能力和服务功能。为提高环卫保洁效率，积极推进环卫保洁机械化作业，累计投入资金1亿多元购置垃圾清运、护栏清理、洗扫等环卫保洁专用车辆。在19个城市社区、139个农村社区全部划分了网格，建立了区、街道、社区、作业公司四级管理网络，各网格明确责任人、包片区域和联系方式，数百辆环卫车辆运行在全区主要道路，实现了中心城区环境卫生和园林管理的常态化、精细化、网格化、标准化，全方位覆盖、无缝隙对接。为整治脏乱差，对全区的城中村、城乡接合部、集贸市场、"五小"店面、道路、河道、背街小巷乱堆、乱吊、乱挂、乱停乱放等进行了彻底整治，打造了干净整洁的城市环境。为便民利民，重点引进了丽达、金狮、金鼎、协信等大型商业网点项目，引进了国际会展中心、青岛博物馆、啤酒城、华诚国际影城等城市文化项目，投入近4亿元启动了市民文化中心和综合保障服务中心等民生项目，成立崂山画院和文联等七大协

全国文明风景旅游区授牌仪式

会，崂山道教音乐、崂山民间故事被列入国家级非物质文化遗产名录，城市文化品质的不断提升，为城区发展凝聚了巨大的无形资产。

三、经验启示

（一）领导重视、服从大局是将创城工作不断引向深入的前提

区委、区政府主要领导高度重视，密切关注，将创城工作列为全区最大的思想政治工作、最大的群众工作和最大的精神文明建设载体，定期带队督查，现场指导，靠前指挥；各单位主要负责人担负起创城第一责任人的职责，把创城工作列为各项工作的重中之重，纳入整体工作布局，摆上突出位置，与本职工作、业务工作一起研究、一起部署、一起检查。真正实现了"三个转变"：由被动整改向主动作为转变，各部门、各单位改变以前工作中存在的检查到什么问题才抓什么问题的现象，自觉做到问题主动发现、难题主动解决、工作主动落实；由一般性的过问向领导亲自抓、重点抓转变，各责任单位真正落实"一把手"责任制，特别是在迎接中央测评期间，各单位主要领导亲自带队上岗，带头履行职责；由临时性督查向经常性督查转变，改变以前只在迎检时关键节点检查的做法，注重经常抓督查、全过程抓督查。实践证明，领导重视、服务大局是做好一切工作的基础，只有将大局意识扎根在思想上，落实在工作中，才能克服一切困难，取得新的成绩。

（二）统筹兼顾、和谐发展是将创城工作不断引向深入的根本

创城工作是一项范围广、指标多、标准高的系统性工程，涉及政务、法治、市场、人文、生态等"八个环境"，势必要在城市环境建设和居民思想道德建设上全面下功夫，才能让城市文明同时具备以环境为标志的"外在美"和以文明为内涵的"内在美"。

崂山区道德模范颁奖典礼

城市环境是一笔巨大的无形资产，具备强大的生产力和吸引力。崂山区切实加强城市建设和管理，不断健全基础设施和城市功能，大力推进平安崂山建设，整顿和规范市政经济秩序，为文明城市创建奠定了良好的基础。居民素质是城市文明的真实写照，是城市文明的灵魂，崂山区始终注重文明城市创建的群众性和社会性，通过挖掘发挥先进典型的示范作用，开展文明教育主题活动，组织文明交通志愿行动等有效载体，大力实施"四心四德工程"，大力加强未成年人思想道德建设，实现全体居民的思想意识、道德水准、科学文化、健康素质的全面提高，为文明城市创建修炼深厚内功。实践证明，开展文明城市创建，必须外抓城市建设，内修文明素养，优美的城市环境是城市文明的外因和外在表现，较高的居民素质是城市文明的内因和根本所在，将两者统筹兼顾，实现全面和谐发展，才能真正体现文明城市创建的根本出发点和最终落脚点。

（三）齐抓共管、形成合力是将创城工作不断引向深入的坚强保障

党委、政府统一领导，文明委组织协调，党政部门、群团组织、有关单位各负其责、密切配合的工作体系和合力贯通、内外衔接、快速反应、协调运行的工作机制，成为创城迎检工作取得圆满成功的制度保证。多年创城奋战中，各级各部门坚持上下"一盘棋"思想，发扬团结一致、敢于胜利，勤奋工作、勇于奉献的精神，心往一处想，劲往一处使，凝成一股绳，形成了人心思上、人心思进、人心思齐干事业的强大合力。创城指标关联多个部门，牵一发而动全身，在各单位真抓实干中逐渐形成上下联动、分工明确、责任到位、运行有序、通力协作、工作有力的推进机制，比如针对"五小"单位证照不齐问题，工商、质监、卫生、食药、公安等部门联合执法，开展拉网式全覆盖检查，从严从快协同解决前置审批和经营场所手续不全等问题，对经整改达标的业户迅速办理证照或临时证照，对不能达标的业户责令停业，后期形成了崂山区治理无证无照经营联席会议议事体制；再比如联合执法机制实现了公安、执法、交通等部门的多方联动，崂山公安分局在广大交通志愿者的配合下全力开展道路交通秩序维护，真正从制度上和行动上保证了工作落实，为各项工作的推进提供了有益借鉴。实践证明，工作的落实需要各级协调配合、共同推进，需要形成机制，推向常态。

（四）发动群众、依靠群众是将创城工作不断引向深入的重要法宝

群众是创城的真正主体，居民素质决定了城市文明程度，只有坚持以人为本，紧紧依靠并充分相信群众，抓好与人民群众生产生活息息相关的各项具体工作，才能凝聚民心、吸纳民智、珍惜民力，真正做到创建为了群众，创建依靠群众，创建成果惠及群众。为此，各级各单位围绕群众反映强烈的问题，从群众最关心、最迫切需要解决的问题抓起，抓好各项民心民生工程。比如，实现城区主要公共场所、重点要害部位视频监控系统全覆盖；加大对文化市场、经营性公共场所和食品生产经营单位的拉网式日常检查和联合执法专项整治；积极开展无照无证清理行动，营造出良好的治安环境和市场秩序，让群众更"安心"。扎实推进文化惠民建设，送电影、送图书、送文化设施进社区；积极开展"志愿崂山、缤纷四季"、"党员奉献日"等志愿活动，不断优化社会服务，丰富群众生活，让群众更"开心"。在各窗口服务行业深入开展了"擦亮我的窗口，为创城增光添彩"文明服务达标创优活动；启动群众监督活动以来，各职能单位本着"快速受理，限时处理，联合办理，办完反馈"的原则，及时解决居民来电反映楼院卫生死角、违章建筑、占道经营、设施损坏等影响群众日常生活的各类问题，让群众在不断感受创城带来的巨大变化和更多实惠中更"舒心"。一系列以人为本，执政为民的创城实践，赢得了群众的大力支持、衷心拥护、积极投入、广泛参与，全区上下从企业到学校，从社区到家庭，从城区到农村，到处涌动着创城热潮，使创城工作拥有了深厚的群众土壤。实践证明，只有坚持服务群众，为群众做实事解难题，让群众切实感受到创建文明城市带来的实惠和变化，才能激发群众更加积极主动自觉地投身于文明城市创建中去，成为创建文明城市的最有力的参与者和最广大的受益者。

执笔人：刘雅莉
审核人：栾泽选
签发人：栾泽选

参考文献：

1. 崂山区志编纂委员会，《崂山区志》，北京方志出版社2008年版。

2. 崂山区史志办公室，《崂山年鉴》，黄河出版社2015年版。

改革开放以来崂山区政法事业发展的基本历程及经验启示

中共崂山区委政法委

社会主义政法工作的本质决定了政法工作的主要任务是"维护社会大局稳定、促进社会公平正义、保障人民安居乐业"。自改革开放以来，全区政法战线高举中国特色社会主义伟大旗帜，全面贯彻党中央和省、市、区关于加强政法工作、维护社会稳定的一系列决策部署，不断解放思想、开拓进取，为保障和促进全区改革开放和现代化建设发挥了重要作用。

一、基本发展历程

改革开放以来，崂山区紧紧围绕党的工作大局和中心任务，突出重点、统筹兼顾，以改革创新的精神扎实推进政法工作，为崂山区改革开放和经济社会发展提供了安全稳定的社会环境、公平正义的法治环境和优质高效的服务环境。从改革发展历程看，全区政法工作发展历程大致可分为以下四个阶段。

（一）恢复重建阶段（1979 年 4 月~1984 年 6 月）

1978 年 12 月，党的十一届三中全会召开，党的思想、政治、组织领域的拨乱反正全面展开，党和国家的正常秩序逐步恢复，各级政法机关也迅速完成重建。崂山县政法系统按照中央和省、市委部署要求，认真学习贯彻党的十一届三中全会确定的路线、方针、政策，忠实履行宪法和法律赋予的职责，积极拨乱反正，努力维护社会治安秩序稳定，推进民主法制建设，有力保障和促进了经济社会发展。

1. 重新确立党管政法制度。1978 年 6 月，中共中央成立中央政法小组，协助中央管理高法院、高检院、公安部、民政部四个部门的一些事情。1979 年 4 月，中共青岛市委印发《关于公布青岛市委政法工作领导小组的通知》，正式成立青岛市委政法领导小组。80 年代初，崂山县相应成立政法领导小组，负责领导、协调政法工作和维护社会政治稳定工作，各公社将政法工作纳入党委议事日程，普遍成立了由分管书记挂帅，管委、公安、司法、民政、武装等负责同志参加的政法领导小组。1980 年 1 月，中共中央撤销中央政法小组及其办公室，成立中央政法委员会。1982 年 1 月，中共中央发出《关于加强政法工作的指示》，指出各级党委政法委员会是党委的一个工作部门，按照《中共中央关于成立政法委员会的通知》的规定，联系、指导政法各部门的工作；协助党委和组织部门考察、管理干部；组织和开展政策、法律和理论的研究工作；组织党内联合办公，妥善处理重大疑难案件；组织和推动各方面落实"综合治理"的措施。青岛市委于 1983 年 3 月决定将市政法领导小组改为市委政法委员会，并于 1984 年 6 月印发《关于市委政法委员会组成的通知》，正式成立市委政法委员会，崂山县相应成立了政法委员会，主管政法工作。

2. 严厉打击破坏经济犯罪和严重刑事犯罪。1979 年我国《刑法》《刑事诉讼法》颁布实施，社会主义法律体系进一步建立健全，特别是伴随 1982 年中共中央、国务院和全国人大常委会先后做出了关于打击、严惩严重破坏经济犯罪活动的决定和 1983 年中共中央做出了严厉打击严重刑事犯罪活动的决定，全区政法机关积极行动起来，依法从重从快打击严重刑事犯罪活动和严惩严重经济犯罪活动。1982 年，崂山县开展了打击经济领域严重犯罪斗争，坚决打击反社会主义的敌对分子和严重破坏社会秩序的刑事犯罪分子。1983 年 8 月 11 日至 17 日，为贯彻执行中央对严重刑事犯罪实行"从重从快，一网打尽"工作方针，全县集中开展了严厉打击刑事犯罪分子的第一次统一行动，抓获犯罪分子 60 名，摧毁犯罪团伙 6 个，案犯 12 人，缴获了一批罪证赃物，掌握了一批案件线索。结合统一行动，同时开展了揭露犯罪、宣传教育群众活动，共出动宣传车 60 辆，召开各种大中小型现场宣传会 45 场，受教育人数达 50 万人次，张贴宣传小公告 300 余份，公布揭露犯罪 30 多人次，打击了犯罪分子的嚣张气焰。

3. 开展社会治安综合治理。1982 年，全县各公社均成立整顿社会治安领导小组或办公室，由分管书记挂帅，由公安、司法、民政、武装、文教、共青团、妇联等部门负责同志组成。加强治安巡逻组织建设，崂山县联防巡逻组织自 1981 年开始恢复健全，截至 1982 年底全县已初步形成一个联防巡逻网，各级党委普遍都以公社驻地为中心成立了联防巡逻队伍，少者十人，多者三十余人，划区分片，实行五定（定人员、定地区、定任务、定报酬、定奖惩）到队（组），并建立学习、工作、纪律评比、奖罚等各项制度调动联防队员积极性。1985 年，崂山县委转发县社会治安综合治理领导小组、县委政法委员会《关于社会治安综合治理的标准和有关部门职责分工的试行意见》（崂发〔1985〕85 号），要求各级党组织要切实把综合治理社会治安工作纳入重要议事日程，结合实际制定规划，按照职责分工，进一步全面落实各项综合治理措施，对党的纪律检查和组织人事、宣传文教、政法等 8 个部门及民兵、工会、共青团、妇联等群众组织按照职责范围进行了职责分工。建立并落实治安保卫责任制和岗位安全责任制，至 1982 年 11 月底，崂山县已有 13 处公社、35 个厂企建立了治安保卫责任制，在 358 个重要部位建立了安全岗位责任制（内容包括值班、巡逻、看护三项制度和做到不发生贪污盗窃案件、治安灾害事故、损坏财产和哄抢破坏事件四个保证，履行承包责任，实现奖惩制度）。将教育挽救违法青少年工作作为"综合治理"重点工作，崂山县各级党组织成立专门领导班子，加强组织领导，截至 1982 年，共成立帮教小组 75 个。发动群众制定《乡规民约》。1982 年，全县各单位已有 310 个大队制定了"乡规民约"，占大队总数的 75.4%，厂企单位已全部制定了"职工守则"，全县社会风气进一步好转。

4. 探索开展法制宣传教育。全县各公社把法制宣传普遍列入党委宣传工作计划。1982 年 1 月至 11 月，全县政法各

学生在街头宣传"五讲四美三热爱"活动

部门结合办案、运用典型案件，深入基层讲法制课 23 场，受教育者达 6 万人，通过召开公判大会、进行法制讲座等形式，广泛地进行法制宣传教育，共召开公判大会 10 次，判处罪犯 33 人，旁听群众达 23000 人，并进行了实况录音转播宣传。大力开展以宣传新宪法为中心内容的法制宣传活动，使广大干部群众懂法、守法，增强法制观念。1982 年 11 月底，全县中、小学已全部开设法制课，结合"五讲四美"活动，对广大青少年进行形势、理想、前途、道德和法制教育，开展有意义的文化体育活动，引导青少年走健康成长道路。

（二）起步发展阶段（1984 年 6 月~1994 年 8 月）

党的十二大首次提出了建设有中国特色的社会主义的重要思想，十三大明确提出党在社会主义初级阶段的基本路线，制定了"三步走"发展战略和各项改革任务。建设有中国特色的社会主义，把我国建设成为富强、民主、文明的社会主义现代化国家，成为我国各族人民的共同理想。围绕经济建设的中心任务，崂山县不断完善政法工作领导体制机制，推进治安综合治理，探索开展普法依法治县，重塑政法机关在人民群众心中的良好形象，为推动经济建设发展提供了坚强的政法保障。

1. 严厉打击经济领域严重犯罪活动。1987 年 6 月 17 日，崂山县委批复县纪委、县委政法委员会《关于"经打"办事机构移交工作的意见》（崂发〔87〕145 号），"县打击经济领域中严重犯罪活动领导小组"改为"县委打击严重经济犯罪斗争领导小组"，领导小组办公室由县纪委代管移交县委政法委员会管理，原县"经打"斗争办事机构的人员编制、经费、办公设施等，由县纪委移交县委政法委。

2. 持续开展严打斗争。1990 年 1 月~7 月，运用经常性侦查破案与组织破案会战和专项治理相结合的方法，不停顿地开展打击各类严重刑事犯罪行动，共破获杀人、抢劫、强奸、盗窃等刑事案件 176 起，经济犯罪案件 15 起；查获各类违法犯罪分子 1000 余名，摧毁犯罪团伙 92 个，成员 372 名，缴获赃款、赃物折款 20 万余元。1990 年 6 月份在李村城区开展了反盗车专项斗争，一个月破获盗窃摩托车、自行车案件 103 起，缴获摩托车 17 辆、自行车 55 辆，查获盗车分子 49 名。1990 年，共组织召开宽严揭露大会 7 次，利用电视进行宣传 8 次，发放各种宣传材料 15000 余份，有 68 名群众扭送违法犯罪分子 63 名，有 162 名群众主动提供破案线索 170 余条，有 22 名违法犯罪分子到公安机关投案自首。

3. 加强社会治安管理。 1985 年 9 月 6 日，崂山县委转发县委政法委员会《〈关于当前政法工作的几点意见〉的通知》（崂发〔85〕110号），意见中就如何继续深入开展"严打"斗争第二战役和年底前主要工作任务作出部署。1986 年，崂山县成立社会治安综合治理领导机构和办事机构，进一步健全和加强了基层基础工作，全面推行安全保卫责任制和治安承包责任制，调整充实了联防组织，加强了治安巡逻力量和社会治安管理，促进了全县社会治安秩序的稳定好转。加强治安管理，落实安全预防措施，确保正常的社会秩序，对暂住流动人口、旅店业、集市贸易，尤其是对枪支弹药、爆炸物品、危险物品，要求各有关部门加强管控，落实各项措施，预防和减少犯罪案件的发生。

4. 逐步开展普法工作。 1985 年 9 月 6 日，县委批转县司法局党组《关于向全县公民普及法律常识的五年规划》，在全县范围内广泛开展法制宣传教育。1986 年，积极开展宣传新《中华人民共和国治安管理处罚条例》的活动，宣传的重点地区是县城驻地、乡镇驻地和公共场所，重点对象是青少年。同时，抓好保护妇女儿童合法权益宣传活动。

5. 强化政法队伍建设。 1985 年，为解决各级领导干部的精神状态和工作作风问题，进一步增强党性观念、群众观念和法制观念，全县政法各部门以加强党性党风为重点，开展整顿政法队伍纪律作风活动。1990 年，狠抓公安队伍建设，组织广大干警认真学习党中央关于坚持四项基本原则，反对资产阶级自由化的一系列指示，学习了党的十三届四中、五中、六中全会文件，进一步加强了公安队伍的组织建设和思想建设，提高干警的思想政治觉悟。进一步加强干警全心全意为人

开展多种形式的普法宣传

民服务的宗旨教育、为警清廉教育和职业道德教育，并坚持"从严治警"的方针，整顿纪律作风，对违法违纪干警认真追查严肃处理。以学雷锋、学焦裕禄、学严力宾和恢复爱民活动好传统为契机，进一步建立和完善便于群众监督的制度，克服特权思想。1991年，党的十三届七中全会后（"八五"规划第一年），在全区政法系统中积极开展了"学先进、赶先进、创先进"活动，进一步加强政法队伍建设，推动政法机关更好地履行"保护人民、打击敌人；惩治犯罪、服务四化"职能。

（三）全面发展阶段（1994年8月~2012年11月）

自1994年青岛区划崂山区建区始，区政法机关相继建立。全区政法机关紧紧围绕区中心工作，建立完善各项工作机制，推进社会治安综合治理，开展普法和依法治区，加强政法队伍建设，以更加有效的措施推动社会治安综合治理、依法治区及政法队伍建设等各项工作，有力维护了全区发展稳定大局。

1. 建立新的政法机关。区委政法委的成立。1994年8月，中共崂山区委下发《关于成立青岛市崂山区委政法委员会的决定》（崂发〔1994〕65号），正式成立崂山区委政法委，并明确其主要任务和职责是：根据中央、省、市、区委的部署和要求，提出政法战线一个时期全面性的工作部署，组织有关政法部门贯彻落实；研究有关政法工作的方针、政策和法律问题，研究社会治安形势的变化和应采取的对策，及时向党委提出建议；领导并协调好政法工作，讨论研究重大疑难案件，抓好大案要案的督办工作，加强对政法部门的执法监督；指导和抓好社会治安综合治理工作；抓好政法队伍的建设，协助党委抓好政法部门的领导班子建设；办理区委和上级政法委交办的事项。1995年6月根据省委组织部、省委政法委鲁政法〔1994〕13号文件和市委组织部、市委政法委青政法〔1994〕22号文件精神，区委组织部、区委政法委联合下发《关于政法系统干部管理有关问题的通知》（崂政法〔1995〕7号），明确了区委政法委协管政法干部的职能：区人民法院、区人民检察院、区公安分局、区司法局、区安全分局属区管理干部职务的任免，各单位上报区委的材料报送区委组织部同时抄送区委政法委，经区委组织部和区委政法委共同考察，区委政法委提出初步意见，由区委组织部研究后上报区委审批；区政法各部门需要向区委备案的干部，在向区委组织部事先备案的同时，向区委政法委备案，由区委组织部征求区委政法委意见后统一答复意见；区委政法委协助区委组织部对全区政法干部队伍进行管理，搞好区政法各部门领导班子的思想作风和后备干部队伍建设；各镇分管政法工作副书记的任免，应事先征求区委政法委的意见。

区政法各部门的成立。1993年11月5日，崂山区委、崂山区政府联合下发了《关于区安全分局机构改革实施意见的批复》（崂发〔1993〕117号），同意区安全分局机构改革实施意见，根据青崂编〔1993〕46号文件规定，区安全分局编制为12人，领导职数设3职，内设2个科室。1994年6月，崂山区人民检察院成立，共计10个科室，编制50人。1994年7月，崂山区人民法院成立，初期内设10个机构，下设4个法庭，编制52人，实有45人。1994年7月，青岛市公安局崂山分局正式挂牌成立。1994年8月，崂山区司法局成立，下设4个司法所。

2. 健全工作机制。区委政法委及全区政法机关建立之初，大力推进建章立制工作。1994年9月，区委政法委制定下发《中共崂山区委政法委员会有关工作制度》（崂政法〔1994〕7号），明确了区委政法委的工作职责和办事原则，制定了政法委员会全委会议、区政法委书记办公会议、公检法三长联席会议、督促检查制度等工作制度。1995年2月，区委、区政府联合下发《关于成立青岛市崂山区社会治安综合治理委员会的通知》，区综治委成立。2月20日，崂山区下发了《1995年崂山区社会治安综合治理工作意见》（崂综治〔1995〕1号），进一步建立健全和完善综合治理领导责任制工作机制，制定领导干部议事制度、领导责任制监督制度、考核考评机制，形成了各级领导干部真抓实管，切实承担起应负责任的良好局面。区政法各部门结合各自业务职能，建立起内部管理、业务规范、监督考核等工作机制，有力地推动了政法工作的开展。1997年2月，推行重大案件防范责任查究通报制度，对因防范措施不落实或玩忽职守造成的重大案件，对有关单位负有治安责任的主要领导、分管领导和工作人员进行查究，实行社会治安综合治理工作月度汇办制度，由区综治办负责对各镇和各部门的综治工作进行日常管理、检查、指导，并将工作情况作为年终评先晋优的重要依据，与年终奖金挂钩。实行综治委成员单位包村联系点制度，每个综治委成员单位与一个村庄建立联系，定期到联系点进行检查总结，指导村庄开展工作。2007年9月，成立了崂山区维护稳定工作领导小组办公室，相继制定了工作职责、应急预案、信息报送、值班备勤、分析研判、责任追究等工作制度，维稳工作机制日臻完善。2009年4月，崂山区综治委召开专题会议研究部署社会治安综合治理制度化、规范化、标准化建设，加快推进矛盾纠纷排查调处、严打整治、防控体系、社会管理、基层基础、组织领导6个方面的制度化、规范化、标准化建设。先后出台了《社会治安综合治理委员会工作规则》《社会治安综合治理基层组织规范化建设实施办法》《社会治安综合治理重大情况报告制度》《社会治安综合治理领导责任查究及一票否决权制实施办法》等7个涵盖工作运行、决策运行和责任运行等各个方面的规章制度，初步形成了较为完善的管理制度框架，为综治工作"三化"建设规范运行、稳步推进奠定了坚实的基础，形成社会治安综合治理"三化"建设整体体系。

3. 深入开展严打整治斗争。 1994年9月，崂山区制定下发《青岛市崂山区社会治安综合治理委员会关于开展集中整治农村社会治安斗争的方案》（青崂综治〔1994〕1号），重点打击村霸、街霸、集霸、海霸、车匪路霸，杀人、抢劫、爆炸、强奸等暴力犯罪分子；以部分治安秩序不好的村庄和三资企业、青岛大学至石老人城乡接合部地段、崂山旅游风景区（线）及路边店、军事驻地等为重点整治部位，开展集中打击，抓好重点治理工作。1995年，在"破大案、挖团伙、打流窜、追逃犯"上狠下功夫，严厉打击危害大、影响大的恶性犯罪，流氓恶势力和带黑社会性质的犯罪集团，负案在逃的重大案犯、车匪路霸、拐卖妇女、偷抢儿童的犯罪分子；破坏开发建设和军事设施的犯罪分子；盗抢国家、集体及个人财产的犯罪分子。同时强化社会面管控及青大–石老人

加强社会安全治理

沿海一线的路边店及其他公共娱乐场所的治安管理；针对崂山区海岸线长、养殖业和捕捞业迅猛发展、海上治安形势日趋严峻的形势，强化海上治安管理措施，加强和完善了海上查、岸边管、路上堵的治安防范体系。1996年2月，崂山区制定了

《崂山区 1996~2000 年社会治安综合治理规划》（崂综治委〔1996〕1号），分三个阶段（1996 年、1997~1998 年、1999~2000 年）推进社会治安综合治理工作，以落实社会治安综合治理领导责任制为总抓手，以加强基层基础配套建设为重点，对严打整治、治安防范、流动人口管理、法制宣传教育等各项工作作了全面部署。年内，重点对 97 处特种行业和 360 处公共娱乐场所进行了经常性的检查；对驻区高校周边地区的治安秩序进行了综合整治，尤其是对旅游高峰期的崂山风景区等场所，提前加大措施，防患于未然。在三次集中统一行动中，共侦破各类刑事案件 277 起，其中重特大案件 97 起，依法打击处理各类违法犯罪分子 173 名。1997 年后，随着东海路、海尔路、吴石路与市区相继通车，崂山区外来人口增多，全区社会稳定工作面临更加严峻的形势。为完善治安防范体系，有效减少和预防违法犯罪，遏制刑事案件发案上升的势头，全区政法机关大力加强专项治理和专项斗争，这一时期，严打整治斗争得到进一步深化。1997 年 9 月，针对校园安全问题开展了为期 1 个月的校园及周边治安秩序整治行动，先后对高校地区进行了四次集中统一行动，查处犯罪嫌疑人 14 名，协助高校拆除周边违章建筑 30 余处，取缔非法放像点 3 处。1998~1999 年，针对治安混乱的麦岛区域开展了持续的专项整治，以大麦岛村为重点，辐射王家、徐家麦岛及高校区，以治理流动人口管理和租赁房屋为突破口，重点对高校区和崂山区范围内的公共场所包括酒店、旅馆、夜总会、录像放映厅等进行不间断的安全检查。1999 年 3~5 月、2000 年 3 月，根据发案特点先后组织开展了预防保险柜被盗专项治理行动、集市期间破门入室盗窃专项斗争、破门盗窃案件专项治理活动。2000 年，进一步加强对杀人、爆炸、涉枪等严重暴力犯罪和带有黑社会性质的团伙犯罪及影响群众安全感的盗窃、抢劫等多发性犯罪的打击力度，针对崂山风景区旅游人数急剧增多的情况，加强了对旅游沿线的整治，对麦岛区域进行了 10 余次清查公共娱乐场所联合行动。根据市综治委下发《关于进一步加强学校治安综合治理工作的通知》（青综治〔2000〕10 号）要求，以高校周边为重点区域，积极组织开展了"扫黄打非"活动，公安机关先后打掉了 2 个抢劫学生的犯罪团伙，侦破各类刑事案件 10 余起。同年 7 月，在全区实施"交通安全细胞工程"，采取交通民警为村民集中上大课，发放宣传材料与村民自学相结合、设立固定宣传专栏和宣传牌等方法进行了广泛的交通安全教育宣传。

2001年5月，省严打整治斗争领导小组、省综治委下发了《关于集中整治治安混乱地区和突出治安问题的实施方案》（鲁综治〔2001〕21号），6月19日，区综治委相应制定实施方案，对公共复杂场所、渔港码头、学校校园、城乡接合部等重点部位开展了集中整治。2004年12月，崂山区制定严打专项整治方案，部署开展专项行动，突出打击严重暴力犯罪，集中打击多发性、系列性和流窜犯罪，加大追逃工作力度，同时部署开展查禁"黄赌毒"专项整治行动，严厉打击"黄赌毒"等社会丑恶现象，净化社会治安环境。从2004年冬季至2006年冬季，根据每个季节的社会治安形势特点，每年部署开展春季、夏季、秋季、冬季严打整治行动，并定期组织统一出警仪式，掀起严打整治违法犯罪的高压态势，对违法犯罪分子形成强有力震慑。2005年，以"严打"开路，以"专项整治"为突破口，集中时间和力量组织开展了劳动力市场、非法卫星电视接收设施和废旧物品收购点、麦岛片区暂住人口重点工程治安秩序等7个"专项集中整治行动"，7月6日，全市创建"平安工地"现场会在崂山区召开。2006年，组织开展了重点整治治安混乱地区和突出治安问题的"九项专项整治"行动，顺利完成崂山旅游文化节系列活动、第四届APEC等重大节会活动安全保卫工作。2007年2月、2008年12月，相继制定实施方案，部署开展打黑除恶专项斗争，以交通运输、建筑工地、商贸市场、休闲娱乐等领域的黑恶势力和痞霸团伙为重点，对各类黑恶势力犯罪实施严厉打击。2008年，针对全区排查出的突出治安隐患，先后开展了打击和防范盗窃机动车犯罪、畅通公用保民生、打击整治传销、中小学校周边治安环境集中整治、集中整治盗窃破坏电力电信广播电视设施违法犯罪、烟草市场秩序集中整治利剑行动等6个集中行动，并结合山东省"十一运"青岛赛区安保工作，全面排查安全隐患，为各项赛事安全顺利举办创造了良好社会治安环境。2010年3月，开展"共建安全文明校园"活动，落实校园

开展严打专项集中整治行动

及周边治安秩序专项治理各项措施，整治学校及周边治安乱点和突出问题。同年 5 月，针对部分幼儿园安全管理薄弱、防范措施不到位的突出问题，崂山区下发《关于进一步加强幼儿园安全保卫的紧急通知》（崂综治办〔2010〕16 号），对全区幼儿园内外部安全隐患开展拉网式排查整治，严防发生伤害师生及教职人员人身安全的恶性案件，并对进一步加强校园安全工作作出部署。5 月中旬到 8 月，区综治、公安、教体等部门成立 4 个督查组，对全区中小学校、幼儿园及周边安全工作开展专项督查。抓好重点时期安全保卫工作，在此期间，圆满完成了首届青岛海洋节、每年啤酒节尤其是奥运期间的安全保卫工作。针对奥运安保工作，4 月 19 日崂山区制定下发了《关于切实做好 2008 年青岛奥帆赛期间安全保卫各项工作的通知》，先后对中小旅馆非法经营专项整治、奥运圣火传递沿线社会面治安防控、公交系统防范处置暴力恐怖袭击等 21 个问题进行了部署落实，并在全区范围内开展治爆缉枪、卫星电视转播秩序整治、"雷霆震慑，护航奥帆"夏季严打整治等专项行动，落实要害部位、高危人群、剧毒危险物品安保措施，在全区供水、供电、供油、供气、通信等重点要害部位安排专人，构建起军警民联防工作格局，确保奥帆赛安保各项措施无缝对接、万无一失，圆满完成奥帆赛、残奥帆赛各项安保任务，区委、区政府被省委、省政府表彰为"山东省北京奥运会、残奥会先进集体"，崂山区被青岛市委、市政府授予"平安青岛建设先进区"荣誉称号。

4. 探索服务保障经济社会发展。1994 年 8 月区委政法委成立之初，即按照中共中央办公厅、国务院办公厅《关于在反腐败斗争中注重抓好经济犯罪大案要案查处工作的通知》（中办发〔1994〕6 号）要求，组织政法部门在 1994 年下半年集中力量狠抓经济犯罪大案要案的查处，深入开展严厉打击经济犯罪的斗争，立查了一批经济犯罪的大案要案，判处了一批严重经济犯罪分子，维护了全区经济社会秩序的稳定。1994 年 8 月 1 日，崂山区下发《中共青岛市崂山区委政法委关于深入开展严厉打击经济犯罪斗争的实施意见》（崂政法〔1994〕1 号），决定在 1994 年下半年，特别是 7、8、9 三个月，政法部门集中力量，周密部署，查处贪污贿赂、金融诈骗、走私犯罪等大案要案，党政领导机关、行政执法部门、司法部门和经济管理部门的经济犯罪大案要案，以及局级以上领导干部中涉及上述几种犯罪的案件。1994 年 10 月 25 日，崂山区转发市委政法委《关于转发省委政法委转发中央政法委员会〈关于严禁以扣押人质方式解决经济纠纷的通知〉》（崂政法〔1994〕4 号），组织政法各部门在单位内部开展认真清查。1995 年，认真贯彻落实全国人大常委会《关于惩治虚开、伪造和非法出售增值税专用发票犯罪的决定》，在全区开展了一次集中打击利用增值税专用发票犯罪的专项斗争。1995~1996 年，针对全区工程工地多、"三资"企业多、农村承包和企业改革纠纷案件多的情况，将工程工地及施工单位作为社会治安综合治理的重点对象，加强法制宣传，加大执法力度，运用法律手段调节经济关系，促进了全区社会主义市场经济体制的发育和完善。随着全区一批高新技术厂企相继开工投产，一批重点工程陆续开工建设，崂山区适时出台了《关于加强企业及周边治安环境综合治理的实施方案》《关于建立涉企问题快速反应机制优化经济发展环境的意见》等一系列具体措施和实施意见，有序开展涉企及企业周边重点区域专项斗争和重点整治行动，并建立健全经济犯罪打击防范机制和社会风险预警机制，依法突出查办了一批破坏市场秩序、扰乱项目开工、阻碍拆迁征收等大案要案，严惩了一批经济犯罪分子。

5. 开展普法依法治理工作。1994 年，组织建立普法机构，着力充实工作队伍，及时制定了普法实施方案。根据崂山区大开发、大建设、经济关系复杂、外资企业多的特点，本着"急用先学"的原则，突出"专业法"和经济法律法规的学习宣传。在普法重点上，把干部特别是处级以上领导干部以及青少年尤其是在校学生和社会闲散青少年作为"二五"普法的重点对象，着力加大法制宣传教育力度。1995 年，大力推行依法治理，基层法律服务工作扎实推进，先后多次召开村镇依法治理现场会和普法档案现场会等活动。1996 年 9 月，召开了全区普法工作会议，总结部署全区普法依法治理工作，着力推进基层法律服务工作和法律中介服务发展。法制宣传教育不断加强，1997~2012 年期间，组建了崂山区法制宣传教育讲师团，建立了领导干部学法日制度、法律知识讲座制度，逐步完善各级领导干部的学法制度。加强机关干部学法的针对性，组织全区各级党政机关普遍学习了国家赔偿法、行政诉讼法、行政处罚法和行政复议条例等法律法规，使领导干部学法用法逐步走向规范化、制度化。深入开展了"法律进万家""送法进校园"、普法知识竞赛等活动，广泛开展了宪法、消防法、农业法、妇女权益保障法、未成年人保护法、森林法等法律法规的集中宣传教育，全方位推进依法治区，为崂山区的经济社会发展创造了良好的法制环境。

6. 完善矛盾纠纷排查调处机制。1995年，在全区138个村委会和2个居委会全部建立了调委会，其中一类调委会90个，二类调委会16个。对影响全区稳定的消极因素进行了全面深入的摸底排查，妥善化解了中韩镇部分采石场从业人员对关闭石场不满、大麦岛拆除违章建筑行动等矛盾冲突。1996年，依法妥善处理了青岛市体育中心、海洋公园等工地上当地群众与建筑单位发生的矛盾冲突纠纷及沙子口镇南窑居委和中韩镇大麦岛等村发生的干扰选举工作等人民内部矛盾。1997年，推进调解组织规范化建设，组织开展民间纠纷排查工作，香港回归和十五大期间共排查、调解纠纷50余起。1999年，开通了"148"法律服务专线，各乡镇、街道普遍建立了法律援助中心，成功调处了午山某石场与12名外地民工劳务纠纷和中韩、刘家下庄村两村邻里纠纷等多起劳务、民事纠纷案。区司法局、区信访局联合制定下发了《关于运用"148"法律服务专线依法处理涉法信访案件实施办法》，建立起联合依法处访运作机制，解决了沙子口街道段家埠村民段某某因征地果树补偿上访案等一系列难度较大的涉法信访案件。2000年，在四个街道成立调解中心，制定了《人民调解工作实施细则》《调解中心调解纠纷操作规程》等一系列规章制度，着力提升调解工作规范化水平。同年10月，建立矛盾纠纷排查调处情况信息报告制度，每月召开一次联席会议，通报情况，对排查出来的重大矛盾纠纷实行一案（事）一表。2003年，制定下发了《关于在全区深入开展建设"平安信访"活动的实施意见》。2004年11月，崂山区印发《关于组织开展矛盾纠纷专项治理活动的通知》（崂综治办〔2004〕13号），要求加快推进基层综治、司法、信访、矛盾纠纷排查调处中心联合办公、联合排查、联合调处"四位一体"工作机制建设，并纳入创建"平安崂山"年度考核的重要内容；进一步健全矛盾纠纷排查调处工作台账管理，努力把矛盾纠纷排查调处工作纳入制度化、规范化轨道。2005年6月，组织开展了为期三个月的"民转刑"案件专项治理活动，构建以"四位一体"调解中心为主体，镇街、村居（社区）调委会为基础，其他调解组织形式为补充的基层矛盾纠纷排查调处网络体系，并建立起区每月一排查、街道每半月一排查、社区每周一排查的长效工作机制。2007年4月30日，崂山区印发《关于建立"四位一体"矛盾纠纷排查调处工作机制的意见》（崂综治〔2007〕14 号），明确"四位一体"机构设置、办公室主要职责、工作机制、工作制度、考核与管理等。2008 年 12 月 5 日，部署开展矛盾纠纷隐患、突出治安隐患和安全事故隐患（简称"三大隐患"）排查整治活动，并制定"三大隐患"排查治理暂行办法，建立覆盖区、街道和重点部门、重点单位的"三大隐患"排查整治台账，并建立健全"三大隐患"台账周报告、月汇总制度。2010 年 8 月，研究制定《崂山区社会管理领域"三大隐患"排查治理工作暂行办法》，对"三大隐患"实行源头排查、超前预警、动态治理，进一步推动"三大隐患"排查整治工作深入开展。"三大隐患"排查整治工作从 2008 年 12 月开始部署，持续到 2013 年 6 月结束，前后历时五年，在维护社会治安稳定、深化平安崂山建设中发挥了重要作用。2000 年 5 月，崂山区制定《关于从源头上化解社会矛盾全面推行社会稳定风险评估制度的实施意见》（崂办字〔2010〕13 号），紧紧抓住影响社会和谐稳定的源头性、根本性、基础性问题，全方位推进社会矛盾纠纷排查化解工作。2010 年 10 月 21 日，青岛市在崂山区召开深入推进社会矛盾源头预防和化解工作现场会，推广崂山区以社会稳定风险评估为先导的社会矛盾源头预防和化解机制。2011 年 7 月，崂山区印发《关于深入推进矛盾纠纷大调解工作的实施方案》（崂综治〔2011〕26 号），推动完善人民调解、行政调解、司法调解衔接联动的大调解工作体系，推动矛盾纠纷源头治理工作深入开展。

7. 加强政法队伍建设。区划后，崂山区政法各部门大都是新组建的班子，人员来自四面八方，相互不了解、思想不统一的问题客观存在，区委政法委及时在全区政法机关内组织开展了互相谈心、批评与自我批评、向先模人物学习等活动，使各部门领导班子的思想逐步统一，民主集中制实现正常，促进了内部团结。1994 年 10 月 24 日，

全市深入推进社会矛盾源头预防和化解工作现场会

区委政法委在全区政法系统组织开展了教育整顿工作，突出抓好学习教育和检查整顿。1996 年，组织政法干警学习现代"科学技术"和新兴领域、新颁布的法律法规，立足实践开展岗位练兵活动。全区政法机关以贯彻"三条禁令"（绝对禁止政法干警接受案件当事人请吃饭、送礼物；绝对禁止对告状求助群众采取冷漠、生硬、蛮横、推诿等官老爷态度；绝对禁止政法干警打人骂人、刑讯逼供等违法违纪行为）为主线，推进政法队伍的纪律作风和廉政建设，提升了政法队伍的整体素质。1997 年3 月，在全区政法系统实行执法守纪督查制度，坚持教育与惩戒相结合的原则，强化制约监督机制，最大限度地预防和减少干警违法违纪事件的发生。同年4 月，聘请来自企业、社区等部门的16 名同志任政法队伍特邀监督员，区政法各部门分别聘请了社会义务监督员，自觉接受社会的监督，共计聘请社会义务监督员62 人。1997 年9 月，举办政法系统领导干部"读书班"活动，12 月组织开展了"找差距、定措施、创一流"大讨论活动，有效提升了政法队伍业务素质。2004 年4 月和11 月，区委政法委先后组织开展了"公正执法树形象"活动和"不作为、不敢为和乱作为"现象查究活动。2005 年5 月，区委政法委组织开展了"规范执法行为，促进执法公正"专项整改活动，进一步增强了广大政法干警执法为民、公正执法的自觉性，使政法工作和队伍中存在的问题得到有效整改。2006 年5 月区委政法委与区委组织部联合印发了《关于建立执法档案 严格管理考核 进一步加强政法干部队伍建设的实施意见》，对政法干警履职尽责情况进行了全面了解，加强了对政法干警执法情况的监督和考核。2008 年1 月21 日，区委政法委在全区政法系统开展"双考一评"活动，通过开展执法质量考核、基本知识考试、群众满意度测评，进一步端正了广大政法干警公正执法思想，提升了公正执法能力和水平。2009 年3 月崂山区印发《关于在全区政法系统推行"阳光政法"的意见》，各政法机关将法律法规赋予的执法和司法权力依法予以公开，吸收公众参与、接受社会监督。2010 年6 月，在全区政法系统开展"公正执法铸公信、廉洁从警树形象"主题实践活动。2011 年1 月，组织开展了全区政法系统"司法公正 严格执法先进单位、个人"表彰活动，弘扬崂山区政法队伍正气，调动广大政法干警的积极性。

8. 进一步完善党的执法监督工作。 1997 年党的十五大之后，党对政法工作的领导得到进一步巩固和加强，1998 年4 月，中央政法委员会印发了《关于加强党委政法委员会执法监督工作的意见》（政法〔1998〕8号），成为我国第一个关于党的执法监督工作的正式规范性文件，明确规定了党委政法委执法监督工作的地位和作用、指导思想和原则、工作范围、工作职权、工作方式等，成为各级党委政法委开展党的执法监督工作的重要依据。2003年6月，崂山区机构编制委员会审核通过了《中共青岛市崂山区委政法委员会（司法局、综治办）职能配置、内设机构和人员编制方案》，予以印发，明确了区委政法委政治处挂执法监督科牌子，承担政治处和执法监督工作。从此，区委政法委坚持把执法监督作为规范司法行为的有效手段，并按照上级要求逐步探索建立了涉法涉诉信访改革、重大敏感案（事）报告备案、执法办案责任追究等一系列确保严格公正规范执法的制度。定期召开执法监督工作会议，听取区政法各部门执法办案工作情况汇报，对工作中遇到的热点难点问题，进行分析研讨，形成统一认识，促进政法各部门的业务配合。坚持把内部监督与主动接受外部监督有机结合起来，坚持把党的执法监督与人大监督、政协监督、法律监督、社会监督有机结合起来，拓宽了社会各界和人民群众有序参与政法工作的渠道，确保执法司法活动的每个方面、每个岗位、每个环节都纳入监督视野，形成了较为完整的执法司法监督体系。2012年6月13日，崂山区制定下发了《崂山区政法系统重大执法活动和事项报告备案工作实施细则》，建立案件评查制度，制订了为期三年的案件评查规划，对案件评查工作进行了周密的部署安排。区政法各部门根据业务职能，分别健全完善了执法监督机制。崂山区法院建立主审法官、合议庭办案责任制，完善案件通报督办机制，实行科学化监督的同时，积极探索立体化陪审员管理工作新模式，运用信息化技术建设科技法庭，健全新闻发言人制度，有效加强社会监督；崂山区检察院进行公开宣告、听证、审查、答复时，主动邀请人大代表、

对多起虚开发票犯罪作出不起诉决定进行公开宣告

政协委员、特约检察员、执法监督员和社区代表进行全程旁听，有效促进了社会各界进一步了解和监督执法司法工作。

9. 进一步规范社会治安综合治理工作。 2004 年 3 月 4 日，崂山区印发《关于创建"平安崂山"的意见》（崂发〔2004〕6 号）和《关于创建"平安崂山"的实施方案》（崂综治〔2004〕4 号），提出创建平安崂山的指导思想、工作目标、主要任务和工作措施。主要目标是：围绕确保"政治安全、社会安全、信访安全、生产安全"，通过实现"五个提高"（即各级、各部门领导干部和公务员队伍依法行政的自觉性明显提高，广大人民群众的法律意识和思想道德水平明显提高，政法队伍文明司法、公正执法水平明显提高，基层基础建设水平明显提高，人民群众参与维护社会治安的意识明显提高），达到"三步创先"（即 2004 年争创全市社会治安综合治理先进区，2005 年争创全省社会治安综合治理先进区，2006 年争创全国社会治安综合治理先进区）"五个确保"（即确保全区政治更加稳定，确保治安秩序更加平稳，确保法治环境更加规范，确保生产环境更加安全，确保公众的安全感进一步增强）的工作目标。2004 年 7 月，崂山区根据全市部署，组织开展创建"平安示范街道（镇）""平安示范社区（村）"活动，与有关部门联合出台了 27 个行业创安工作意见，先后开展了平安电力、学校、餐饮、建筑、交通、旅游等规范化建设，涌现出崂山区构筑"平安风景线"等基层平安创建品牌。中央电视台《新闻联播》《法制日报》《经济日报》、市委办公厅《信息专报》等先后报道了崂山区平安创建的典型做法和工作经验。2005 年，崂山区被市委、市政府表彰为"平安青岛"先进区，2006 年 1 月 6 日，被省委、省政府评为"平安山东"建设先进区。针对社会特殊群体、犯罪高危群体、城市边缘群体（简称"三大群体"）为主体的社会治安重点人员大量增多、对社会安全管理带来巨大挑战的形势，2010 年 6 月 1 日，崂山区出台《关于加强社会治安"三大群体"源头管理工作的实施意见》（崂综治〔2010〕24 号），加强对"三大群体"的服务教育管理控制，对各个群体稳定状况进行分析研判，加强风险预警，落实管控措施。期间，崂山区社会矛盾源头预防化解工作经验在全国推广，深化教育改造安置帮教一体化工程等 6 项经验在全省推广，双保百日行动等 40 项经验在全市推广，社会稳定风险评估制度创新性做法被中央办公厅《信息专报》刊载（2010 年第 1335 期）。2012 年 8 月，研究制定《2012~2016 年崂山区社会管理综合治理工作规划》（崂综治〔2012〕25号），提出社会管理综合治理工作的总体要求、工作目标和实施步骤，确定三个发展阶段：2012年为深入推进年、2013~2014年为巩固提高年、2015~2016年为突破超越年，经过5年的建设发展，推动社会管理综合治理工作实现"全省领先、全国一流"的目标。按照重心下移、力量下沉要求，确定辖区4个街道14个区级社会管理创新综合试点项目，研究推荐"加强和完善信息网络服务管理""推进农村社区管理与服务创新""基层社会管理文化建设""基层社区分类管理与服务"4个项目为2012年度市级社会管理创新重点项目，并逐项制定项目书。同年6月，崂山区印发《崂山区社会管理综合治理委员会工作制度（试行）》（崂综治〔2012〕14号）、《关于成立区社会管理综合治理委员会各专项组及其有关工作小组的通知》（崂综治〔2012〕15号）、《崂山区社会管理委员会各专项组及其有关工作小组职责任务》（崂综治〔2012〕16号），将职责任务予以明确。同年11月，青岛市召开全市社会管理综合治理工作会议，总结交流崂山区"探索实践社区分类管理与服务 创新打造基层社会管理的崂山模式"工作经验。

（四）改革发展阶段（2012年11月至今）

党的十八大以来，习近平总书记从实施"四个全面"战略布局的高度，对政法工作作出了一系列具有深远影响的重要指示，特别是在2014年中央政法工作会议上发表的重要讲话，阐明了新形势下政法工作带有的方向性、根本性的重大问题，为做好政法工作提供了根本遵循。这一阶段，全区政法战线紧紧围绕"五位一体"总体布局和"四个全面"战略布局，以理念思路、体制机制、方法手段创新为动力，把防控风险、服务发展和破解难题、补齐短板摆在突出位置，全力维护国家安全和社会稳定，创新社会治理、深化司法改革、深入推进平安崂山、

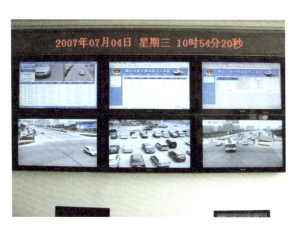

智能治安卡口系统

法治崂山、过硬队伍建设，全面提高政法工作科学化、法治化水平。

1. 有效防控各类风险。 党的十八大以来，党和国家各项事业开局精彩、发力稳健、成效显著，但同时面临的国际形势错综复杂，特别是世界经济低迷、风险和变数明显增多，国内经济下行压力增大、财政收入增速下滑、改革进入深水区和攻坚期、社会矛盾交织，这些不确定性和问题中潜藏着众多风险因素。全区政法机关主动适应国际形势新变化和经济发展新常态，审时度势、与时俱进，紧紧围绕推进国家治理体系和治理能力现代化这一总目标，充分发挥政法机关职能作用，有针对性地在维护国家政治、经济、社会、公共安全等方面下功夫，切实提高了维护国家安全和社会稳定的工作预见性、有效性。一是防控公共安全风险。2013年5月，崂山区印发《关于加快推进视频监控全覆盖建设的通知》（崂综治办〔2013〕31号），决定在已有社会治安视频监控系统的基础上，全面提高科技创安工作水平，到2014年底达到全省"科技创安示范城"建设要求，到2015年底实现视频监控城乡重点目标全覆盖。各有关街道、部门承担起"天网"工程建设的主体责任，成立组织机构，制定建设方案，明确职责分工，加大资金投入，并根据区域实际进行规划布局和具体建设，不断加快建设进度。2013年6月，崂山区制定了《关于加快构建立体化社会治安防控体系的实施意见》（崂综治〔2013〕23号），要求以公安机关为主体，以群防群治队伍为依托，以动态视频监控为支撑，构建以"六张网"（社会面巡逻防控网、城乡社区防控网、单位内部和行业场所防控网、区域边际联防网、科技视频防控网、信息网络防控网）为骨架的立体化社会治安防控体系。同月，制定了《社会治安重点区域排查整治暂行办法》，明确社会治安重点区域、重点部位、重点行业、重点群体及其他突出治安问题动态排查、综合整治、督查评估及责任查究措施。崂山区制定了《加强社会面侵财性案件防控和开展输油气管道治安整治工作的通知》，把社会面侵财性案件防控、居民社区控案和输油气管道治安整治作为2014年第一季度社会治安整治工作重点，推动社会治安重点地区和突出治安问题排查整治工作规范开展。8月，针对严重影响群众安全感的黑恶势力犯罪和痞霸团伙犯罪，出台了《关于开展以"净化社会治安环境、维护群众合法权益"为重点的打霸治痞专项行动方案》。2015年3月，崂山区下发《关于深入推进视频监控全覆盖建设的通知》（崂综治办〔2015〕9号），要求各街道在巩固全区视频监控全覆盖工程建设成果的基础上，增点补面，提高老旧楼院、无物业管理小区、"城中村"、公交站点等区域视频监控覆盖率，促进城乡视频监控一体化建设。截至 2015 年底，全区已安装监控探头 34400 余个，一类、二类、三类目标覆盖率均达到 100%，实现了全覆盖的目标任务。在此基础上，全面推动视频监控完善升级、更新换代，借助新型社区建设，在每个新型社区建立视频监控平台，并逐步与公安机关联网运行，4 个街道完成 22 个新型社区视频监控的规划建设和整合升级。"天网"工程视频监控 1200 处点位、45 处卡口全部建设完成，新建的现代综合指挥中心投入使用，新指挥中心集成了指挥调度系统、高清视频监控系统、卡口系统、电子警察系统、智能交通系统、视频会议系统等多业务系统，初步形成视频监控"封控圈"。二是防控社会风险。健全完善社会稳定风险评估机制，建成崂山区维稳情报信息管理系统，年均评估重大事项 10 余件，先后培育出青岛崂山路二期、地铁 2 号线项目涉及的海尔路汽车城房屋搬迁项目、硅谷线涉及的大崂安置区以及沿线征地补偿项目、北宅街道北涧社区安置区项目、张村河净水厂改建项目等稳评成功案例。进一步完善社会矛盾源头预防化解机制，2013 年 7 月，崂山区再次出台《关于切实加强社会矛盾源头预防化解工作的实施意见》（崂综治〔2013〕32 号），进一步强化人民调解、行政调解和司法调解的职能作用，从源头上、基础上、根本上预防和化解社会矛盾。建立矛盾纠纷排查调处工作会议制度，区每月召开一次矛盾纠纷排查调处工作会议；各街道每半月召开一次矛盾纠纷排查调处工作会议，每月上报《矛盾纠纷排查调处工作会议纪要》《矛盾纠纷排查调处工作分类台账》《重大复杂矛盾纠纷台账》，每年年底上报《矛盾纠纷调解组织和队伍台账》。2015 年 1 月，崂山区围绕做好三级"两会"和春节期间矛盾纠纷排查化解工作，在全区开展为期 3 个月的矛盾纠纷集中排查化解活动。同年 12 月，崂山区印发《关于加强行业性、专业性人民调解组织建设的意见》（崂办字〔2015〕25 号），要求在矛盾纠纷集中的行业、领域设立行业性、专业性人民调解委员会；在矛盾纠纷相对较少的行业、领域，设立行业性、专业性人民调解工作室。同时成立由区委常委、政法委书记任组长的崂山区人民调解工作领导小组，领导小组办公室设在区司法局。截至 2015 年底，崂山区在道路交通、医疗纠纷、劳动争议、物业管理等行业领域建立行业性、专业性人民调解组织 6 个。三是防控经济安全风险。充分发挥政法职能作用，主动对接全区重点工作，全面建立涉企问题快速反应机制，进一步增强服务经济发展的自觉性和主动性，努力营造"平安、高效、便民"的服务环境。区检察院建立国有企业涉企高管羁押措施效果评估机制，主要结合嫌疑人具体案情和单位当前发展形势，对采取羁押性强制措施后对企业的影响进行评估，尽可能减小对企业长期利益的损害。建立涉企案件备案机制，对多起案件归类分析，提出预防建议，协助企业堵塞漏洞。开展涉企案件专项回访，进一步完善检察工作服务大局，助企发展的机制措施，提升干警利用法律智慧妥善办理涉企案件的能力。

2. 全面优化经济和社会发展环境。崂山区先后下发了《崂山区政法系统优化经济发展环境工作实施方案》《崂山区涉企案件直查快办工作实施方案》等系列文件，建立了涉企案件五个方面工作机制，进一步加大优化经济发展环境工作力度，依法平等保护各类市场主体合法权益。各部门下发了《关于建立惩治拒不执行判决、裁定犯罪联动机制的实施意见》，进一步加强了政法各部门打击拒执犯罪的协调配合。区检察院从快批捕了犯罪嫌疑人暴力阻挠世园会周边环境整治妨害公务案、犯罪嫌疑人干扰午山旧村改造重点项目寻衅滋事案，对全区重点项目的推进起到了很好的警示作用。崂山公安分局定期集中开展突出治安问题专项整治活动，依法及时处理企业和投资者的行政复议和投诉，维护当事人合法权益。2013年，开展涉企治安综合治理专项整治行动4次，调解涉企矛盾600余次，破获涉企治安案件700余起，抓获嫌疑人240人，有力地净化了企业及周边治安环境。建立大企业、大项目与公安派出所协作的挂牌保护制度，形成预案、制定方案、落实人员，建立有效运行的工作机制。组织开展"打霸治痞"行动，始终保持霸痞活动打击的高压态势。区司法局积极引导律师事务所等法律服务机构参与经济建设和社会矛盾纠纷调处，开展小微企业"法律体检"，成立"六五"普法讲师团、"法助企兴"等活动，受到企业的一致好评。

3. 积极创新社会治理。2012年12月，崂山区出台《关于加强社会管理综合治理基层基础建设做好迎接暗访检查工作的通知》（崂综治办〔2012〕50号），对完善以基层党组织为核心的综治组织体系、基层群防群治队伍建设等基础工作作出部署。在社会管理综合治理工作中坚持以网格化管理、社会化服务为方向，大力加强社会管理基层基础建设。

2013 年 3 月，崂山区印发社区网格化服务管理实施方案等 3 个规范性文件、15 项工作制度，成立区、街道、社区三级网格化服务管理工作领导小组，建立三级网格服务管理机构。科学划分社区网格，做到"横向到边、纵向到底"，不留空白区域，没有交叉重叠，区域内所有主次干道、背街小巷、公共场所、居民小区等全部纳入网格。以网格为基础，逐人、逐地、逐事明确工作职责，实现"网格全覆盖、工作零缝隙"。按照"1+X+Y"模式建立社区网格服务管理队伍，其中，"1"为网格服务管理员（格长），由社区专职工作者担任，即本网格内第一责任人；"X"为网格信息员，一般由政府统一购买的公益性岗位人员和网格内的楼院长、治安员、巡访员、监督员、协管员、调解员、信息员等担任；"Y"为网格志愿者，必须为居住在本网格内的人员，如居民代表、居民志愿者等。确保每个网格内配备 1 名网格服务管理员（格长）、3~5 名网格信息员和若干名网格志愿者。把公安、民政、城管等部门以及群防群治等资源最大限度延伸到网格，围绕人、地、物、事、单位、组织等基本要素，开展基础信息采集、录入和使用工作。2014 年 12 月，崂山区印发《加强基层建设深化"六小六大"工作责任分解的通知》（崂党建发〔2014〕1号）（"六小六大"："小堡垒、大党委""小政府、大服务""小社区、大社会""小乡村、大天地""小场所、大文化""小基层、大平安"），要求实施基层网格化服务管理模式、加强基层综治基础建设、完善基层综治工作体制机制、创新基层综治工作体系、以群众工作统领信访工作，健全"小基层、大平安"综治长效机制。依托综治部门社区网格化管理工作模式，做好社区网格内邪教信息收集、邪教人员管控帮教、反宣品清理、反邪教警示教育等工作，全面提升网格化管理效能。2015 年 4 月，崂山区转发市综治委《青岛市城乡社区社会治安综合治理网格化工作规范》（崂综治办〔2015〕10 号），按照 300~500 户或 1000 人左右的标准对原有网格予以调整，明确社会治安综合治理网格的主要功能是：信息收集、为民服务、治安管理，统筹做好社会治安综合治理工作。2015 年底，崂山区共划分基础网格 195 个，配备网格兼职服务管理员 195 人、网格信息员 2980 人，重点培育了 28 个网格化服务管理工作明显、成效显著的品牌社区，所有城乡综治网格化管理实现了规范化、信息化和标准化；全区矛盾纠纷调解率达到 99% 以上、社会治安重点区域排查整治率达到 100%，居民安全感和治安满意度分别达到 100% 和 99.05% 以上，实现了社会服务和社会治理工作水平"双提升"。城乡社区综合治理网格化管理模式，为深化基层平安创建开辟了新领域、新路径。

4. 扎实推进严格执法、文明执法、公正司法。全面推进执法规范化建设，制定《刑事案件速裁程序实施细则（试行）》《人民陪审员制度改革试点工作方案》《青岛市崂山区关于建立完善国家司法救助制度的实施办法》等多项执法司法操作规范和规定，有效预防和减少了执法司法行为的随意和偏差。建立了执法巡视、案件评查、案件督办等多位一体的监督制约机制，层层构建起案件流程监控、质量评判和考核评价体系，严格落实办案质量终身负责制和错案倒查制，建立公正廉洁执法司法属地化责任社会评价机制，采取网络测评、抽样测评、问卷测评等方式，对全区政法部门年度公正廉洁执法司法情况，面向社会公众开展系统调查，并将其作为执法规范化建设考核的重要依据，该机制的运行有力推进了执法质量提升。全面深化"阳光政法"，组织成立政法委案件评查小组，年均评查案件100件，重点核查案件占15%，对案件文书不规范、法律程序不严谨、工作内容不细致等问题进行整改，切实打牢广大政法干警严格执法、公正司法的思想基础。不断加大警务、检务和审务公开力度，完善了新闻发言人、执法司法公示等制度，大力推行警务微博、检察信息公开网、科技法庭等网络公开模式，最大限度地确保了执法司法权力在阳光下运行。由区委政法委牵头成立了司法体制和社会治理体制改革专项小组，统筹推进20余项涉及司法体制、社会治理领域改革事项，抓好人民陪审员、国家司法救助、刑事速裁程序等国家司法改革试点项目，崂山区法院被最高法院、司法部确定为全国陪审员制度改革试点法院，自主研发的"人民陪审员信息管理系统"在全省法院推广使用。

5. 进一步提升政法队伍建设科学化水平。先后组织开展了"发扬传统、坚定信念、执法为民"主题教育实践活动、党的群众路线教育实践、"三严三实"专题教育和"两学一做"专题学习教育等一系列主题教育活动。积极开展素质提升工程，先后与浙江大学、中国政法大学等知名高校多次举办政法干部培训班，2015~2016年共培训全区政法干警121人次，其中一线政法干警参训人次超过半数，有力提高了崂山区政法干警的职业素养和专业水平。全面加强党风廉政建设，组织开展经常性纪律作风整顿活动，大力整顿"四风"问题和"慵、懒、散、慢、拖、瞒"等问题，崂山区政法队伍精神面貌和整体形象明显上升，涌现出一大批获得全国、省、市级荣誉的优秀政法干警和先进单位。

二、经验启示

改革开放以来，崂山区政法机关和全体政法干警在区委、区政府的正确领导下和社会各界大力支持下，推动全区政法事业不断取得发展进步，创造出了一大批在全市、全省乃至全国有影响力的先进经验和工作成果，也积累了丰富经验和诸多启示。

（一）推动政法事业发展，必须坚持党对政法工作的绝对领导

坚持党对政法工作的领导，是中国特色社会主义最本质的特征，是中国特色社会主义司法制度最根本的保证。在全区政法事业发展历程中，正是中央和省、市、区委不断加强对政法队伍的思想、政治、组织领导，才确保了全区政法综治维稳战线经受住种种考验，圆满完成了各阶段目标任务；才实现了全区政法工作始终沿着正确方向发展，有力服务保障了改革发展稳定全局。当前，面对国内外新形势新变化，特别是在敌对势力加紧对我国实施西化分化战略、不断策动"颜色革命"的严峻形势下，党对政法工作的领导只能加强，不能削弱。区政法各部门在坚持党对政法工作的领导这样的大是大非面前，必须保持政治清醒和政治自觉，任何时候任何情况下都不能有丝毫动摇。特别是围绕贯彻习近平总书记强调的"要旗帜鲜明地坚持党对政法工作的领导"要求，区委政法委将继续加强和改善对政法工作的领导，支持政法机关依法履行职责，积极研究解决影响政法工作的重大问题，为政法事业发展进步提供有力保障；强化大局意识，协调区政法各部门，谋全局、抓大事，切实提高统筹解决重大问题的能力；努力适应新形势，转变观念、创新机制、改进方法，有效提高领导政法工作科学化、法治化水平；区政法各部门应正确处理服从党的领导与依法独立公正行使职权的关系，不折不扣地执行党的路线方针政策，严格遵守重大事项报告制度，对政法机关重要工作部署、重大改革措施、重点任务事项，及时向区委请示报告。

（二）推动政法事业发展，必须把维护社会安全稳定作为政法工作的首要任务

　　高度重视维护国家安全和社会稳定，是我们党治国理政一条重要经验，是关系党和国家生死存亡、中国特色社会主义事业发展全局的大事。没有稳定的社会政治环境，一切改革发展都无从谈起，再好的规划和方案都难以实现，已经取得的成果也会失去。改革开放以来，全区政法机关始终把维护社会大局稳定作为首要任务抓住不放，大力加强隐蔽战线斗争，严密防范和挫败了敌对势力、敌对分子的渗透破坏活动；严厉打击和防范邪教组织和有害气功组织，集中开展对邪教重点人员的排查整治行动；扎实开展矛盾纠纷排查调处工作，积极预防和妥善处置了一大批群体性事件，依法稳妥处理重大疑难复杂案件，成功结服了一大批中央和省委、市委巡视组交办的涉法涉诉信访案件，实现了政治效果、法律效果和社会效果的有机统一；积极应对和有效控制了重大突发事件对社会治安和稳定带来的不利影响，圆满完成了历次党代会、三级"两会"和奥帆赛等重大会议和重大活动的安全保卫工作；加强了维稳工作规范化建设，形成党委、政府总揽，部门主管，依托基层，各方参与，条块结合，上下联动，政法部门充分发挥职能作用的维稳工作格局和机制，有力维护了全区社会大局稳定。针对不同时期刑事犯罪特点和变化趋势，持续不断地开展严打整治斗争和专项斗争，始终保持了对严重刑事犯罪活动主动进攻态势，形成了多警联合、上下联动、区域联治的严打机制和综治、公安部门压减发案的"双向挂牌督战"机制，依法严惩了一批严重暴力犯罪和抢劫、抢夺、入室盗窃等多发性犯罪，狠狠打击了犯罪分子的嚣张气焰，极大震慑了犯罪分子，维护了社会治安大局总体稳定；广泛深入开展"平安社区""平安家庭""平安医院""平安校园"等基层和行业平安创建活动；开展了"无命案街道和无刑事案件社区"综治主体创建活动，有力维护了社会治安秩序；持续开展了治安、安全生产、交通、消防安全隐患排查整治，重点整治了一批公共安全重点地区或部位，交通火灾等事故呈下降趋势；高标准构建地面、地下、空中、海域、网络"五位一体"立体化社会治安防控体系，大力推进视频监控"天网"工程建设，形成全域统筹设防、城乡一体推进、时空立体布局、科技信息支撑、上下协调联动、现代治理保障的立体化社会治安防控布局框架，有力提高了动态化条件下对社会治安局势的控制力，群众安全感和社会治安满意度不断提高；建立并完善重大决策社会稳定风险评估机制，从源头上预防和减少了社会矛盾发生；人民调解、行政调解、司法调解有效衔接、配套联动的大调解工作体系不断完善，专业性、行业性调解组织在征地、环保、交通、医疗等重点领域实现全覆盖，培育出"老秦头"调解室等32个特色调解室品牌，崂山区基层司法工作室做法被《人民日报》内参等多家中央媒体刊发；矛盾纠纷大下访、大排查、大调处活动持续深入开展，形成了法院、公安、司法等部门实施的交通事故"五联动"工作模式等经验做法，有力促进了社会和谐稳定。

（三）推动政法事业发展，必须始终坚持正规化、专业化、职业化，建设过硬政法队伍

破解政法队伍建设难题、提高政法队伍建设水平，最根本的在于必须要始终坚持政治过硬、业务过硬、责任过硬、纪律过硬、作风过硬的要求，加强政法队伍正规化、专业化、职业化建设。改革开放以来，全区政法机关坚持将政治建设摆在第一位，教育引导全区政法干警进一步坚定了中国特色社会主义的共同理想和政治方向，强化了社会主义法治理念，始终坚持以在两个一百年到来之际实现中华民族的伟大复兴为奋斗目标，密切同人民群众的联系，确保政法队伍忠诚可靠；坚持把能力建设作为一项重要任务，不断提高政法干警职业素养和专业水平，促进政法干警业务能力、实践能力、科技能力的全面提升，培养了一批学有所长的专业技术人才，形成了一批高层次的执法群体；坚持从严治警不动摇，全面规范政法干警执法行为，加大对政法干警执法行为监督检查，杜绝领导干部违规干预司法活动，有效改进全区政法队伍的工作作风，营造了风清气正、干事创业的良好生态；坚持从优待警正向激励，建立配套完善的制度保障机制，出台了一系列从优待警政策措施，有效增强了政法干警的职业价值认同感和团队整体向心力和凝聚力，最大限度激发政法队伍的生机活力。在全区广大政法干警的不懈努力下，崂山区政法战线先后涌现出了一大批优秀典型集体和个人，激发了政法

正规化、专业化、职业化的政法队伍

干警争先创优、奋发向上的精神力量，在政法系统内部和全社会引起了强烈反响。

（四）推动政法事业发展，必须坚持严格执法、文明执法、公正司法

政法机关作为执法司法机关，能否做到严格执法、公正司法，体现着国家法治文明程度，影响着国家治理体系和治理能力现代化。全区政法各部门把维护社会公平正义作为核心价值追求，持续不断加大严格公正廉洁执法力度，有力提升了执法司法公信力。全面开展了"阳光政法"活动，不断加大了警务、检务和审务公开力度，完善了新闻发言人、执法司法公示等制度，大力推行警务微博、检察信息公开网、科技法庭等网络公开模式，最大限度地确保了执法司法权力在阳光下运行；全面加强了执法规范化建设，抓住影响执法公正和制约执法能力的关键环节，依法细化和量化执法标准，逐项规范执法程序和办案流程，同时加大执法司法信息化建设力度，努力将执法司法的每一个环节都纳入规范视野，形成了融执法责任目标、流程管理、质量考评于一体的执法规范化工作体系，极大增强了政法工作的公信度；全面建立健全了执法监督机制，先后制定重大敏感案（事）报告备案、执法办案责任追究、执法属地化责任社会评价等一系列执法监督制度，完善执法责任分解、案件督办、错案追究等机制，实行执法办案终身负责制，开展案件评查、执法执纪大检查、专项执法检查等活动，大力拓宽人大、政协、法律和群众监督渠道，确保了执法司法权始终置于立体化的监督之下，有力推动了执法办案质量、效率提升和作风改善，实现了错案率、改判率和信访率持续降低，较好地发挥了政法机关作为维护社会公平正义最后一道防线的作用。

执笔人：马作祥　徐卫萍　黄梦梦

审核人：秦国欣

签发人：王振竹

中共崂山区委党校干部培训事业的发展历程与主要成就

中共崂山区委党校

改革开放以来，崂山区委党校始终不忘初心、砥砺奋进，坚持正确的办学方向，抢抓改革开放的新机遇，不断强化自身建设，提高办学水平，紧紧围绕党的中心工作，干部培训工作取得斐然成绩，先后荣获山东省先进党校、党校教育工作20周年先进学区、科研工作优秀组织奖和青岛市先进党校、市文明单位标兵等十多项荣誉，为提高全区党员干部素质，促进全区经济社会科学发展做出了积极贡献。

一、区委党校干部教育培训事业的发展历程

改革开放以来，经过一代代党校人的砥砺奋进、艰辛创业，区委党校发生了巨变：从初创时期的无校无舍、东挪西借的窘困境地，到高堂精舍、格调雅致之园林景观；从只有简单的教桌黑板，到现代化教学设施一应俱全；从仅有教师3人，到人才济济20余位，仅研究生占到全体教职工的86%；从最初年培训干部只有百余人，到培训规模达3万余人次。区委党校已从当年的一颗破土幼苗，成长为枝繁叶茂的苗壮大树。现在，区委党校已发展成为占地50亩（1亩=0.067公顷，下同），建筑面积1.5万平方米，集培训、会议、餐饮、住宿为一体，功能齐全、设施先进、师资力量雄厚、培训质量全省领先的全区干部教育的最高学府，成为全区培训党政领导干部和公务员的主渠道、主阵地、主力军。从区委党校干部培训事业的改革发展历程看，大致可分为以下四个阶段。

（一）初创奠基：干部教育培训事业的起步阶段（1978~

2001 年）

改革开放后，崂山区委党校的发展逐步迈上快车道，干部培训力度日益加大，培训内容从政治培训为主向政治、经济、文化多元化方向发展，培训对象从以干部队伍为主向农村社区党员干部培训的拓展。1978~1987 年，主要教育培训社会主义经济、《关于建国以来党的若干历史问题的决议》等，培训党员干部 1.68 万人次。1986 年，崂山县委强化干部理论学习，先后组织 1100 多名高中以下文化程度的在职干部，分三期进党校培训，每期脱产 1 个月。1988~1993 年，针对少数干部存在的弄权渎职、敲诈勒索、贪污受贿现象，加强对干部廉洁和党规党纪的教育。1994 年，区委党校把干部学历教育纳入重点。1994 年 4 月 1 日，青岛市开始新一轮区划战略大调整并设立新的崂山区，崂山区委党校同样进行了分流改革调整，在原基础上分流出一部分干部职工搬迁至崂山区新的办公地址，即为现在的崂山区委党校建制，同年 12 月加挂崂山区干部培训中心的牌子，崂山区委党校步入了适应新崂山干部教育培训特点、为新崂山干部教育培训事业奠基的新发展时期。

1. 克服建校初创时期的艰难困苦。1994 年初，受客观条件制约，新生的区委党校党员干部培训带有临时性、规模小、时间短、无固定校舍、专职教员少等特点，办公条件简陋，行政人员加教师总共三人，举办培训班经常东挪西借，条件非常艰苦。即使在这种条件下，党校的创业者们没有"等靠要"，没有条件创造条件，租教室、借场地、请教师、一身兼多职，对新区党员干部进行党的基本理论、基本纲领、基本路线、基本政策的理论教育和区委、区政府中心工作的宣传培训，为党的正确的政治路线的贯彻执行和推进区委、区政府的中心工作发挥了积极的作用。

2. 拉开培训新区党员干部的大幕。1995 年是崂山区正式建区后全面开展工作的第一年，也是区委党校全面开展工作的第一年。这一年最重要的任务是确定了今后一段时期党校办学的主方向、实现全面发展的总目标。同年初，崂山区委出台了《崂山区 1995 年干部教育培训工作意见》，明确规定区委党校负责落实对全区"处级干部、青年干部、企业领导干部、村级领导干部、一般干部"开展不同层次、不同内容、不同重点、不同方式的培训工作。根据新形势新任务，区委党校确定了全年办学工作思路："边筹建、边办学，以培训区管领导干部和村级领导干部为主体，以培训专业干部和公务员为两翼，采取学历班次和轮训班次相结合、集中教育和分散教育相结合、政治理论学习和专业知识学习相结合灵活多样的办学方式，保证质量，注重实效，全面提高新区干部的政治素质和业务水平。"在确定工作思路的基础上，区委党校制定了党校发展史上的第一个"争创一流党校的三年规划"，即："立足实际，稳步发展，树立争先进创一流的意识，建设一个领导班子坚强，教师队伍过硬，教学设施齐全，管理制度规范的具有国际化城市新城区特色的党校。"为实现这个目标，确定了三年争创期，即 1995 年为试点阶段，1996 年为推进阶段，1997 年为规范阶段。在开局试点阶段，1995 年全年共举办处级干部培训班 2 期，青年后备干部培训班 1 期，基层党组织书记培训班 3 期，女干部培训班 1 期，入党积极分子培训班 2 期，共培训学员 960 人次。

3. 着力推进以教学为中心的改革。1996 年经组织主管部门批准，党校内部设置办公室和教务处两个处室，拥有教师 4 人。这一年区委党校着重推进以教学为中心的改革，在主体班教学中采取集中学习与自学相结合，专题讲座与一般辅导相结合，课堂讲授与实地考察相结合，改变传统的封闭式教学为开放式教学，将处级班培训时间设置为 3 个月，每月集中两次讲座，平时以小组为单位进行自学，并对自学情况安排严格考试，培训班结束时，每人还得安排撰写结业论文。在 1996 年的培训班次中还有一些带有时代特色培训班次，比如在干部培训中设置为期三个月的英语培训班，还有 2 期区管干部、3 期农村干部大专学历业余教育培训班，着力提升干部的英语水平和专业知识。为了更好地为园区经济建设服务，为党校教学科研服务，为基层党员干部服务，同年 12 月 8 日，区委党校在区内建立了第一个教学科研基地"王哥庄镇江家土寨村社区经济发展教学基地"并举行了挂牌仪式。1996 年全年共培训党员干部 1220 人次。

4. 打造适应干部需求的培训体系。1997 年崂山区委为深入贯彻执行《党校工作暂行条例》和《青岛市党校系统 1996–2000 发展规划》，于同年 8 月正式制定了《中共青岛市崂山区委党校 1996–2000 年发展规划》（〔1997〕70 号文），对区委党校未来五年发展在全区的高度做出整体规划，标志着区委党校在规范化发展上又迈上了一个新台阶。1997 年~2001 年，区委党校举办处级干部、青年干部、新任科级干部、理论骨干等各类党员干部培训班 61 期，培训 6004 人，高峰时期同时在校培训班次达 7 个，包括省委党校干部业余大专班、农村干部大专班及主体班次等班次，同时在校学员 500 余人。2001 年，聘请全国经济、政治、金融界著名学者教授，举办区级干部研讨会 5 天，处级干部培训班 11 天，参加培训人数 5000 人次。中国加入世界贸易组织后，加大了对干部加强世界眼光、战略思维和世界贸易组织有关知识的培训。经过建校 7 年的探索发展，区委党校干部培训事业发展基本定型了适应园区经济社会发展和深受干部欢迎的新型、精干的教学体系。呈现出若干新特点，一是邀请区委主要领导到主体班授课。区党政一把手先后多次走上党校主体班亲自授课，极大地增强了教学效果。二是突出对干部培训需求的调查研究。每次主体班培训前，区委党校与区委组织部共同对干部培训需求进行了调研，在调研基础上设置课程。三是启动了全区干部培训中心职能。区委党校在成立时同时挂崂山区干部培训中心的牌子，并于 1998 年首次启动区公务员培训规划，举办了第一期公务员更新知识培训班，目的是开拓区公务员眼界，提升工作能力。四是与区委各部门联合办班。在区干教领导小组的协调下，区委党校与区委组织部、纪委、宣传部、机关工委、企业工委、民政局和各街道党工委联合办班，既节省了人力物力，又提升了办学质量。

5. 加快党校新校舍建设推进力度。 1994~2000 年七年期间，有校无舍一直是制约党校发展的重大瓶颈，学员上课、考试都需要租借教室，给参训干部和党校教学管理带来很大难度。直到 2000 年，区委党校在新启用的区行政大厦有了自己的第一间教室。 2000 年 12 月，区委党校校舍建设进入实质性立项探讨选址阶段，同年 12 月 15 日，区经发局（〔2000〕153 号文）正式批复区委党校建设教学基地立项，建设内容为："改造仰口宾馆，建设区委党校教学基地，建设项目占地 13334 平方米，建设面积 6860 平方米，总投资 1080 万元。"但仰口校址远离区行政中心，区委党校班子经过统筹科学考虑，积极向区委建议，决定改变在仰口建立新校的计划，于 2001 年 6 月 10 日及时向区委提出了建立区委党校新校选址的报告和申请。同年 11 月，区委决定在银川路以北、金家岭山以东、医学院新校区以西征地 25 亩，建设崂山区委党校新校舍，并于 12 月 26 日签订土地预约协议。以此为标志，区委党校校舍建设和干部培训事业迈入了新的历史征程。

（二）拓展办学：干部教育培训事业的推进阶段（2002~2010 年）

2002 年以来，崂山区委党校自觉服从和服务于崂山区委、区政府的中心工作，着力补短板、提水平，重心转向提升办学质量，在办学条件、师资队伍、教学科研、信息化发展、业余函授、干部培训资源整合等领域进行了大胆改革。

1. 率先开设领导干部每月讲坛。 为适应区委"创四型机关、做六型干部"活动的新要求，全面贯彻落实区第九次党代会提出的奋斗目标，及时传播新知识、启迪新思路、开拓新视野、加强干部学习，全面提高全区干部素质，区委党校 2003 年 4 月在全市率先创新设计并开辟了"崂山区领导干部每月讲坛"，坚持高层次的培训，邀请国内外专家教授和知名人士前来授课。同年 4 月 6 日，区委党校在区政府行政大厦多功能厅举办了第一期领导干部每月讲坛，邀请中国人民大学外交系主任、教授金正昆授课，题目是《公务员行为规范与交往艺术》，全区副科级以上干部 410 名参加了讲座。以此为标志，拉开了崂山区领导干部大讲堂的序幕。"每月讲坛"创办 13 年来，根据形势发展先后更名"科学发展大讲堂""领导干部大讲堂"，至 2017 年 8 月，区委党校已举办近百讲场座，成为全区干部教育的重大阵地和培训品牌，成为全市党校系统具有代表性的培训品牌，实现了区委党校干部教育培训事业的一次大的突破。

2006 年 9 月 29 日，领导干部每月讲坛

2. 开创干部业余教育的新模式。 2003 年，为扩大培训规模和提升基层党员干部素质，在区委党校调研建议下，区委将社区"两委"成员和后备人才参加党校学历教育纳入全区党员干部教育培训总体规划，培训经费由区财政、社

区和个人共同承担，其典型经验在全市、全省党校系统推广。截至2009年，区委党校共举办经济、法律专业，大专、本科学历班30余班次，培训毕业农村社区党员干部2200余名，占到社区干部的70%，为此，区委党校荣获了2009年度山东省党校系统业教工作先进学区，较好地完成了党校函授教育的历史使命。

3. 科研咨政工作迈向快车道。 2003年6月9日，根据青崂编〔2003〕39号文，区委党校内增设教研室。至此，区委党校包括综合科、教研室、教务处三个科室，以此为标志，区委党校教学科研工作迈上了新台阶。同年11月21日，区委党校课题组申报的《关于村改居后管理体制创新问题的研究》被立项为青岛市双百调研工程2003年度调研课题，这是12个区市级党校中唯一一个被立项的项目。同年，12月4日成立青岛社区大学崂山区社区学院，负责指导本区、街道基层学校的教学和教研活动。

4. 探索异地培训干部的新路子。 自2004年开始，区委党校创新办学方式，着重探索跨地区、跨部门、跨党校的合作培训方式，区委党校主动与上级党校和经济发达地区党校对接，建立各具特色、优势互补、开放竞争、充满活力的党校办学格局，走异地办学的新路子。2004年第一期处级干部培训班在市委党校封闭培训1个月。2005年再次组织第二批处级干部培训班到市委党校进行为期2个月的培训，期间赴复旦大学、苏州高新区、昆山开发区等地学习考察10天。2006年又组织16名处级干部赴澳大利亚学习培训20天。在异地培训中，区委党校注重把干部教育培训与推进党校自身实际发展和干部素质的提高相结合，把学习先进经验、查找问题差距、推动创新发展作为异地培训的重要内容。通过开展干部异地培训，虚心学习借鉴先进地区的成功经验，帮助学员树立忧患意识和

2009年3月23日，科学发展观大讲堂

责任意识，主动适应经济社会大发展大变革大调整的趋势，提升用创新的精神与务实的作风推动工作的能力。

5. 大力实施人才强校战略。2005 年，区委党校新校建设历经十载论证规划正式破土动工，区委、区政府决定拟先期投入 1 亿余元，高标准按照省、市委党校对基层党校建设"八配套""新四化"的建设要求启动开工了崂山区委党校新校区建设，并于同年 11 月 28 日，在金家岭山东侧举行了开工奠基仪式。为适应新校建成后党校发展的新形势，区委党校大力实施人才强校战略，根据教学科研、行政管理、后勤服务工作的需要，积极引进高层次专家学者、高学历毕业生、优秀党政干部等方面的人才。2004 年在同济大学引进一名全日制研究生，2005 年从山东大学引进一名全日制本科生，2006 年区委又从中国人民大学、南开大学等国内知名高校先后引进 3 名全日制硕士研究生充实党校队伍，推动党校干部教育培训事业发展迈入快车道。2006 年区委党校先后荣获青岛市先进党校、青岛市文明单位。

6. 引领全区践行科学发展观。2008 年 3 月~2010 年 2 月，中央在全党开展学习践行科学发展观活动。这次大规模学习实践活动中，区委党校紧密结合自身实际和工作特点，充分发挥人才和理论优势，搭建四个平台，积极参与和服务全区学习实践活动。一是积极联合区委组织部、宣传部共同开辟了"科学发展观大讲堂"，以求实创新超越为主题，定期邀请高层次领导和专家教授举办专题讲座培训，受到了参学单位党员干部好评。二是配合区委组织部、宣传部精心制定 7 个专题的 34 个辅导专题的"自助菜单"，服务于全区按需施教。三是组织编写《崂山区践行科学发展观典型案例》，围绕科学发展观主题，分民生、创新、发展、和谐四大篇章，挖掘总结了近年来崂山区按照科学发展观的要求推进各方面工作的生动实践和典型做法，受到区委市委的肯定。四是组织宣讲队，开通宣讲直通车，区委党校 4 名骨干教师选入区科学发展观宣讲团，深入街道、区直部门及企业社区学校等基层单位开展宣讲辅导。

（三）规范办学：干部教育培训事业的正规化发展阶段（2010~2016 年）

1. 新校区启用开启党校新篇章。崂山区委党校新校区建设自1994 年建校起论证规划至 2010 年 5 月达到启用条件，崂山党校人历经

15 载靠租教室、借场地的历史正式结束了，进入了规范化办学的新阶段。2010 年 6 月 29 日，区委党校新校启动仪式举行，中央、省、市党校有关领导莅临致贺，区委、区政府、区人大、区政协领导和全市 11 个区（市）党校负责同志以及全区各部门各单位主要领导出席了启用仪式。中央和省、市三级党校领导同时出席区（市）级党校启用仪式，在青岛市党校系统尚为首次。人民网、大众网、半岛网和《城市信报》等多家媒体对启用仪式进行了全方位、多角度的宣传报道。崂山区委党校新校区坐落于科大路（崂山区行政大厦东北侧），占地 50 亩，总建筑面积15545.7 平方米，总投资近亿元。完全达到了《中国共产党党校工作条例》和省市委党校提出的"新四化、八配套"的建校要求，新校区从规划建设到后期设施配置，都按高起点、高标准、环保低碳、勤俭办学等理念推进实施。新校区主要由教学办公楼、学术报告厅、学员餐厅、学员公寓等组成，功能划分合理，教学环境优美，教学设施完备，新校区的投入使用大大改善了区委党校的培训、科研等办学条件，为更好地开展大规模的干部培训，提高党员干部队伍素质，提升全区党建工作水平奠定了坚实的基础。

2. 持续开展名师名课名文章工程。为造就一批政治强、业务精、作风正的高素质党校教学人才，更好地适应新时期干部教育培训工作需求，自 2010 年度在全校教师中开展"教学质量提升年"活动开始，连续三年在全校开展"三名工程"，按照深入调研确定授课专题、组织专题竞标确定中标教师、加强教学研究开展教学竞赛、表彰先进总结教学

经验四个阶段进行。通过教学质量提升年的夯实，区委党校学科建设更加完善，涌现了一批党校名师名课，优化了教学布局，丰富了教学内容，为全面提升党校教师的教学水平和教学质量，充分发挥区委党校在全区干部培训中的主

2010 年 6 月 29 日，崂山区委党校新校启用仪式

力军作用，推进党校各项工作全面发展，为创建全省先进党校夯实了基础。2010年9月，区委对党校深化改革，对办公室、教务处、总务处、电教处四个科室共13位职工实施参公管理。鉴于参公管理后党校教师力量薄弱的新情况，为进一步提高培训质量，形成结构合理、专兼职比例适当的高素质党校师资队伍，经校委会研究决定和区委同意，首批授予中韩街道、华仁药业等8个单位为区委党校第一批教学科研基地，在全市首批聘任6位知名学者和党政领导干部作为区委党校兼职教师。

3. 办学运转机制更加顺畅有力。面对党校新校启用的新形势，为进一步理顺党校工作机制，2010年6月24日，区委贯彻落实《中国共产党党校工作条例》和中央、省市委关于加强和创新党校工作的新要求，出台了《中共青岛市崂山区委关于加强和创新党校工作的意见》，为崂山区委党校做好新时期的干部教育培训工作奠定基础，指明了方向。2011年6月，区政府专门制发了《崂山区行政事业单位培训费管理暂行办法》，一举改革沿用了近20年干部经费划拨渠道，实行培训经费及学校运转的各项成本据实结算，由区财政直接划拨党校，开辟了财力保障的新模式。同年，区干教领导小组将全区干部主体班次和部门联办班次培训（包括业务部门、基层党员、人大代表、各界人士的培训）全部纳入党校实施，使区委党校的培训对象拓宽为横向到各部门、各阶层；纵向到村居、到企业，保障了党校"主阵地"作用的发挥。同年底，区委党校年培训干部规模首次突破2万人次以上。面对班次调整大、在校学员数量多、管理接待超负荷等新问题，区委党校创树承接培训办班新模式，再造工作流程，提高了管理时效。

4. 干部教育培训呈现出新特点。区委书记坚持每年到校讲第一课，2012年3月21日，区委党校举行首次年度开学典礼，区委主要领导，区委党校全体教职员工，

2012年3月21日，中共崂山区委党校2012年度开学典礼

各街道党政主要负责同志，区直各单位以及驻区各单位主要负责人，在区委党校开班的全区理论骨干培训班、统战干部培训班、军转干部岗前培训班3个班次近200名学员参加了开学典礼。自2012年起，区委书记坚持每年在党校开学典礼上讲授第一课，并将党校工作纳入区委整体工作部署，区委常委会每年1~2次专题研究党校工作。2012年冬至2013年春，区委党校在全区社区干部中开展培训需求调研，采取深入各街道面对面座谈、优中劣不同类型社区代表问卷调查等方式，共组织召开座谈会4场、问卷调查了156名社区书记，收集汇总关于社区发展能力、民主管理、服务群众等6个教学版块的需求意向，完成社区党员干部培训需求调研报告并获得区委书记批示，并在当年的社区书记培训班首次采用按需归类、分期分批的"小班化"、七个专题"菜单式"选修培训模式，深受社区干部欢迎，区委党校相关做法被《学习时报》宣传推介。2014年，在全区党的群众路线教育实践活动中，区委党校借助新媒体平台，开通"崂山党校微信"公众平台，在全市率先创办了"领导干部微课堂"，编写了群众路线教育活动《微课本》，有效增强了活动的感召力和影响力。

5. 党校教师综合素质更加过硬。2015年，为深入贯彻落实全国、省、市党校工作会议精神，区委党校健全试讲制度，以新专题试讲为重要抓手，深化教学改革，着力提升党校青年教师"看家本领"。区委党校青年教师在2015年、2016年全市精品课、优秀课评选中连续两年夺得第一名，并走上了本校及区外兄弟党校主体班次讲台，有效保证了优秀专题及时进课堂、进基层，提高了党校教师整体教学水平。2015年，中共青岛市委、市政府下发《关于命名确认2015年度市级文明单位文明村镇和文明社区的通报》（青委〔2015〕205号），对189个新评选的文明单位标兵、文明村镇标兵和文明社区标兵予以命名，区委党校被新授予"青岛市文明单位标兵"荣誉称号，实现了精神文明建设的新突破。2016年，党校教师深入基层宣讲五中全会精神，因讲解到位、形式活泼、实效突出，被中央电视台《新闻联播》栏目以《宣讲+互动，让全会精神深入人心》为题播发专题报道，实现了宣讲的历史性突破。

在这个阶段，"科研兴校"战略大力实施。先后与政协、组织、纪检、发改、科技、财政、农林、计生等部门合作，联合科研攻关的课题达20余项，连续6年中标全省党校系统重点课题，先后获得市、区领导批示 11 次，同时推动科研成果向教学内容转化，奠定了科研服务教学的基础。

在这个阶段，校园信息化建设步入正轨。2011 年创建了校园内网，为教学、科研和管理提供了资源共享、信息交流和协同工作的线上平台，同时实现与中央党校远程教育 C 级站对接，建立了名师名课资源库，为干部在校学习及教师教学、科研提供了强大在线资源。

（四）创新办学：干部教育培训事业迈向品质发展新征程 (2017 年初至今)

2017 年初，崂山区第十二次党代会召开，提出了建设宜居宜业的现代化山海品质新城的新目标，4 月，崂山区正式出台了《中共青岛市崂山区委关于加强和改进新形势下党校工作的意见》，全面贯彻全国党校工作会议精神，对崂山区委党校的发展提出了新的更高要求，出台了新的更大举措。区委党校以该意见颁布为契机，着力强基础、促规范、提能力，坚持创新办学、严谨办学、拓展办学，统筹谋划推进干部教育培训深化改革创新，力促区委党校干部教育培训事业迈向品质发展的新阶段。

1. 高品质打造主体班次精品示范班。2017 年初，崂山区加大干部培训力度，提出用 2 年的时间将全区处、科级干部轮训一遍。全年 7 期每期 10 天总计 560 人的科级干部轮训班放在党校举办。经过精筹严管，7 期科级干部培训班及 1 期青年优秀干部培训班呈现出"十个一"的新特点：即：第一次全程统一着装半军事化管理；第一次连续十天全封闭式培训；第一次早晚均安排军事训练项目；第一次系统设置晚间集中思辨研讨；第一次实施结构化研讨教学；第一次实施学员在校培训量化考核；第一次开设为期一个月的主体班次；第一次学员连续出版培训简报；第一次实施立体化"互联网+管理"培训；第一次创造条件为学员安排单间住宿。

学员进行军事队列训练

2. 高品质推进党校"四库"建设。整合全区、全市乃至全国优质教学资源，从优秀企业家、专家型领导、高等院校、各级党校中甄选优秀老师优质课，分党性教育、理论教育、能力提升、依法治国、金融经济、修身养性、六中全会解读等7个专题，打造"精品师资库"，为各类班次提供菜单式服务，并定期更新；依托央校远程教育C级站以及宣讲家等其他网络资源，从中甄选全区领导干部关注的热点课件，及时收集电教片、专题讲座建成"电教库"；围绕革命传统教育、廉政警示、基层党建、美丽乡村、高新产业等类别，打造现场体验教学库；采取"内部挖潜"和"广借外力"的办法，在加强现有教师培养提高的同时，从党政机关、企业、驻区高等院校、省市党校中选聘一批党政领导干部、专家学者，搭建起"智库"，为区委、区政府开展理论研究和咨政服务。

3. 高品质建设崂山红色教育基地。深入贯彻崂山区第十二次党代会精神，落实全区推进"两学一做"学习教育常态化制度化工作座谈会上提出的"用足用好崂山的红色历史、红色故事、红色事迹，传承红色基因，凝聚推动发展的强大精神动力"的要求，深入挖掘崂山红色文化资源，深入提炼"崂山精神"的历史沿革与时代内涵，精致运用崂山红色文化滋养，打磨形成一系列红色文化党课、一批现场教学基地、一批基层党校分校、一本红色教科书、一部影视作品暨"五个一"特色的崂山区红色教育基地，推动党校培训在对象上向全区党员群众及社会拓展，在阵地上向机关、街道、社区、企业多层次分阵地拓展，在内容上向品质城市、创新驱动、现代金融、红色精神等崂山地方特色课程拓展，力争用2到3年时间，将基地打造成为全区党员干部党性洗礼、精神补钙、灵魂净化、立根固本的信念课堂。

4. 高品质推进基层党员培训。为做好品质城市战略下特别是精准培训换届后社区党组织书记和党员两支队伍的培训，区委党校发挥党员干部培训的主阵地作用，以"六个精准"扎实做好换届后基层党员的精准培训。一是阵地精准。高品质建设区情教育基地、红色教育基地、现场教学基地，实施党校"牵手计划"，建立层级党校阵地网络，整合新建一批街道党校、社区党校，创新三级党校工作联动机制，提升阵地教育水平。二是队伍精准。组建宣讲队伍，开展党校教师进街道进社区进住户蹲点调研、带课调研"三进"活动，主动了解社区党建情况、培训需求情况。三是内容精准。打造一批区情宣讲精品课，把上级组织要求和下级党员需求紧密结合，围绕党代会确定的任务部署和基层党员干部实际需求，打磨社区党员教育精品课。四是对象精准。构建需求导向型培训机制，区分老、中、青党员个体差异，区分工薪阶层、创业阶层、困难党员等不同群体，区分周末、夜校、法定假期等培训时间，更加人性化推进基层党员精准培训。五是方式精准。改善传统的教学灌输，在全区典型社区、先进企业新挖掘打造一批现场教学基地，推动课堂教学向实践教学、情景教学、现场教学转变。六是制度精准。构建利益导向型培训机制，探索实行培训积分制、培训承诺制，细化积分承诺事项，将培训积分与社区党员日常管理、评先树优相挂钩。

二、区委党校干部教育培训事业取得的主要成就

改革开放以来，崂山区委党校紧扣区委、区政府的中心工作，大力推进干部教育培训事业改革创新并取得显著成效。

（一）教育培训实效持续显著

区委党校积极发挥职能，在推动本行政区域内经济与社会发展、干部队伍建设特别是干部培训工作做出了很大的贡献。每年区委党校都要举办各类各层次干部培训班或轮训班，宣传党的理论路线方针政策和阶段性重大决策部署，同时不断选派优秀教师送教上门，进机关、进企业、进社区，在固定的教室之外，积极创办流动课堂，举办理论学习班，进行专题授课。通过多措并举，累计受训党员领导干部20余万人次，在锻造高素质领导干部队伍、强化全区党员领导干部战略思维、历史思维、辩证思维、系统思维、创新思维、底线思维，全面提升能力素养，解决能力欠缺、"本领恐慌"问题，提高党的执政能力等方面，充分发挥了党校的主渠道作用，受到区委认可和社会广泛好评。

1. 培训规模创历史新高。1994年，区委党校每年培训干部只有百余人，2010年新校启用后，培训规模逐年扩大。区委党校严格按照干教领导小组下达的培训计划，严把培训前、中、后三个环节，详细分解为月计划、周统计，全程跟进服务，优化完善流程，加强分工协作，靠精细化管理提效能，靠优质服务树口碑，确保了各级各类班次学、吃、住、实践考察各个环节无缝隙对接，赢得了学员和培训单位的一致好评。

2012 年后，区委党校培训干部规模每年保持在 2 万人次以上。特别是 2015 年，全年共举办各类培训班次 233 期，培训人数 27397，培训人次 32330，周平均承担班次 5 个、培训 700 多人次，同比增长 28.6%、31.1%，最高峰时创出了日培训规模 300 人、100 人以上班次连续 5 天仍高效运转的记录。

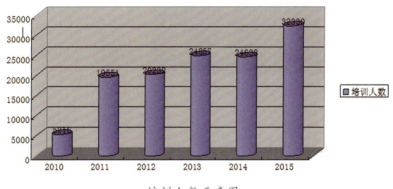

培训人数示意图

2. 对外宣讲开拓新局面。区委党校积极开展社会宣讲，主动走出去，走进区直机关部门、街道、企业、社区，把宣讲送到基层去，送到最需要的地方去。按照突出形势教育，关注理论前沿，体现时代特征；突出区情研究，关注现实问题，体现地方特点；突出行为训练，关注能力提升，体现管用特性；突出党性锻炼，关注党性修养，体现党校特色的原则，针对改革开放和社会主义现代化进程中的重大理论和现实问题，开展马克思主义中国化最新成果的理论宣传，开展党的路线、方针、政策的宣传，平均每年宣讲 20 余场次，2015~2017 年上半年对外宣讲 103 期，培训基层党员干部 1.2 万余人次，平均满意度在 90% 以上。区委党校在理论宣讲方面发挥了重要作用，打响了区委党校在全市的理论宣讲的品牌，区委党校教师还被邀请到黄岛、李沧、即墨、胶州等区市单位以及北海分局、中粮集团、中国中铁、中储棉集团等国企、央企单位授课，拓展了理论宣讲的"主阵地"。

3. 合作办学迈出新步伐。2016 年 3 月 26 日，崂山区委党校与上海财经大学青岛财富管理研究院首次联合举办的"第二期领导干部大讲堂"开讲，此举标志着与驻区单位合作办学之路上又开启了新的篇章。在 2014 年青岛获国家批复成为首个以财富管理为主题的金融综合改革试

2016 年 3 月 26 日，第二期领导干部大讲堂开讲

验区以来，崂山区也提出了建设财富崂山的目标，解开财富管理这一大命题成为青岛发展的当务之急。2015 年 1 月 19 日，上海财经大学青岛财富管理研究院正式注册成立，研究院的办公地点就设在崂山区委党校。区委党校依托上海财经大学青岛财富管理研究院在金融领域的科研和人才优势找准合作办学的契合点，充分发挥各自教育资源的优势，在干部培训、人才培养、课题研究、师资建设等方面开展合作，开拓了区委党校的干部教育培训事业的领域。

（二）咨政服务水平逐步提升

重视科研工作是区委党校的一个优良传统，区委党校一直高度重视发挥科研工作对教学、对区委决策的支撑作用，第一时间聚焦中央、省市、区委的重大决策部署，社会热点难点问题并进行深入研究，及时向党委政府反映重要思想理论动态、提出有价值的对策建议，提高决策咨询服务水平，做到重大节点有声音、重大问题亮观点、重大时段搭平台，为党员干部学习贯彻中央、省市、区委精神提供了正确引领和学理智力支撑。

1. 中标课题位居全市首位。2009 年后，区委党校紧密结合崂山特锐德电气股份有限公司成为中国创业板第一股的案例，组织开展省委党校立项课题的调研、撰写、论证、结项，并以专刊形式报送市领导审阅、批示开始，至 2015 年区委党校申报的省委党校课题《智慧旅游公共服务体系建设对策研究——以崂山区为例》圆满结项，区委党校成为青岛市唯一连续 6 年中标全省党校系统课题并顺利结项的区委党校。同时，由区委党校牵头执笔，与区内部门密切合作，围绕区委、区政府年度重点工作和重大民生关切，每年均有市、区级课题承担。区委党校中标省、市级课题稳居全市区县级党校首位，有关经验做法多次被上级党校刊发推广，多次荣获党校系统科研工作组织奖。

2. 领导批示稳居全市前列。领导批示是对区委党校咨政工作的充分肯定，又是对全体党校教师的鼓舞鞭策。2009 年，市社科规划立项课题成果《构建青岛统筹城乡一体化发展格局的思路和路径研究》获时任青岛市副市长张元福批示；2010 年，省委党校立项课题子课题成果《创业板基础知识与上市操作指南》获区委主要领导批示；2013 年，围绕区政府重点工作，先后形成的《关于规范株洲路自发形成的零工劳务市场的调研报告》《崂山区高档物业小区计划生育管理服务工作研究》等课题成果获区委领导肯定性批示；同年，市"双百"调研课题成果《建设仰口休闲旅游度假区战略研究》获时任青岛市副市长王建祥批示，子课题成果在市委办公厅主办党刊《青岛通讯》刊发；2014 年，年度重点调研成果《关于促进崂山茶产业健康发展的调研报告》获区政府主要领导批示；针对"十三五"期间国内外经济宏观环境对全区新一轮改革发展可能造成的影响，区委党校组成课题组，开展深入研究分析，形成了"关于加快打造崂山经济升级版"的系列建议和专题报告，获区委主要领导批示。2009 年以来，区委党校执笔的科研成果先后获得市区领导批示达 11 次。有效发挥了"推动发展、咨政服务"的作用。

3. 论文发表量质同步提升。区委党校大力实施"科研兴校"战略，强化得力措施，推动科研转型，加强科研协作，收效显著。2012~2016 年，在市级以上刊物共发表理论文章 105 篇。2015~2016 年，特别注重推动科研有理论文章发表向实践应用咨政转型，累计组织撰写发表 30 余篇应用咨政型论文。在做好区情研究的基础上加大理论研究力度，积极组织参加各级各类研讨活动，每年均有多篇参会论文获奖。2010 年后，参加全省及市党校、社科系统等组织的研讨活动近 40 次，递交的 50 余篇理论调研文章获奖。区委党校还先后成功承办了"国合·斯坦福"青岛可持续发展论坛等大型学术研讨会、山东省中国特色社会主义经济研究会年会等重大研讨活动，开辟了宣传崂山的"新窗口"，扩大了崂山党校的美誉度。

(三) 师资队伍建设不断加强

区委党校致力把建设全国一流区县级党校作为目标，持续扎实落实好人才强校战略，将师资和人才队伍摆在重中之重的位置，探索完善队伍建设和素质培养机制，着力培养一支政治强、业务精、作风正的知名党校教师队伍。

1. 师资结构优化。区委党校高度重视优化师资队伍结构，重视专业带头人和骨干教师的培养，重视青年教师的培养和复合型教师队伍建设，着力构建了一支基本满足教学需要的专兼结合的教师队伍。当前有专任教师18人（含参公编制），其中35岁以下教师占比39%，教师队伍相对年轻，年龄结构比较合理。专职教师学历层次高，硕士研究生学位教师共18人，占全体教师比例达到86%。2010年首次在全市知名专家学者和领导干部中选聘了6名兼职教师，专兼比为3:1，专兼职队伍趋于合理。

2. 培养机制健全。区委党校持续实施"名师工程"，逐步健全完善人才激励机制，加强党校师资队伍和干部队伍建设。采取每年一个主题的方式，先后开展了"素质提升年""双学、双练、双增强""专题调研月""暑期备课周"以及"名师、名课、名文章"铸炼工程等系列活动，还采取了"拜师带徒"等专家帮带、个人进修、组织挂职、年终表彰等多种举措，使区委党校教师的整体素质有了明显提升。

3. 党校名师渐出。经过长期不懈的努力，党校涌现出了一批敬业爱岗、成绩斐然的优秀教师。区委党校拥有高级职称4人，先后有5位教师被评为校名师名课，4位教师获得山东省党校系统优秀教师或先进工作者，有11人次优秀教职员工走上校级、科级领导岗位。2015年后，区委党校加大了对青年教师的培养锻炼力度，一批青年教师脱颖而出，连续三年区委党校青年教师在全市党校系统精品课、优秀课评选中夺得第一名并荣获全省党校系统优秀教学奖，这为党校发展提供了坚实的人才保障。

（四）培训基础设施日渐完善

校园是教育培训的场所，是党校学员学习和生活的地方，良好的校园环境和校园文化是"无言之教"。在区委党校的发展历程中，一直致力于提升党校硬件建设和管理水平。2010年6月新校启用后，区委党校硬件建设走在了全国区县级党校的前列，这意味着管好、用好区委党校是党委班子的新的重大职责。2013年后，区委党校科学规划，招聘社会化专业后勤物业团队，多措并举优化校园环境，建设好校园文化，着力于把区委党校打造成美丽校园、安全校园、智慧校园。

1. 建设美丽校园。美丽校园建设是美丽崂山建设的组成部分。以景怡人，建设水清月朗、林静天蓝的优雅景致，营造读书学习、修养心性良好生态环境，建设美丽校园，是党校人和学员的共同愿景和执着追求。近年来，在美丽校园建设过程中，区委党校党委高度重视校园整体规划设计，在最大限度保护现有格局与景观整体性的基础上，聘请建筑与园林设计专家进行深度系统规划，以局部调整、区域改造为主要手段，先后对党校院落、围墙、道路、水系、植被以及走廊文化、建筑亮化等元素进行了改造，校园园林景观、水系景观和夜间景观愈加亮丽起来，党校教学生活环境的层次与品位进一步提升，一个设施更为完备、功能更为齐整、环境更为优美的校园正逐渐呈现在人们眼前。

2. 建设安全校园。安全校园建设是保障，是底线，校园不安全，美丽校园、智慧校园建设便无从谈起。区委党校党委一直高度重视安全校园建设，确保党校工作职工及参训学员的人员安全、政治安全、校园运转安全。区委党校坚持安全第一，加强教育、预防、防治结合的原则，把安全工作列入重要议事日程，思想上高度重视，行动上防患未然，严防重大校园安全管理责任事故，夯实总务、后勤团队的安全职责，确保运转安全；健全落实好问责、廉洁制度，确保教职工政治安全；实施学员参训"十不准"等管理制度，确保学员培训安全；加强教师素质能力培训，实施严格的主体班教学、对外宣讲准入制度，确保教学安全，等等。通过齐抓共管，形成了全员关心和支持党校安全工作的新局面，维持了区委党校良好的教育教学管理秩序。

3. 建设智慧校园。区委党校始终致力于智慧校园建设，依托互联网+、云计算、物联网、虚拟化等新技术，推进培训信息资源的有效采集、分析和应用，致力于为每位党校教师和学员提供基

崂山党校风貌

于角色的个性化服务，全面感知不同的教学培训资源，获得互动、共享、协作的学习、工作和生活环境。同时，为改进干部培训方式，提高党校教学水平，推进科研攻关提供重要保障。区委党校实现了 Wi-Fi 全覆盖，开通了"崂山党校"微信公众平台，在全市率先创办了"领导干部微课堂"，编写了干部教育培训《微课本》，实现了与中央党校远程教育 C 级站对接，分期下载刻录名师课程，甄选基层党员和领导干部关注热点课程，建立视频宣讲课程库，为党员干部学习充电提供了强大在线资源，智慧校园建设初见成效。

三、区委党校干部教育培训事业的实践经验与启示

改革开放以来，崂山区委党校坚持高端定位，务实创新，紧紧依靠党委办党校，在提升自身工作的同时，主动作为，彰显特色，在不断提升培训和咨政服务效能中，在争创全国一流区（县）级党校历程中，积累了一些有益的经验和做法。

（一）始终坚持党校姓党这一根本，在党委领导支持下开展工作

崂山区委对党校建设和发展高度重视，始终把党校工作摆在重要位置，党口部门上下联动、紧密配合，切实加强对党校工作的领导和支持，大力推进了党校的改革、创新与发展。

1."一把手"重视到位。 历年来区委高度重视党校建设，特别是近 5 年来，青岛市委常委、崂山区委书记齐家滨对党校工作高度重视，带头履行《党校条例》规定，定期亲临党校，解决问题、指导工作，特别对党校开展课题研究交任务、压担子，并亲自挂帅，带头参与课题的研究指导。自 2012 年起，坚持每年在党校开学典礼上讲授第一课，从思考授课内容确定讲什么、到拟定题目、审定讲稿，亲力亲为，先后以社区干部教育管理、改革创新等为主题讲授四次党课，收到了良好效果。

2.组织保障到位。 区委坚持"党校姓党"的原则，在落实习近平总书记关于加强党员干部理想信念和政治素养方面，狠下功夫，强化培训。将党校工作纳入区委整体工作部署，区委常委会每年 1~2 次专题研究党校工作；每年由组织部门代表区干教领导小组统一制定和下达《全区干部培训年度计划》，将全区干部主体班次和部门联办班次培训全

部纳入党校阵地实施，并把各单位落实情况纳入岗位目标责任考核，解决了历年培训中出现的重复培训、交叉培训、多头培训顽疾，保障了党校"主阵地"作用的发挥。

3. 财力保障到位。财力保障是打造一流党校的重要条件，党校软、硬件建设的提升都离不开区委财力的积极支持。2005 年，区委、区政府投入 1 亿余元开工建设了区委党校新校区。特别是自 2011 年起，区委、区政府一举改革沿用了近 20 年干部经费划拨渠道，专门研究制发了《崂山区行政事业单位培训费管理暂行办法》，培训经费及学校运转的各项成本费用由区财政按规定统一标准直接向党校划拨，为学员提供了优质的学习生活和服务保障。

（二）始终坚持创新发展这一驱动，在提升办学质量上谋求突破

崂山党校始终把"质量立校"作为办学根本，依托持续的创新实现了区委党校跨越式发展，使区委党校的教学水平和培训质量得到逐年提升。

1. 靠创新促质量。从崂山区委党校建校之日起就把创新作为己任和贯彻党校工作的灵魂。始终坚持创新培训模式、规范培训班次，打造区级党校办学特色，建设全国一流区县级党校作为持之以恒的目标。通过高标准打造主体班教学管理示范班、选树各具特色的教学科研基地、施教按需归类分期分批的"小班化、专题式、菜单化"选修培训模式，一步一个踏实的脚印推进干部教育培训事业的创新，有效增强了培训的感召力和影响力，实现了由求数量向求质量转型培训的新突破，培训针对性、实效性大大增强。

2. 靠拓展提质量。区委党校抢抓数字化校园建设的新机遇，积极实施创新互联网+教学，借助新媒体平台，拓展干部教育培训空间。先后开通"崂山党校微信"公众平台，在全市率先创办了"领导干部微课堂"；狠抓校园信息化建设，创建了校园内网，为教学、科研和管理提供了资源共享、信息交流和协同工作的线上平台；充分利用中央党校远程教育 C 级站，为干部在校学习及教师教学、教研提供了强大在线资源。坚持做强做实"领导干部大讲堂"品牌，2003 年以来，已举办过百讲高端讲座和专题辅导，邀请了 80 余位国家知名专家教授到崂山为党员领导

干部上课，成为全区干部及时更新观念、拓展思维、把握世情的重要平台。

3. 靠服务保质量。崂山区委党校坚持以服务促教学、以"成就细节"的服务理念做好保障。始终坚持抓好课堂、食堂的"两堂"联动，特别是自 2011 年起，面对区委将全区各级各类干部培训班次统一纳入党校组织实施，年均培训干部 2 万人次以上、班次调整大、在校学员数量多、管理接待超负荷等新形势，区委党校主动作为、完善流程、加强协作，创树了承接培训办班"五联单"（组织部—党校—财政—参训单位—服务托营单位）新模式，并采取分批错时就餐、培训项目负责制、坚持班主任跟班跟餐跟宿等措施，保障了各班次顺利运转，为学员提供了一流的保障服务，确保了年年超额、优质完成各期培训任务，被培训单位和学员誉为"学员之家"。

（三）始终坚持"四个服务"这一方针，在提高科研服务水平上下功夫

区委党校实施"科研兴校"战略以来，一直秉承"为推进理论创新服务，为提高党校教学质量服务，为党委和政府决策服务，为社会主义经济建设、政治建设、文化建设、社会建设、生态文明建设和党的建设服务"的工作目标和要求，科研的基础性作用和先导性地位不断凸显，推动实现了由数量向质量、由重发表向重服务的转型，为干部教育培训工作提供了有力支撑。

1. 强化理论正面引导作用。党校始终把深化对中国特色社会主义理论与实践问题的研究和探索，把推进马克思主义中国化最新成果的学习、研究和宣传，放在科研工作的突出地位。特别是党的十八大召开以来，党校结合区情实际，以撰写精神解读、学习体会等方式，对中央和省、市、区重大决策部署进行理论阐释，以"党校姓党"的立场答疑解惑、回应关切，积极发挥了理论的正面引导作用。

2. 强化围绕区情精准选题。党校始终紧紧围绕区委、区政府的中心工作，切实强化服务大局意识，以崂山区经济社会发展的现实需求为切入点，每年组织骨干教师紧扣区情选课题、促精品，针对上市资源挖掘培育、蓝色硅谷投融资体制、城市科技创新体系、崂山休闲度假旅游、智慧旅游公共服务体系、居家养老社会服务等密切关联崂山"三大

战略平台"建设问题和重要民生问题进行了系列深入研究，做到区委、区政府的工作推进到哪里，党校的科研工作就跟进到哪里，力量就汇集到哪里，有效发挥了党校科研服务中心大局的作用。

3. 强化教研一体化发展。 在长期教学科研过程中，党校从办学宗旨出发，不断加强科研对教学的支撑作用，逐步形成了"教学出题目、科研做文章、成果进课堂"的教研一体化发展模式。从实践来看，把科研成果运用到干部教育培训工作中，大力推进教研一体化，不但充实了教学内容，提升了教学质量，而且使科研成果得到了良好的宣传利用，开创了以教学培训带科研、以科研促教学培训的良性互动新格局。

（四）始终坚持人才战略这一保障，在师资和人才队伍建设上争创一流

以建设一流学府为目标，将师资和人才队伍摆在重中之重位置，按照造就一支政治强、业务精、作风正的高素质教学科研人才的要求，通过多种形式，加强教师队伍建设。

1. 坚持每年一个激励主题。 区委党校大力实施人才强校战略，以每年一个激励主题为载体，加强对现有师资的进修培训，提高综合素质和教学科研能力。积极引进高层次专家学者、高学历毕业生、优秀党政干部等方面的人才，完善学科建设结构，加强名师力量。根据教学任务需要，选聘实践经验丰富、理论水平较高、善于课堂讲授的党政领导干部、企业优秀管理人才、专家学者充实兼职教师。加强同上级党校、兄弟党校的联系与合作，健全党校师资资源库，实现优质师资资源共享。注重打造人才激励机制载体，采取每年一个主题的方式，先后开展了"素质提升年""双学、双练、双增强""专题调研月""暑期备课周"以及"名师、名课、名文章"铸炼工程等系列活动，持之以恒地提升教职员工的业务素质。

2. 坚持"走出去、请进来"相结合。 提升党校教师的素质不能关起门来自己练，区委党校采取了"走出去、请进来"多举措提升教师的看家本领。先后到深圳、杭州等地党校学习办学管理经验。2011年还专门邀请全市各区市党校的教学管理能手一同到崂山党校现场展示教学本领的同台竞技、"现场比"等方式，推动全校教学管理人员业务素质提升。还通过向全校的知名兼职教师拜师，每人带一位年轻教师的"拜师带徒"方式以及个人进修、组织挂职、年终表彰等举措，推动党校教师整体素质有了明显提升。采取支持专业骨干老师到区金融办、新型社区、"两会"挂职服务，深入一线"接地气"的方式推动教师由"书本型"向"复合型"转变，强化了党校教师服务大局的意识，中央党校《学习时报》对党校的做法作了宣传推介。

3. 坚持领导带头做表率。党校领导班子坚持带头钻科研、搞教学始终是区委党校的优良传统，极大地带动了全校教职工的积极性。特别是 2010 年后针对参公管理后党校整体科研教学力量薄弱的现状，学校实施全员攻关战略，坚持班子成员带头，各处室夯实责任，将攻关项目纳入目标考核，举全校之力攻坚克难。每年利用暑期校班子带头参加"集中调研月"活动，紧紧围绕市情、区情、校情，深入一线调研，撰写理论文章、提炼工作经验或打磨新课，每年都形成和汇集一批科研成果或论文。在每次重大学习、宣讲任务开始前，校领导班子做好顶层设计，坚持带头讲党课，并鼓励教师结合专业领域准备新的教学专题，并组织严格的新专题试讲活动，确保优秀专题及时进课堂、进基层。

执笔人：邱华德

审稿人：单忠献

签发人：万延滨

参考文献：

1. 曹志海，搭建平台主动作为，《学习时报》，2009 年 6 月 8 日。

2. 曹志海，崂山社区书记主任培训班呈现出四个新特点，《山东党校报》，2011 年 9 月 10 日。

3. 中共崂山区委党校，县级党校风貌，《学习时报》，2012 年 1 月 16 日。

4. 中共崂山区委党校，崂山区委党校坚持四个始终创建一流队伍和学府，《山东党校报》，2015 年 10 月 1 日。

改革开放以来崂山区人大常委会
发展的历程、成就和启示

崂山区人大办公室

人民代表大会制度是我国的根本政治制度，是党领导全国人民长期奋斗的成果和历史的必然选择，是人民当家做主的最高实现形式和社会主义政治文明的重要制度载体。坚持和完善人民代表大会制度，对于坚持党的领导和社会主义制度，实现人民民主，保障国家长期执政，顺利实现社会主义现代化的奋斗目标，具有重大意义。党的十一届三中全会以来，崂山区人大常委会始终坚持党的正确领导，坚持和完善人民代表大会制度，确保实现人民当家做主，坚持依法治国建设社会主义法治国家，认真贯彻落实改革开放以来各个时期的方针政策，持续推进全区依法治国战略的实施和民主政治建设的深入，围绕政治大局、经济建设、社会稳定的不同重点，不断创新工作思路，扎实履行地方人大的各项职能，各项工作都顺利得以实施，全区的经济建设和民主法治建设都取得了重大的成就。

一、发展历程和成就

崂山区人大常委会始终以更好地履行监督职能为抓手，围绕中心和大局工作不断研究创新发展思路，实施有效的工作监督和法律监督，有效地推进了全区各项工作的开展。

（一）改革开放开局到新崂山区设立初期（1978~1998 年）

崂山县第八届人民代表大会第一次会议于 1978 年 6 月 2 日在李村召开，会议选举产生 62 人组成革命委员会，代表人数 750 人。改革开放以后，崂山县第九届人民代表大会第一次会议于 1981 年 1 月 1 日召开，在这次会议上崂山县人民代表大会设立常委会。此后崂山县分别于 1984 年 7 月 21 日、1987 年 5 月 10 日又召开了两次换届人民代表大会，1988 年 11 月崂山县撤县改为崂山区。原崂山区经过 1990 年 4 月、1993 年 2 月两次人大换届之后，新崂山区于 1994 年 4 月设立。

在改革开放至新崂山区设立这一阶段，虽历经崂山县人民代表大会改建为崂山区人民代表大会，但机构仍沿袭原崂山区的建置。因此，这一阶段是人大及其常委会机构变动幅度比较大、同时也是国家政策变化较大的时期。

崂山县（区）人民代表大会及其常委会，坚持党中央关于改革开放的方针政策，坚持人民代表大会制度，坚持人民当家做主，坚持依法治国的有机统一。在上级党委的正确领导下，围绕全区的工作大局和中心任务，加强各项法律监督和工作监督，依法履职并作出重大决定，着手探索创新工作思路和监督方式，推进全区经济和社会事业快速稳定发展，推进社会主义民主法治建设稳步发展，取得了可喜变化。

这一阶段初期崂山区（县）人大及其常委会工作职能的发挥和取得的成绩也受到历史的局限，存在机构人员少、职能单一、代表素质较低等诸多问题，而且这些问题在全国具有普遍性。当时人民代表大会的宪法职权还远没有充分落实，人民群众的民主法制意识都较淡薄。为适应国家发展社会主义民主，健全社会主义法制的需要，1978 年党的十一届三中全会后对人民代表大会制度做出三项重大改革：一是改革选举制度。扩大直选，实行差额选举，赋予代表或选民以候选人的提名权；二是改革人民代表大会的组织制度。在县以上地方人民代表大会设立常务委员会，在全国人民代表大会和较大的市以上的地方人民代表大会设专门委员会；三是进行职能改革。扩大全国人大常委会的立法权和监督权，全国人大常委会可以制定除基本法律以外的其他法律，大会闭会期间可以任免政府官员等；赋予地方人民代表大会及其常务委员会以立法权。

正是这些改革，成为后 20 多年人民代表大会制度发展的基础和条件。没有这些改革，就不会有人民代表大会制度举世瞩目的成就，人民代表大会也不可能摘掉"橡皮图章"的帽子，也就不可能有我国民主法治建设今天的大好局面。实践证明，是改革给人民代表大会制度增强了活力，带来了人民代表大会制度的发展和完善。崂山区（县）人大及其常委会和全国各地一样依法履行各项职能，建立健全内部机构，积极发挥人大常委会及乡镇人大的职能和作用，勇于探索和实践，强化工作监督和法律监督，促进全区（县）经济建设和民主法治建设取得了更大的成就。

（二）21 世纪初期到开启建设小康社会（1999~2007 年）

这一阶段是新崂山区园区（高科园、新崂山区）合一的体制，是园区集中开发建设、招商引资扩大外资引进的关键时期，更是四个乡镇转型适应大开发、大建设的"磨合期"，崂山区相继于 2003 年 1 月、2007 年 12 月实施换届，召开了第十五、十六届人民代表大会，为十四、十五届人民代表大会及其常委会的工作作了系统总结。区人大常委会的工作重心转向依靠全体代表和常委会组成人员的共同努力，依法履行各项职责，实施了卓有成效的工作监督和法律监督，圆满完成各届人大的工作任务，推进了全区各项事业的快速稳定发展，民主法制建设取得了显著的成绩。

1. 围绕发展的重大事项，认真行使决定权。 讨论、决定本行政区域内经济和社会发展的重大事项，是法律赋予地方人民代表大会的一项重要职权。十四、十五届区人大常委会在履行这项职权的过程中，坚持从实际出发，紧紧围绕影响全区发展的重大事项和突出问题，进行深入研究，积极讨论，及时作出决定，以促进经济和各项社会事业的健康发展。通过召开人代会、常委会，及时审议全区财政预、决算，经济和社会各项事业发展的计划和计划执行情况，并对滨海大道崂山段、李宅路、滨仰公路、啤酒城改造、商务一、二区建设等一批重点项目进行了视察，提出意见建议，作出有关决定，促进了决策的科学化、民主化，保证了经济和行政工作的健康有序运行。

围绕发展的重大事项，加大监督力度。规划问题一直是制约建设

青岛市崂山区第十四届人民代表大会第五次会议

发展的瓶颈，区人大常委会对这个问题高度重视，先后多次在主任会、常委会等会议上听取汇报，专题审议，提出了加快编制崂山分区规划的意见建议，加速了规划编制的进程。村庄改造和城市化建设是园区面临的重大课题，情况复杂，启动和操作的难度大，区人大常委会深入街村调查研究，分别召开不同形式的座谈会，了解情况，征求意见，提出建议，督促区政府有关部门制定出台了切实可行的实施方案。在对财政计划执行情况的监督中，发现有的部门对财政拨付资金没有按计划落实、有的部门对于大额资金的使用不符合有关规定等问题，区人大常委会立即提出整改意见，督促有关部门抓好整改落实，确保了财政预算的顺利实施。崂山教育发展是全区上下关注的一个焦点，区人大常委会组织进行了广泛深入的调研，在充分掌握第一手资料的基础上，分析现状，查找原因，提出意见建议，督促政府职能部门编制了全区教育发展五年规划和年度计划，全力实施名校战略、撤点并校战略和教育社会化、市场化战略，推动了教育事业的快速发展。对于全区历史遗留问题处理、开展"三项治理"、社会保障体系建设、基层组织建设、高新技术产业发展、旅游产业发展、财力投资的重点工程项目建设等，区人大常委会都以不同方式予以督促检查，积极推进全区各项重点工作的顺利完成。

2. 加强执法检查工作，确保法律法规正确贯彻执行。 保障宪法、法律在本行政区域内正确贯彻实施，是常委会非常重要的职责。2000 年以来，区人大常委会围绕法律法规实施中的突出问题以及人民群众反映强烈的热点问题，积极开展法律监督，先后对《建筑法》《环保法》《药品管理法》《审计法》《公证暂行条例》等 39 部法律法规的贯彻执行情况进行了检查，对实际存在的执法责任制不够完善、执法程序不够公开、执法文书不够规范等问题，提出了整改要求，进一步提高了政府部门的执法水平。2001 年，为适应"入世"要求，常委会加大执法检查力度，对建设局、交通局等 10 个

残疾人安居工程修建全部竣工入住仪式

执法部门工作进行检查，审议了《土地法》贯彻执行情况等工作报告。有关部门加大土地执法力度，补办了一批土地农转用手续，集中拆除了一批"双违"建筑，对超额占用宅基地、越权审批宅基地以及违法买卖宅基地行为进行了严厉打击，受到广大群众的普遍欢迎。2003 年，在抗击"非典"斗争中，区人大常委会发挥自身职能，把《传染病防治法》的贯彻实施情况作为特殊时期执法检查的重点，促进依法防治，科学防治，为夺取非典防治工作的阶段性胜利，做出了积极贡献。2004 年，在预防禽流感的关键时刻，常委会组成人员对动物防疫法开展了执法检查；对违反《森林法》的毁林案件进行了个案监督，及时作出了"关于加强丧葬祭奠活动管理"的决定，规范了群众祭奠活动，有效减少了因祭奠活动引发的山林火灾。为促进残疾人保障法的贯彻落实，2004~2005 年，连续对残疾人生活和居住情况进行了视察，使全区残疾人安居工程在全省提前完成任务。根据机构改革和推进普法和依法治区等工作的需要，分别就撤镇设立街道办事处、"四五"普法和依法治区规划等事项，依法作出决议决定 38 项，推进了全区经济和社会的协调发展，保证了区委、区政府重大决策的顺利实现。

3. 坚持推动群众性学法普法，贯彻依法治区纲要，提高干部群众法律素质。实施普法教育，推进"依法治区"进程。2001 年，听取审议了关于"三五"普法工作情况和"四五"普法规划的报告，作出了关于深入开展法制宣传教育，扎实推进依法治区五年规划实施工作的决议。2004 年，依法作出了《关于在全区公民中开展第三个五年普法宣传教育的决定》《关于深入开展法治宣传教育扎实推进依法治区五年规划实施工作的决议》等决议、决定，有力地推动了宪法的实施和依法治区工作开展，提高了全社会的法治意识。为加强干部的法律学习，先后组织全区处级以上领导干部学法用法讲法会、全区学法用法研讨会等，常委会组成人员带头学法，建立了会前学法制度，认真学习法律法规，从领导干部带头学法抓起，提高了干部的法律素质和依法办事水平。为推动领导干部学法用法和政府部门依法行政，进一步提高全区干部群众的法制意识，2003 年，区人大常委会举办了全区学法用法研讨会，30 多个执法部门结合工作实际交流了学法用法的经验体会，探讨新形势下领导干部学法用法、依法行政的新路子，提高了全区法治水平。对两院的审判、检察人员，采取书面述职的方法，组织人大代表进行评议，被评议的 38 名法官和 28 名检察官，普遍受到深刻教育。通过述职评议，"两院"被任命干部履行职务的责任感和自觉性明显增强。2004 年，常委会组成人员坚持集体学法制度，带头学法用法，全年组织举办了 6 次法制讲座，深入系统地学习了《宪法》《行政许可法》《行政复议法》《行政诉讼法》《村民委员会组织法》等 11 部法律法规。区人大和行政、司法部门，都把法制宣传教育作为执法的基础和前提，在抓好执法人员学习的同时，采用法律知识考试、法制宣传月（日）活动、送法下乡、以案释法等多种形式，发挥各种宣传媒体的作用，广泛宣传《宪法》和各项法律法规，教育各个层面的干部群众学法、知法、守法，维护自身合法权益，增强了全社会的宪法意识和民主法制观念，为依法治区奠定了群众基础。2004 年，为推进"平安崂山"建设，组织区人大代表进行了为期一个月的创建"平安崂山"专题调研，提出意见建议 30 条，为建设和谐、稳定、安全的"平安崂山"发挥了应有作用。2006 年检查了社会治安综合治理工作，促进了全区的和谐稳定。

4. 做好代表工作，积极发挥代表作用。抓好代表培训，提高代表素质和履职能力。为建立代表培训的长效机制，制订了代表培训五年计划，每年都把代表培训作为重要内容，精心组织，统筹安排。十四届常委会共举办人大代表各类培训班 13 次，内容涉及人民代表大会制度基本知识、法律法规、财政税收、城建、环保、循环经济、和谐社会理论等诸多方面。在培训方法上，采取集中培训和专题辅导相结合，形式多样，不断创新。坚持为代表征订《人民权利报》等报刊杂志，定期发送《会刊》等内部资料。每年邀请列席人大常委会会议的人大代表占代表总数的一半以上，人大常委会组织的各项视察、检查活动都邀请部分代表参加。每年召开全区半年工作报告会，集中向人大代表通报区人大、政府和"两院"的半年工作，使培训代表同代表知情知政和履行代表职务有机结合，代表素质和履职能力不断得到提高。

做好组织服务工作，提高代表活动规范化、组织化程度。从加强和规范代表活动，保障和促进代表发挥作用出发，先后制定实施了代表履行职务暂行办法、代表小组活动办法、代表述职暂行办法、代表辞职办法、专门工作代表组活动办法等 10 余项代表工作制度。为提高代表依法执行职务的能力和水平，对 142 名区人大代表和 17 名市人大代表开展了述职评议，取得了很好的效果。不断丰富代表活动内容，创新活动形式，组织开展了"展代表风采，建小康社会"主题活动，围绕社会主义新农村建设、"十一五"规划编制、公共基础设施建设、人大及"一府两院"年度工作计划和目标等内容，组织代表开展视察和调研，从不同层面、不同角度提出意见建议 300 余条，为区委、区政府决策提供了重要参考。积极推荐人大代表参与社会监督，先后有 95 名代表被聘为区党政机关社会监督评议委员会委员，110 多名代表被政府部门聘为义务监督员，直接参与对党政机关的工作进行监督和考评。

完善代表建议办理机制，把发挥代表作用落到实处。完善了《关于加强代表建议办理工作的规定》，督促区政府不断完善处理人大代表议案和建议、批评、意见的工作制度，加强和规范了代表建议办理工作。区人大常委会对办理工作实行全程跟踪监督，发现问题，及时纠正，狠抓落实，务求实效。主任会议定期听取办理情况汇报，年底常委会专题进行审议，督促有关部门强化办理的效果意识，努力提高办理质量，让人大代表满意，让人民群众满意。为督促落实好代表建议，每年都挑选部分重点、难点建议，由主任、副主任亲自带队督办，逐件落实，使许多群众关心的热点难点问题得到了较好解决，如在全省率先建立了农村社会养老保障体系和新型农村合作医疗制度，有效解决了山区群众吃水难、学校危房、撤点并校问题，率先免除了全区居民子女义务教育阶段课本费和杂费，区医院建设基本完成等，得到了人大代表和广大群众的充分肯定，实现了办理工作落实率和满意率同步提高。

5. 加强代表建议和议案办理工作，着力解决民生问题。认真督办代表意见、建议，把落实代表意见、建议作为为民办事的具体体现。借助崂山大道（后为海尔路）建设、滨海公路建设的契机，抓住政府大项目建设有利时机，尝试为民"鼓与呼"，督促和支持政府及有关部门加大措施，切实督促办好城乡建设和改善人民生活方面所承诺的实事，使关系群众切身利益的部分山村吃水工程、哑口至仰口沿海道路拓宽工程、崂山水库上游综合治理工程以及建设职教中心和高科园三中、建设妇幼保健中心和疾病控制中心等一批社会公益项目尽快建成，解决了当地群众最关心的一些热点难点问题，密切了政府同人民群众的关系。对十四届代表提出的北宅街道环境保护污水处理问题，督促区政府会同市环保部门到北宅现场办公，专题研究，使问题得到妥善解决。区政府对意见建议的办理给予了高度重视，主要领导亲自召开提建议代表参加的座谈会，认真听取意见，现场解决实际问题。

积极推进重要议案的落实。对张村河进行综合治理，是老百姓盼望已久的大事，在区十四届人大三次会议上确定为议案。为加快工程进展，常委会连续三年组织检查和审议，督促工作开展，同时积极向市人大、市政府反映情况，争取支持。经过坚持不懈的努力，这项对改善居民生活环境和投资环境，推进城市化进程，提升青岛新区形象有重大意义的工程，被列为市政府2002年要办的12件实事和10项迎奥运工程之一。

积极推进贫困村历史遗留问题的解决。彻底解决库区移民遗留问题，是凉泉村民40多年的心愿。为促成这个难题早日解决，常委会多次到该村进行调研，写出了专题调查报告，向有关方面提出解决问题的建议和措施，组织驻区的省、市人大代表，并邀请市人大、市政府有关领导以及新闻媒体等进行了专题视察，共开展视察活动43次，提出意见建议，及时报送市人大、市政府，为凉泉村库区移民遗留问题的圆满解决和崂山区的发展发挥了积极作用。

6. 在人事任免提高评议工作质量方面作了有益尝试。区人大常委会以对党和人民高度负责的精神，认真行使任免权，严格坚持干部任命程序和任前法律知识考试以及任前供职报告制度，把好干部入口关。根据区委提名和工作需要，区人大常委会及时配合区委对调整的区人大工作部门和区政府组成部门、法院、检察院的干部进行了任免，保证了"一府两院"领导工作的有效运行。重视干部的任后监督工作，进一步改进和完善了对任命干部的监督方式。组织对任命的"两院"干部履职情况进行了调查，肯定了成绩，指出了问题，促进了"两院"队伍建设。改进和加强了对任命干部的述职评议工作，首次吸收部分人大代表参与年终干部述职评议，扩大了参评面，力求使评议结果客观公正。通过评议，进一步增强了干部依法履行职务的紧迫感和责任感，达到了改进作风，促进工作的目的。

为了使对事监督和对人监督的有机结合，常委会还建立和完善了对"一府两院"组成部门及其主要负责人的述职评议制度，变书面评议为面对面向人大常委和代表述职；变少数人评议为包括全体人大代表和服务对象的多数人评议；变评议结果只作内部掌握为公开反馈，对评议中反映出的问题，责令限期整改，提高了评议工作效果，增强了干部依法履行职务的紧迫感和责任感。

7. 重视和加强信访工作。由于崂山区正值经济活动比较活跃，城市化建设的任务比较繁重的时期，各种利益群体的矛盾比较复杂，信访呈现出量大、复杂、涉法案件比重大的特点，特别是涉法信访案件居高不下；反映房屋拆迁补偿、土地征迁补偿和农村干部及居民生活的问题较多。

区人大常委会建立完善了信访工作领导责任制，加强督办和落实工作，加大预防和调处力度，信访工作取得了显著的成效。常委会采取了领导亲自接访亲自调查解决信访问题，对重点案件进行重点督办的做法。加大信访办理的督察力度，力促"件件有落实和反馈"。通报有关部门办理信访件的情况，对没有及时反馈的单位进行公开通报。常委会有关部门还通过每年专门对法院审判工作、执行工作以及检察院检察工作进行调研，撰写调查报告，并在主任会议和常委会会议上听取汇报和组织审议；监督落实人民陪审员制度，组织部分人大常委和代表进行司法旁听；法制部门和信访部门联合对重点信访案件进行调查等举措，有力地促进了司法判决，加大执行力度，从源头上减少了信访的压力。

（三）全面创新发展阶段（2008~2016 年）

2008~2016 年，崂山区分别于 2007 年 12 月、2012 年 1 月实施了第十六、十七届人民代表大会换届。区人大常委会坚持科学发展观，依法履行各项职责，不断探索和创新，奋力前行，取得了卓有成效的成就。特别是党的十八大以来，全面建成小康社会目标的确立，"四个全面"战略的展开，"五大发展理念"的确定，民主法治建设的推进，各项事业进入新的全面发展时期，并取得了举世瞩目的辉煌成绩。在这样大的背景和历史时期，崂山区紧扣以经济为中心、全面发展的主题，在经济上转型，在改革中创新，在发展中共享，各项事业有了长足发展和进步，第十六、十七届人大常委会为促进全区经济、政治、文化、社会和生态文明建设，主动作为，奋勇争先，勇于担当，积极务实，高效地发挥了地方国家权力机关监督、服务的重要作用。

1. 实行代表建议办理工作"续办件"制度，代表建议办理效果提升显著。代表建议办理工作"续办件"制度是依据有关法律法规，针对代表建议办理工作存在的问题和不足，在深入基层调研、充分听取多方面意见的基础上提出的。其目的是进一步提高代表建议的提出和办理工作的质量和水平，充分发挥人大常委会和人大代表的职能和作用。实行代表建议"续办件"制度是指将当年答复代表不满意或因种种原因没落实的意见建议列为"续办件"、并转到下年度继续办理，直到代表满意和落实为止。

实行"续办件"制度的保障措施主要包括四个方面：一是加强代表学习培训，进一步提高代表素质。"续办件"制度的实施，对代表素质提出了新的要求。区人大常委会坚持把代表学习培训作为大事抓，按照代表学习培训五年规划，分年度组织实施，有计划有步骤地落实学习培训计划，逐步提高代表整体素质，加强代表队伍全面建设，为实行"续办件"制度打牢基础。二是经常组织开展代表活动，提高代表建议的质量和水平。通过开展代表小组活动，通过组织代表视察、走访选区、联系选民、调查研究等，与基层和人民群众保持密切联系，了解社情民意，掌握群众关心的热点难点问题。每年人代会前，突出抓好会前视察和联系选民活动，掌握第一手资料，增强代表建议的准确性和可行性，代表在会前就把建议认真准备好。各代表联络组和区人大把好建议质量关，为办理部门办好代表建议、落实好"续办件"制度创造良好条件。三是关注民生办实事，促进代表建议办理工作。代表建议和民生问题紧密相连，办理好代表建议就是关注民生，就是为人民群众办实事办好事。每年从代表建议中筛选部分重点建议作为人大要办的实事，按责任分工，进行全程督察落实。通过对重点建议办理工作，以点带面，促进代表建议办理工作，切实提高办理工作成效。四是注意探索总结，不断完善"续办件"制度。"续办件"制度既是一件新生事物，也是一项复杂系统的工程，应在实践中探索，注意总结实行"续办件"制度的有效途径和做法，使"续办件"制度日臻完善。持之以恒推进"续办件"制度的实施，力戒前紧后松、虎头蛇尾，采取积极措施，一抓到底，抓出成效。同时注重解决实施过程中遇到的

人大代表基层调研，倾听民意

困难和问题，协调好"续办件"实施所涉及的各方，形成共识，步调一致，上下互动，齐心协力抓好"续办件"制度落实。区人大常委会把代表的需求当作工作追求。通过实行"续办件"制度，真正把代表期盼的建议办理质量提高，为关注民生，解决群众关心的热点难点问题，促进崂山的和谐与发展做出积极贡献。

2. 实施代表建议"三关"制度，代表建议办理质量提升迅速。 区人大常委会积极探索代表建议办理工作的新路子，抓好建议"提出、办理、督办、审评"环节，把好"内容关、程序关、落实关"，保证代表建议工作"质量到位、措施到位、督办到位"，充分调动了代表依法履职的积极性，促进了相关部门工作的落实，使一批涉及民生民利的建议得到了很好解决，代表建议的面复率100%、满意率90%以上，办结率保持在70%左右。代表工作在全省人大系统作了大会交流发言。

首先是把好建议"内容关"，保证质量到位。区人大常委会坚持从提升代表素质、增强代表意识、提高代表履职能力着手，从源头上提高代表建议质量。一是围绕代表履职能力加强培训，每年汇编代表建议下发给各位人大代表，对人大代表和承办部门主要负责人进行培训，让代表掌握建议撰写的有关要求和方法，要求建议的提出要合法合规，充分考虑建议的可操作性和承办能力。各代表联络组严格审核把关，确保代表建议质量。二是创造条件拓宽代表知情知政渠道。每年召开半年工作报告会，组织人大代表听取区人大和区"一府两院"的半年工作报告，了解全区的工作情况；邀请代表列席区人大常委会会议，掌握人大常委会工作动态；引导代表关注全区重点建设项目，努力为代表知情知政、体察民情、提出切合实际的建议创造条件。三是精心组织，做好代表建议准备工作。区人大常委会提出了"会前提、会上定、会后办"的要求。每年从10月份开始，组织代表会前视察、调研、走访选区选民，了解本选区的政情民意，征集代表建议线索，

人大代表培训班

激发了代表建议提出的积极性，不仅有效地提高了代表建议质量，还解决了多年来投资立项、财力计划与代表建议提出错位滞后的问题。

其次是把好办理"程序关"，保证措施到位。区人大常委会把好建议审查、交办、督办和代表满意度评价等程序，完善"三项工作机制"，提高建议办理质量。一是完善制度机制、建议办理有章可循。首先制定和完善了《关于进一步规范和完善代表建议办理工作的意见》，把代表建议办理工作分解到每一个月，明确代表建议的提出、交办、承办、督办等工作流程，为办理工作提供制度保障。二是完善办理机制、承办单位分工协作。办理工作中强化承办单位主体责任，实行"一把手"负总责。凡是承办建议数量在3件以下的，一律由主办单位主要领导面复；建议数量超过3件的，单位主要领导面复不少于3件，其他由分管领导面复并明确责任科室和具体承办人员，形成运转快捷、推进有力的工作网络，确保办理工作顺畅高效。对涉及多个承办单位的建议，明确主办和协办单位分工落实，主办单位负责牵头答复。对承办部门答复正在解决或列入计划逐步解决的、代表不满意的建议实行二次办理；对应办理但受客观条件所限短期难以落实的建议，由代表建议办理工作审评小组研究确定为"续办件"建议，转到下年度继续办理，直到办结为止。三是完善评价机制、提高建议落实效率。根据代表的要求，改进了满意度评价方式，不再由承办单位向代表征询满意度评价，改为区人大常委会直接向代表征询，保证了代表对办理工作的真实评价。同时，区政府还将建议办理工作列入区政府部门和各街道科学发展综合考核，多措并举推进建议办理工作的落实。

再次是把好建议"落实关"，保证督办到位。办理好代表建议，是尊重代表民主权利，为民排忧解难、承办实事的一项重要内容，区人大常委会坚持从三个方面抓好建议督查督办工作，努力提高代表建议办理效果。一是所有建议全程跟踪督办。对代表建议做到"转手不松手"。人代会上收到代表建议后，区人大和区政府及时召开建议交办会，确定承办单位并全程跟踪督办。建议办理三个月后，召开代表建议办理情况审评会，对所有代表建议进行审评分类：所提问题已经解决或在本年度能够及时解决，以及所提问题已有规定，承办单位明确说明了有关情况的列为A类；所提问题从交办之日起3年内能够基本解决，承办单位已制定解决措施或已列入工作计划，并明确答复代表办理时限的列为B类；所提问题因受目前条件限制或其他原因从交办之日起 3 年内难以解决的，以及所提问题留作参考的列为 C 类。二是重点建议分工约谈督办。在全面跟踪督办的基础上，建立了重点建议办理工作责任制，由区人大常委会领导与代表约谈承办单位主要负责人，对没有落实的建议说明原因，就如何采取措施、推进工作拿出方案，承办单位与代表面对面沟通座谈，新闻媒体跟踪报道约谈全过程。通过约谈督办，解决了一批群众关注、影响面大、情况复杂的问题。沙子口街道南宅社区征地补偿款多年未能落实的问题，存在群体上访苗头，通过重点建议办理得到了较好的解决。对有多个承办单位办理的建议，区人大常委会领导及时约谈单位主要负责人，共同提出解决方案，避免了推诿和重复工作，提高了办理效率，代表对这种约谈督办方式给予了赞扬。三是难点建议协调联合督办。对一些关系到区域经济社会发展、涉及政策和不同管理层次的难点建议，在做好本级权限范围内工作的基础上，采取市区两级人大代表联合督办的方式，积极争取上级部门的支持。青岛市贾汉路是崂山风景区内的一条省级公路，代表多次要求拓宽，因涉及多个上级管理部门，常委会就充分发挥省、市人大代表的作用，通过视察、现场督办等方式，使问题得到了很好的解决。

区人大常委会持续加强代表建议督办工作，久久为功，使代表建议办理工作发生"三大转变"：实现了建议办理工作由"被动办理"向"主动办理"转变；实现了办理工作由"文来文往"向"人来人往"转变；实现了办理工作由"答复满意"向"落实满意"转变。

3. 创新代表小组活动机制，代表管理工作增强实效。十七届人大一次会议以来，区人大常委会依照《代表法》的规定，依法积极组织、指导和协调代表小组开展活动，推动代表管理工作与时俱进，使代表小组组织健全、制度完善、活动有实效，为人大代表在闭会期间执行代表职务、发挥代表作用提供了良好的平台。

合理组建代表小组，认真选好小组组长。将 170 名区人大代表编为 5 个代表联络组、12 个代表小组，每个代表小组有 1 名组长、1~2 名副组长。每个代表小组有 12~15 名人大代表。精心研究确定了代表意识浓、组织协调能力强、有一定的法律政策水平、热心代表小组活动的 12 名组长和 16 名副组长。

建设好代表小组阵地，完善代表管理制度。在全区 28 个新型社区服务中心全部设立了"人大代表工作室"，建立了代表进社区、联系选民、接待日等制度，每月安排人大代表定期在人大代表工作室接待选民，使人大代表不出社区就能与选民面对面地进行交流，倾听群众呼声，了解社情民意。建立和完善代表小组的组织建设，统一为各代表小组建立和完善了规章制度。定期召开代表小组调度会，对小组的活动情况的好坏进行点评，对小组下一步开展活动进行强调、安排和布置。抓好代表述职工作，让代表接受选民的监督，增强代表意识，提高履职自觉性。

加强组织指导，创新工作方式。围绕工作重点，制订年度活动计划；落实代表联络制度，积极探索，搭建起了代表履职"提质、问效"的平台；严格过程把关，按照"会前提、会上定、会后办"的要求，注重全过程把关，以制度创新推动代表建议办理质量的提高。

4. 实施议案全届"跟踪督办"制度，议案办理动真碰硬实效显著。2009 年 1 月在区十六届人大二次会议上提出关于建设崂山区老年人托养中心的议案，常委会先后 9 次组织代表视察和调研，大力推进议案的办理落实。经过政府的推进，人大的监督，2011 年 11 月区养老中心交付使用。

2013 年 1 月在区十七届人大二次会议上提出关于加快张村河生态规划建设的议案后，区政府高度重视该议案的办理工作，把张村河生态规划建设作为一项民心工程和实事来抓，全力推进整治建设工作，并取得了阶段性成果。区政府及相关责任部门进一步加强领导，明确责任，建立机制，强化措施，切实谋划好张村河生态规划建设的思路、目标及工作重点，加强张村河两岸的绿线控制，科学编制张村河修建性详细规划，积极开展综合整治，不断提升张村河生态环境水平。张村河生态规划建设是一项民心工程，区人大常委会始终关注这项工作，多次研究和视察张村河建设情况，督促政府有关部门进一步解决目前存在的主要问题，精心组织，加紧实施，努力完成

崂山区综合保障服务中心——养老中心

张村河生态规划建设任务。目前详规编制已完成，张村河生态公园功能分区、景观绿化等有了整体规划；绿线已明确，依法做出《关于张村河生态公园绿线控制范围的决定》，将沿河面积约 185 公顷的绿地作为不可突破的底线；基础建设正在推进，已投资 1.62 亿元开展张村河河道清淤、周边综合整治。

对道路等基础设施建设进行视察、检查、推进，使之成为"民生大道"和"标志性工程"。十七届人大常委会积极推进群众关注的城市道路建设，在崂山路一期、二期的建设过程中多次组织开展视察、检查、推进，使崂山路建设取得显著成效。崂山路连接市区与崂山景区，是崂山南部进出景区的必经之路。崂山路建设对崂山区旅游及片区经济发展至关重要，也是拓展城市空间提高崂山发展品质的重要功能路。多年来，沿线群众强烈呼声要求改造崂山路。2012 年 6 月崂山路一期工程开始建设，备受社会各界关注。但由于众多客观原因影响，工程进展缓慢，一度群众意见较大。为了加快工程进展，区人大常委会先后组织了视察、检查、调研多次。2013 年 4 月，主任会议专题听取了关于崂山路建设的工作汇报，并要求区政府及责任单位高标准、严要求，科学组织施工，进一步加快项目建设速度，确保工程建设质量。2013 年 6 月，在崂山路半幅通车后，区人大常委会又组织全国、省、市、区四级人大代表进行视察推进。视察中，代表们对区政府克服困难，全力推进工程建设给予充分肯定，并从建设标准、施工组织、植被选择、绿化特色、人性化设施配备、人行道、自行车位置关系等方面及对后续和二期建设提出意见建议。同时，为全面宣传代表依法履职所取得的成效，与区广电中心、人事代表工作室、区交通局等部门联合制作了《代表视线——崂山路建设》电视专题节目，为崂山路建设和代表依法履职创造舆论氛围。随着崂山路一期工程的顺利通车，根据沿途居民要求和远期交通量增

视察崂山路二期工程建设情况

长需求，二期建设项目又于 2015 年 4 月正式开工，二期开工建设以来，人大常委会对崂山路二期工程建设情况进行了跟踪视察、检查，实地察看现场道路及有关管线和涵洞施工情况，对工程进度及工程质量、景观效果等提出了合理化意见建议，保障了工程有序推进。

对金家岭山公园规划建设情况进行视察、检查、推进，使之成为区域城市"绿肺"。2015 年 7 月，市委、市政府确定建设金融新区的重大战略，我区将其与景区、高新技术建设并称为"三大平台"建设。金家岭山位于青岛市崂山区金家岭金融新区的核心区位，是崂山区的城区地标，为崂山区的城区"绿肺"，对调节城区气候、提升城区空气质量、美化自然景观、改善旅游环境、创造人与自然和谐相处的生态环境具有十分重要的作用。为了进一步提升金家岭金融新区的整体形象，金家岭山公园规划建设列入区委、区政府重点要办的实事。十七届区人大常委会，积极推动金家岭山公园规划建设工作。自 2005 年起，人大代表提出"建设金岭山公园"，并在十七届人大二次会议确定为重点代表建议。人大常委会于 2012~2015 年多次组织视察、检查、调研，予以跟踪督办。2014 年 9 月 12 日，区十七届人大常委会第二十次会议专题听取并审议了《关于金家岭山公园规划建设情况的报告》。对金家岭山公园规划突出生态保护，将服务社区民生、服务金融新区配套、服务生态文明作为设计理念，定位为"生态、休闲、健身"，表示认可。同时，针对金家岭山公园规划建设工作中存在的主要问题，常委会组成人员及时组织提出意见和建议：一是金家岭山公园规划建设要高起点规划，高质量建设，高水平管理；二是最大程度地保护好金家岭山自然风貌；三是体现出"自然性、公益性、生态性"的功能定位；四是控制好金家岭山公园规划绿线等。经过区十七届人大常委会连年持续推进，政府相关部门统筹联动，按照"一核、一环、五线、六区"的总体规划，正在加快实施金家岭山公园项目建设。截至 2016 年 10 月，山体南侧环山道路修建工作已完成；山体北侧环山道路修建工作也已展开施工；植树增绿、违法建筑拆除、围挡设置、登山路径修建等各项工作，取得了阶段性成果。

对全区"三农"工作开展调研、专项检查、使改革成果共享于人民群众。区人大常委会依法开展监督工作，围绕全区"三农"工作开展专题调研、视察、检查，不断提出有针对性的意见建议，督促区政府以全区城市化建设为布局、以新型城镇化建设为平台、以各街道区域为载体全面推进全区"三农"工作。相继制定出台了系列强农惠农富农政策及相关配套办法，调整特色农业结构，加大惠民扶持力度，大力实施品牌化发展战略，提高农产品竞争力，充分发挥农业特色节会载体作用，拓宽农民增收渠道，使强农惠农富农政策有新提升。2015年，又对全区"三农"工作进行了专项工作评议检查，区政府相关部门高度重视人大及其常委会的决议决定，把人大代表建议提案办理工作纳入部门重要工作日程，加强组织领导，健全工作网络，完善工作制度，抓好督办落实。认真听取和办理人大代表提出的意见建议，及时召开专题会议逐件分析研究，提出办理工作方案，制订办理工作计划、人员分工、进度安排和工作要求。对于有条件解决的，集中力量尽快解决；因客观条件所限暂时难以解决的，也制订计划，积极创造条件逐步解决；确实不能解决的，也实事求是地向代表或提案人说明情况，做好解释工作，取得代表或提案人的理解。通过区人大常委会的监督和推进，区政府职能部门找准"三农"发展提升的突破口，不断加大城乡统筹力度，调整农林结构，转变农林发展方式，培育激发了内在动力，"三农"工作在转型升级产业中实现了脱胎换骨，劳动就业、生产方式和生活方式有根本性转变，在发展中推进城市化，在城市化中提升发展品质，老百姓共享了发展成果，迈上共同富裕之路。

对崂山区财、税源建设情况进行深入调研、专题评议，使财税建设不断"闯关"。2013年后，崂山区高度重视财源、税源建设，2015年崂山区首次实现税收收入突破200亿元。十七届人大常委会，紧扣如何培育和壮大财源、税源建设主题开展专题调研，并针对财税源建设存在的问题，如税源企业"点高面低"，稳定增长；对现有资源和信息利用不充分，个别行业或企业税收监管不足，未能转化成税收优势；协税护税组织体系不健全，街道、社区财源建设积极性未充分调动，税源监控力度不够；用地难制约科学技术成果转化，难以产生税收等，积极发挥职能作用，敦促政府采取举措强化建设。一是完善区街两级协税护税体系，形成区街社区齐抓共管的良好局面。二是关注重点税源企业，扶持中小企业，促进收入结构由"倒金字塔型"向"梭形"转变，广泛涵养税源，针对区内中小企业发展中面临的相关问题，有的放矢地采取针对性措施，通过落实小微企业的专项扶持资金，设立科技信贷风险准备金池、强化对中小企业的服务力度等途径，支持中小企业做大、做强，努力将收入结构变成健康的"梭形"。三是发挥崂山产业集聚优势，大力发展楼宇和总部经济，注重产业结构的优化和升级。四是进一步完善全区财源建设信息平台，实现各方面信息的有效整合和动态监管，最终实现部门共享。根据市政府《关于进一步加强涉税信息共享工作培植壮大地方财源的通知》要求，要进一步拓展和完善区财源建设信息平台的使用，逐步建立健全对部门平台信息报送考核奖惩机制，对信息进行及时有效整合和充分利用，调动各单位财源建设的积极性和主动性，为税务部门提高征管水平和领导决策提供依据。五是借用外力外智，强化财经监督。2015年8月，区人大常委会创新监督方式，成立区人大财经咨询委员会，弥补人大代表和常委会委员在财经专业知识和能力方面的不足。制定了《区人大常委会关于建立财经咨询委员会的意见》，明确了财经咨询委员会的职责及运作方式等内容。区人大财经咨询委员会是新崂山区人大组建21年来成立的第一个专业委员会，它的成立在崂山区人大历史上具有十分重要的意义，对加强人大依法监督工作具有积极的推动作用。同时，咨询委员会的成立，也是崂山区人大常委会深入贯彻落实《省人大关于加强预决算审查监督的决定》和新《预算法》的重要举措。运行以来，各位委员充分认识建立财经咨询委员会的意义和作用，增强责任意识和使命感，以高度负责的态度认真履职，按时参加专委会组织的各项活动，发挥自己专业特长，积极建言献策，为崂山区经济和社会发展尽职尽责。区政府对咨询委员会提出的意见建议高度重视，努力落实整改，取得了初步的成效。2016年8月区编办又新批增设了区人大预算工作室，为加强对政府预算监督提供了机构组织人员保障。

5. 将执法检查工作转向力促依法行政和公正司法。 围绕促进依法行政，十七届区人大常委会加大对全区行政执法机关监督力度，保证法律法规得到正确实施，在营造良好的法制环境上下功夫。开展了对"五五"普法和依法治区规划

区人大财经咨询委员会聘书颁发仪式

的贯彻实施情况进行检查，听取审议区"六五"普法规划工作报告，并作出了相关决议；听取审议开展"法治崂山"创建活动的报告，并作出了深入开展"法治崂山"建设工作的决议，努力推动民主法制宣传教育和依法治理工作，为经济社会发展营造了良好的法制环境。对全区行政处罚权运行情况开展调研，重点围绕建立健全权责明晰、程序严密、运行公开、制约有效的工作机制提出意见建议，进一步规范行政执法行为，促进执法人员公正文明执法。还重点检查了区政府及各部门年度普法计划及实施情况，对《劳动法》《食品卫生法》《婚姻法》和《宗教事务条例》《残疾人保障法》《食品安全法》等30多部法律法规开展了执法检查，对《道路交通安全法》的实施情况进行了视察，对《青岛市新型农村合作医疗条例》《青岛市海洋环境保护规定》《青岛市森林公园管理条例》《青岛市旅游条例》《青岛市河道管理条例》等5部法规草案进行调研，提出修改意见。与此同时，常委会加强对司法工作监督，坚持主任会议、常委会议定期听取和审议区法院、检察院、公安分局工作汇报制度，及时了解司法部门的工作情况。每年都听取审议"两院"工作报告，定期听取一次"两院"和崂山公安分局关于重大案件办理情况以及基层基础工作开展情况的汇报，听取审议打击刑事犯罪、平安崂山建设、普法和依法治理等报告，组织对法官法、检察官法贯彻实施情况进行检查，司法机关的制度建设和队伍建设不断加强。主动到公安、"两院"进行调研，看望慰问干警，加强沟通交流。指导"两院"明确专门机构和专门人员，受理人大转办的代表建议和信访案件。制定、实施了检察院重大案件向人大常委会备案制度，加大了重点案件的监督力度。制定实施了《关于组织人大代表旁听法院庭审的安排意见》和《旁听检察院出庭支持公诉的意见》，组织代表旁听法院刑庭、民庭和行政庭的庭审情况，旁听了检察院出庭支持公诉情况。从庭审程序、庭审能力和庭审形象三个方面，组织代表对法官和检察官进行了评议。进一步提高法官、检察官队伍素质，转变工作作风，推动依法办案和公正司法起到了积极作用。针对社会关注的"执行难"问题，区人大常委会听取了区法院集中清理积案情况的报告，督促区法院加强长效机制建设，不断提高案件执行率，大力促进了司法机关的公正司法。

6. 积极推进全区教育卫生文化等社会事业发展，减轻"新三座大山"对百姓的重负。教育事业的发展一直是崂山区代表和群众关注的大事。为提升全区教育发展的品质，第十六、十七届人大常委会多次组织对《义务教育法》《职业教育法》《教师法》的贯彻实施情况进行检查、审议，围绕加快全区教育事业发展，积极提出意见建议。督促政府职能部门编制了全区教育发展五年规划和年度计划，全力实施名校战略、撤点并校战略和教育社会化、市场化战略，推动了教育事业的发展。督促、支持政府不断加大教育投入，改善办学条件，推行教育体制改革和撤点并校等工作，限期解决了群众牵挂的学校危房问题，率先免除了全区居民子女义务教育阶段课本费和杂费，建成了崂山区职教中心和高科园三中、二中新校，全区的教育教学质量和学校规范化明显提高。2013年，为促进全区教育事业提质量、上水平，对辽阳东路南侧中小学、幼儿园项目完成情况、崂山第二实验小学和麦岛小学建设情况进行督察，对《崂山区学前教育三年行动计划》落实情况进行检查，对全区职业教育、无证幼儿园办学情况进行调研，在强化学校设施配套、完善教师队伍管理机制、提高教师素质等方面提出意见建议，确保育才学校等4所学校按期开学使用，促进了全区教育教学制度化和规范化建设。

针对人大代表和人民群众对抓好卫生事业发展的强烈呼声，常委会先后多次组织市、区人大代表对卫生事业发展情况进行了视察和调查，深入3个街道卫生院和区医院施工现场了解情况，听取相关部门工作汇报，提出了许多有价值的意见，着力推进全区医院建设，提高医疗保障水平。全区加大了医院的基础设施投入，区医院、沙子口卫生院综合楼竣工，新型农村合作医疗参合率达98%以上。为保障群众药品安全，对全区药品监管工作进行专项视察，从"使用、流通、生产"三个环节查看了监管情况，强调抓好责任落实和规范化建设，切实提高全区的药品监管水平。

人大代表视察崂山区中小学建设

"文化强区"战略是崂山区一项重点工作，围绕繁荣文化产业，对全区文化设施建设工作进行视察、调研，听取了全区文化事业发展、市民文化活动中心建设等情况报告。提出了尽快编制产业规划、加快文化基础设施建设、深度整合和挖掘崂山文化资源等意见建议，为全区成功创建国家公共文化服务体系示范区提供有力支持。

7. 不断强化常委会及其机关建设，提高人大整体履职能力和监督水平。 深入推进机关党建工作，坚持民主生活会和组织生活会制度，建立"主任党课日"制度，落实"三会一课"要求，实行党务、党费、信息公开公示，机关人员对党的纪律心存敬畏、严格遵守。深入落实党风廉政建设主体责任和"一岗双责"，严格遵守廉洁从政的各项规定，组织典型案例剖析，努力营造风清气正、干净干事、担当奉献的良好氛围。

持续提升素质能力、业务水平。邀请专家就金融形势、代表法、选举法等进行系统辅导，组织常委会组成人员参加全国和省、市业务培训，围绕"强素质、提能力、上水平、促协调、讲团结"开展练兵培训活动，机关干部理论素养和业务水平明显提高。强化党组和常委会组成人员间、机关各处室间的横向互动，强化与各代表联络组的纵向联动，整体战斗力明显提升。

不断加强规范管理、创新发展。制定进一步加强人大机关自身建设的意见，在工作机构完善、人员结构优化、工作机制创新上抓落实。实行周调度、月评议、季报告工作推进制度，在提升工作效能、促进目标落实上下力气。严格执行"八项规定"，新建工作制度20余项，修订各项规定40余项，在办文办事办会、规范接待、重大事项申报等方面扎紧制度笼子。建立举手表决、填票表决、表决器表决"三位一体"的民主决策程序，使常委会审议、决定更加透明高效、公开公正。

全面加强机关自身建设。以党的十八届六中全

人大机关学习党的十八届六中全会精神

127

会精神为指导，把党的建设放在首位，在增强党性观念、政治定力、作风务实上下功夫，着力提高工作标准和执行能力。扎实推进学习型、创新型人大机关建设，努力打造信念坚定、为民服务、勤政务实、敢于担当、清正廉洁的人大干部队伍。切实加大人大制度理论和实践研究，加强对人大制度和人大工作的宣传。密切与市人大常委会、各街道人大工作办公室的联系，形成人大工作创新发展的整体合力，于2009年获得省级精神文明单位，并始终保持至今。

二、经验启示

回顾改革开放以来，崂山区人大常委会在坚持和完善人民代表大会制度过程中，紧密结合崂山区工作实际，对如何加强崂山民主法制建设、依法履行人大职能进行了许多有益探索，对如何进一步提高人大机关工作效能、切实增强人大工作的针对性和实效性进行了大胆尝试，形成了一些比较好的经验和做法。

（一）推进新时期人大工作，一定要始终坚持党的领导，保证人大工作正确的政治方向

改革开放以来崂山人大工作发展的历史实践充分证明，只有始终不渝地坚持党的领导、人民当家作主、依法治国有机统一，始终坚持和紧紧依靠党的领导，才能保证人大工作的正确政治方向，才能使中国特色社会主义政治发展道路越走越宽广，也才能更好地坚持和完善人民代表大会制度，充分发挥地方国家权力机关的作用。崂山人大及其常委会必须在思想上、政治上和行动上同党中央保持高度一致，自觉地把各项工作置于区委的领导之下，从党和人民的根本利益出发，认真贯彻执行党的路线方针政策和重大决策部署，通过依法履行职责，使党的主张成为国家意志。要坚持重大问题向区委请示报告制度，重要工作经区委同意后再进入法定程序。人大工作和建设中遇到的新情况和新问题，要主动向区委汇报，积极争取区委的支持。通过人大工作，充分调动各国家机关和人民群众的积极性，进一步促成万众一心、干事创业的良好局面。

（二）推进新时期人大工作，一定要始终坚持发展第一要务，全力推进崂山经济社会又好又快发展

发展是党执政兴国的第一要务。对于崂山这样一个沿海开放区域来

说，加快发展的任务尤为艰巨。人大工作必须自觉地置身于崂山工作大局中去思考和谋划，紧紧围绕"三大战略"平台，切实履行执法、监督、决定、任免等各项职责，发挥好地方国家权力机关的作用。要深入分析崂山区情和经济社会发展面临的形势和任务，从全区发展实际出发，要认真贯彻实施监督法，围绕大局，突出重点，综合运用多种方式实施监督，着力推动带有全局性、普遍性、倾向性问题的解决，保障党和国家大政方针的贯彻落实，保障宪法和法律正确实施，保障崂山各项建设的稳步推进。要及时对事关崂山改革发展稳定的重大问题，依法作出决议和决定，保证区委的重大决策和部署通过法定程序变成全区人民的共同意志。要坚持党管干部原则，认真行使人事任免权，为崂山经济社会发展提供智力支持和人才保障。

（三）推进新时期人大工作，一定要始终坚持以人为本，维护和保障广大人民的根本利益

以人为本是科学发展观的核心。我们只有坚持以人为本，切实做到权为民所用、情为民所系、利为民所谋，才能使人大工作顺应民心、符合民意、贴近民生，才能真正体现人民代表大会制度的优越性和本质要求。要把实现好、维护好、发展好最广大人民的根本利益作为人大工作的出发点和归宿，使人大工作始终成为反映民意、集中民智、维护民利的过程。在推进执法工作中，要牢固树立和切实落实"执法为民"的理念，把实现公民、法人和社会组织的平等权利，维护广大人民的根本利益作为执法的重要价值取向，加强对弱势群体的权利保护，维护社会公平正义。在监督工作中，要突出重点，务求实效，抓住社会普遍关注和涉及群众切身利益的问题，依法实施监督，维护人民群众的根本利益。要适应经济发展、社会进步和人民群众政治参与积极性不断提高的要求，通过体制创新，健全民主制度，丰富民主形式，拓宽民主渠道，从各个层次、各个领域扩大公民有序政治参与，不断扩大和保障广大人民群众的民主权利。

（四）推进新时期人大工作，一定要始终坚持代表主体地位，充分发挥人大代表的积极性、主动性和创造性

人大代表是人民代表大会的主体，是国家权力机关的组成人员。人大代表分布在社会的各个阶层，与人民群众有着密切的联系，是实践科

学发展观、建设崂山的重要力量。充分发挥好人大代表的作用，支持和保证人大代表依法行使职权，有利于人民群众表达意愿、实现有序的政治参与，有利于密切党同人民群众的联系，是做好人大工作的重要基础和保障。崂山区人大及其常委会要从保证人民当家作主的政治高度出发，继续深入贯彻落实中央十八大精神，进一步理清代表工作思路，丰富代表活动形式，提高代表工作水平。要进一步建立健全向人大代表通报政情等各项制度措施，并就事关人民群众切身利益的重要决策，认真听取人大代表的意见，通过多种形式为代表知情知政、履行职责创造条件，更好地发挥代表作用。崂山区人大代表要倍加珍惜人民赋予的政治权力，进一步增强履行好代表职责的政治责任感和历史使命感，深入实际、深入群众，认真开展调研，广泛了解社情民意，积极主动建言献策，努力使人大代表真正成为推动科学发展、促进社会和谐稳定、提高人大工作水平的重要力量。

（五）推进新时期人大工作，必须始终坚持直面问题，做到务实创新

任何事物都是在矛盾的解决中不断向前发展的。正视问题，敢于直面，敢于亮剑，是对历史的责任，是对时代的担当，是人大工作的责任所在，是人民期盼所在，是国家权力机关的政治品质和使命所在。没有务实和创新，人民代表大会制度就不会完善和发展，人大的职能作用就难以充分发挥。实践告诉我们，形势在呼唤，时代在挑战，务实创新是社会发展的最强音。过去，人大工作在不断探索创新、求真务实中发展，现在和未来，也需要在不断探索创新、真抓实干中前进。

执笔人：王泽彩
审核人：徐震宇
签发人：张冀鲁

参考文献：

1. 崂山区人大常委会办公室，《光辉历程——纪念人民代表大会成立50周年文集汇编》，2004年版。

2. 崂山区人大常委会1994–2016年工作报告。

改革开放以来崂山区政协发展的
基本历程及工作启示

崂山区政协办公室

中国人民政治协商会议山东省青岛市崂山县（区）委员会于 1962 年
5 月正式成立。1967 年 2 月中断。1981 年重新恢复，为三届委员会，时
设办公室，有工作人员 6 人，至 2016 年 11 月，共 11 届。区政协随着历
史政治形势的发展和变革，经历了不同的发展历程，履行的职能不断得
到了丰富和拓展，工作重点随着建设发展的需要，不断接近于更加适应
和有利于全区（县）党委、政府中心工作的开展。

一、基本发展历程

（一）起步调整阶段（1978 年 12 月~1990 年 3 月）

1978 年 12 月，中共十一届三中全会后，中共中央重新调整了各项
政策，在中央政策的指导下，各级区县政协着手恢复人民政协委员会的
工作，经过对各种政策和问题的拨乱反正，于 1981 年 1 月，崂山县第三
届政协成立（1981 年 1 月~1984 年 7 月）。工作机构由工商组、教育组、
文化组、科技组、医药卫生组、妇女组、农民组、社会人士组、民族宗
教华侨组构成；机关办事机构设有办公室、经济科技办公室、宣传文教
办公室。按照政协工作章程和崂山县党政建设的工作中心，县政协逐步
理顺并恢复了政协职能任务，使政协工作重新回到了正确轨道。期间，
协助县委做了许多拨乱反正、落实政策、调整机构及全面整顿等工作，
为纠正一些错误政策和加强经济建设及改善民生，提出了大量可行性建
议，为恢复崂山县经济社会秩序做出了积极贡献。

1984 年 7 月，崂山县第四届政协委员会组成（1984 年 7 月~1986 年
4 月）。工作机构设立了学习委员会、文史委员会两个专门委员会，由农
业组、教育组、妇女组、医药组、台胞侨务组、体育组、财贸组构成；
机关办事机构设立了办公室、宣传科、委员联络科、咨询服务科。政协
委员会积极参与了县委、县政府政治经济建设，就加强崂山县的社会秩
序和民生改善，提出了许多有价值的建言，为全县整体的发展做了大量
积极有益的工作。

1986 年 4 月，崂山县（区）第五届政协委员会组成（1986 年 4 月~
1990 年 4 月）。1988 年 11 月，崂山县撤销，设立崂山区，崂山县政协更
名为崂山区政协。工作机构由提案工作委员会、经济科技委员会、宣传
文教委员会、学习委员会、文史资料研究委员会、祖国统一委员会组成；
机关办事机构设有办公室、经济科技办公室、宣传文教办公室。期间，
虽然由县政协变更为区政协，但较好地延续了之前的工作，行之有效地
履行了政协工作职能，为加强党委建设、经济建设、扶持和支持民生企
业的发展建言献策，得到了党委政府的采纳和施行，对崂山经济社会的
加快发展做出了应有的贡献。同时，在自身建设方面，按照新的《中国
人民政治协商会议章程》，重新完善了区政协履行工作职能的各项制度、
渠道和方法，推进了政协工作的有效开展。

（二）完善发展阶段（1990 年 4 月~2002 年 12 月）

1990 年 4 月，崂山区第六届政协委员会组成（1990 年 4 月~1993 年
1 月）。工作机构设立提案工作委员会、经济科技委员会、宣传文教委员
会、文史资料研究委员会、祖国统一委员会，下设农业组、工业组、教
育组、妇女组、文体组、台侨组、体育组、财贸组、青年组、政法新闻
组、交通城建组、医药卫生组；机关办事机构设立办公室、经济科技办
公室、宣传文教办公室、文史资料办公室。此届政协正处于承前启后、
继往开来的时期，崂山区社会、政治、经济、文化等方面也处于起步发
展阶段，区政协围绕党委政府的中心工作做了大量的协商议政、建言献
策和社会民生工作。

1993 年 2 月，崂山区第七届政协委员会组成（1993 年 2 月~1998 年
1 月）。工作机构设立提案工作委员会、宣传文教委员会、经济科技委员
会、祖国统一联谊委员会、文史资料研究委员会，下设农业组、工业组、
交通城建组、教育组、医药卫生组、台侨组、妇女组、青年组、政法新

闻组、文艺体育组；机关办事机构设立办公室、经济科技办公室、宣传文教办公室、文史资料办公室。1994年4月，青岛市区划后，成立了崂山高科技工业园区。崂山区政协于1994年5月28日，召开了七届三次会议，选举产生了七届政协新的领导集体。工作机构设立提案工作委员会、宣传文教委员会、经济科技委员会、祖国统一联谊委员会、文史资料研究委员会；中韩、沙子口、王哥庄、北宅各镇设立政协工作委员会办事机构；机关办事机构设立办公室、综合处。在崂山区编制体制调整的基础上，区政协委员会相应增编了工作机构，增强了履行政协职能任务的能力，按照崂山高科技工业园区使命任务的需要，重点就如何推进高新技术产业的落地建设和加快发展，为党委政府谋划了大量建议和对策，有效地推进了高科技产业园区的建设和发展。

1998年1月，崂山区第八届政协委员会组成（1998年1月~2003年1月）。工作机构设立提案工作委员会、学习宣传委员会、经济发展委员会、旅游开发与规划建设委员会、文史资料委员会、社会法制委员会、科教文卫委员会、祖国统一联谊委员会（后更名为港澳台侨与外事委员会）；1998年5月崂山区撤镇设街道，政协在各街道设立了政协工作联络办公室；机关办事机构设立办公室、综合处。区政协致力于区域整体规划的制定、街村经济的发展、社会民生的改善，协助党委政府完成了城市化工作的推进，做了大量卓有成效的调查研究、科学论证和建言献策的工作。

六届、七届、八届区政协在改进完善履行政协职能的工作上做了大量探索和实践，取得了较好的成绩，尤其是在党委政治建设、经济社会建设和中小企业发展上，为党委政府提出了多项意见建议，促进了崂山区政治经济社会的稳步推进。同时，在政协自身建设和发展方面也进一步理清了思路，完善了履行职能的渠道和方法。坚持和初步完善了在重大和关键问题上的事前协商，主动与党委政府沟通，争取和督导重要事项的创建和运作，确保能够做到全程关注，使政治协商贯穿于党委政府的工作中；注重以政治协商的制度化、程序化来规范职能工作，形成了全体会议整体协商、常委会议专题协商、主席会议重点协商、专委会议对口协商的协商议政格局，收到了切实良好的效果。直接参与对各年度区政府工作报告、国民经济计划报告、财政预决算报告以及区域"五年规划"等重大决策的协商议政。先后围绕党委政治建设、实施科教兴区战略、促进招商引资、发展海洋产业、推进高新技术产业、实施素质教育、加快街域经济发展、加强执政能力建设、区总体规划和分区规划、建设节约型环保型社会、城市化改造等重点事项，进行了认真协商。依据"民主监督在实施之中"的要求，积极把监督职能寓于党政决策的民主化、科学化之中，寓于维护和支持党委领导的实践之中，增强了民主监督的效能。加强了对重大决策和执行重要政策的民主监督，坚持区政协主席列席区委常委会议、副主席列席区政府常务工作会议，参与党委政府重大事项的研究讨论，对有关问题及时提出监督意见；坚持每年两次听取区政府关于经济和社会运行的情况通报，针对经济社会与建设中出现的问题，提出了诸多改进工作的监督建议；如关于机关有关部门应防止工作"务虚"、完善科技创业服务平台的功能、社区劳动力就业与社会保障问题、工程招投标问题等，推动了工作的改进和有关政策的落实。加强了对依法行政的民主监督，坚持"监督以支持为前提"，通过向党政职能部门选派民主监督员、担任特邀监督员和办理提案等多种形式，实施了对机关部门及工作人员履行职能、工作作风、执法执纪、廉政勤政等情况的民主监督，起到了应有的监督作用。依据党委政府各年度确定的重点目标任务，始终坚持以推进科学发展为主线，以提高参政议政质量为重点，以促进全区又好又快的发展为目标，先后就农村集体资产改制、加快街村经济和中小企业发展、观光农业与旅游业结合问题、社会保障与剩余劳动力转移、残疾人安居工程、免费为农村"5560"以上老人查体、推进高附加值产业和节会产业发展、旧村改造后社区如何发展、高新技术产业发展、风景区内旧村改造及社区居民生产生活问题、建立健全全区公共卫生体系等事关全局发展的重要课题，深入进行了调研视察，为党委政府提出了多项既有价值又有可操作性的意见建议，卓有成效地履行了政协参政议政职能。

（三）规范推进阶段（2003年1月~2016年11月）

崂山区第九届政协委员会于2003年1月组成（2003年1月~2007年1月）。工作机构设立提案委员会、经济委员会、社会法制委员会、科教文卫委员会、旅游开发与规划建设委员会、文史资料委员会、港澳台侨与外事委员会；在各街道设立了政协工作联络办公室；机关办事机构设立办公室、综合处，综合处于2004年7月撤销，随即成立了经济与人口资源环境工作办公室、科教文卫与文史工作办公室、社会法制与港澳台侨工作办公室。九届政协，除按政协章程履行政协职能外，重点对加强政协机关职能建设、理顺和规范工作的方式方法进行了深入的探索论证，形成了许多切实可行的工作方法和工作流程，为更好地履行政协职能开辟了渠道，为全区经济的加快发展、高新区建设的推进、和谐社会的建设做出了政协应有的努力和贡献。

第十届政协委员会于 2007 年 1 月组成（2007 年 1 月~2011 年 12 月）。工作机构设立提案委员会、经济委员会、社会法制委员会、科教文卫委员会、旅游开发与规划建设委员会、文史资料委员会、港澳台侨与外事委员会；在各街道设立了政协工作联络办公室；机关办事机构设立办公室、经济与人口资源环境工作办公室、科教文卫与文史工作办公室、社会法制与港澳台侨工作办公室。十届政协，在全面履行政协政治协商、民主监督、参政议政和做好社情民意等工作的基础上，重点对如何做好调研视察进行了深入探讨和实践，较好地规范了区政协在调研和视察工作方面的有效途径，并把专题调研、专项视察、知情视察工作，从调研视察主题的确立，到调研视察的方法形式，以及调研视察报告的撰写都做了切合实际的规范。根据《中共中央关于加强人民政协工作的意见》，对区政协如何履行人民政协职能进行了系统规范，从目标、任务到工作方法、步骤以及实施流程，都严格进行了程序规范，确保了区政协工作的高效推进。

第十一届政协委员会于 2012 年 1 月组成（2012 年 1 月~2016 年 11 月）。工作机构设立提案委员会、经济委员会、社会法制委员会、科教文卫委员会、旅游开发与规划建设委员会、文史资料委员会、港澳台侨与外事委员会；在各街道设立了政协工作联络办公室；机关办事机构设立办公室、经济与人口资源环境工作办公室、科教文卫与文史工作办公室、社会法制与港澳台侨工作办公室。十一届政协，着重坚持和完

视察北宅养老院

善九届、十届政协履行职能工作思路方法。期间，对区政协如何履行政治协商、民主监督、参政议政以及做好社情民意工作，进一步做了深入的梳理，确定了履行职能的规范程序，依据工作规范和工作流程，围绕区委区政府的中心工作，在党委建设、政府工作效能、高科技产业发展、民营中小企业推进、社会文化事业发展、民生福祉建设等多方面建言献策，强有力地促进了崂山区政治经济文化和社会生活的繁荣和发展。

1. 政治协商规范有序。严格坚持了在重大问题上的事前协商，在重要问题的工作中坚持了及时协商，确保了政治协商在政协工作中的有效落实，先后形成了关于推进重要项目建设、关于优化非公有制经济法制环境、关于加快区域新农村建设、关于完善民营企业外部投资环境、关于进一步提高城区管理水平、关于打造崂山金融商贸区、关于打造"阳光政府"、关于尽快出台街道社区详细规划、关于加强科技产业发展配套建设等多项协商意见和建议，有力地推进了重点工作和建设项目的确定和落实。对涉及区域整体政治经济发展中的重要问题，还先后以政协建议案的方式，向党委提出了专题协商的意见建议，如《关于加快崂山区高新技术产业发展几个问题的建议案》《关于崂山区街域企业发展的建议案》《关于改善和优化经济发展软环境的建议案》和《关于加快崂山区民营经济发展的建议案》等，引起了区委、区政府及有关部门的高度重视和切实落实。

2. 民主监督作用明显。每年组织部分委员参加全区各年度对街道和机关部门履行职能情况的民主评议，还专门选派多名监督员参加市纪委组织的行风评议活动。每年定期召开座谈会，倾听监督员反馈的情况，及时通报有关部门并督促落实；为提高民主监督的成效，制定并两次修改完善了《崂山区政协民主监督员工作简则》，得到了青岛市政协的充分肯定。区政协先后选派委员共1200多人次担任监督员和特邀监督员，还派出委员担任了区法院人民陪审员和区检察院人民监察员，旁听部分案件的庭审情况。区政协会同区法院、检察院、劳动与社会保障局等5个部门，先后开展了以"廉政共建"和"作风共建"为主题的民主监督和评议活动，开辟了直接进行民主监督的渠道。加强了对重要工作和重点部位的跟踪监督，按照"超前预测与密切跟进相结合"的要求，区政协就重点工程建设、年度政府要办实事的进展情况、重要部门的工作情况，先后组织了130余次委员视察，形成专项报告100余篇。如关于滨海大道北宅路段应采取"按幅"施工、推进麦岛片城市化改造、高科园拓展的进展情况等具有重要价值的监督促进建议，都得到了认真采纳；还组织委员对政法部门"阳光"执法、政府综合服务大厅等工作情况，多次进行了视察监督，促进了依法公正服务，使民主监督通过各个渠道渗透到了许多具体工作的过程之中，有力地发挥了监督促进的效能。积极运用舆论监督增强民主监督的力度，自八届区政协开始，相继在区广电中心开设了"政协在线"、"提案追踪"等专题栏目，设置了《区政协网站》社情民意窗口，组织了"网络在线问政"活动，及时反映政协委员对社会一些焦点问题的意见建议，拓宽了民主监督渠道，增强了民主监督的力度，对党政部门履行职能和改进工作作风起到了有效的促动作用。

3. 参政议政成效显著。"围绕中心、主动谋划、积极开拓、推进科学发展"，是这三届政协工作的突出特色，高度重视调研视察活动，提升了参政议政的成效。一是认真选题，确保参政议政的实效。坚持紧扣党委政府的中心工作，把握经济社会发展中的大事要事选题，既突出全局性、战略性，又注重人民群众普遍关注的热点问题，做到了与党政目标同向、工作同步。根据区域工作重点，每年确定6~8个调研视察的重点课题。二是实行分类实施，增强参政议政的质量。根据形势任务的要求，积极改进调研视察的形式和方法，对经济社会中事关政策、事关民生、事关发展的重要课题，采取事前组织进行专题调研；对经济社会中的重要实事、重点发展项目，采取在实施过程中开展视察调研；对经济社会中存在的问题、重要的社情民意，适时组织知情视察，同时还结合区域重点工作和建设，及时组织专项视察，增强了针对性和推动力度。三是着眼前瞻性，保证参政议政长效管用。对调研视察提出的意见建议，注重可行性和

组织政协委员进行企业安全生产情况知情视察

前瞻性，做到了符合实际、切实可行，又具有谋划发展的战略意图，使之当前和长远都有效管用。开展了 68 次视察调研和 96 次知情视察，形成报告 56 篇；还主动结合建设与发展将会遇到的、需要亟待破解的重要问题，积极进行预测立题，集中组织了 32 次专题调研，提报专题报告或专项建议 40 余项，为党委政府及时制定和调整政策、推动发展建设提供了重要参考。对关于加快崂山区民营经济发展的建议案、关于麦岛片安置区建设的视察调研报告等 80 多条重要的意见和建议，都得到了圆满落实；各街道政协联络办组织委员，围绕街道重要工作，开展调研视察活动 120 余次，产生了良好的经济和社会效益。以政协提案作为履行参政议政职能重要抓手，凡历年提出的有价值的提案，都有选择地列入专题调研视察，使提案直接进入参政议政的渠道。在委员提案中选择了 50 个重要问题进行了专题视察，为党委政府提供了切实有力的参政议政建言。

4. 社情民意扎实深入。 做好社情民意工作是实现人民群众与党委政府沟通、协商、合力合心的重要途径，也是政协发挥桥梁与纽带作用的主要渠道。政协把反映社情民意作为重视民情、反映民意、集中民智的突出工作，积极加以推进，并在拓宽渠道、提高质量上狠下功夫。区政协把反映社情民意作为维护群众利益，及时解决存在问题的主要渠道，形成了一套完善的工作机制，坚持从例会、调研、座谈、走访、约谈、每年开展"社情民意活动月"、到基层接访等各项工作中收集社情民意信息，并实行主席批办制度，把反映社情民意融合于政协各项工作之中。2003 年，为了进一步做好社情民意工作，在全市率先出台了《关于进一步做好反映社情民意工作的意见》，规范了收集整理、编辑报送、反馈落实等一系列工作制度，利用网络建立了"社情民意直通车"。在每年的"社情民意活动月"中，政协领导根据分工深入到基层街道接访委员，召开座谈会，当面听取和搜集委员意见和建议，推动了一些群众反映强烈、委员关注问题的解决。共收集社情民意 1500 余件次，提出意见和建议 1800 多条，有力地推进了各项民生工程的开展，起到了维护社会和谐稳定的效果。

二、工作启示

人民政治协商会议既是国体，又是政体，是推进国家政权稳固，经济和社会建设发展的重要机构。多年来政协工作的实践证明，必须始终坚持党的领导，坚持民主团结两大主题，准确把握性质定位，围绕中心服务大局，不断创新发展，政协工作才能充分发挥职能作用，释放应有的活力。

（一）坚持党委领导、争取政府支持是履行政协职能的根本保证

县（区）党委政府高度重视政协工作，政治上关心、工作上支持、经济上保障，始终把政协工作放到区域工作大局中谋划、部署和推进，认真研究和解决政协工作的重要问题，积极支持政协履行职能，加强自身建设。党委政府大力支持政协履行职能，作为加强和改进党委政府工作的重要途径，积极将政协协商纳入决策程序和施政环节，及时通报有关情况，认真办理政协提案，为政协开展工作创造了良好条件，使得政协工作得以有序有效开展，取得了丰硕成果。同时，政协主动争取党委的领导和政府的支持，坚持重要问题和重大事项及时向党委请示报告，重大活动听取党委的意见，重要会议邀请党委领导出席，对党委的部署认真贯彻落实，也为自觉接受党委领导创造了良好的环境和氛围。实践证明，只有党委重视政协工作、政府支持政协工作、政协主动履行职能，才能筑牢做好政协工作的坚实基础，不断开创政协工作的新局面。

（二）依据政协章程、准确把握性质定位是发挥政协作用的关键所在

人民政协是各党派团体和各界人士发扬民主、参与国事、发挥民主和团结两大主体的重要平台，具有不可替代的独特作用。政协着力在完善机制、搭建平台、精准建言上下功夫。一方面做好"下情上达"工作，及时掌握经济社会基本情况和各界群众愿望诉求，为党委政府科学民主决策提供有益

崂山区政协召开十二届一次会议

参考；另一方面做好"上情下传"工作，加强教育引导和解疑释惑，在坚持一致性中尊重多样性，在包容多样性中寻求一致性，使矛盾在协商中化解、分歧在讨论中趋同，推动民主共识的形成和紧密团结的加强，促进党和政府决策在基层的落实。政协还不断完善全体会议、常委会议、主席会议、专题协商会议等制度，运用双月协商座谈会等协商形式，积极有效地开展专题协商、对口协商、界别协商、提案办理协商，有效地促进了各阶层意见和民声与党委政府政策的合拍顺达。无数政协工作的例证表明，只有准确把握性质定位，不断发挥政协工作的主观能动性，才能充分体现不是党委政府职能部门，又能发挥推进政治建设、经济发展和社会和谐的强大功能。

（三）围绕工作重心、服务发展大局是履行政协职能的基本要求

"围绕中心、服务大局"是人民政协工作的基本原则和本质属性，只有把政协工作自觉而又坚定地放到大局中去定位、谋划和开展，才能事半功倍地提升协商民主实效。政协坚持主动对接大局、融入大局、服务大局，始终把履行职能的着力点放在促进改革发展上，放在促进民生改善和社会和谐稳定上。坚持在每年的协商选题中，先由各专委会与党政相关部门、政协委员、社会各界对接协商，确定协商议题和调研视察题目，及时与党委政府沟通对接，有效地提高了协商工作的针对性和实效性。坚持每年都围绕党委政府中心工作，选择确定事关区域发展与建设的重要课题，积极开展议政建言活动，全区出台的重要政策和要办的实事中，吸纳了政协的许多意见和建议。政协始终着眼为大局服务，立足于实现"中心工作"目标积极履行政协职能，在多项重要工作中，发挥了政协的有效作用。在编制发展规划和重要发展战略上，都适时组织委员和专家深入调查研究，广泛进行论证和征求意见，形成的意见和建议，为规划的科学制定提供了重要依据。关于调整经济结构促进协调发展、关于加大自主创新能力和研发力度等建议，对经济社会的健康发展起到了重要作用。事实充分证明，只要围绕党政工作中心履行职能，政协工作就能够大有作为。

（四）规范工作流程、创新履职渠道是推进政协工作发展的不竭动力

人民政协章程、制度规定和政协职能靠坚定的政治信念和勤奋的工

作态度去落实，更需要注重履行职能在方式方法和工作途径的创新发展。注重把与时俱进、开拓创新的理念融入各项工作之中，积极探索新形势下政协工作的方法和途径，拓宽了有效履行职能的领域，探索实行了主席会议、常委会议、全体会议的专题化，一会一

视察浮山公园建设情况

题或多题，根据会议协商议政需要，实行了会议与视察调研的有机结合，把会议开到基层、开到建设工地，使会议的内容和形式更加丰富活泼、更具实效。在加强民主监督方面，推行了"视察监督""现场监督"等形式，运用"媒体参与监督"的新方式，收到了事半功倍的效果。在机关自身建设方面，逐步形成了街道政协联络办、专门委员会和各工作办公室联动互补、协同落实的工作体系；不断强化支持委员干事创业和委员之间互助合作"两个平台"，建立政协机关、专委会、界别等"三个支撑"的综合服务体系，健全政协机关各部门的分工、协作、配合体系；在履职的具体工作方面，探索创建了30多项推动工作的规则和制度，在创新政协工作各例会的形式上，实行了制度规范，在调研视察、委员管理、呈报建言立论上，建立了工作规范和工作流程机制，让政协的全元化工作置于制度和系统工作程序的运行中，实现了制度规定规范化和工作流程程序化，拓宽了工作渠道，提高了工作效率。只有在实践中坚持创新奋进，规范工作流程，创新履职渠道，政协工作才能不断在新的起点上发展前进。

执笔人：苏文欢　钱永华

审核人：李巧凤

签发人：刘明佳

崂山区乡村旅游
发展历程与经验启示

崂山区旅游发展委员会行业监管处

崂山区是一个以山海为主体，既有田园风光又有山乡特色，既有陆域风情又有海滨美景的独特区域，曾先后被誉为中国樱桃之乡、中国江北名茶之乡和中国民间艺术之乡。区内乡村旅游资源丰富，至 2016 年底，拥有农业旅游示范点 12 家，其中国家级农业旅游示范点 4 家（崂山北宅生态旅游区、青岛石老人观光园、百雀林生态观光园、崂山茶苑），省级农业旅游示范点 6 家（青岛万里江茶场、锦绣山河、二月二农场、凤凰山庄、北涧天一顺生态观光园、碧海蓝田农业示范基地），市级农业旅游示范点 2 家（九水沟生态园、枯桃花卉交易中心）；省级旅游强镇 3 个（沙子口街道、北宅街道、王哥庄街道），市级旅游强镇 1 个（中韩街道）；省级旅游特色村 18 个（晓望社区、会场社区、解家河社区、曲家庄社区、港东社区、西山社区、石老人社区、枯桃社区、西麦窑社区、东麦窑社区、大崂社区、北涧社区、我乐社区、七峪社区、南北岭社区、双石屋社区、慕武石社区、下葛场社区），市级乡村旅游特色村 9 个（晓望社区、大崂社区、北涧社区、石老人社区、会场社区、曲家庄社区、解家河社区、港东社区、下葛场社区）；省级精品采摘园 11 个（青岛红缨生态园、大崂樱桃谷、天一顺采摘园、会场采摘园、九水采摘园、北宅老李家樱桃园、晖流果蔬采摘园、慕武石果蔬示范园、玉鼎泉采摘园、迦南美地生态观光园、崂山蓝莓生态园）；省级开心农场 4 个（沐恩格林农场、圣罗尼克庄园、老雷家开心农场、小时候开心农场）；全区 44 家农家乐被评为山东省省级农家乐，其中凯旋四季庄园被评为五星级农家乐，大白菜酒店和老尹家农家宴等 13 家酒店被评为四星级农家乐，崂山人家、翠竹轩农家宴、香傈大酒店等 30 个酒店被评为三星级农家乐。2015 年，晓望社区、东麦窑社区被授予"中国乡村旅游模范村"称号，圣罗尼克庄园被授予"中国乡村旅游模范户"称号；玥竹山庄、尹家乐农家宴饭店等 7 家农家乐被授予"中国乡村旅游金牌农家乐"称号。至 2016 年底，崂山区农（渔）家宴、民宿旅馆总量达 1100 余家，床位近 9000 个。成功打造了东麦窑"仙居崂山""微澜山居""乐活美宿"等精品主题民宿，初步形成了以"山海风光、渔村民俗、休闲度假、体育健身、商贸节会、道教文化"为特色的旅游资源体系。

一、发展历程

（一）"红了樱桃，富了百姓"，崂山乡村旅游的起源

乡村旅游起源于 20 世纪 80 年代，在 90 年代以后迅速发展。作为一种新型旅游模式，它以具有乡村性的自然和人文课题为旅游吸引物，依托农村区域的优美景观、自然环境、建筑和文化等资源，在传统农村休闲游和农村体验游的基础上，拓展开发会务度假、休闲娱乐等项目。崂山区位于青岛市东南隅，三面环海、岸线优美、物产丰饶、人文隽永、气候宜人，是发展乡村旅游的绝佳境地。90 年代，在市、区政府的统筹领导下，崂山区积极发展乡村旅游。1996 年，第一届北宅樱桃节的成功举办成为整个崂山区乡村旅游发展的重要契机。北宅樱桃节的创办缘自崂山区旅游局的一次实地调查，北宅街道位于崂山区北部，区内山丘环绕，丛林掩映，早晚温差大，地理条件和气候十分适合樱桃生长，本地种植樱桃也有 100 多年的历史。北宅虽然有种植樱桃得天独厚的优势，但是在 90 年代初期交通不便，相对闭塞，加之樱桃成熟期短，果肉娇嫩，人工采摘费时费力，从本地将樱桃运到城市贩卖在成本上

2006 年 5 月 15 日，第十一届青岛北宅樱桃节开幕

更是得不偿失。鉴于此种情况，崂山区考虑策划举办北宅樱桃节，将游客吸引进来，减轻农民负担，提高农民收入。至 2016 年，作为青岛市十大节会之一的北宅樱桃节已经成功举办了 21 届，成为北宅街道生态旅游的龙头。过去作为农产品的樱桃每斤价格不过二三毛钱，如今一年一度的樱桃节，吸引了四面八方的游人来摘樱桃、尝樱桃，樱桃的附加值大为增加，价格提升了 30 多倍，真正实现"红了樱桃，富了百姓"。以樱桃为媒介，通过举办节会，实现了现代农业与旅游产业的有机融合，从以前农产品"养在深闺人未识"到如今"小樱桃牵手大旅游"，崂山区将第一产业与第三产业的融合推向了更高水平。2016 年第 21 届北宅樱桃节共接待游客 55 万人次，实现旅游收入 8652 万元。

90 年代以来，崂山区制定并实施了一系列激励乡村旅游发展的政策措施，全面提升崂山区乡村旅游水平、农民收入水平、农村建设水平。投入资金扶持全区乡村旅游的发展。从年度预算中预留项目扶持资金，重点扶持发展休闲乡村旅游项目，加大对项目规划、旅游标识、休闲设施的扶持力度。积极鼓励村集体、有实力的企业和个人入股各类乡村旅游项目建设，并抓好道路修建、生态保护、农村改厕等配套工作，确保游客进得来、出得去、住得下。制定了农家宴、渔家宴行业标准，对生态园、农家宴、家庭旅馆等实行统一规范、统一挂牌、统一管理，推动乡村旅游的规范经营。另外，还加强了旅游培训等工作，由区旅游局、劳动局、卫生局等部门联合制定培训计划，对乡村旅游从业人员进行系统培训，包括农家宴及农家旅馆业主、厨师、讲解员、服务员等，提高了业务技能，促进了乡村旅游服务水平的提高。

（二）因地制宜，发掘特色，乡村旅游发展逐步成型

东麦窑社区"山海人家"旅馆

崂山区内有山有海，人民勤劳淳朴，乡村旅游资源禀赋独特，加之区位条件优越，乡村旅游多分布在崂山风景恢复区，是青岛市区到崂山风景区的必经之地，交通条件便

利，使区内乡村旅游自然而然地成为青岛旅游产业链的一部分。90 年代后期开始，崂山区利用这些优势积极发展乡村旅游，创新管理机制，立足特色，精心策划，抓好策划特色节会、培育特色品牌、推出特色线路、开发特色商品四大项目，全力实施乡村旅游品牌化发展战略。此后，崂山区以旅游大项目为抓手，不断完善基础设施建设。2003 年以来投资建设了中国茶文化博物馆、崂山茶博物馆、崂山道教文化博物馆、二龙山风景区和千亩茶园等项目，将生态旅游区发展成为了一个集旅游、度假、观光、休闲、娱乐、购物于一体的综合性旅游区域。与此同时，为促进乡村旅游规范发展，不断提高农民收入，崂山区政府积极出台相关政策法规，完善旅游行业监管，提高崂山区乡村旅游游客满意度。2007 年，围绕国家旅游局"2007 中国和谐城乡游"这一主题，结合崂山区的实际情况，制定出台了《崂山区乡村旅游特色社区（村）标准规范》，并下发了《崂山区旅游局关于开展乡村旅游特色社区（村）评定工作的通知》，组织各街道对达到标准的社区（村）进行检查、申报。规范和完善了区内农家宴、农家旅馆等产品，提升了农家乐系列旅游产品的层次和质量。青岛市旅游局以崂山区制定的农家乐标准为基础，发布了《农家乐旅游经营单位等级评定及服务规范》，同时沙子口街道西麦窑社区的"山海人家"被评为首批三星级农家乐。这为崂山区发展乡村旅游打下了坚实的基础。积极推动乡村旅游大项目建设，百雀林观光园、雨林谷生态园、石老人观光园、王家村生态园、午山桃园、枯桃花卉观光园、青岛畜牧生态示范园、崂山金龙波尔山羊养殖基地、金鱼湾等农业生态观光园遍地开花。此外，崂山区还开辟了石门山生态观光园、北头绿谷生态旅游度假区、慕武石的天籁谷生态农业观光园、燕石的花花浪子生态谷、磅石的翠竹谷休闲度假区、毕家的生态农业观光园、大崂的樱桃园、龙泉山庄生态园等20 多个农业生态旅游景

雨林谷生态园

点。依托崂山区丰富茶资源，建设崂山茶苑生态旅游区，在崂山万里江茶厂、綦芳园茶厂、晓望茶厂等举办茶厂生态游活动，让游人到茶园采摘茶叶、参观制作过程、品茶。

百雀林观光园始建于1996年，位于崂山主峰西麓沙子口街道西登瀛社区，2012年，整修河道1000余米，建造塘坝5座，13万立方米水库1座，环山观光路5000多米，茶加工厂1座，崂山绿茶园50亩（1亩=0.067公顷，下同），银杏茶园50亩，猕猴桃园40亩，先后被评为青岛市农业旅游示范点、全国水土保持生态环境建设治理开发"四荒"示范户，2008年被评为国家AAA级旅游景区。观光园三面环山，一面临海。森林覆盖率达到70%以上，绿化率达到90%以上，这里既有青岛宜人的气候特点，还兼具江南风光的秀美风情，有"天然氧吧"和"世外桃源"之称。园内有小桥流水垂钓区、南韵风光休闲区、名贵花卉观赏区、设施栽培观光区、瓜果观赏品尝区等。水库流碧，甬道环山，果树成林，茶园如茵，鸟语花香，是游客休闲旅游的好去处。

雨林谷生态园位于沙子口东崂山路大陆涧处，2001年始建。以亲和动物、保护环境为主题，以崂山灵气为依托，以恐龙造型为基调，以仿真手法拟木塑石造园，使构筑物与自然山形、树木浑然一体。园内有养殖、驯化的珍贵动物，游客可观看动物表演，观赏珍奇植物，还有各类飞禽走兽和水晶温室、热带雨林景观，是座绝好的天然大氧仓，成为现代人追求时尚回归自然、陶冶情操的最佳旅游地。2012年在雨林谷原址基础上筹备改建成为崂山书院，以传统百年徽派老宅为主题，优美的自然风光与新颖的文化展示尽在其中，2015年5月1日崂山书院正式开园。

崂山茶苑生态旅游区地处崂山东麓，仰口风景区北侧，面积约12.2平方千米。已开发建设崂山茶博物馆、品茶园等。2004年4月开业并举办了首届崂山茶节。设茶苑一日游，让游客亲身体验采茶、制茶及当地的民俗风情，形成了别具特色的茶叶生态型休闲园区，成为一个集旅游、度假、观光、休闲、娱乐、购物于一体的综合性旅游区域。

（三）创新形式，融合发展，乡村旅游业快速成长

2010年后，崂山区逐渐成为市民周末近郊游、乡村游的必选之地。崂山区积极推动旅游业态创新，促进了旅游业与农业、林业、现代工业的结合，推动崂山区乡村旅游提档升级。

1. 以旅游线路带动乡村旅游市场快速发展。推出了青山、大崂、西麦窑等十大乡村旅游特色村，整合推出健身休闲之旅、乡村度假之旅、民俗体验之旅、农家美食之旅4条精品线路。深入挖掘中韩、沙子口、王哥庄、北宅四个街道的旅游资源特色，推出"崂山十大乡村旅游特色村"，将特色与地域有机结合，创新推出"渔家体验在青山""赶海垂钓去会场""观光健身石老人""一分良田种北涧""解家河旁采果忙""采摘樱桃逛大崂""游山休闲登北头""山海人家西麦窑""茶乡怡人品晓望""姹紫嫣红美枯桃"十大旅游主题，依托这些资源和产品，精心设计10余条乡村旅游特色线路，全力打造融观光、休闲、体验于一体的崂山乡村旅游特色线路。

2. 以农家宴主题年活动促进乡村旅游的规范经营。按照"制定标准，出台政策，规范经营，推动发展"的工作思路，出台了《崂山区星级农（渔）家宴评定标准》《崂山区星级农（渔）家宴管理办法》，在农家宴较集中的北宅、王哥庄、沙子口街道进行试点，先行推出了一批环境优美、特色鲜明、设施完善、服务规范的农家宴星级示范户。

3. 以"厕所革命"为契机提升乡村旅游配套设施。一方面，根据省、市旅游主管部门的指示精神，积极组织崂山区乡村旅游经营业户开展双改工程，截至2016年，全区共有8个社区参加了第一批双改工作；另一方面，积极响应"厕所革命"，召开全市旅游厕所革命现场会，制订三年旅游厕所建设计划，按照布局合理、数量充足、干净无味、管理规范的原则，与光大置业合作，采用PPP模式（即公共私营合作制，是指政府与私人组织之间，合作建设城市基础设施项目），创新生态厕所标准化建设，树立起行业内的"崂山标准"。

4. 以品牌创建升级乡村旅游品质。精心打造节会品牌，依托北宅街道的生态资源，沙子口街道的山海资源，王哥庄街道的崂山茶资源，中韩街道的花卉资源，打造了"北宅樱桃节""沙子口鲅鱼美食节暨休闲旅游季""崂山茶文化节""中韩枯桃花会"等节会活动，将崂山区打造成集"赏花卉、吃樱桃、品香茗、休闲游"于一体的新型生态观光旅游区。中韩、沙子口、王哥庄、北宅等街道2016年共接待游客273.3万人，实现经济收入3.57亿元；着力推出特色商品，拉长乡村旅游产业链。通过组织"崂山十大特色产品""群众喜爱的地方品牌"评选等活动，向社会推出崂山矿泉水、崂山绿茶、北宅樱桃、金钩海米、沙子口鲅鱼、流清河银鱼、王哥庄豆腐、会场蟹子、崂山刺参、崂山茶枕等30多个特色旅游商品；打造特色酒店，东麦窑社区成功打造了"仙居崂山"主题民宿。

（四）不忘初心，砥砺前行，美丽乡村行动掀起乡村旅游发展新高潮

2016年初，崂山区启动美丽乡村建设行动，成立了"美丽崂山行动及特色小镇建设"总指挥部，下设美丽中韩暨主城三山指挥部、美丽沙子口暨景区南线中线指挥部、美丽王哥庄暨景区东线指挥部、美丽北宅暨景区西线指挥部，全面启动了崂山美丽乡村建设行动。科学编制美丽乡村规划，坚持统筹规划、因地制宜、一村一策的原则，注重挖掘社区历史遗迹、风土人情、风俗习惯等人文元素，充分体现海、山、河及宗教、民俗、文化、物产等特色；全面开展环境卫生整治，以打造"干净、整齐、美丽"环境为目标，开展了治理污水、垃圾、违建等问题的环境卫生综合整治工作，完成农村改厕7701个，构建起覆盖城乡大环卫格局，农村面貌焕然一新，乡村环境优美、整洁；突出抓好沙子口健身广场等一批重要节点设计，加快39条农村道路的整修、亮化及景观建设，整体提升景区东线、南线、北线三条道路沿线的景观环境，加快推进浮山、金岭山生态公园建设；抓好美丽乡村精品示范村建设，首批启动青山、解家河、南北岭、双石屋等美丽乡村精品村建设，组织实施示范村的基础设施综合管线工程，开展村庄绿化美化、房屋外立面美化、公共场地美化等工程，美化了乡村旅游环境；策划特色旅游小镇建设，初步策划海信科技小镇、歌尔设计小镇、王哥庄健康养生小镇、大河东崂山民俗小镇等特色小镇建设，为产业发展提供支撑和动力。美丽崂山行动为崂山乡村旅游提质增效、加快发展提供了新的支撑，掀起了乡村旅游发展新高潮。

二、乡村旅游主要品牌

（一）北宅生态旅游区

北宅生态旅游区地处崂山区北宅街道中、北部，崂山腹地，崂山水库上游，面积54.47平方千米，景色秀丽，气候宜人，交通便利，物产

丰富，著名的崂山北九水及华楼风景区坐落在辖区内，2015 年被评为首批国家级农业旅游示范点，所在的北宅街道素有"青岛樱桃之乡"的美誉，是青岛市著名的"小水果之乡""青岛市无公害农产品生产基地"，被誉为青岛的"后花园"。北宅地理位置特殊，资源特色明显，水果种类繁多，山水风光秀丽独特，依托资源特色，在生态旅游区内大力发展具有山区生态旅游特点的北宅樱桃节、农家宴、民俗村、农家宾馆、生态旅游观光等特色项目。开发出系列旅游活动，如登山健身、采摘无公害果品，品尝无污染崂山绿茶，赏花踏青，欣赏樱桃园、桃园、甜杏园、大枣园、农趣园，并参与其中，或玩，或劳作，或亲自采摘、品尝、挖野菜，吃农家饭，睡农家炕等，形成了较为完善的民俗生态旅游体系。

（二）"仙居崂山"主题民宿

"仙居崂山"主题民宿位于沙子口街道东麦窑社区，在国家 5A 级景区崂山脚下，是崂山南线旅游的必经之路。东麦窑社区风景秀美，资源丰富，非常适合发展乡村旅游，2014 年被评为山东省旅游示范村，2015年被评为中国乡村旅游模范村。按照"政府引导，规划引领，社区参与，市场运作"的原则，沙子口街道与崂山风景区管理局合作在东麦窑社区创建"仙居崂山"（东麦窑主题酒店）项目。崂山区专门成立了领导小

北宅生态旅游

组，在社区成立了青岛市崂山区麦窑旅游开发有限公司，积极动员社区居民广泛参与，聘请中央美院专家对家庭旅馆进行装修改造。至2015年，已有24家家庭旅馆装修完毕，具备接待客户的能力，可为游客提供不同于星级酒店的原始感受。在加快仙居酒店建设的同时，积极发展以农家宴、渔家宴为主的餐饮业，在东麦窑游客可品尝到最新鲜最地道的渔家特色美食，体验独特的山海风情。

（三）圣罗尼克庄园

圣罗尼克庄园位于青岛崂山区王哥庄会场社区，距仰口风景区仅10分钟车程，圣罗尼克是一家集摄影摄像、客房餐饮、游艇出海、马场马术、商旅会议等为一体的综合性服务型庄园，优美的自然景观和淳朴的民风，构成了庄园独有的旅游特色，素有青岛的"小希腊"之称。圣罗尼克庄园拥有私家沙滩60余亩，乡村饭庄位于海边50米处，依山傍海，环境优美，草地绿植随处可见。餐饮以当地农家、渔家特色海鲜为主，原材料全来自渔码头。厨师根据当地鲜茶与海蜇优势，自主开发了茶叶宴及海蜇宴系列，以新鲜茶叶为引，开发了茶香五花肉、茶香虾、茶香鸡等茶叶系列餐饮产品，深受广大游客的喜爱。每年8月的海蜇宴也是圣罗尼克独特的海鲜大餐之一。另外，院内草地是众多客户用餐的首选之地，自助烧烤和篝火晚会集草地与沙滩游玩与一体。海景客房距海岸线仅有50米，海风轻抚，海浪声声，隔着窗户听海浪，躺在床上看日出。人间美景，尽收眼底。圣罗尼克庄园除餐饮客房外，更吸引人的是它的娱乐性。自家的开心农场里，果蔬采摘，菜地种植，淡水垂钓等是众多家庭旅游的首选之地；沙滩排球、沙滩足球、拔河比赛、海边嬉戏是团队活动必不可少的项目；棋牌室、麻将室、卡拉OK、室外烧烤、篝火晚会、烟花晚会更是众多年轻人喜爱的娱乐项目；马场马术、宠物寄养也给爱好动物、喜欢运动的高端人士提供了休闲娱乐的好去处；庄园的时光印记咖啡厅更是让远离喧嚣都市的人们有了一个静心独处的心灵港湾。

（四）玥竹山庄

玥竹山庄创办于2006年7月，位于崂山区王哥庄街道解家河社区，是一家农家宴连锁店，参与农户40余家，依托解家河社区优美的自然环境，以餐饮服务和山谷旅游观光为主，开发了"长生谷"和"黑龙涧"

两条生态观光旅游山谷路线，经营玥竹牌山野菜、禽蛋、大馒头、崂山茶等特色生态旅游产品，先后被评为"青岛市创建食品安全城市突出贡献品牌""青岛市原生态农产品推荐品牌""青岛市民最喜爱的农家宴品牌""山东省四星级农家乐""青岛市旅游特色点"。2015年共接待旅游团队200余个，共接待游客10.5万余人次，全年实现旅游总收入1700余万元。

玥竹山庄所在的解家河社区自然环境整洁优美，空气纯净，水质甘冽，风景秀丽。玥竹山庄农家宴，都是妇女自主创业，经营食物以农家手法制作，饭菜口味地道，山珍海味俱全，质量优良，价格实惠，所经营的面点和使用的食用油等均为绿色非转基因食品。社区玥竹山庄连锁店的每一户家中都有菜园，菜园可供游客现场栽种体验并参与蔬菜的种植、管理、收获全过程，别有一番风趣。农户在山上养鸡、养鸭、养鹅，在日常喂养过程中，坚持科学喂养、精心管理，街道农业服务中心定期到养殖场检疫，每年两次注射预防禽流感针剂，日常安全消毒工作到位，所产散养鸡、鸭、鹅营养丰富。

（五）二龙山风景区

二龙山风景区是晓望社区大力发展的生态旅游观光产业，晓望社区地处崂山东麓，仰口湾畔，王哥庄街道驻地，这里风景秀丽、气候宜人、交通便利、物产丰富。二龙山是崂山国家森林公园腹地，规划景区内古树参天，奇石林立，终年云雾飘渺，山体绿化率90%以上。塘子观水库周边有北宋、明清时代的石刻等，宋朝落难时两太子妃居住的谢丽洞，拥有星石山、仙人柏、皇岭后、虎头山、大拇指、光光崮等50多处景点，形成风景区最具魅力的自然景观。该区崂山茶种植上千亩，最老的茶树已达30多年。水资

二龙山景区

源丰富，晓望河流域面积达 16 平方千米，至 2016 年，已建成 150 万立方米的晓望水库一座，12 万立方米的塘子观水库一座，地下水丰富优质，已投产崂山水生产厂 8 家，旅游观光区内河道溪流不计其数，纵横交错，水库重叠，终年潺流不息。

三、经验与启示

（一）必须健全机制，合理规划，完善旅游工作领导机制

为推动崂山区旅游业的快速发展，崂山区成立崂山区旅游工作领导小组，定期召开旅游调度会，针对旅游各个层面的问题，采取"部门联动，各负其责，多口扶持"的方式，及时协调解决，为乡村旅游的发展提供良好的环境；将旅游工作机构延伸到街道，在北宅、中韩、沙子口、王哥庄 4 个街道分别设立旅游产业发展中心，配备专职工作人员，强化街道一级的旅游管理能力；整合和盘活现有的旅游资源，努力将崂山深厚的自然禀赋和文化底蕴有机融合在一起，构筑以沿海一线、滨海大道两大旅游产业带为主轴，以 4 个街道为依托，以海洋、生态、节会、人文、民俗、商贸为六大主题的乡村旅游发展大格局，促进乡村旅游由单一型向复合型、休闲型和文化型转变。

（二）必须因地制宜，精心策划，创新乡村旅游发展模式

在推进乡村旅游发展进程中，倡导"各唱各的拿手戏，各打各的优势仗"，大大激发了乡村旅游的内在活力，走出了四种富有成效的旅游发展模式。

1. 政府、社区、农户混合发展模式。东麦窑"仙居崂山"民宿属于该类模式。"仙居崂山"民宿由社区提供闲置农房，崂山风景

石老人观光园

区管理局、沙子口街道、崂山区旅游局出资 2000 万元，分三期打造。居民根据房屋面积每年获得收益，每 5 年递增 10%，有效地实现了富民增收。

2. 社区集体投资经营发展模式。石老人观光园、二龙山景区、枯桃花会交易中心等属于社区集体投资经营发展模式，这些旅游项目分别属于不同的社区，通过引进专业管理公司或管理人才负责项目的日常经营管理，产生了良好的经济效益，成为乡村旅游的亮点。

3. "公司+农户" 发展模式。西麦窑社区、流清河社区的 "山海人家" 和晓望社区的 "茶乡人家" 都是 "公司+农户" 模式，由社区出资成立旅游公司，对外承揽旅游业务，对内实行统一标准、统一管理，农户则提供闲置住房和餐饮等服务，增加了农户收入，带了农村经济发展。

4. 公司独立运作发展模式。华东葡萄酒庄园、四季庄园、百雀林观光园、万里江茶场等 20 多个生态园区都属于公司独立运作发展模式。其中，华东葡萄酒庄园作为按照欧洲葡萄酒庄园模式建造的中国第一座欧式葡萄酒庄园，打造了独具特色的葡萄园、葡萄文化长廊、观光厅、雕塑园、华东酒窖、花果山、农家院等旅游景点。

（三）必须完善基础设施，创新营销举措，提升乡村旅游品质

通过加大财力投入，完善旅游景区、旅游特色村标识系统、停车场、游客咨询中心等公共服务设施建设，积极推动全区旅游景区、旅游点、农家乐的旅游公厕配建与改造，推进乡村旅游提级改造；推进智慧旅游建设，完善信息化服务设施建设，重点景区、旅游村实现 Wi-Fi 全覆盖；学习北京怀柔等地做法，加大财政扶持力度，以政府采购的方式为乡村旅游经营业户统一配备床上用品，提高乡村旅游品质。

委托专业旅游经营机构整合旅游资源，策划包装具有原创性、体验性、市场潜力大的特色产品，集中采购媒体资源，营造旅游营销大平台。注重网络营销，发展电子商务，加强网络旅游形象宣传、旅游线路推广，满足旅游个性化、信息化需要。发挥 "互联网+" 在旅游营销中的作用，构建以智慧旅游为核心的宣传和综合服务保障体系，拓展客源市场，提高知名度和市场影响力。

（四）必须规范管理，提升乡村旅游发展保障力

积极推进社区合作式管理运营模式，推动乡村旅游管理规范化；加强培训，促进从业人员服务意识、服务技能、服务质量和游客满意度的提升；强化安全保障，落实旅游企业、经营业户主体责任和行业监管责任，联合环保、卫生、工商、消防等部门对农家乐经营项目的食品卫生、污水排放、消防安全等方面开展季节性、针对性的督查，加强日常监管力度，建立信息登记和上报制度，营造了良好的行业秩序和经营环境；加强监管，倡导文明旅游；加强部门联动，统筹协调，采取综合执法、明察暗访等手段有效整治影响旅游市场秩序的突出问题和失信行为，增强文明旅游意识，倡导文明旅游方式，享受文明旅游乐趣。

执笔人：王明慧
签发人：王鹏海

青岛国际啤酒节的举办历程

崂山区旅游发展委员会节庆处

青岛国际啤酒节是中国最早的以啤酒为媒介，融旅游休闲、文化娱乐、经贸展示为一体的国家级大型节庆活动，是国内规模最大的酒类狂欢节日，被誉为亚洲最大的啤酒盛会。青岛国际啤酒节创始于 1991 年，每年举办一届，至 2016 年已成功举办了 26 届。节日最初是由青岛市人民政府主办，青岛啤酒厂承办；随着节日的不断发展和完善，从第五届开始改为民办公助；从第七届开始，啤酒节首次由国家旅游局、中国轻工业联合会等国家六部委和青岛市人民政府共同主办，节日正式由地方性节日升级为国家级规格，自此青岛国际啤酒节开启了走向国际的大门。

啤酒节对青岛经济的拉动作用十分明显。节日期间，大量外地游客涌入青岛，促进了青岛旅行社、宾馆、饭店、旅游交通、商场等行业的发展，提升了参加企业的知名度，通过开展经贸活动与展览，开拓了经济发展的新空间。啤酒节丰富了市民的生活内容，为市民提供了一个抒发自我的舞台，一年一度的啤酒节成了许多市民每年热切的期盼和美好的记忆，啤酒节广泛的参与性使它真正走进了青岛人的生活，成为青岛的市民节、狂欢节。

走过 26 个春秋的青岛国际啤酒节已经超越了节日本身的意义，成为传承城市文化、彰显城市魅力、扩大对外开放和拉动经济增长的重要载体，成为青岛与世界切磋交流的重要平台，成为品牌之都青岛不可或缺的精神坐标。

一、青岛国际啤酒节的诞生

（一）创意的提出

20世纪80年代初，改革开放的中国向世界打开了大门，被誉为"朝阳产业"的旅游业随之蓬勃兴起，各地政府纷纷采取措施开发旅游资源，发展旅游产业。青岛是我国对外开放最早的沿海城市之一，旅游资源很丰富，但由于知名度和交通、接待条件的限制，每年来青的海内外游客只有四五万人，这与青岛旅游城市的地位不相符。怎样提高青岛的知名度、促进旅游事业的发展，成为80年代中期市旅游局急需解决的课题。通过多次召开会议，广泛听取社会各界和专家学者的意见，市旅游局制定了三个初步方案。

第一方案是青岛崂山登山节。由于当时崂山山顶未对外开放，登崂山而不能登顶，无法饱览山海秀色。因此无法满足游客的需求，活动失去吸引力，此方案被搁置下来。

第二方案是青岛国际钓鱼活动。分别于1986、1987年组织了两届"青岛国际钓鱼活动"，但实践证明并不成功。原因一方面是海上可垂钓的资源少，水库垂钓交通不方便；另一方面这一活动受气候影响较大，长期举办时间不易固定，不利于对外推广，社会公众参与性不足，因此只举办了两届。

第三方案是青岛国际啤酒节。其目的是借助青岛啤酒的知名度和美誉度提高活动的影响力，促进青岛旅游业的发展。方案于1985年报市政府后引起领导的关注。

（二）调研过程

青岛市市长郭松年认为啤酒节创意很好，如能成功举办，对于宣传青岛，推介青岛旅游会起到带动作用，并有可能成为具有很强影响力的专项旅游产品，但也有人认为当时青岛啤酒厂生产规模小、产量低，还不能满足大规模节庆活动的需求。市领导要求市旅游局对此展开调研。

首先，有目的地考察了举办节庆活动较早的哈尔滨冰雪节、潍坊国际风筝会，细致了解了这些节庆活动的组织形式、对外宣传、接待、资金筹措等方面的经验和做法。

其次，争取国家有关部门的支持，听取他们的建议。原山东省省长、国务院副秘书长的李昌安在听取了调研组的汇报后，很赞赏青岛的这一方案，先后协调外交部、轻工业部、外经贸部、国家旅游局、中国啤酒协会等部门领导听取了调研组的报告，提出了相关要求，给予了大力帮助。

第三，请专家论证。1990年3月，市旅游局邀请了北京大学、清华大学、中国社科院、天津、上海和青岛本地40多位专家学者，研讨青岛市旅游业发展规划，将啤酒节作为一个专题进行研讨，专家们给予了高度评价。

第四，广泛听取海外同行的意见。方案初稿出台后，先后发往美国、加拿大、德国、日本等主要客源国的旅游商和旅行社，听取他们的意见。他们纷纷回函表示支持，有的旅游商还在当地报纸刊登青岛要办啤酒节的消息。原中国国际旅行社青岛支社日本顾问川村正先生多次反映他和朋友们对青岛举办啤酒节的期待。

经过六年的考察、调研、论证后，方案最终确定。指导思想为：以啤酒节、社会参与、群众自娱自乐为主；以宣传和扩大青岛知名度为主；以依靠社会力量办节为主，努力把啤酒节办成青岛人民喜爱的影响广泛的品牌节庆活动。1991年初，市政府下发了《关于举办首届青岛国际啤酒节的通知》，同年6月23日，由市政府主办，青岛啤酒厂承办，市旅游局协办的首届青岛国际啤酒节在中山公园隆重开幕。

（三）节日方案的最终确定

啤酒节节徽的设计，始于1989年。当年12月，北京国际旅游交易会举办，中国国旅青岛分社参展。除推介青岛旅游外，还把啤酒节作为一个内容进行宣传。市旅游局委托工人文化宫设计啤酒节节徽，图案是孙悟空双手托起一个盛满啤酒的大啤酒杯，一边是铁臂阿童木形象，一边是米老鼠形象，以此象征国际性，

1991年6月首届啤酒节开幕式

在交易会上展出后引起较大反响。1991 年 3 月份，青岛啤酒厂组织设计了另外一幅节徽，由于图案近似青啤商标而被否定。后市委宣传部、外宣部、旅游局、出版社、青岛啤酒厂联合组织设计定下最终节徽。

关于吉祥物，第一届啤酒节吉祥物是一只名叫"翡翡"的海豚，活泼可爱，具有青岛特色，略显羞涩，很容易让人联想起蓝色的大海和狂欢的啤酒节。卡通形象的小海豚手捧泡沫四溢的大杯啤酒，似在笑迎八方宾客，把岛城人民的热情好客表达得淋漓尽致。从第二届开始，每一届啤酒节的吉祥物都是以当年的农历生肖物为设计原型，结合当届啤酒节的特色而设计的。

举办时间经过三次较大变动而最终确定。首届啤酒节开幕时间是 6 月 23 日，这个时间恰是青交会举办时间，目的是一节一会相互照应，相互招揽人气。但这个时间在当时是青岛旅游的淡季，天气凉爽，人们无法开怀畅饮，外地参节人数不多；第二届改为 8 月 23 日，这个季节青岛气候变化大，多风、多雨，且进入 9 月份后天气渐渐变凉，也不太理想；从第三届开始基本固定在每年的 8 月中旬开始举办。

举办地点也几经多变。首届啤酒节地点选在中山公园，选址出发点是公园人流多，环境也美，厂家搭建展台方便。但进公园要门票，不符合办节的指导思想，另外也不利于环境保护。因此，第二、三届便选择了汇泉广场和汇泉体育场内。1992 年国家旅游局决定投资建设国际啤酒城，选址位于崂山区的原国际啤酒城，并于 1993 年开工筹建啤酒城，从第四届开始直至第二十一届啤酒节都是在国际啤酒城举办。2012 年，由于原国际啤酒城改造项目开工建设，啤酒节离开了连续使用 18 年的场地，迁至崂山区世纪广场举办。

关于啤酒节的名称，方案最初拟定了五个名称：青岛国际博览会、青岛啤酒节、青岛万国啤酒展览会、青岛国际啤酒品饮会、青岛国际啤酒节。经过反复推敲、广泛听取意见，认为前四个都不确切，最后选定青岛国际啤酒节。

二、青岛国际啤酒节的举办历程

（一）起步阶段（1~3 届）

伴随着一声清脆而热烈的开启之声，酝酿了 88 年的青岛啤酒在城市建置百年的庆典氛围中，绽放出一朵瑰丽的奇葩——青岛国际啤酒节。此前，青岛还没有真正意义上的大型地方节庆活动，也一直在寻觅适当的主题来酣畅地宣泄这个城市的精神诉求。于是，啤酒节作为这座百年城市啤酒文化的集大成者和弘扬载体，应运而生。

1~3届的节日还略显稚嫩，甚或粗糙，但最初朴拙的耕耘和采撷，毕竟开启了一个城市由此引发的欢乐长河。

1. 首届青岛国际啤酒节。首届啤酒节于 1991 年 6 月 23 日~30日在青岛中山公园举办。中山公园内布置一个封闭的"啤酒城"，占地 9 万平方米，按照园内的地理环境和中外啤酒厂的特点，建造了 31 座突出地方特色、风格迥异的啤酒屋，每座啤酒屋均设有饮酒、贸易洽谈、展销场所，城内设有以岛城名吃为主的商业网点及文化、表演设施，啤酒城内大小树木装饰 30 万盏灯。首届青岛国际啤酒节为青岛啤酒打开了更广阔的国内外市场，用啤酒这张名片使更多的人了解青岛、认识青岛，是中国最早以啤酒为媒介，融经贸、旅游、文化为一体的大型节庆活动。

首届青岛国际啤酒节由市政府主办，青岛啤酒厂具体承办，成立了青岛国际啤酒节领导小组，组长为青岛市市长俞正声，副组长为副市长秦家浩与省一轻厅厅长崔永顺，秘书长为市政府副秘书长毕于岩，青岛啤酒厂厂长刘正德兼任领导小组办公室主任；市相关部门担任组委会成员单位；设综合、招商、广告纪念品、场地、宣传、文体活动、文艺演出、接待等部门。

节日期间，来自全国各地的 40 个啤酒生产厂商携酒进城参展，美国、加拿大、德国、日本、新加坡、我国香港等国家和地区的啤酒厂、啤酒代理商参加了展销和交流，期间共接待 30 多万游客，消耗啤酒 1.7 万箱。啤酒节期间，举办了啤酒技术交流会和研讨会，开展啤酒文化研讨，邀请国内外专家举办啤酒专业讲座。举办以青岛地区为主的啤酒展销及各地风味小吃展销。举办了青

中山公园——啤酒城

岛市工业产品销售月活动，组织旅游商品、纪念品、工业产品、生活用品展览。2000多名海内外客人来到青岛，签订了一批经济技术与贸易合作的合同和协议。青岛很多行业和企业，在啤酒节期间召开了多种形式的协作会、订货会和洽谈会。

2. 第二届青岛国际啤酒节。第二届啤酒节于1992年9月20日至10月3日举办。主会场设在青岛汇泉广场，分会场设在第一海水浴场，体育馆、体育场、中山公园、南海路一条街作为辅助活动场所，市内各主要商业街、商业网点、摊点也作为辅助场所，本届啤酒节被列入"1992中国友好观光年"系列活动，共有143万人次参加了啤酒节节庆活动。

1992年，市旅游局设立青岛国际啤酒节办公室，由当时的市旅游局副局长林志伟兼任办公室主任，编制15人，为正处级事业单位。从本届开始，啤酒节交由旅游局承办，由青岛国际啤酒节办公室牵头组织，各有关部门协作办节。同时，根据市委、市政府"节日搭台，经济唱戏"的指示精神，将1985年以来每年一次的国内经济技术协作洽谈会首次纳入啤酒节同步举办。

9月20日在主会场举行了开幕式。中共青岛市委书记、市长俞正声致开幕词，山东省顾委主任梁步庭开启本届啤酒节第一桶啤酒。

3. 第三届青岛国际啤酒节。第三届啤酒节于1993年8月15日至22日在汇泉广场举办。在市北、台东、四方、沧口设立了分会场。参加各项活动的市民和中外游客达200多万人次，其中外宾3000多人。节日期间，举办了多种类型的研讨会、交流会，并成立了青岛市啤酒工业协会。共有30万人涌入啤酒城，销售生啤酒105吨，罐装啤酒1.2万箱。

8月15日晚举办开幕式，山东省委常委、青岛市委书记、市长俞正声致开幕词，全国政协副主席邓兆祥为啤酒节开启了第一桶啤酒，青岛电视台进行现场直播。

（二）探索阶段（4~6届）

经过三届的"漂泊"，节日需要一个"家"，一个固定的场所来承载每年一度盛大的欢乐，以便结束在城市客厅之间游移的历史。于是，便有了1993年岁末时节隆重的奠基；于是，半年之后青岛新东部的崂山脚下，青岛国际啤酒城迅速崛起在人们的期盼之中。从那时起，坐落于崂山区的青岛国际啤酒城即成为每年夏秋之交汇聚欢愉的场所，并成为这座城市新生的地理坐标。

4~6届是节日在摸索中前行的重要时期，虽然前行中跋涉艰辛、波折相随，但节日每年都在长高，都在引起世人的瞩目，并积蓄了日后升腾的能量。

1. 第四届青岛国际啤酒节。 1994年8月14日至24日，啤酒节首次在新成立的崂山区辖区内的青岛国际啤酒城举办。中外游客和市民约50万人参加了啤酒节，共销售啤酒200吨。投资3000万元，完成了啤酒城一期工程，铺设了大型露天广场及配套设施，永久性建筑和临时性建筑相结合，多形式、多格调的模式吸引国内外啤酒公司、饭店、名吃、小商品、旅游纪念品和各种游乐、游艺公司进城营业，为啤酒节提供了一处集饮酒、餐饮、购物、游玩、娱乐为一体的大型综合性活动场所。

8月14日上午在新落成的青岛市委、市政府办公楼前广场上举行开幕式。全国政协副主席邓兆祥、省委常委、青岛市委书记、市长俞正声和慕尼黑啤酒节组委会代表参特格拉夫先生共同开启了第一桶啤酒。上午11:00，在啤酒城门前举行剪彩仪式。本届啤酒节吸引了国内外16个啤酒厂家落户啤酒城。包括美国百威、德国尔丁、日本麒麟、香港生力在内的40个啤酒品牌，约50万人入城参节，啤酒城销售啤酒200吨。

节日期间，啤酒节组委会与德国巴伐利亚州政府经济交通部签署了《关于支持和加强啤酒文化合作与经济交流的意向书》，东西方两大啤酒节拉开了携手合作的序幕。

2. 第五届青岛国际啤酒节。 第五届啤酒节于1995年8月12日至26日举办。本届啤酒节完善了硬件设施，啤酒城面积达13.4万平方米，建筑面积达1.2万平方米，啤酒城基础设施更加完善，服务项目更加齐全，真正成为融饮酒、餐

1995年8月第五届青岛国际啤酒节

饮、购物、观赏、游玩、娱乐为一体的综合活动场所。

节日期间，200 多个啤酒、商贸、饮食摊位在啤酒城依次排列，形成了五彩缤纷、风格各异的棚屋，营业收入累计上千万元。15 天里，共接待游客 60 万人次，其中，海外游客超过 4500 人次。啤酒城内共销售各种啤酒 250 余吨。

本届啤酒节由过去的政府主办改为民办公助，由青岛国际啤酒节组织委员会主办，在组织方式上实现了一次突破，以企业和社会团体为主、群众广泛参与。

开城仪式于 8 月 12 日上午在青岛国际啤酒城中心舞台举行。北京双合盛五星啤酒公司总经理常怀志、澳大利亚金得利贸易公司总裁雷蒙得·比得·尚等，共同为第五届啤酒节开启第一桶啤酒。

3. 第六届青岛国际啤酒节。第六届啤酒节于 1996 年 8 月 10 日至 25 日举办。主会场设在青岛国际啤酒城，同时在汇泉广场、石老人海水浴场、文化公园、田横岛设置了分会场。本届啤酒节共接待游客 93 万人次，其中海外游客超过 5000 人次，4 个分会场接待游客也在 20 万人次以上。啤酒城内销售啤酒的总量达 310 吨，分会场累计销售啤酒达 80 吨。

4 万名观众欣赏了以"升腾"为主题的开幕式歌舞表演。青岛市市长秦家浩、韩国大邱市市长文熹甲等来宾，共同为本届啤酒节开启了第一桶啤酒。8 月 10 日晚，在市体育馆举办了开幕式晚会，当天啤酒城入城游客达 12 万人。

本届啤酒中节城内文化、娱乐体育活动创下了空前的规模和气势。其中，节日期间在啤酒城内组织了场面壮观的 2000 人在同一时间、同一地点、同饮同一品牌啤酒的活动，被载入上海大世界吉尼斯纪录，标志着啤酒节活动的策划、组织水平迈上一个新台阶。本届啤酒节规模之大、水平之高、活动种类之多、参节人数之众是啤酒节历史上空前的。

（三）跨越阶段（7~11 届）

6 届的沉淀使节日蕴蓄了更多升腾的力量和特有的文化气质，也赢得了更多加盟者的参与——国家八部委参与主办，使节日升格为国家级；大型娱乐节目的进驻，使啤酒狂欢之外，又增加了娱乐狂欢；节日单项活动的策划水平和举办规模不断提升，创下四项上海大世界吉尼斯纪录：1996 年的 2000 人同饮同一品牌啤酒，1997 年的 9771 人的同饮同一品牌啤酒，同吃同一品牌肉串，2000年在海上释放10000只"千年祝福瓶"；更为可喜的是经过11年的举办，节庆的主题、定位和文化理念在不断明确、积累和完善，诞生了"青岛与世界干杯"的节日永恒主题，明确了啤酒节作为"市民节""狂欢节"的节日定位和国际化、市场化的运作模式，在前六届办节基础上，融入了民族文化、海外文化、大众娱乐文化及体育、艺术等内容，节日文化内涵更加丰富。

1. 第七届青岛国际啤酒节。第七届啤酒节于1997年7月8日~23日举办。本届啤酒节首次由中国国家旅游局、中国轻工总会、国内贸易部、中国国际贸易促进委员会、中国国际商会、中国人民对外友好协会和青岛市人民政府共同主办。节日正式由地方性节日升级为国家规格。本届啤酒节对啤酒城进行了扩建，在啤酒城内设置了2万多平方米的品酒大篷。此外，青啤集团投资4500万元兴建的啤酒宫，成为啤酒城内标志性建筑。啤酒城形成了广场文化区、品酒美食区、博览区、经贸区、娱乐区、休闲区六大功能区。

以"扬起风帆"为主题的本届啤酒节开幕式，于7月8日晚在啤酒城中心舞台举行。本届啤酒节与1997年中国青岛对外经济贸易洽谈会、首届啤酒饮料博览会同期举办，"节会合一"有力地加强了啤酒节的影响力，办节思路的调整使本届啤酒节的档次规模发生了较大的飞跃。16天里啤酒城游客达112万人次，销售啤酒49.6万升，创历届之最。期间，9771人同时同地共饮同一品牌啤酒的壮观场面再创上海大世界吉尼斯新纪录。

啤酒节、博览会及青洽会的同期开幕极大地带动了全市旅游业的发展。本届啤酒节、博览会对展示青岛市对外开放形象，展现改革和建设成就，促进经济发展和社会繁荣产生了积极的影响。

1997年2月，崂山区政府成立青岛市啤酒节办公室，为隶属于区政府的

1997年7月第七届青岛国际啤酒节——庆祝香港回归

正处级自收自支事业单位，编制 15 人，作为筹备、举办每年一度啤酒节的常设机构，业务工作接受市政府办公厅指导。

2. 第八届青岛国际啤酒节。第八届啤酒节于 1998 年 7 月 8 日~23 日举办。国务院侨务办公室首次成为本届啤酒节的主办单位。节日的国际性、专业性和群众性特点更加突出，共吸引海内外游客 246 万人参加（其中主会场接纳中外游客 150 万人次），销售啤酒 547 吨。其突出特色是设立了以国际啤酒城为中心，辐射整个石老人国家旅游度假区的主会场，市内设立汇泉广场、中山公园、黄岛金沙滩三个分会场，市南区"海之情旅游节"和四方区"海云庵美食节"作为啤酒节的系列活动纳入节庆之中。啤酒城参照美国迪士尼乐园模式，建设了包含具有异国风情的啤酒屋、古堡以及音乐喷泉区、儿童游乐区、青年游乐区的"环宇乐园"，为广大游客提供了充足的饮酒场所。

本届啤酒节开幕式于 7 月 8 日晚在啤酒城中心舞台举行。在主会场之一的石老人海水浴场，再上岗明星崔林、赵辉星开启了象征着美好如意的第一桶啤酒。以"青岛之夜"为主题的开幕式晚会首次由中央电视台通过卫星传送到世界五大洲。前联合国秘书长加利从巴黎发来贺电。

节日期间，举办了 1998 中国青岛对外经济贸易洽谈会、第二届青岛国际啤酒饮料博览会和青岛啤酒理论、技术学术研讨会。

3. 第九届青岛国际啤酒节。第九届啤酒节于 1999 年 8 月 28 日~9 月 19 日举办。本届啤酒节新增人民日报社作为节日主办单位，分为开幕式、彩车艺术巡游、品酒、饮酒活动等七大活动板块。设立了国际啤酒城主会场和市南、市北、四方、李沧、城阳、黄岛等七处分会场。本届啤酒节确定了"节城合一"的原则，拆除城内的全部围栏，环宇世界、青啤宫等区域合为一体，使整个啤酒城连成一片。节日期间接待游客 169 万人次，其中境外游客 6 万人次，国内游客 163 万人次，啤酒销售 720 吨。

开城式于 8 月 28 日在崂山区行政大厦中心广场举行，青岛市市长王家瑞与全国政协领导、来自英国、日本、我国香港特别行政区的嘉宾开启了第一桶啤酒。主题为"为新世纪干杯"的啤酒节开幕式文艺晚会在青岛颐中体育场举行。节日期间，成功举办了全国产学研联合洽谈暨展示会、中国青岛国际啤酒饮料博览会等系列活动。其中，中国青岛国际啤酒饮料博览会参展厂商 140 多家，签订合作协议与意向 40 多项，成交额500万元。

4. 第十届青岛国际啤酒节。第十届啤酒节于 2000 年 8 月 26 日至 9 月 10 日举办。本届啤酒节分为开幕式、文艺演出、艺术巡游、文体活动、啤酒品饮、大型娱乐和闭幕狂欢夜七大活动板块。

本届啤酒节首次实现网上播放。首次提出了"以公众欢乐、厂家满意为本"的办节理念和全新的节日主题"品饮百家啤酒，参与万众狂欢"。首次组织了"韩国主题日"活动。啤酒节期间，参节人数累计超过 200 万人次，40 多个厂家的 180 多个啤酒品牌参节，销售啤酒超过 400 吨。啤酒城主会场接待中外游客达 120 万人次，销酒总量达 320 吨。啤酒城内按照活动内容设置了啤酒乐园饮酒区、广场饮酒区、啤酒海鲜街、演出区、娱乐活动区、礼品展销区等七大功能区，特别是"一园一街一道"（啤酒乐园、啤酒海鲜街、啤酒城 101 大道）的建设，更为啤酒节增添新的旅游热点。

8 月 26 日在世纪广场举行了万人参加的开幕式。德国啤酒学院院长潘生格夫、青岛啤酒集团董事长李贵荣以及来自日本、以色列等国家的嘉宾共同开启了第一桶啤酒。啤酒节期间，日本、韩国、美国、德国、瑞士、南非等 12 个国家驻华使节、英国南安普顿市、日本下关市、韩国大邱市等五个青岛对外友好城市代表以及欧美一些国家的代表团参加了啤酒节，充分体现了啤酒节文化交流的桥梁作用。

从第十届啤酒节起，节日的市场化运作水平明显提升。本届啤酒节指挥部不但采取企业冠名的形式，组织了啤酒节"漂流瓶"活动，还首次与香港相关演出公司合作，节日期间由该公司自费在啤酒城中心舞台组织每晚文艺演出，同时向指挥部缴纳演出许可费人民币 100 万元。同时，节日的综合拉动效应不断凸显，节日期间区内饭店业、餐饮业、娱乐业、交

2001 年 8 月第十一届青岛国际啤酒节——青岛与世界干杯

通业等得到较大提升，宾馆客房出租率平均上升40%左右，有些宾馆客房出租率达到100%；公交车、出租车载客率也明显提高，每晚啤酒城南门外排队载客的近百辆出租车为绚丽的不夜城增添了一道亮丽的风景；餐饮、娱乐场所更是火爆。各种数字表明，青岛国际啤酒节已经成为规模效应显著的综合性大型节庆活动。

5. 第十一届青岛国际啤酒节。 第十一届啤酒节于2001年8月18日至9月2日举办。节日策划、推出了"青岛与世界干杯"的主题口号，并成为节日的永恒主题。节日期间，120万海内外游客参节，来自17个国家和地区的300多位海外贵宾参节，国内45个城市党政代表团莅临，销酒总量首次突破500吨。本届啤酒节完善了啤酒城服务设施，设置了有3000个观众座席的中心舞台。各参会啤酒品牌厂商搭建了风格各异的饮酒大篷。引进了对青少年具有较强吸引力的游乐设施。

本届啤酒节筹办期间，市政府成立了青岛市重大节庆活动组委会，主任为副省长、市长杜世成，常务副主任为副市长周嘉宾、马论业、臧爱民、刘建华。

本届啤酒节首次将开幕式、艺术巡游及开城式进行了"三位一体"组合，首次在国际啤酒城南大门外搭建了开幕式观礼台，并邀请专业演出团队对开幕式升节旗、奏节歌、开启啤酒、开启城门等环节开展了艺术化的编导设计，通过设计夸张的服装、大喇叭、金钥匙等道具，啤酒女神、啤酒壮汉等艺术形象和节奏紧凑、高潮迭起的活动策划，大大提升了啤酒节开幕式的艺术观赏性。本届啤酒节开幕式盛况通过山东卫视进行了直播，在海内外产生了巨大的反响。

青岛啤酒集团董事长李贵荣、全国劳模盛桂兰以及来自澳大利亚、南非、德国、英国和韩国等嘉宾共同开启第一桶啤酒，代表五大洲的五位儿童进行了授节旗仪式，全场宾客同一时刻共饮美酒。节日期间，15位世界500强跨国公司的地区总裁或总经理参会。海尔、海信、澳柯玛三家中国电子家电领军企业首次参节。中信银行、农业银行、东方航空公司等30家非啤酒企业签订了赞助支持协议。

（四）成熟阶段（12~17届）

12是一个美妙的轮回，一个由起点到终点再向新起点迈进的成熟轮回。节日也由呱呱坠地、蹒跚学步发展到英姿勃发的少年时代，由最初的粗糙逐渐走向精致、成熟。

2002 年啤酒节把握奥运的机遇，与奥帆赛互为元素，共同酿制城市的狂欢盛宴，并再创数字递增的巅峰时刻；2003 年青岛啤酒迎来了恢弘的百年华诞；2004 年嘉年华满载欧陆风情闪耀啤酒城；2005 年入选 IFEA（世界节庆协会）中国最具国际影响力的"十大节庆"，并荣登中国"十大节庆"排行榜首。在这一阶段，节庆举办规模、知名度和影响力及节庆对青岛经济、社会发展及相关产业的拉动效应迅速放大，国外游客比例不断增加。啤酒节指挥部首次提出了"政府主导、社会参与、市场运作"的 12 字办节方针，办节理念不断更新、提升和完善，节日定位增加了"商务节"的崭新内容，推出了饮酒、娱乐、嘉年华三大狂欢，高水平策划组织了开幕式、假面舞会等大型活动，这些都标志着啤酒节举办水平和运作机制的迅速提升和日臻成熟。

1. 第十二届青岛国际啤酒节。第十二届啤酒节于 2002 年 8 月 17 日~9 月 1 日举办。本届啤酒节以"经营啤酒节"和"创品牌、作精品"的理念为指导。16 天内接待游客 200 万人次，国外啤酒达 18 种，消费啤酒 520 吨。啤酒节期间，举办了大型开幕式、啤酒品饮、文娱活动、艺术巡游、文化博览、商贸展示及闭幕式等活动。实现"一城一线，多点互动"的全新办节格局。"一城"，即国际啤酒城，在啤酒城内增加品酒区 6000 多平方米的面积，"一线、多点"，即啤酒城向外扩容：海口路海滨步行街一线成为重要活动区域，在颐中体育场、市文化博览中心、府新大厦甚至旅游巴士上设置多个"互动点"。

8 月 17 日上午 9 时在国际啤酒城举行了开城式，包括升节旗、奏节歌、领导致辞等仪式。青岛大学艺术学院学生王雯洁、青岛大学美国留学生白云安等中外友人共同开启第一桶啤酒。开城式首次以狂欢入城的方式进行。本届啤酒节狂欢入城式由山东电视台、青岛电视台、中国国际广播电台、海峡之声广播电台、青岛人民广播电台等媒体进行了全程直播。中央电视台对这届啤酒节表现了高度的关注和重视，派出精干记者队伍来青采访，及时发回相关报道。中央 1 台的《新闻 30 分》《东方时空》，2 台的《经济信息联播》，4 台的《中国新闻栏目》分别报道了这届啤酒节相关新闻。

2. 青岛啤酒百年庆典暨第十三届青岛国际啤酒节。青岛啤酒百年庆典暨第十三届啤酒节于 2003 年 8 月 15 日~31 日举办。节日主题突出了"百年青啤，百年青岛"。首次确立"庆典日""国际友人日"

"市民狂欢日"三大主题日。节日共接纳海内外游客150万人次，销酒总量635吨。啤酒大篷总面积达14000平方米，品酒环境、设计水平达到了较高水平。

本届啤酒节开幕仪式于8月15日上午9时在啤酒城门前举行。青岛市市长夏耕宣布开幕，13位国际知名人士共同开启青岛国际啤酒新百年生产的第一桶啤酒，13名来自五大洲的学生共升节旗。开幕仪式通过山东电视台、凤凰卫视、台湾东森电视台、中国国际广播电台等海内外媒体首次实现全国直播，网络覆盖全球。首次实现了开幕式的网上直播，通过啤酒节网站与山东电视台的合作，网上直播了开幕式盛况。节日期间，举办了辽宁（青岛）商品展销暨经济合作洽谈会等十大展会。

3. 第十四届青岛国际啤酒节。 第十四届啤酒节于2004年8月14日~29日举办。本届啤酒节分为青岛国际啤酒城和汇泉广场东、西两个会场。本届啤酒节围绕成为"青岛走向世界的一张靓丽的城市名片"目标和"相聚帆船之都，狂欢啤酒家园——青岛与世界干杯！"的主题，按照"政府主导、社会参与、市场运作"的方针，突出国际性、狂欢性两大优势，诠释了"市民节、狂欢节、国际性"的啤酒节内涵。啤酒城内划分为啤酒品饮区、游乐休闲区、中心舞台文娱演出区和综合服务区四大功能区。德国啤酒企业联合建造了"德国啤酒村"，广大游客在啤酒城可以领略异国情调与氛围。节日期间，设立了集接待、导游、救助、医护、商务为一体的"游客服务中心"和"青年志愿者服务站"，开辟了旅游团队入城"绿色通道"，招聘外语专业人员为国外游客义务讲解，设立双语导向牌，为游客提供城内指南和啤酒城导游图等服务。

"百年青啤，百年青岛"

开幕式于8月14日上午9时在青岛国际啤酒城西大门举行，由欢迎、开启、干杯、狂欢四部分组成。市领导宣布开幕，青岛港工人许振超开启第一桶啤酒。

本届啤酒节累计进城人数达到 160 万人次，销售啤酒 620 吨，对青岛的经济拉动相当于两个"黄金周"。青岛国际啤酒节在扩大对内对外开放、加强科技经贸交流、提升城市文化品位、提高市民文明素质、促进经济社会协调发展等方面，进一步巩固了自己"青岛旅游第一节庆品牌"的地位。

4. 第十五届青岛国际啤酒节。第十五届啤酒节于 2005 年 8 月 13 日~28 日举办。围绕国际化、市民节、狂欢节的功能定位，诠释了"热烈、文明、安全、节俭"的节日内涵。啤酒节指挥部投资 600 万元，开展了啤酒城环境改造，改造后的啤酒城分为啤酒品饮区、游乐活动区、文娱演出区和商业服务区等四大功能区。节日期间，包括青啤、燕京、雪花 3 个国产品牌和美国百威、丹麦嘉士伯、德国柏龙等 33 个外国品牌在内的 36 个国内外知名啤酒品牌荟萃啤酒城，使啤酒城成为名副其实的"世界啤酒展示盛会"。世界啤酒十强中，有美国百威、日本朝日、丹麦嘉士伯、德国慕尼黑狮牌、德国皇家慕尼黑、德国科隆巴赫、德国柏龙和澳大利亚富士达等 8 个品牌首聚啤酒城。在品酒区举办了啤酒品饮活动，进城人数达 206 万人次，销售啤酒 720 吨。

开幕式于 8 月 13 日上午在青岛国际啤酒城南大门外举行，首次实现了全球直播。上午 9 时，青岛市市长夏耕开启第一桶啤酒。

5. 第十六届青岛国际啤酒节。第十六届啤酒节于 2006 年 8 月 12 日至 27 日举办。本届啤酒节的宗旨是"打造世界级旅游节庆品牌，促进经济社会协调发展"，功能定位是"市民的狂欢节，企业的大舞台"，宣传口号是"激情扬起风帆"。本届啤酒节启用三个会场：青岛国际啤酒城、汇泉广场、登州路啤酒一条街。在主题口号、开幕式、假面舞会、饮酒大赛、艺术巡游、广告宣传、纪念品开发、人性化服务等各个领域，都有机融入了奥运理念，突出了奥帆主题。

开幕式于 8 月 12 日上午 8:58 在啤酒城门前举行。本届啤酒节的开幕式突出主题鲜明、规模宏大、气氛热烈、凸显国际化四大特色。青岛市市长夏耕开启了第一桶啤酒。中央电视台、山东电视台、台湾东森电视台、青岛电视台以及美国 DISCOVERY 探索频道等海内外媒体对开幕式进行了现场直播或录播。

美国百威、日本朝日、丹麦嘉士伯等世界啤酒十强中的九强参加了啤酒节，啤酒城内设置了世界最古老的啤酒——唯森啤酒的品酒大篷，让游客体验了最纯正、最地道的德国啤酒文化。美国蓝带、德国科隆巴赫等13个啤酒厂商为啤酒城会场特酿了啤酒节"特供酒"。

三大会场接待中外游客428万人次，消费啤酒1300吨，其中啤酒城会场累计进城人数达275万人次，销售啤酒850吨。

6.第十七届青岛国际啤酒节。 第十七届啤酒节于2007年8月11日~26日举办。围绕"市民节、狂欢节、商务节"的功能定位，以饮酒、娱乐、嘉年华三大狂欢和激情迎奥运板块为节日活动主要框架。啤酒城按照功能划分为啤酒品饮、啤酒嘉年华、综合活动三大区域。共有来自13个国家和地区的45个国内外知名啤酒品牌云集啤酒节，其中世界啤酒10强中的9强汇聚啤酒节，艾丁格等8个啤酒品牌首次登陆啤酒节。

啤酒节筹办期间，崂山区成立了第十七届青岛国际节（啤酒城）领导小组，制定了治安保卫、综合执法、公交客运、环境整治等22项工作方案和应急预案，成立了由区卫生部门牵头，公安、工商等11个部门组成的综合执法办公室，维护了良好的节日秩序，确保了节日期间政治、治安、信访、卫生、票务、设施、交通、人身、用电"九大安全"。

开幕式于8月11日上午9时在青岛国际啤酒城南门举行。专设"万众举杯，同迎奥运"内容。青岛市市长夏耕开启了第一桶酒，现场1万名青岛市民和海内外嘉宾一起将1万听啤酒同时开启。开幕式上，首次引入行为识别系统"扬帆青岛"作为啤酒节的可识别性标志通过全球直播向世界公布。

本届啤酒节吸引海内外游客360万人次，啤酒消费量达1006吨。在入城游客中，本地市民占62%，国内其他地区游客占35%，海外游客占3%。在入城游客和团队中，来自国外的游客占总入城游客数量的比重不断攀升，增幅达100%。

快乐畅饮

（五）完善阶段（18届至今）

已经走过17年的风雨，青岛国际啤酒节在坚持释放"市民节""狂欢节"正能量原则的基础上，寻标、对标慕尼黑啤酒节和上海世博会，树立起"文化、休闲、精品、特色"的全新办节理念，在办节目标上实现了由过去片面追求节日举办规模和经济效益向更加注重提升节日品质和更加注重节日社会效益的重大过渡。积极应对节日安全压力、场地变迁及参节车辆不断增加等方面的新情况、新问题，优化节日布局、狠抓节日安全保卫、交通及停车管理、啤酒城参节秩序及环境整治等工作，提升节日品质和安保标准，在保证安全办节的前提下不断提升游客的参节满意度和舒适度。

1.第十八届青岛国际啤酒节。第十八届啤酒节于2008年9月19日~10月5日举办。以"为奥运庆功，与世界干杯"为主题，在市民节和狂欢节的基础上，凸显"奥运庆功节"的节日定位。延长公交线路运营时间，让游客消费更方便，出行更便捷，增加停车场容积，强化城内环卫工作力度，保持城内环境整洁。

9月19日晚，本届啤酒节在啤酒城开幕，现场12000名观众。市长夏耕宣布第十八届青岛国际啤酒城开幕，奥运冠军张娟娟以射箭的方式开弓开启第一桶啤酒。随后举行了以"为奥运庆功，与世界干杯"为主题的开幕式大型文艺晚会。本届啤酒节共接待海内外游客306万，接待参节旅游团队4000余个，参节外国游客达到8万余人次，消费啤酒量达1060吨。开幕首日接待游客22万人次，消费啤酒66吨。

本届啤酒节以"庆功奥运·畅游青岛"作为创意基点，与市旅游局联合将青岛国际啤酒节作为奥运后青岛旅游促销的主打产品。

2.第十九届青岛国际啤酒节。第十九届啤酒节于2009年8月15日~30日举办。本届啤酒节结合新中国成立60周年推出"为祖国喝彩，与世界干杯"的宣传口号，按照"城市靓丽名片、市民狂欢盛宴"的功能定位，结合举办"十一运"的契机，加强节会互动，不断扩大和提升节日对旅游和现代服务业的拉动效应。本届啤酒节引进了来自11个国家的17个世界知名啤酒厂商参节，参节品牌总数达到102个。本届啤酒节结合场地改造和环境整治，在城内科学布局设置了16个风格迥异的品酒大篷，品饮面积创历届之最。

8月14日晚8时，啤酒节开幕式晚会在青岛市体育中心举行。晚会上，市长夏耕宣布第十九届青岛国际啤酒节开幕，并与中国轻工业联合会会长步正发，青啤集团董事长金志国，青岛市友好城市南安普敦市市长伊丽莎白·麦宗等嘉宾等共同开启第一桶啤酒。

节日期间，共接待海内外游客 370 万人次；啤酒消费量达 1065 吨。节日直接拉动了旅游、餐饮、住宿、购物、交通等相关行业发展，全市范围内的星级酒店、商务酒店、青年旅馆都出现一床难求的局面，客房入住率一度达到 100%。节日期间聚集了巨大的客流和商机，对青岛市的经济贡献明显超过两个"黄金周"。

3. 第二十届青岛国际啤酒节。 第二十届啤酒节于 2010 年 8 月 14 日~29 日举办。本届啤酒节以节日举办 20 周年庆典和 2010 上海世博会成功举办为契机，加强与慕尼黑啤酒节的互动，全面实现了与上海世博会同时精彩、同样成功、同等难忘的节日目标。节日以啤酒品饮、嘉年华娱乐、演艺活动为三大主题板块。节日期间成功策划组织"啤酒节帆船周之夜"等系列活动。

8 月 13 日晚开幕式晚会在天泰体育场举行，来自国内外的嘉宾和市民代表共同开启第一桶啤酒后，青岛市市长夏耕宣布啤酒节开幕。14 日上午，本届啤酒节开城仪式在啤酒城南大门盛大举行。

本届啤酒节共接待海内外游客 330 万人次，消费啤酒 1007 吨。

4. 第二十一届青岛国际啤酒节。 第二十一届啤酒节于 2011 年 8 月 13 日~28 日举办。本届啤酒节按照"创新求变的世界眼光、高点定位的国际标准、尽显特色的本土优势"的总体目标，秉承"百姓的节日、啤酒的世博、文化的盛宴"的办节宗旨，在保持自身传统优势的基础上，积极借鉴慕尼黑啤酒节的成功经验，从场馆装饰、演艺活动、运营管理和服务水平等各方面努力比肩慕尼黑。

本届啤酒节在对全国电视饮酒大赛、啤酒女神海选、艺术巡游三大金牌

啤酒大棚里的节日

活动进行全面完善的基础上，又新推出了"祝酒歌"征集大赛、"啤酒节的往事"图文征集大赛、"我是大明星"啤酒节专场、市民才艺大比拼等20余项特色活动。本届啤酒节吸引了来自五大洲13个国家的20个世界知名品牌200余个啤酒产品参节，首次齐聚青岛啤酒、美国百威和米勒、丹麦嘉士伯、荷兰喜力、德国贝克、墨西哥科罗娜、日本的麒麟和朝日、新加坡虎牌世界十强啤酒亮相啤酒节，参节国家、参节品牌和参节啤酒品种数量均创历届之最。本届啤酒节共设17个特色啤酒场馆，啤酒品饮总面积达3万多平方米。

开幕式暨大型文艺晚会于8月12日晚在青岛天泰体育场举行。青岛市市长夏耕用木槌敲开第一桶啤酒，并与市民代表共同举杯庆贺。8月13日上午9:17，开城仪式在青岛国际啤酒城南大门举行。

本届啤酒节共接待海内外游客377万人次，消费啤酒1100吨，创历届啤酒节之最。经过20年的历练，啤酒节成为中国大陆节庆活动中唯一被欧盟官方认可的酒类盛会，欧盟国家啤酒品牌参加青岛啤酒节可获得参节补贴。

5. 第二十二届青岛国际啤酒节。 第二十二届啤酒节于2012年8月11日~26日，首次迁至崂山区世纪广场举办。本届啤酒节是节日发展进程中不平凡的一届，因啤酒城改造项目的开工建设，节日离开了连续使用18年的场地，这一变化带来诸多全新的挑战。针对这一情况，啤酒节指挥部提前谋划、超前安排、承前运作，在全新的办节场地上，成功组织了环境更优美、布局更合理、功能更完善、活动更精彩、安保更到位的新一届啤酒节。新办节场地南起香港东路，北至仙霞岭路，新场地总面积约20万平方米。

啤酒城指挥部建立了指挥部联席会议制度，采取多部门联动的工作机制，将各项工作任务层层分解，责任到单位和个人，做到有指导、有检查、有督促、有验收、有考核，确保了指挥系统政令畅通、高效运转，遇到问题随时研究解决，保证了筹备工作的顺利推进。

节日期间，先后举办了开城式、啤酒品饮、嘉年华游乐、文娱演出、艺术巡游、饮酒大赛、啤酒节博物展、闭幕烟火燃放等活动。艺术巡游队伍由来自8个国家的19支方队组成，其中包括非洲土风舞、巴西桑巴舞、夏威夷草裙舞等8支外国方队。设立品酒游戏娱乐区，推出以"干杯岁月 难忘激情"为主题的历届啤酒节博物展、"啤酒节十大经典往事"

征集评选、老友品酒会等活动，以及"刘老根大舞台""我是大明星"等系列演出活动。

8月11日上午9时，开城仪式在崂山世纪广场启幕，青岛市市长张新起开启啤酒节第一桶啤酒。

本届啤酒节共接待海内外游客396万人次，消费啤酒1180吨，再创历届啤酒节之最。本届啤酒节迁至世纪广场举办，有效实现了与周边商贸经营、文化演艺、旅游休闲等业态的互动共赢。此届啤酒节对全市旅游、食宿、购物、交通、会展等行业产生强劲的拉动作用，拉动崂山区GDP提高2.9个百分点，拉动全市GDP提高0.577个百分点。此外，于4月28日启动的青岛啤酒激情广场活动将一直延续至10月7日，历时160余天，让市民和游客在节中和平日都能感受青岛的啤酒文化，从而更加有效地发挥节日拉旺人气、拉长消费、拉动增长的积极作用。

6. 第二十三届青岛国际啤酒节。第二十三届啤酒节于2013年8月10日~25日举办。根据市政府的工作部署，本届啤酒节实现由点向面的转变，以世纪广场啤酒城为辐射源点在全市开展了丰富多彩的啤酒主题活动，营造了"全市欢动"的浓烈节日氛围。崂山区委、区政府进一步优化办节理念，以"创造节日的生活化和幸福感"为宗旨，以"多彩啤酒节，乐享新生活"为办节理念，成功组织了一届环境更优美、布局更合理、功能更完善、活动更精彩、安保更到位的啤酒节，创造了更多的热点、亮点和卖点，实现了"安全、生态、智慧、文化"的办节目标。

节日期间，举办了开城式、啤酒品饮、嘉年华娱乐、文娱演出、饮酒大赛、经贸展示及闭幕式七大板块活动。共设19个各具特色的啤酒大篷，接待海内外游客近400万人次，消费啤酒1200余吨。

8月9日晚，以"中国梦想美丽青岛"为主题的本届啤酒节开幕式晚会在天泰体育场举行。8月10日9时，开城仪式在啤酒城南门举行。市长张新起开启啤酒节第一桶啤酒。

节日期间，共接待海内外游客近400万人次，消费啤酒1200余吨。直接经济效益约为9.07亿元，对青岛市的直接经济贡献达38.31亿元。

7. 第二十四届青岛国际啤酒节。第二十四届啤酒节于2014年8月16日~31日举办。

本届啤酒节以"激情奔梦，马上干杯"为宣传口号。本届啤酒节的办节场地总面积约 20 万平方米，场地自北向南，依次由青岛啤酒激情广场、世界啤酒品牌广场、啤酒休闲广场、啤酒节金岸广场及嘉年华游乐五大板块组成。节日的传统板块活动——开城式、啤酒品饮、嘉年华娱乐、文娱演出、饮酒大赛及闭幕式等在上述片区举办。8 月 16 日 9 时，开幕式在啤酒城南门举行，市长张新起开启啤酒节第一桶啤酒。

共搭建啤酒大篷 14 个，啤酒节文化展厅 1 座，各区域功能明晰，啤酒城整体呈现出花园式和情趣化的节日形态。

本届啤酒节首次增设"啤酒节金岸广场"，作为常态化办节预热狂欢的先行区域，并于 7 月初启动，历时两个月，免费向游客开放。

8. 第二十五届青岛国际啤酒节。第二十五届啤酒节于 2015 年 8 月 15 日~30 日举办。根据市政府工作安排，本届啤酒节设置了崂山世纪广场啤酒城和黄岛啤酒广场两个会场。

本届啤酒节的办节场地总面积约 20 万平方米，节日场地自北向南，依次由青岛啤酒激情广场、世界啤酒品牌广场、啤酒休闲广场及嘉年华游乐区四大板块组成。本届啤酒节共销售啤酒 89.5 吨。

8 月 15 日 9 时，开幕式在啤酒城南门举行，市长张新起开启啤酒节第一桶啤酒。本届啤酒节在延续开幕式、啤酒品饮、文娱活动和嘉年华娱乐等传统活动的同时，创新策划了多项特色活动，进一步提升了节日的文化内涵。

9. 第二十六届青岛国际啤酒节。第 26 届青岛国际啤酒节于 2016 年 8 月 13 日~28 日举办。本届啤酒节设置了崂山、黄岛、李沧世博园及平度 4 个会场。崂山会场突出街区型、花园式、国际化和市场化，在啤酒城内设置了 7 处篷房啤酒花园和 1 处广场啤酒花园，增设了丽达餐饮娱乐一条街、云岭路特色酒吧街区、金狮广场、鲁商凯悦大酒店、弄海园海景酒店、御厨海鲜酒店 6 处街区活动点。

崂山世纪广场啤酒城

8月13日9时，啤酒节开幕式在啤酒城南门举行，市长张新起与包括劳动模范和道德模范代表在内的社会各界代表共同开启啤酒节第一桶啤酒。本届啤酒节聘请专业机构策划设计、建设改造了啤酒城南大门和海口路停车，并开展了城内绿化提升工程。组织开展了开幕式、啤酒品饮、饮酒大赛、主题日、啤酒城音乐角及"中国航天展暨VR科技嘉年华"等活动。本届啤酒节首次实现了零投诉、零信访、零安全生产事故、零食品安全事故、零治安案件，凸显了"文化、休闲、精品、特色"的崂山办节特色，为广大参节游客创造了时尚、优雅、喜庆、祥和的参节氛围。

三、青岛国际啤酒节的成就、经验和影响

（一）成就

2005年，青岛国际啤酒节被国际节庆协会授予"中国最具国际影响力十大节庆活动"荣誉称号。2006~2015年，啤酒节连续九度荣膺中国节庆产业年会"中国十大节庆活动"称号，并位列榜首。2008~2009年，啤酒节蝉联中华文化促进会组织评选的"节庆中华十佳奖"。2009年啤酒节荣获人民网"年度最受关注的十大节庆"称号，并位列榜首。2011年5月，由人民网主办、中华节庆研究会协办的第二届中国节庆创新论坛暨2011中国品牌节会颁奖盛典活动在北京举行，青岛国际啤酒节荣获"2011年度中国十大品牌节庆"殊荣，并位列榜首。2011年12月，国家人力资源和社会保障部、国家旅游局联合下发《关于表彰全国旅游系统先进集体劳动模范和先进工作者的决定》（人社部发〔2011〕126号），授予青岛市啤酒节办公室"全国旅游系统先进集体"荣誉称号。青岛国际啤酒节经过20多年的历练，成为中国大陆节庆活动中唯一被欧盟官方认可的酒类盛会，欧盟国家啤酒品牌参加青岛的啤酒节可获得参节补贴。2012年，中华文化促进会授予青岛国际啤酒节"节庆成就奖"。2013年3月在第十一届亚洲财富论坛上，青岛国际啤酒节获得"最具品牌魅力中国节庆"称号。2012年、2013年，青岛国际啤酒节分别获得"青岛市著名商标"和"山东省著名商标"认定。2014年9月，青岛国际啤酒节的组织管理和服务工作通过中国质量认证中心（GB/T 19001—2008）/ISO9001:2008质量管理体系认证。

（二）经验和做法

1. 政府主导的办节模式。只有坚持政府的主导地位，才能合理调配、优化配置办节资源，才能从根本上保障啤酒节有序、顺利、持续举办，才能汇聚多方力量打造精彩、安全的啤酒节。青岛市、崂山区两级领导对啤酒节高度重视，每届啤酒节筹备前期，市政府主要领导和分管领导以及崂山区委、区政府的主要领导都要多次召集会议，深入啤酒城现场视察、听取汇报、指导工作、提出要求。市、区两级部门和啤酒节指挥部坚持分工不分家，立足各自职能，加强协调配合，形成了推进工作的强大合力，在政府主导下，崂山区各街道办事处和公安、卫生、工商、综合执法、安监、交通、城管、环卫、电业、文化、物价、技术监督、国税、地税、烟草专卖、气象及啤酒城指挥部等部门、单位各司其职、各负其责，以高度的事业心和责任感参与办节，精诚团结、密切合作，使繁杂的各项工作始终按预定的办节理念、办节思路和办节方案有条不紊地向前推进。

政府主导是确保节会始终沿着正确方向发展的重要保障。自创办以来，啤酒节始终坚持政府的主导地位不变，在指导思想、办节策划和宏观调控方面，积极而有效地发挥政府的导向和决策作用。如在宗旨和主题的选择上，始终遵循"打造国际一流狂欢节庆，促进经济社会和谐发展"的宗旨，秉承"青岛与世界干杯"的主题，赋予了啤酒节永恒的主旋律和持久的生命力。在办节策划上，采取领导、专家和专职人员相结合的方法，无论从总体框架方案、实施方案，还是到开幕式、闭幕式、接待、宣传、安全保卫等都制定切实可行的方案，确保了啤酒节始终"激情有序、活而不乱"。在办节政策上，通过在对外宣传、办节场地、税收管理等方面的优惠和扶持，有效激发了厂商参节积极性，为啤酒节创设了良好的发展环境。

啤酒城内的武警执勤点

2. 市场化运作的办节机制。坚持以节养节的办节思路，多渠道筹措办节经费，最大限度地聚拢办节资金。坚持"政府主导、社会参与、市场运作"的办节模式，开幕式、大型文艺晚会以及啤酒城内主题活动等逐渐全部实现市场化运作，依靠成熟的市场机制，充分发现市场、挖掘市场、利用市场。通过全方位、多渠道地推介啤酒节，提升企业的合作层级和互动水平，提升国内外团体和散客的参节数量和质量。较高的商业化运作水平、较活的市场化运作方式、较强的带动发展能力，使啤酒节走上了科学发展、可持续发展的快车道，凸显了啤酒节的生机与活力。

节日期间，众多知名企业进驻啤酒城，实现企业形象与啤酒节的互动共赢。青啤、海尔、海信、澳柯玛等众多具有国际影响力的知名大企业，在啤酒城内搭建了宣传展示企业形象的平台，实现企业与啤酒节的互利共赢。英国名爵、德国大众、英国福特等多家汽车企业来啤酒节参展，丰富了节日的商务内涵。除此之外，正大食品、龟田食品、美国31冰激凌、宏程达调味品、肯德基、绿森食品、可口可乐等食品餐饮企业入驻啤酒城，既增加了啤酒节的商业气息，也便利了参节的市民和游客。充分利用啤酒节的品牌效应，采取无形换有形、无形换无形、媒体置换等方式进行市场运作，中信银行、农业银行、东方航空公司等几十家非啤酒厂商与啤酒节办公室签订了赞助支持的合同协议。通过向海内外引进参会厂商，并以门票、广告、冠名、开发吉祥物等形式，延长节会产业链条，赢取办节资金。加之啤酒节纪念品制作权拍卖、饮酒大篷及商贸摊位出租所得，使每届啤酒节尚未开幕，已经奠定了办好节日的经济基础。另外，每届啤酒节，啤酒节办公室都与上百家甚至上千家重点旅行社签订协议，让更多游客提前领略啤酒节的魅力，激发他们对节日的热情向往，扩大啤酒节的海内外游客数量。通过每届啤酒节，无论是啤酒厂家，还是非啤酒厂商，参节产品销售本身已不是目的，目的已转向借节造势，展示形象，考察和进入市场。

3. 特色化的办节理念。特色能增强节庆活动的吸引力和影响力，城市节庆要办好，关键在于塑造特色、叫响特色。在保持和延续"啤酒狂欢"特色的基础上，不断注入创新元素，全新塑造人文啤酒节、环保啤酒节、绿色啤酒节的节庆特色，注重突出时代特色和城市特征，围绕丰富活动内容、提升文化品位、改善节日气氛和环境、增强群众参与性等等方面进行创新，逐渐形成了今天啤酒节"市民节、狂欢节、商务节"的发展定位，以及"啤酒狂欢、嘉年华狂欢、娱乐狂欢"三大功能板块，丰富了节日内涵，增强了节会的吸引力和美誉度。

开放特色不断提升。啤酒节从增强国外啤酒厂家参加力度、扩大海外游客参节规模、加强对外文化交流等方面，进一步树立起啤酒节的国际化形象和开放主题。总体活动策划方案借鉴慕尼黑啤酒节、上海世博会等世界一流节庆、会展的举办理念，更好地体现了啤酒节追求卓越、与世界接轨的开放胸怀；开幕式邀请近百名国内外知名人士和友人出席；啤酒厂家招商突出世界品牌的招商重点；活动内容更加注重体现国家化色彩，曾推出"国际友人日"等主题活动，以适应海外游客的参节需求；加大海外游客的参节力度，通过加强与国内外各大旅行社的合作，吸引了众多海外旅游团队和海外游客来青参节；组织了系列文化交流活动，相互学习办节经验，进一步增强了与海内外的交流与合作。

娱乐特色更加丰富。积淀深厚的啤酒文化底蕴，特色文化娱乐内涵丰富。开幕式设置了上千人的观众看台，艺术巡游层采取市民自愿报名方式专门组织几百人的市民巡游队伍，充分体现出群众参与、狂欢喜庆的节日气氛。中心舞台文艺演出实施文艺表演与饮酒大赛有机结合的形式，活动娱乐性、参与性显著提高，配合每晚大型焰火燃放，节日狂欢气氛显著增强。啤酒节饮酒大赛、艺术巡游和文艺演出，是啤酒节三大经典娱乐品牌。特别是饮酒大赛，每年都吸引来自世界各地选手参与其中，是全国、亚洲乃至世界顶级酒类赛事，大赛产生了一系列"酒王"，人气一路攀升，频繁出现在媒体的聚光灯下，可以说饮酒大赛是啤酒节文化娱乐活动中的金字招牌，对啤酒节人气的聚集、知名度的提高发挥了重要作用。

4. 国际化的营销策略。 为把每届鲜活、狂欢、和谐的啤酒节及时全面地推向世界，每届啤

"酒王"争霸赛

酒节指挥部都制定了周密系统的宣传方案，积极创新宣传营销模式，多渠道、多形式、全方位拓展海内外客源市场，扩大青岛和青岛国际啤酒节在国内外的影响力。

积极加强内部宣传。利用网络传播优势，开幕式进行网上直播，通过啤酒节网站与山东电视台合作，开幕实况全面网播；设计啤酒节特色网络板块，在全面更新啤酒节官方网站的基础上，设置了网上论坛、网上展馆等特色内容，节日文化底蕴进一步增强；提前启动节日宣传推介，先后赴美国、加拿大、北京、天津、西安、石家庄、新疆等国家和城市参加国际旅游交易会、国内旅游交易会等颇具影响力的专业展会及节庆活动，组织举办了多式多样的推介会。

有效扩大外部宣传。综合运用报纸、网络、电视、广告等各种宣传媒介，多渠道发布啤酒节资讯，以强大的宣传合力和宣传声势提升节日形象。节前和节日期间共有几百家国内外媒体参与啤酒节，包括美联社、路透社、法新社、德国广播协会、荷兰国际新闻电视、巴西环球电视网等上百家海外媒体和人民日报社、新华社、经济日报、大众日报、科技日报、解放军报、大公报等国内主流媒体，对啤酒节进行了全方位、多层次的跟踪报道。中央电视台、山东电视台、凤凰卫视台、台湾东森电视台、青岛电视台以及美国探索频道等海内外电台、电视台对开幕式进行了现场直播和录播。市内媒体报道更加及时准确，《青岛日报》《青岛早报》《青岛晚报》《青岛财经日报》《半岛都市报》等新闻媒体开辟专题和专版，报道全面，视角新颖，以强大的宣传合力，向广大青岛市民奉献上鲜活翔实的节日盛况。另外，还利用手机短信、官方微博、微信公众号等新媒体传递啤酒节信息，啤酒节官方网站发布啤酒节信息，并加强同新浪、搜狐等知名网站的连接和合作，开辟宣传专栏，加强啤酒节信息的传播和推广。

开幕式邀请多个国家和地区外宾代表团、华侨代表团参与，啤酒城接待国家和省市领导及国际重要宾客，充分体现了啤酒节对外开放和文化交流的重要桥梁作用。啤酒节期间的文艺演出也充分体现了与国际接轨的宗旨，邀请来自美国、澳大利亚、日本、新加坡、我国香港、我国台湾等国家和地区的演出团队，大大丰富了青岛国际啤酒节的国际主题。

5. 人性化的参节氛围。啤酒节在不断发展的过程中，从总体设计到具体安排，从总体活动到服务管理等各个方面，都认真贯彻"以人为本"的理念，把吸引和方便大众作为重要出发点和落脚点。"一城一线，多点互动"的总体布局，让节日气氛扩散到全市，为市民和游客提供了更大的参节空间。啤酒城内的绿化、亮化和特聘德国劳斯伯格公司设计的世界标准的啤酒大篷，改善了群众参节环境。狂欢入城式由领导和贵宾、市民和游客、啤酒厂家及节日工作人员、国外旅游团队等组成巡游方队，充分展示了群众参与、狂欢喜庆的节日气氛。不同的国内外啤酒知名品牌，满足了各层次参节群众的需求。各啤酒厂家纷纷推出丰富多彩的文艺演出和娱乐活动，使品酒场面更加激烈。

适应游客不断提升的参节需求，优化啤酒城参节环境，倾力打造啤酒花园。坚持高点策划，精心组织，着力营造通透、靓丽、洁净的节日环境。一是打造生态节庆。以较高的艺术水准和审美情趣、精心布设城内的花园式品酒区域、草坪、树木、花坛等景观设施；将经典的啤酒文化和节庆元素对广场和道路的重要节点进行景观式美化，努力营造出啤酒花园的氛围。二是实施景观亮化。综合运用 LED 灯、霓虹灯、射灯及跑马灯等多种灯光效果，对城内楼体、道路、广场、啤酒大篷和嘉年华游乐设施等进行装饰，将啤酒城打造成绚丽多彩的滨海不夜城。

坚持人性化服务，倾力宣传推广文明之风。突出人性化的特点，在道路、交通、照明、公厕，救助等方面，尽可能方便于民、服务于民。通过设立集接待、导游、救助、医护、商务于一体的"游客服务中心"和"青年志愿者服务站"、开辟旅游团队入城"绿色通道"、招聘外语专业人员为国外游客义务讲解导游、设立双语导向牌、编写城内指南和啤酒城导游图等，为中外游客提供全方位服务；通过向市民征询办节建议、征集广告语和节服设计方案、从下岗失业人员中招聘工作人员等，进一步调动市民参节的积极性；通过对市级以上劳模、爱心参节团、老年人、儿童、军警、残疾人等实行免票

啤酒城夜景

入城和对学生实行半价优惠、向特殊群体赠送门票，对持 IC 卡入城游客给予优惠等，尽可能让利于民；通过在啤酒城周边设置社会参节停车场和营运区、增加公交路线、延长公交车运营时间、推出"情满旅途啤酒节"直通车等，让游客处感到舒心、开心、放心。

（三）作用和影响

1.拉动旅游业及相关产业发展。 节庆活动是典型的旅游体验形式。青岛是国内外知名的海滨旅游城市，青岛国际啤酒节更以参与度高和互动性强的鲜明特色，成为青岛真正意义上的旅游体验代表作，为青岛旅游业以及相关产业的发展注入了强大活力。特别是啤酒节举办日期选在青岛旅游旺季峰值已过的 8 月中下旬，既避免了旅游高峰时段游客高度聚集给交通、住宿、餐饮等带来的巨大压力，又在很大程度上维持和拉长了旅游旺季。节日对旅游、餐饮、住宿、购物、物流、创意、交通、商贸、通信、传媒和广告等十几个行业产生直接服务需求，全市星级酒店、商务酒店、青年旅馆都出现一床难求的局面，有力地拉动旅游经济和现代服务业的发展。节日期间聚集了巨大的客流和商机，对青岛市的经济贡献明显超过两个"黄金周"。

啤酒节期间，旅游人数和旅游收入逐年增加，旅行社接团量不断上升，为旅行社发展创造了新的机会。啤酒节对签约旅行社要求较高，在啤酒节经济效益的刺激下，青岛市各大旅行社不断提高服务质量、业务水平，这也直接提高了导游人员的素质，提升了青岛旅游业的美誉度。通过利用旅行社庞大的客源市场组织优势，能够达到扩大宣传、吸引游客的目的，还可以节约成本。推广啤酒节的同时，更好地组织旅游活动，增加旅游收入。

酒店入住率逐年上升。啤酒节期间，青岛市内星级酒店客房出租率一般都保持在 95% 以上，有的甚至可以达到 100%。节日期间，崂山山区的家庭旅馆也都迎来了大量的参加啤酒节狂欢同时参与生态旅游的散客。啤酒节不仅带动了青岛市星级酒店、经济型酒店入住率的提高，也为度假村、家庭旅馆带来了生机。游客在度假村及"农家乐"旅馆中获得更多的旅游体验，有利于参与更多的旅游活动，拉长停留时间。大量游客的涌入给酒店带来的不仅仅是经济效益的增长，还对酒店的各种设施、设备提出更高的要求。在青岛"大旅游"的环境下，不断增长的境外客流提出与国际接轨的要求，客观上促进了酒店设备改进以及服务水平提高。整个旅游城市的改善、城市地位的提高推动了青岛市旅游业整体水平不断提高。

2. 加快青岛对外开放步伐。 青岛国际啤酒节以"青岛与世界干杯"为主题，每年都吸引数以万计的外国游客、近百家国外厂商参节，一些外国文艺团体也来参加啤酒节的文艺展演，还有大批来自世界各地的新闻媒体的聚焦，这些都极大地促进了青岛的对外交流与合作，许多国外投资商，正是通过啤酒节才了解青岛、热爱青岛、投资青岛。借助节会这个平台，通过举办项目推介会、建设成就展等活动，将啤酒节与科技经贸活动更紧密地融合，全方位地宣传和推介了青岛和崂山，放大了节会的"溢出"效应。

节日期间，曾组织举办了国际啤酒饮料及酿造技术博览会、世界时尚名牌车展、大型古玩书画拍卖会、产学研对接和洽谈会等一系列档次高、规模大、参与性强的科技经贸活动，构筑了啤酒节"一节多元"的节庆格局。还曾举办了啤酒技术交流会和研讨会，开展啤酒文化研讨，邀请国内外专家举办啤酒专业讲座；举办以青岛地区为主的啤酒展销及各地风味小吃展销；举办青岛市工业产品销售月活动，组织旅游商品、纪念品、工业产品、生活用品展览。组织了国内大专院校、科研机构与青岛市骨干企业、乡镇企业进行科技洽谈、科技兴农洽谈。举办了青岛国际酒、饮料与设备展览、青岛食品技术与设备展览、青岛—大连国际商品博览会、青岛房地产交易会、青岛大型商业设施联合招商会。举办了中国国情与政府创新国际学术研讨会、WTO 论坛学术交流、中美经济合作洽谈等活动。2008 年通过啤酒节为奥运庆功的特殊平台，促进区域旅游经济的快速发展，提升"国际旅游度假村"的形象和实力。新增我国台湾特色演艺、泰国特色演艺、香港时尚展、城市摇滚音乐、大剧院城市音乐剧、博物馆文化展览以及会展中心 3D 动漫展览。从

啤酒节上的国际友人

这一系列的变化可以看出，青岛国际啤酒节从最初以啤酒为媒介，逐步带动本地相关产业的发展，直至带动整体经济社会走出国门，走向世界。

3. 传承城市优秀的特色文化。 青岛啤酒与生产它的城市几乎同龄，其百年来形成的特色啤酒文化是青岛城市文化重要的组成部分。依托如此厚重的文化背景发育的节日，必然具有强大的爆发力和持久的生命力。啤酒节的创办，正是借助百年积淀的文化资源，并以开放、时尚和绚烂的表现形式，为这座城市搭设了一座凝蓄传统文化、弘扬时代精神的重要平台。从这个意义上讲，青岛、青岛啤酒、青岛国际啤酒节在文化上一脉相承。这种特有的人文脉络使我们获得了传承自身文化的坚定信念，也必将成就青岛更加光明灿烂的文化前景。

啤酒节之所以能够在青岛这样一座城市创生、发展，一直到今天如此灿烂地绽放，必定是有一个雄厚的文化资源积累，积累一定程度就要绽放、爆发。所以啤酒节26年的成功，其实是文化的成功，是青岛啤酒与这座城市同呼吸、共命运，共同经历了百年岁月，为城市沉淀的城市的成功。所以青岛啤酒消费的不仅是一种商品，更是一种文化消费，消费一种与城市命运紧密交融的文化。

首先，啤酒作为一种商品，可以说老少咸宜，人人喜爱，它能从4千年以前，从西亚两河流域经过北非到欧洲，然后传到美洲，然后又迅速地在亚洲兴起，它的这种口感，它的酒精度很容易被消费者所接受。由于我们没有很多与民族记忆，也就是说与啤酒相关的东西，因此我们特别需要大量的与啤酒相关或无关的企业来参与。所以说啤酒文化是一个比较单纯的东西，不能靠现代的意识影响它。

其次，啤酒节的节歌、节徽，形成了能够广泛传播的节标和节识；通过啤酒节吉祥物和纪念品的设计开发、建设啤酒节博物馆等措施，拉长节会产业链条；加快外来啤酒文化与本地传统文化、山海文化、地域文化的融合，提升了文化品位，整合了文化资源，形成了青岛国际啤酒节特有的文化传播力和传承力。

第三，丰富了节日文化内涵，提升了节日核心竞争力。在延续传统经典项目的基础上，不断创新活动板块，以更新颖的形式，更丰富的内容，演绎更新鲜的啤酒节，使节日保持鲜活的生命力；学习借鉴国际知名节庆在文化内涵打造方面的经验做法，深入挖掘青岛国际啤酒节的文化潜质，加强文化特色塑造，强化文化品牌培育，锻造节日的核心竞争力，将青岛国际啤酒节打造成为国际一流的啤酒盛会和文化盛宴。

4. 积累承办重大节庆的经验。经过 26 年的不懈努力，青岛国际啤酒节已经从最初一个仅局限于地方影响力的小节日，成长为享誉中外的重大节庆活动，成为展现"繁荣青岛""文明青岛""平安青岛"的国际性窗口。它不仅属于青岛，也属于中国，更属于世界。青岛国际啤酒节借鉴了国际知名节庆活动的经验，进一步提升其在世界上的影响力、美誉度，为青岛市、崂山区经济社会发展产生巨大的辐射带动作用。

每届啤酒节之后都要对本届啤酒节的整体工作情况进行总结，总结本届啤酒节的主要特点、亮点和创新点、主要做法以及存在的不足之处，为下届啤酒节的成功举办积累经验、做好铺垫。而每届啤酒节前都在认真总结历届啤酒节筹办工作经验的基础上，借鉴慕尼黑啤酒节等国际知名节庆的标准化管理方式，进一步固化和丰富节日流程，从节日的整体运作到各项具体工作展开，严格制定工作标准，确保各项工作有章可循、有据可依；继续完善各项规章制度，进一步健全完善并推行质量管理体系，通过采用先进的质量管理模式，带动啤酒节各项管理工作的良性发展，提高工作人员整体素质，增强综合实力，使啤酒节的组织管理事业得以持续健康发展，努力为参节企业和游客营造国际一流的参节环境。

这种承上启下的总结方式，为青岛国际啤酒节的举办积累了大量的成功经验，使啤酒节在发展中完善，在完善中发展，不断走向成熟，发展成国际性的重大节庆。

5. 促进市民整体素质提升。增强市民主人翁意识，啤酒节作为一个国际性节会，每年都吸引着成千上万的海内外游客，它是青岛的一张明信片，代表着青岛良好的城市形象和强大的城市竞争力。

节日期间，活动组织者号召全体工作人员乃至全体市民必须全员树立"形象意

玩转嘉年华

识"，因为"形象无小事"，任何使节庆参加者感到不愉快的事情都可能损害青岛已经树立起来的良好的城市形象。啤酒节工作人员时刻注意自己的风度仪态、行为举止、衣着打扮，坚持做到态度平易近人，待人热情好客，举止显示专业性。各类旅游服务人员在旅游活动的各个环节和方面，都体现优质服务的理念。城市居民既是啤酒节的支撑者，也是活动的参与者，必须努力提升自身素质，从我做起，从细微处做起，让城市精神处处得到体现。

啤酒节为岛城居民带来了一场欢庆盛宴，欢庆因素让旅游者流连忘返。为了活跃气氛，啤酒节从世界各地邀请了具有异地风情的演出团体，给旅游者带来全新的视觉冲击。为了更好地举办啤酒节，向市民征集办节创意，调动市民积极性的同时，丰富了市民生活。经过 26 年的举办，啤酒节已经融入市民内心形成一种"自豪感"，市民素质也普遍提高，更加重视城市形象建设，自觉遵守社会公德，一同致力于构建和谐、文明城市，为建设"国际风景旅游度假胜地"而努力。

为了举办啤酒节，扩大宣传声势，城市交通建设、园林绿化、主要景区景点的改造都会使举办地的自然环境更为优美，人文环境更加和谐，整个城市以一种高昂的状态迎接国内外游客的到来，市民整体素质提高，共同为保持城市整体环境而努力，使"环保啤酒节""绿色啤酒节"的理念更加成熟。

执笔人：崔　威
审核人：崔　威
签发人：刘洪涛

崂山区高新技术产业的发展与壮大

崂山区科技创新委员会综合部

自 1978 年改革开放以来，崂山区不断优化发展环境，推动高新技术产业发展壮大，依托创新驱动和政策布局，在科技、海洋等领域的持续发力，构筑成了在转型升级的路程中厚积薄发的崂山力量。经过多年积累，崂山区形成了雄厚的高科技产业发展基础，已有高校院所 14 家，为产业发展提供了科技引领和支撑。截至 2015 年，崂山区聚集高新技术企业 167 家，聚集在家电电子、装备制造、软件、医药等主导产业，高新技术产业产值 397 亿元，占规模以上工业总产值的比重达 65.5%，科技经费支出达 29.89 亿元。

一、崂山区高新技术产业的发展历程

崂山区高新技术产业从无到有发展成为推动全区经济增长的第一支柱产业，取得了令人瞩目的成就。自主创新已上升为城市发展的主导战略，引领着全区高新技术产业的发展。尤其是从 1992 年国家高新技术产业区获批以后，全区高新技术产业发展驶入快车道，纵观 20 多年的发展历程，大致分为七个阶段。

（一）起步酝酿阶段（1978~1994 年）

20 世纪 80 年代后，以信息技术、生物技术、新材料技术为主导的高新技术及其产业迅猛发展，加快了经济全球化进程。高新技术产业成为当代最富有生命力的经济发展前沿领域，其影响力日益渗透到社会经济的各个领域。1987 年 7 月，青岛市政府组织专家研究论证发展高新技术产业，并制定发展高新技术产业的重点领域的可行性方案。1989 年，青岛市高新技术开发指导委员会和高新技术开发咨询委员会成立，并做出了建立青岛高新技术产业开发区的决定，通过了《青岛高新技术产业开发区总体发展规划纲要》。1991年10月，市政府向省政府上报《关于将青岛市高新技术产业开发区列为国家级高新技术产业开发区的请示》。1991年12月，省政府报请国务院将该开发区列为国家级高新技术产业开发区。1992年11月，国务院下发《关于增建国家高新技术产业开发区的批复》，同意青岛建立国家高新技术产业开发区；12月，国家科委批准在青岛建立国家高新技术产业开发区，包含设在中韩镇的高科技工业园，设在经济技术开发区的新技术产业开发试验区和设在市北区的青岛科技街，总规划面积9.8平方千米。

青岛高科园建立的指导思想和总的要求：一是通过对外开放，利用国外的资金、技术、人才和市场，加速青岛市高新技术产业的发展。二是把发展高新技术产业与改造传统产业结合起来，促进产业、产品结构调整，加快高新技术成果商品化、产业化、国际化的步伐。三是加强内联，利用大专院校、科研院所的技术和人才优势，增强青岛高新技术产业开发的实力。高科园有四个功能定位。定位一：青岛"新市区"。高科园的规划从青岛大学起，向东共67平方千米（相当于当时市区面积的2/3），规划建设为最具现代化国际城市特点的一个新市区。定位二：高新技术产业基地。规划以高技术产业为主，建成青岛市高新技术产业的基地，利用高新技术改造传统产业的辐射源。定位三：现代化旅游中心。青岛石老人旅游开发区划归工业园统一管理，该区规划建成一个具有观光、度假、娱乐、购物、海上体育、国际会议中心、电视艺术中心等综合功能的高层次、高水平、高创汇、现代旅游设施齐全、商业服务全面配套的现代化旅游中心。定位四：对外开放的窗口。高科园的建设是全市对外开

1992年，海尔工业园建设工地

放的战略重点之一，要成为全市对外开放的窗口、深化改革的试验区和科技成果转化为生产力的示范区。1992年8月1日，青岛高科技工业园正式开园。编制青岛高科园总体规划，分为高教区、科研区、旅游度假区、居住区、产业区等5个功能区。当年，审批各类企业235个，总投资额26.82亿元。进园从事高新技术领域开发的企业达到24家。

1992年5月，青岛海尔集团公司在高科园征地800亩（1亩=0.067公顷，下同），海尔工业园建设启动，拉开了高科园开发建设的序幕。1992年8月1日青岛高科园正式开园，拉开了城市框架的拓展。1993年，高科园主干道——株洲路宽40米的5.9千米道路建成通车，株洲路两侧的规划道路、产业项目全面开工建设。1993年3月，青岛高科技工业园科技创业中心成立，这是青岛市第一家具有孵化器性质的创业服务机构。1994年1月1日，高科园分税制财政体制开始实施。1月30日，青岛高科园在市人民会堂举行新闻发布会，宣布高科园各项基础建设已基本能够满足国内外开发商的需要，新一轮规模更大、进度更快的大建设条件已经成熟。仅仅两年的时间，高科园基础设施基本完工，随着招商的展开，美国AT&T（美国电报电话）、惠普公司等一批高新技术产业投资项目相继在高科园开工建设或投产。到1994年，高科园有各类企业176家，总投资67.8亿元人民币、3.5亿美元。

（二）"园区合一"发展阶段（1994~2001年）

1994年4月，青岛市市区行政区划调整，设立新的崂山区。6月，新崂山区举行揭牌仪式，同时挂崂山区、青岛高科技工业园、青岛石老人国家旅游度假区、青岛崂山风景区4块牌子。崂山区政府与青岛高科技工业园管理委员会实行"园区合一"的管理体制，合署办公，行使一级行政区政府的行政职能。这种行政区与高新技术产业开发区合一的管理模式，在全国独具特色，开创了国

朗讯科技公司

家高新区管理体制创新的先河，1995 年被列为全国行政管理体制和机构改革试点单位。

"园区合一"阶段，依托崂山区统筹行使科技、经济等职能，使高科园的发展能在全区范围内合理有效地分配资源，获得更多的资金、政策和服务，促进高新技术产业迅猛发展。到 1995 年末，崂山区形成了计算机通信设备技术、医疗仪器设备及汽车工业新技术、新材料、海洋技术为新增长点的高新技术产业群，以计算机通信、医疗器械、生物化学工程和家用电器为骨干的四大支柱产业占全区乡（镇）以上工业总产值的比重由 1994 年的 69.6% 增长到 1995 年的 76%。自 1996 年开始，崂山区（青岛高科园）实施《1996~2010 年高新技术产业长期发展规划》，电子信息、新材料、生物技术三大领域的高新技术企业加速崛起，整体实力逐步增强。在电子信息产业领域，有海尔、朗讯、新型智能模块等重点项目；在新材料产业领域，莱科达、帝科精细化工等企业在液晶中间体材料生产及研发方面具有世界先进水平；在生物技术领域，从事海洋生物工程制品、遗传基因工程、生物服务、生物制药等领域的企业有十余家。1998 年，国家科技部授予青岛高科园火炬先进高技术产业开发区优秀管理奖。到 1999 年，崂山区（高科园）成为国家高新技术产业的重要基地之一，主要经济指标在全国 53 个高新区中列第 4 位，有高新技术企业 82 家，工业总产值 225 亿元，出口创汇 1.88 亿美元，上缴税费 9.09 亿元。2000 年，崂山区（青岛高新区）被认定为首批国家高新技术产品出口基地。

这一阶段，崂山区（高科园）以高科技和大项目为主攻方向，优化招商专案的投资结构以及合作与开发方式，招商引资列全市各区市之首。建设和投用的产业项目主要有海尔工业园、海尔信息产业园、朗讯科技、顶益食品、华仁药业等，科研机构包括国家海洋局第一海洋研究所新所暨国家海洋局科学实验基地、中国船舶工业总公司第七一九研究所等。此外，还建成了青岛市体育中心、青岛市文化艺术中心、山东省会展中心等配套设施，为高科园的产业发展营造了日益完善的配套环境。

（三）"二次创业"阶段（2001~2005 年）

2001 年 4 月，市委、市政府制订《关于青岛市人民政府机构改革的实施意见》（青发〔2001〕12 号），青岛高科技工业园管理委员会更名为青岛高新技术产业开发区管理委员会，与崂山区人民政府一套机构两块牌子。2001年6月，成立高新区工作机构和开发公司，专门负责高新区开发建设、招商引资、科技创新等工作，并相对独立办公。

这一阶段，青岛高科园管委会更名后完全代表青岛高新区行使相关职能，在"园区合一"的大框架下组建了专门的高新区工作机构。同时，2001年9月在武汉召开的全国53个高新区所在城市市长会议，提出了高新区"二次创业"的重要战略举措，要求高新区要加快从注重招商引资和优惠政策的外延式发展向主要依靠科技创新的内涵转变、从注重硬环境建设向注重优化配置科技资源和提供优质服务的软环境建设转变、推动产业发展规模从小而分散向集中优势发展特色主导产业转变。所以这一阶段也称为崂山区（青岛高新区）的"二次创业"阶段。在此期间，崂山区（青岛高新区）注重完善和强化创业服务、项目推进、园区服务管理等高新区应有的功能，同时充分发挥行政区的保障作用，形成职能清晰、功能互补、资源共享、良性互动的管理体制和工作机制；利用国有资本参股、民间资本跟进的股份制公司，进行大规模融资，缓解了基础设施建设、高新技术产业投资等资金瓶颈。

2001年，崂山区建立了生物科技企业创业孵化器（生命科学研究院），着手将崂山区行政大厦西塔楼改造为创业大厦，初步建立创新孵化体系。成立国有园区开发企业——青岛高科产业发展有限公司（简称"青高科公司"），负责园区基础设施配套、相关产业楼宇的开发建设。当年，青高科公司承担了国家高新技术产品出口基地一期2平方千米路网基础设施配套、西塔楼装修等工程。崂山区（青岛高新区）高新技术企业实现增加值51亿元，比上年增长28%，占全部工业增加值的75.4%，被国家科技部评为先进国家高新技术产业开发区。

2002年，创业大厦投入使用，高新软件园、青岛市留学人员创业园成立，带动了产业技术升级，为传统产业在高新技术层次上的发展开辟了道

生命科学院

路，当年新增从业人员 30649 人，其中大学生 5735 人。以高新软件园为重要载体的青岛软件园被认定为国家火炬计划软件产业基地。崂山区高新技术企业总数达到 145 家。在科技部颁布的 2002 年国家高新区指标评价排序中，崂山区（青岛高新区）的技术创新能力有了较大提升，综合排名列北京、深圳之后，居全国高新区第 3 位，增长幅度居全国高新区第 2 位。

2003 年，崂山区（青岛高新区）在孵化资源整合、创业服务体系建设、项目引进等方面加大了力度。对全区孵化资源进行了整合，组建了全区创业体系建设专业服务机构——青岛高新技术创业服务中心，被科技部认定为国家高新技术创业服务中心，是青岛市第一家国家级科技企业孵化器。区软件园被认定为国家先进火炬计划软件产业基地和国家"863"软件孵化器。崂山区（青岛高新区）总部经济成功破题，引进了青啤集团、莱钢建设集团、青岛电信公司、数码科技中心等集团公司总部或地区总部。成功引进了黄海制药二期、3V 医疗诊断试剂、爱德生物检测、帝科液晶显示器、山东省科学技术院青岛高新技术分院等 12 个高新技术产业大项目。与德国海德堡科技园结成了姊妹园区，与法国布雷斯特科技园签订了加快孵化器领域合作的协议并进行了互访，国际合作取得进展。2003 年，崂山区（青岛高新区）国内生产总值完成 151 亿元，同比增长 18%；技工贸总收入完成 540 亿元，同比增长 20%；工业增加值完成 99.7 亿元，同比增长 18.7%；规模以上工业总产值 396 亿元，同比增长 15%，其中，高新技术产品产值完成 332.6 亿元；高新技术产业产值占规模以上工业总产值的比重比上年同期增加 5.9 个百分点。实现地方财政收入 9.97 亿元，同比增长 23.8%，居青岛市第一位。税收收入完成 24.52 亿元，同比增长 21.3%。固定资产投资完成 45.5 亿元，同比增长 25%。形成了电子家电产业、软件产业、海洋生物

国家高新技术创业服务中心授牌仪式

产业和新材料产业 4 大支柱产业。

电子家电产业方面。海尔集团总部、青岛朗讯科技等知名企业云集在崂山区，为崂山区电子家电产业的发展奠定了坚实的产业基础。2003年，电子家电产业完成销售收入 308 亿元，其中海尔集团区内营业收入为 234 亿元；青岛朗讯 2003 年的出口额达 2.83 亿元，比去年同期增长12.8%。大型电子家电通信企业的高速发展，既奠定了青岛市作为中国电子家电城的地位，也使得崂山区成为电子家电产业的核心区。

软件产业方面。2003 年，崂山区软件产业完成营业收入 4.3 亿元，其中软件收入 14570 万元，软件服务收入 2570 万元，R&D 投入 4200 万元，软件著作权登记数 26 件；承担国家"九五"科技攻关项目 6 项，"863 计划" 3 项，国家火炬项目计划 3 项，科技部中小企业创新基 4 项；东大阿尔派、海信网络、清华紫光 3 家企业被认定为国家重点软件企业。软件产业在全区已经成为发展速度快、科技含量高、附加值高的新兴产业。

海洋生物产业方面。通过政府扶持和引导，崂山区的生物产业已经开始显示出增长的潜力和良好的发展势头。2003 年，生物产业完成销售收入 10.04 亿元，涌现了青岛国风集团黄海制药有限责任公司、青岛澳海生物有限公司、中国海洋大学兰太药业有限公司、青岛华仁药业股份有限公司等一批生物医药骨干企业；形成了以生物创业园为核心的新的经济增长点。

青岛黄海制药股份有限公司

新材料产业方面。崂山区在新型高分子材料及其精密成型技术方面具有较强的产业优势，2003 年，新材料产业实现销售收入 24.8 亿元，拥有年销售收入过 10 亿元的"青岛家电工艺装备研究所"等为家电企业集团配套的大型新材料企业。镁合金材料、彩色钢板材料、表面智能无氟钢管和粉末冶金等特种金属材料产业发展势头强劲，青岛金谷镁业股份有限公司是国家"863"镁合金开发应用产业化基地，被列入国家"十五"重大科技攻关计划。基地一期投资 2.1 亿元，2002 年 7 月投产，当年实现销售收入 2124 万元。

2004 年，青岛高新区针对崂山区土地资源的现状，积极推动土地资源集约利用和园区的内涵式发展。高新区产业区的容积率调整至平均 1.5，提高待建项目的土地利用率。组织编制了高新技术创业基地发展规划和产业发展规划，出台了鼓励科技企业孵化器和入孵企业发展的一系列扶持政策，对孵化器建设和入孵企业给予地方财政补贴、政策性服务等各项支持。高新创业园和软件大厦相继建成并投入使用，朗讯研发中心、东软等一批国内外知名企业入驻。软件行业异军突起，营业收入从前一年的 4.3 亿元突破 10 亿元，达 10.6 亿元（不含整机产品中的嵌入式软件产值），比上年增长 1.8 倍，占青岛市软件产业及服务收入的 21%；从事软件及相关电子信息开发的企业达 133 家，比上年增长 49%，约占青岛市涉软企业总数的 36%。产业发展所需体制、政策、空间、资金、服务等要素基本到位，进入高速发展的阶段。

2005 年，青岛高新区创业体系建设继续实现突破，第一个由企业自筹资金建设的创业基地高新园二期开工，成为产业区集约利用土地的成功示范。第一个与村级集体（石老人社区居委会）合作建设的高新园四期签约并开工，提供了区、街、村经济和谐发展的创新模式。与驻区高校共建的海大创业园、青大科技园先后签约，校地合作增加了新的实质性内容。高新园三期年内签约、年内改造、年内投用。青岛高新区通过了 ISO14001 环境管理体系认证，成为全国 53 家高新区中最早通过该项认证的区域之一。青岛高新技术创业服务中心通过 ISO90001 质量体系认证、推行 VI 应用，被认定为青岛市首批 2 家"民营及中小企业创业辅导基地"之一。在软件产业领域，引进了青岛市射频识别技术及产业（RFID）协会、"COMPUWARE 青岛共建实验室"和"上海浦东软件技术支撑平台"，促成中国软件行业协会嵌入式分会青岛培训中心落户，举办了"2005中国·青岛嵌入式软件产业发展国际论坛",被评为"国家火炬计划软件产业基地先进管理单位"。2005年5月,以青岛高新区为主体申报的国家(青岛)通信产业园通过信息产业部的认定,成为首批31家国家电子信息产业园之一,其中通信产业园4家,分别为北京、天津、青岛、杭州。2005年,全区高新技术产业产值达375.3亿元,占规模以上工业高新技术产业产值的99.8%,占全区规模以上工业总产值的84.8%,全区高新技术企业总数达到202家,占全市总量的1/3,产品销售收入681亿元。其中,出口创汇18.53亿美元。全社会研发经费支出3.9亿元,占全区生产总值的比重近2%。高新技术企业、高新技术产品、国家、省重点科技新产品等指标均居全市首位。

(四)体制理顺阶段(2006~2007年)

2005年12月,青岛高新区扩区,市委、市政府重新对高新区管理体制进行调整,原青岛高新技术产业开发区管理委员会改为青岛高科技工业园管理委员会,不再作为市政府派出机构,隶属崂山区政府管理。2006年8月,经国务院同意,国家科技部批准青岛高新区扩大规划面积9.95平方千米,扩大的区域位于胶州湾北部。2007年12月,市编委明确青岛高科技工业园管理委员会为崂山区政府派出机构,负责青岛高科技工业园的综合管理,业务上接受青岛高新技术产业开发区管理委员会的指导。2008年2月,市委、市政府决定进一步理顺青岛高新区管理体制,成立新的青岛高新区工委、管委,高新区管委负责管辖范围内的统一规划建设、统一基础设施标准、统一产业布局、统一入园条件和行政管理,并对青岛高科技工业园、市南软件园、市北科技街、黄岛新技术产业开发试验区等园区的工作进行业务指导、协调。国务院批准的市北新产业园9.95平方千米为青岛高新区的核心区,形成了青岛高新区"一区五园"的工作格局。同年3月,崂山区编委对崂山区部分机构进行调整,成立青岛高科技工业园建设工作领导小组,组长由区长担任,负责高科园各项工作的组织、指导、协调和监督。高科园内的开发建设、招商引资等重大事项纳入崂山区委、区政府平台运作。设立青岛高科技工业园管理委员会,为崂山区政府派出机构,副区级规格,下设综合处、产业发展处、开发建设处等3个内设机构及青岛高新技术创业服务中心一个下属事业单位。

这一阶段,伴随着青岛高新区的区域范围、管理体制调整,崂山区针对高科园隶属关系的变化，相应调整了高科园的体制机制，并提出了打造"青岛高新技术产业核心区"的发展定位，开始探讨"科技城"这一新的区域发展理念，以丰富高科园发展内涵，打开发展空间。在体制机制调整理顺的同时，高科园创新创业、产业发展等各项工作继续推进。在此期间，以"青岛创业园"为品牌的高新技术创业基地建设和品牌推广加快推进，高新园二期（益青基地）、高新园四期（石老人基地）、贝隆科技创新园一期、青岛大学科技园、海大创业园完成建设，财富大厦签约与青岛创业园挂牌合作，大麦岛基地、贝隆科技创新园二期等创业基地启动建设前期工作，由创业服务中心与青岛科技大学共同申报的《我国科技企业孵化器创新研究——以青岛创业园为例》获国家科学研究计划项目立项。生物医用材料中试基地（GMP车间）建成投用，"青岛高科园海洋生物公共技术服务平台"项目成功申报国家创新基金平台资助项目。嵌入式软件技术服务平台先后列入青岛市信息产业资金扶持项目和国家创新基金平台资助项目，RFID实验室、ASP运营中心、嵌入式软件开发平台投入使用。举办了首届中国动漫产业发展与青少年健康成长高峰论坛，发起组建了青岛市动漫产业协会，国家动漫与创意产业基地在创业园设立崂山园区。创业服务中心作为网长单位，组织举办了第七届山东省创业中心协作网年会。崂山区与青岛科技大学校地合作签约，青岛生物诊断技术研究中心与产业化基地（海三维生物试剂产业化基地）项目一期在高科园建成投用。

在高科园的支撑和带动下，2007年6月，国家发展改革委正式批复认定青岛国家生物产业基地，其中崂山区为国家生物产业基地核心区。2007年，国家商务部、科技部认定崂山区为国家科技兴贸创新基地。到2007年底，崂山区高新技术产业产值达到358.2亿元，占全区规模以上工业总产值的

益青创业园

比重超过74%；高新技术企业和产品数分别达到202家和528项，均居全市首位。全区拥有软件及电子相关企业216家，通过国家软件企业认定的企业共55家，软件产品281个（整个青岛市认定的软件企业有197家、软件产品有792个，崂山区所占比例分别为23.9%和35.4%）。同时被认定为高新技术企业的软件企业43家。有12家软件企业通过ISO9001认证，4家企业通过了CMM3认证，3家企业通过了CMM2认证。培育出一批具有自主知识产权的软件企业，一批重点项目被列入国家863计划项目、国家级火炬计划项目以及市、区科技和产业化项目，获国家软件产业基地骨干企业称号的企业3家，国家规划布局内重点软件企业1家，国家1级资质计算机信息系统集成企业2家。

（五）崂山科技城阶段（2008~2011年）

为完善高科园的产业配套环境，加快吸引高层次人才创新创业，崂山区委、区政府提出了"建设崂山科技城、打造青岛高新技术产业核心区"的发展战略。崂山科技城的发展构想列入2008年青岛市政府工作报告。同年，崂山区着手组织编制科技城控制性详细规划。2009年1月，市城规委审查通过了青岛崂山科技城发展概念规划及相关的科技谷、创智谷、创业谷控制性详细规划。8月，崂山科技城创业谷、科技谷、创智谷控制性详细规划面向社会公示。在公示的规划中，崂山科技城位于崂山区和李沧区交界处，西起劲松七路，东至滨海大道、崂山风景区，南起辽阳东路，北至李沧区界，规划区域42.27平方千米，由高科园片区、张村河居住片区、高尔夫球场东片区、高科园拓展区四个片区构成，规划面积约42.27平方千米，规划建设用地近30平方千米，可容纳近25万人口。崂山科技城以张村河为纽带进行空间整合和用地优化调整，形成"一城三谷多园区"的谷链结构：沿松岭路（含青大）形成云集全球先锋科技的中央科技谷；沿株洲路形成新产业集群的西部

中科院生物能源与过程研究所

创业谷；沿滨海大道形成创新机构集聚的北部创智谷。

2008 年，中科院生物能源与过程研究所一期建成投入使用，诺马（中国）有限公司建成投产，青岛国家质量检测中心基地主体封顶。依托大麦岛基地申报的国家生物产业基地公共服务平台，获国家发改委立项支持。创业服务中心被评为"山东创业服务之星"，青岛创业园、高新软件园同时被授予"山东省重点服务业园区"及"青岛市服务业聚集区"。至 2008 年底，高科园共有工商注册企业 1089 家，其中工业和技术开发、技术服务型企业 491 家，占地经营企业 135 家。2008 年，园区企业实现产值 439.07 亿元，上缴税收 56.30 亿元。土地平均产出强度为 574 万元/亩。到 2009 年，园区企业完成工业总产值 442 亿元，工业增加值 105 亿元，上缴税收 80 余亿元，平均土地产出强度达到约 600 万元/亩。根据国家科技部新出台的高新技术企业认定管理办法，在 2009 年第一批获得高新技术企业认定的企业名单中，崂山区通过认定企业 45 家，占青岛市总数的 36%，位居全市之首。2009 年，青岛国家生物医药中试生产中心在高科园奠基，科技城创智谷生物园基础设施配套工程奠基；中科院兰州化学物理研究所正式签约落户，高科园自主培育的企业青岛特锐德电气股份有限公司在深圳创业板上市，成为中国创业板第一股。崂山区通过国家知识产权试点园区验收，成为山东省首家通过国家知识产权试点园区验收的园区。同年，国家知识产权局同意崂山区（青岛高科技工业园）为国家知识产权示范创建园区，高科园与天津滨海新区、上海张江科技园区、苏州工业园区同批被批准为国家知识产权示范创建园区。

2010 年，崂山区确立了以专业园区建设为突破，推进科技城开发建设的发展路径，国家（青岛）通信产业园、青岛国际创新园、青岛生物产业园、青岛新能源产业园等园区规划和开发建设全面启动。崂山科技城创业谷、科技谷控制性详细规划获市政府批复。在科技谷，规划占地 1200 亩的国家（青岛）通信产业园概念规划和城市设计通过了市城规委审核，其中与台湾东元集团合作的"园中园"——青岛国际创新园完成土地征迁和招拍挂，项目一期启动建设。在创智谷，中石化安工院开展土地招拍挂、规划设计等建设前期工作，中科院兰化所、特锐德工业园先后奠基。规划约 750 亩的生物医药产业园规划和项目入驻全面展开，以国家生物产业基地、国家生物产业基地医药中试中心等战略平台为依托，重点发展生物制药、疫苗及诊断试剂、生物技术产品、海洋保健品及生物医药研发服务外包等领域。在创业谷，新能源产业园完成策划和概念规划编制，首批入驻园区的海泰新光项目完成土地预审和规划条件审批。科技城在推进专业园区开发建设的同时，继续打造青岛创业园品牌，通过"输出品牌、输出管理、输出政策"的创新模式，有效调动社会力量，推动高新技术创业基地建设。当年，创业服务中心被认定为"全国大学生科技创业见习基地试点单位"，并通过了享受国家科技企业孵化器税收政策条件的认定。国家生物产业基地中试中心一期主体竣工，科技城企业设备仪器协作平台建成投入使用。崂山区高校毕业生创业孵化基地建成投用，首批 11 家大学生企业入驻孵化。到 2010 年底，青岛创业园拥有各类创业基地 13 家，建筑面积超过 30 万平方米，入驻各类科技型中小企业 240 余家。在青岛市首批 11 家股份代办转让系统（"新三板"）试点集中签约企业中，青岛创业园企业有 7 家。

2011 年，科技城专业园区开发建设全面启动。总投资 24 亿元的崂山区第一个大型专业化蓝色经济示范园——生物产业园正式奠基开工。青岛国际创新园一期工程开始主体建设，二期工程进行建筑单体设计，通信产业园片区各地块建筑单体方案设计和项目引进同步进行，园区地下空间利用规划和人防设计形成初步成果。新能源产业园一期 11 个项目确定入驻，海泰新光项目完成土地招拍挂和项目单体设计。引进联通集团投资 5 亿元，建设中国联通青岛云计算中心，为全市信息软件产业引进和发展提供关键支撑平台。引进青岛高层次人才创业中心落户，21 家创业企业入驻。双瑞、海德威 2 家科技城企业分别自主研发的船舶压载水处理装置，先后获得中国船级社型式认可证书，成为全球 16 家已获国际海事组织批准具备生产供货商资格的研发机构中仅有的 2 家中国企业。到 2011 年底，高科园入驻企业实现总收入 945 亿元，高新技术产品产值 680 亿元，占规模以上工业总产值的 88%。

（六）青岛蓝色硅谷产业创业带阶段（2012~2015 年）

2012 年初，为促进以海洋为主要特色的高科技研发及高技术产业集聚，增强青岛海洋科技的核心地位，提升山东半岛蓝色经济区水平，青岛市政府发布《青岛蓝色硅谷发展规划》。按照"突出重点、集聚发展、功能互补、互为支撑"的原则，蓝色硅谷实施"一区一带一园"的总体布局，"一带"由核心区向南沿滨海大道延伸至崂山区科技城，形成一条海洋科技创新及成果孵化带，崂山区范围内规划陆域面积 70 平方千米，将沿滨海大道集中布局科研院所、大中专院校和科研服务平台，重点抓好崂山科技城和土寨河成果孵化基地建设。其中，崂山科技城西起劲松七路，东至崂山风景区，南起辽阳东路，北至崂山与李沧区界，规划总面积约45平方千米。2012年，崂山区制定出台了《关于进一步优化产业结构推动产业升级的若干措施（修订）》（崂发〔2012〕10号）除区科技资金管理办法外，围绕科技金融、市场开拓等方面制订了11项扶持措施，促进了全区高新技术产业的发展。

2014年崂山区出台《关于深化科技体制改革实施科技创新"六项工程"的意见》，大力开展重点产业培育、高端人才聚集、知识产权战略等科技创新"六项工程"，打造一流创新环境，全面提升区域创新能力，建设成为全市自主创新的领航区、高端产业聚集区、科技金融创新合作先行区和科技人才创新创业高地。

在此阶段，产业创业带重点推进以"六大特色产业园区、六大科技企业孵化器、六大研发基地"为核心的高端产业载体项目建设。重点建设的特色产业园区有国家（青岛）通信产业园、青岛国际创新园、青岛新能源产业园、崂山生物产业园、蓝色动力科技产业园和青岛产业新高地创意园，科技企业孵化器有青岛高层次人才创业中心、中国联通青岛云计算中心、青岛蓝色硅谷软件外包中心、青岛国际创新园一期、LED产业孵化器和海洋生物医药孵化中心，高端研发基地有海信集团全球研发中心、歌尔科技产业园、中乌特种船舶研究设计院、TSC集团青岛海洋工程与装备研究院、青岛海工英派尔研发设计基地、青岛国家海洋药物工程技术研究中心和中船重工716所科研基地。2012年，园区入驻企业实现营业总收入约1038亿元，高新技术产品产值680亿元，增长约13%；实现GDP203亿元，税收达113亿元。依托产业创业带的快速发展，国家商务部认定崂山区

青岛国际创新园一期

为国家电子商务示范基地。国家知识产权局授予崂山区为国家知识产权示范园区。青岛国际创新园一期于 2013 年投入使用，入驻企业 122 家，其中包括美国 ITW、印孚瑟斯、印度 HCL、富士通等世界 500 强企业，京东、锦桥、和达跨境电商等电商类企业，蓝海股权交易中心、青岛市创投引导基金等 20 多个基金及管理公司及海尔"海创汇"、青岛众创空间等创新创业服务平台，入驻企业 2015 年税收贡献约 2 亿元。到 2015 年底，产业创业带入驻企业实现营业总收入 1146 亿元，实现高新技术产业产值 676 亿元；实现 GDP329 亿元，税收 140 亿元。

生物医药产业方面。2015 年，崂山区生物医药产业骨干企业 16 家，年营业收入约 19 亿元，其中黄海制药、华仁药业两家医药企业占到 78%。2014 年 7 月，青岛海洋生物医药研究院正式运行，汇集中国工程院院士 3 人，国家"千人计划"特聘专家 2 人，国家自然科学杰出青年基金 2 人、优青基金 4 人，教育部长江学者 1 人，泰山学者 2 人，教授级高层次专家和高级专业技术人员 26 人，研发人员中具有博、硕士学位的占 90% 以上。崂山生物医药产业园基本建成，重点发展生物制药、疫苗及诊断试剂、生物技术产品、海洋保健品及生物医药研发服务外包等领域，已有六和、康地恩生物、信得药业、中科院兰州化学物理研究所青岛基地等 13 个项目落户园区，涉及药物研发制造、海洋生物工程等产业高端领域，总建筑面积约 50 万平方米，总投资约 24 亿元。

高端装备制造业方面。2015 年，崂山区高端装备制造产业骨干企业 30 家，年营业收入约 75 亿元。企业主要分布在株洲路两侧区域，产品覆盖铁路专用设备、纺织机械、海洋装备、测量设备、仪器仪表、医疗设备等多个领域，类别较为分散。每个产品领域企业数量不多、关联度不高。受株洲路土地空间条件制约，加速发展受到限制。

新一代信息技术产业方面。崂山区重点发展的方向是软件、智能终端（硬件）、大数据。2014 年

海尔智能家居展示

全区通过双软认证企业 82 家。软件产业营业收入约 400 亿元，占全市 40%左右。其中海尔集团嵌入式软件业务收入约 360 亿元，占全区软件产业总营业收入 90%以上。重点引入了印孚瑟斯、NEC 软件、富士通等国际知名软件企业。在智能终端（硬件）产业方面，崂山区是国家智慧城市试点城区，智能终端骨干企业 30 家，年营业收入约 130 亿元，其中海尔、海信智能家居产品产值占 90%。海尔被认定为数字家庭国家级实验室，海信被认定为数字多媒体技术国家重点实验室。这两家企业采用了互联网、物联网、嵌入式软件等技术，由传统的家电企业升级成为智慧终端生产企业。在传统企业升级转型的基础上，新引进了歌尔科技产业园项目，培育了一批智能终端相关企业。在大数据产业方面。崂山区大数据产业骨干企业 22 家，年营业收入约 38 亿元。乾程电子、高科通信等公司在供电供水等市政公用数据采集方面的技术领先，市场份额较大。中国联通在崂山设立了 4 个数据中心，共有 6300 组机柜，可容纳 10 万台服务器，约占全市各运营商机柜总量的 70%，阿里巴巴、百度、新浪、优酷等均将联通崂山数据中心作为中国北方区主要节点并辐射全国。海信网络科技开发的智能交通系统占据了中国智能交通 20%的市场份额，在新兴快速公交（BRT）智能调度系统市场的覆盖率达到 70%。

新能源新材料产业方面。截至 2015 年，崂山区拥有新能源骨干企业 7 家，年营业收入约 20 亿元。依托中科院青岛生物能源与过程研究所成立了青岛储能产业技术研究院，搭建起储能产业技术研发、成果转化、人才培养服务平台。特锐德公司首创的电动汽车群智能充电系统，技术水平达到了国际领先。新材料骨干企业 15 家，年营业收入约 54 亿元。中科院兰化所青岛研发基地已基本建成。康普顿在建蓝色动力产业园，与中科院兰化所联合成立了国内首个"高性能节能发动机油联合研究中心"，开展高端润滑油的研发和生产。汉缆积极推动深海装备配套电缆等特种电缆的研发。

特锐德电器

科技服务业方面。2015年崂山区有科技服务业骨干企业39家，年营业收入约51亿元。其中研究开发及其服务类企业26家、涉及海洋环境工程、海洋石油、智能家电等领域；青岛国家质检中心基地二期已经建成，青岛市质量技术监督系统全部七个已有的质检中心全部进驻该基地，第三方检验检测类企业13家。

（七）青岛中央创新区阶段（2015年后）

2015年5月，崂山区出台《构建创客新高地、打造青岛中央创新区》行动计划，集全区合力，在创新创业氛围营造、体制机制改革、政策洼地打造、空间布局优化、科技与金融融合、创新创业人才汇聚等十个方面实现全新突破，并明确提出要创新机制，整合科技创新职能资源，成立区科技创新委员会，统筹推进全区科技创新工作。在此基础上，2015年8月27日，整合高科园管委、区科技局等四个部门职能和人员编制，崂山区正式组建科技创新委员会。2015年底，市编办批复同意青岛高科技工业园管理委员会加挂"崂山区科技创新委员会"牌子，崂山区成为全国第一个成立科技创新委员会的市辖区。

这一阶段，崂山区深入实施创新驱动发展战略，全面落实"构建创客新高地 打造青岛中央创新区"行动计划。发布扶持众创空间及其运营机构、创客及科技型企业、科技服务业、知识产权工作发展4项配套政策和众创空间认定管理办法，形成"1+X"创新创业政策体系。提出并实施由金株创业大街、滨海创新大道、青岛创客大街、青岛国际创新园和青岛国际创客社区组成的"三创一园一社区"载体布局，建成众创空间10家，其中6家众创空间通过首批区级众创空间认定，通过备案的国家级众创空间6家，各众创空间累计入驻企业161家，团队113个。青岛创客大街于2015年开街运营，是青岛市十条创业大街规划中首个开街的街区。崂山区第二条创业街区——青岛国际创客社区基本建成，街区内巨峰创业大厦、侨商创客谷、如是邦文创社区等项目投

北航歌尔虚拟现实研究院

用，国内知名的联合办公社区——优客工场、共青团中央青年创业服务品牌项目——中国青年创业社区（青岛站）、山东省最大的民营独立书店——如是书店、青岛市唯一的知识产权市场化服务平台——崂山知识产权港、崂山区政府科创投融资平台——巨峰科创等创新创业服务项目入驻，聚集企业和创业团队近 100 家。金株创业大街所在的株洲路片区产业升级和城市更新启动，滨海数据中心、黄海制药、海尔云谷等 9 个项目全面开工建设，杰华生物医药项目全面完成建设并正式交付，项目进入试生产。滨海创新大道沿线，市规划局于 2015 年 11 月发布了创智谷北端高端产业项目最新规划，院士智谷正式开园并引进新能源、新材料和海洋生物医药等领域 6 个院士专家项目，北航青岛研究院和虚拟现实技术与系统国家实验室青岛分室揭牌，北航歌尔虚拟现实、无人系统、微电子、精密仪器与光学 4 个研究院成立，中科院兰化所青岛研发中心启动验收。青岛国际创新园二期、国家（青岛）通信产业园片区相关地块基本建设于 2016 年底前陆续完成，部分地块启动验收，形成百万平方米园区框架。

围绕青岛中央创新区的建设，崂山区科技创新资源加快聚集。到 2015 年底，全区高新技术企业数量 167 家，高新技术产业产值 397 亿元，占规模以上工业总产值的比重达 65.5%。知识产权工作全省领先，获批为全省首家国家知识产权服务业集聚发展试验区，集知识产权代理、商用化、法律等六大服务业态于一体的"青岛·崂山国家级知识产权港"建成启用。截至 2016 年前三季度，全区发明专利申请量 3882 件，增长 7.7%，发明专利授权量 1276 件，同比增长 51.9%。发明专利申请量和授权量位居山东省前列。全区有效发明专利达 5322 件，每万人发明专利拥有量 124 件，申请 PCT 国际专利 171 件。有效发明专利量、每万人发明专利拥有量、PCT 国际专利申请量居山东省首位。

二、崂山区高新技术产业发展的启示

回顾过去，崂山区高新技术产业在实践和竞争中不断发展壮大，在产业园区建设、创新链条部署、体制机制理顺和知识产权护航方面积累了宝贵的经验。

（一）依托产业园区，结合自身特点，不断夯实产业发展

基础

青岛高科技工业园的建设，带动了崂山区高科技产业的发展壮大。崂山区首创行政区与高新技术产业开发区合一的管理模式，在全国独具特色，开创了国家高新区管理体制创新的先河，也夯实了崂山区产业发展的基础。

1. 依托园区建设，不断提高公共服务水平。一是引入软件工程技术平台，建立科学合理的运营机制，帮助软件企业缩短开发周期，节约开发成本。二是引进中国联通集团青岛云计算中心落户，按照中国联通超五星级机房标准设计，建设山东省规模最大的数据中心项目，为国内外 IT 企业提供云计算等基础通信平台服务；3500 个机柜全部投入使用，阿里巴巴、优酷、新浪、百度、搜狐、淘宝、盛大等 10 余家企业入驻。三是开辟服务专区，提供一流的数据中心服务，专门为小型软件企业提供"弹性计算资源出租"服务，以相对低廉的成本，为初创期企业提供媲美超级计算机的强大运算能力，提升了企业核心竞争力。四是建设企业信息交换与共享平台。开辟园区官方服务网站、企业通信联系网络（短信群发系统、微信平台）和公共服务平台。其中公共服务平台共享高科园内高校、科研院所、检测机构和企业所属的科研检测仪器 142 台、生产设备与生产线 16 套，为企业提供免费或低价服务。

2. 搭建孵化载体，培育高科技企业发展壮大。在园区内设立创业服务中心，于 2003 年成为青岛市首家国家级科技企业孵化器。2014 年，在青岛市以唯一优秀成绩通过国家级科技企业孵化器复核。园区积极引进创客空间、创业咖啡、创业苗圃等新型企业培育模式。加快推进海尔"海创汇"创客、生态、投资、加速、资本五大平台建设。与市引导基金管理中心共同发起"青岛众创空间"，利用参股基金资金资源，打造投资引领型孵化平台。与职能部

青岛众创空间

门建立创业苗圃，鼓励有创业意向的创客团队、科研人员、大学生、留学人员等开展创业见习实习，为未成立企业的优秀创业项目和创业团队提供专业、系统的"预孵化"服务，提高创业团队的素质和技能，降低创业成本和门槛，2010 年，该苗圃成为青岛市首个国家级大学生科技创业见习基地试点。

3. 拓宽融资渠道，助力企业创新发展。由园区组织推荐，崂山创投公司对融汇通等 4 家企业进行股权投资。通过深入企业开展融资需求调研，初步建成企业融资项目储备库，通过政府平台与市内外多家银行、风险投资机构、金融和担保机构等共同组成投融资服务平台，以银企对接会、项目推荐会等形式，拓宽创业项目的融资渠道。通过引进青岛市市级创业投资引导基金管理中心，在孵化器内打造"创业咖啡"创业孵化平台，为企业提供全方面的孵化支持，吸引常春藤、仰岳、劲邦等 13 支创投基金入驻，其中仰岳、劲邦 2 家创投基金获国家参股支持1 亿元，为企业融资提供充足保障。崂山创投公司获得科技部国家引导基金会项目申请资格，出资 5000 万元与创投公司合作成立青岛创信基金，以股权投资形式扶持企业发展。积极争取各级部门政策扶持，2014年全年组织近 30 家企业获得科技部创新基金、青岛市"专精特新"、软件服务外包等多级部门多个领域的 2000 余万元扶持。2009 年 10 月，园区内高新技术企业——青岛特锐德电气股份有限公司成在创业板成功上市，成为创业板第一股，股票代码：300001。

（二）优化发展环境，部署创新链条，不断推动产业转型升级

1. 围绕产业链部署创新链，构建"靶向明确、精准定位"的支撑体系。2003 年青岛科技大学崂山校区建成使用，2006 年中国海洋大学崂山校区建成使用，2008 年中国科学院青岛能源与过程研究所建成使用……截至 2015 年，崂山区汇集高校 3 家，各类科研院所 11 家。通过高校院所的集聚，崂山区拥有两院院士 25 人，千人计划人才达到24 人，泰山学者达到 100 人，11 人获评市第二批创新创业领军人才；2015 年全区新引进 12000 名各类人才；获批 2 家省级重点实验室、1 家省级工程技术研究中心、6 家市级工程技术研究中心、1 家市级院士工作站，全区国家、省、市级重点实验室和工程技术研究中心总数达到 93

家，院士工作站总数达到 4 家。

2. 推动产学研紧密结合，打通智力成果转化通道。崂山区创新资源集中，高新技术企业聚集、创新技术与技术交易活跃。2015年，全区技术交易额达到 22.88 亿元。为打通智力成果转化通道，崂山区积极引进上海盛知华知识产权服务公司，推动其与中科院创新孵化投资有限责任公司展开合作，在区建设中国科学院知识产权运营中心青岛分中心，为包括中国科学院在内的各类科研机构、高校和企业提供成果转化和知识产权运营服务，以知识产权全过程、专业化管理和运营为主要特色和基础支撑，加快科技成果的转移转化。推动盛知华与中科院青岛生物能源与过程研究所、青岛海洋生物医药研究院等 23 家单位建立合作关系，征集项目 115 个。

（三）理顺体制机制，构建产业高地，不断推动中央创新区建设

1. 理顺机制，构建产城融合的青岛中央创新区（CID）。崂山区依托雄厚的创新实力，发力新一代信息技术、生物医药、新材料、新能源、科技服务业等等战略性新兴产业，抢占 VR 产业迅猛发展先机，提出构建"青岛中央创新区（CID）"的建设目标。整合高科园、区科技局、区科协、区创业服务中心四个机构成立青岛市崂山区科技创新委员会正式成立挂牌，成为全国第一个区一级的科技创新委员会。通过机制创新实现化学合成，紧紧围绕全区创新驱动发展战略，以产业培育为目标，强调专业化发展模式，统筹优化全产业链创新资源，推动产业经济的增量提升。

2. 出台政策，搭建创新创业空间布局。营造大众创业、万众创新的政策环境，加速推动着区域经济向更高层次更高水平发展。研究出台《"构建创客新高地 打造青岛中央创新区"行动计划》，确定实施"十大行

青岛创客大街

动计划"，配套扶持创客及科技型企业、科技服务业、众创空间及其运营机构、知识产权工作等"1+X"支持政策，盘活科技资源优势。布局载体，搭建"三创一园一社区"空间布局。全力推进"三创一园一社区"——青岛滨海创新大道、青岛金株创业大街、青岛创客大街、青岛国际创新园和青岛国际创客社区的空间载体建设工作。依托海尔、海信、歌尔、澳柯玛等研发创新基地和院士智谷等高端研发项目，打造产业源头创新、高端要素汇聚的"青岛滨海创新大道"。对株洲路两侧进行升级改造，打造创业资源聚集的"青岛金株创业大街"。与中关村大街运营商——清青创和青岛大学三方共同打造"政产研三位一体"的"青岛创客大街"。发挥青岛 VC 众创空间、海创汇等项目的带动作用，打造示范化的"青岛国际创新园"。推进巨峰创业大厦、青岛侨商创客谷、如是邦众创空间等骨干众创空间的建设，打造崂山区创客中心——"青岛国际创客社区"。

3. 瞄准高端，建设业态完善的服务体系。积极引进和开拓高端服务资源，坚持"让专业的人做专业的事"，提升科技服务能力。先后引进清控科创、黑马会、优客工场、北创营等高端服务机构，与海尔海创汇、如是书店等本土创业服务机构密切联络，帮助整合资源、深度策划，推动服务机构助力企业转型成长。2015 年，崂山区获批国家知识产权服务业集聚发展试验区，以此为契机，崂山区着力推动知识产权服务业的发展，建成 2000 平方米"青岛·崂山国家级知识产权港"，中科盛知华、青岛发思特等 15 个项目入驻，知识产权服务机构达到 100 余家，初步形成了集知识产权商务化、法律咨询服务等六大业态于一体的服务体系。

（四）知识产权护航，加速成果转化，不断发掘产业发展新动能

2013 年崂山区获批国家首批知识产权示范园区，崂山区提出建设全国一流知识产权先行先试区的目标，推动知识产权创造、运用、保护、管理和服务能力整体提升，知识产权事业快速发展，为实施创新驱动发展战略、推动产业转型升级、激励大众创业万众创新提供了重要支撑。

1. 汇集高端资源，服务机构集聚发展。积极引进国家、省、市各级高端资源，国家知识产权服务业集聚发展试验区、国家知识产权局专利局济南代办处青岛分理处、青岛知识产权维权援助中心崂山分中心、青岛市知识产权公共服务平台相继落户崂山、形成"一区一处一中心一平台"格局。随着市知识产权公共服务平台和专利分理处相继落户崂山，一批法律、代理、评估、咨询等服务机构逐步向崂山集聚，全区专利、商标、资产评估、融资担保等机构数量达到 100 余家，从业人员达到 860 余人。

2. 突出企业主体，实现专利创新量质齐升。创新是发展的动力源泉，而企业正是创新的主体。为强化企业核心竞争力，崂山区积极协助驻区企业完善技术保护和专利布局，走出了一条"兵马未动而专利先行"的市场化运作新模式。围绕企业实际技术需求，崂山区积极开展专利培育和服务，设立专项培训资金并把知识产权培训列入全区培训工作计划，一方面在全区科技型企业中开展全覆盖式专题培训，另一方面深入企业宣传介绍国家、省、市政策，帮助企业挖掘对当前发展真正有用、对未来发展前瞻布局的发明专利，在推动数量增长同时，实现质量同步提升。全区拥有有效专利的企业数量达到 358 家，其中拥有发明专利的企业达到 240 余家，拥有国外有效专利的企业达到 57 家。驻区企业参与制定的国际标准、国家标准和行业标准 750 余项。

3. 强化知识产权保护，营造尊重知识产权良好氛围。为优化区域知识产权保护环境，崂山区组织全区 60 多家企事业单位成立青岛市首家知识产权保护协会。通过崂山区知识产权保护协议这一社会团体为企业提供知识产权代理、信息咨询、维权援助和法律服务，就知识产权法律风险防范、知识产权战略思维与架构以及中小企业如何实现品牌经营等方面为会员单位进行培训及交流，推动技术信息和市场资讯高度共享，通过密切沟通和合理分工，实现产业快速健康发展。不断加大展会知识产权执法力度，与青岛市知识产权局建立联合驻会开展会展专利执法的合作机制，检查商品 3000 余件，处理展会专利纠纷 58 件，为及时有效解决纠纷、制止侵权行为提供了保障。崂山区还不断强化专利执法协作，开展"雷雨""天网""护航"等 300 余次专利联合执法检查，查处假冒专利行为，立案 80 余起，有效打击了专利侵权行为。

执笔人：杨　敏　米恒振
审核人：赵　敏
签发人：刘海滨

改革开放以来崂山区司法行政事业发展的基本历程、成就及经验

崂山区司法局

改革开放以来，崂山区司法行政系统高举中国特色社会主义伟大旗帜，以马列主义、毛泽东思想、邓小平理论、"三个代表"重要思想和科学发展观为指导，全面贯彻党中央和省、市、区关于加强司法行政工作、维护社会和谐稳定的一系列决策部署，坚持"强基础、促规范、创亮点、办实事"的工作理念，取得了一系列特色鲜明、亮点纷呈、便民惠民、务实高效的工作成果，探索出了一条符合发展实际、符合区情特点、符合群众期待的法治建设新路。

一、基本发展历程

1981 年 1 月，崂山县人民政府产生，下设司法局。崂山区司法行政系统伴随着改革开放和社会主义现代化建设波澜壮阔的伟大历程，特别是 1994 年 8 月后，组织机构不断发展壮大，立足法制宣传、法律服务、法律保障等职能，为促进经济发展，维护和谐稳定，推进"法治崂山"建设，保障人民群众权益，做出了历史性贡献。崂山区 4 个司法所被山东省司法厅命名为"省级规范化司法所"，沙子口司法所被司法部命名为"全国模范司法所"；崂山公证处荣获全省"十佳公证处"；崂山区司法局多次被青岛市司法局评为先进单位，连续三年被山东省司法厅评为"全省司法行政系统先进集体"，先后有 6 人次荣立个人二等功；崂山区荣获全省"'五五'普法工作先进区""全国法治县（市、区）创建活动先进单位"，2014 年崂山区荣获全国"'六五'普法中期先进区"。

（一）产生萌芽阶段（1981年~1994年8月）

1981年1月，崂山县司法局成立后，正式开始了司法行政工作。1981~1987年间，崂山县司法局开展法制宣传教育工作，编印法制宣传教育材料33718份，组织法制教育演讲683次，发放法律常识读本6万册。1987年全县普法对象52万人，参加法律学习的46.6万人，占93%，其中18.8万人参加了普法考试。1981年4月，公证处受理国内公正业务。至1987年，办理公证文书3882件。人民调解工作顺利开展，1981~1987年，共受理纠纷22396件，已调处20042件，调处率为89.49%。在已调处的纠纷中，邻里纠纷、婚姻纠纷、房屋宅基地纠纷约各占1/5。1987年，13处乡镇建立法律服务站。1988年，建立人民调解委员会559个，其中村级418个，街道居委会8个，企业133个。在乡镇设司法办公室，有司法助理员、办事员各1人。1990年，更名为司法所。1993年4月，各镇设综合治理办公室，内设社会治安、司法等岗位。

（二）起步发展阶段（1994年8月~1996年底）

1. 区司法局成立。1994年8月，崂山区委下发《关于成立青岛市崂山区委政法委员会的决定》（崂发〔1994〕65号），正式成立崂山区委政法委（崂山区司法局），下设4个司法所，明确其主要任务和职责。建立之初，为提高工作规范性，全区司法行政系统大力推进建章立制工作，结合业务职能，建立起内部管理、业务规范、监督考核等机制，有力地推动了司法行政各项工作的开展。

2. 做好普法依法治理工作。1994年，区司法局组织建立普法机构，制定了普法实施方案。根据崂山区大开发、大建设、经济关系复杂、外资企业多的特点，本着"急用先学"的原则，突出"专业法"和经济法律法规的学习宣传。在普法重点上，把干部特别是处级以上领导干部以及青少年尤其是在校学生和社会闲散青少年作为"二五"普法的重点对象，着力加大法制宣传教育力度。1995年，大力推行依法治理，基层法律服务工作探索推进，先后多次召开村镇依法治理现场会和普法档案现场会。1995~1996年，崂山区针对全区工程工地多、"三资"企业多、农村承包和企业改革纠纷案件多的情况，将工程工地及施工单位作为重点对象，加强法制宣传，增强了各级领导干部的依法行政能力和企业管理人的依法经营能力，促进了全区社会主义市场经济体制的发育和完善。1996年9月，召开了全区普法工作会议，总结部署普法依法治理工作，着力推进基层法律服务工作和法律中介服务发展。

3. 开展矛盾纠纷排查化解工作。 1995年，全面加强调解组织建设，在全区138个村委会和2个居委会全部建立调委会，其中一类调委会90个，二类调委会16个。把及时妥善化解新形势下的人民内部矛盾作为维护全区稳定的一项重要措施，多次组织调研活动，对影响全区稳定的消极因素进行了全面深入的摸底排查，及时组织召开相关部门会议研究对策，布置任务，妥善化解了中韩镇部分采石场从业人员对关闭石场不满、大麦岛拆除违章建筑行动等矛盾冲突。1996年，依法妥善处理了青岛市体育中心、海洋公园等工地上当地群众与建筑单位发生的矛盾冲突纠纷及沙子口镇南窑居委会和中韩镇大麦岛等村发生的干扰选举工作等人民内部矛盾。

4. 加强司法行政队伍建设。 在崂山区机构编制中，区司法局与区委政法委是"一套班子"，是区委政法委的一个组成部分。区划调整后，人员来自四面八方，相互不了解、思想不统一的问题客观存在，对此及时组织开展了互相谈心、批评与自我批评、向先模人物学习等活动，使干部队伍的思想逐步统一，民主集中制实现正常，促进了内部团结。加强司法行政队伍教育培训，1996年组织学习现代"科学技术"和新兴领域、新颁布的法律法规，并立足实践开展岗位练兵活动。加强纪律作风建设，1994年9月，青岛市委政法委下发了《关于在全市政法系统开展教育整顿工作的实施意见》，区司法局结合实际，及时进行了工作部署，重点强化和整顿纪律作风，并以此为契机逐步建立健全了各项内部管理制度。1996年，区司法局以贯彻"三条禁令"为主线，推进司法行政队伍的纪律作风和廉政建设，提升了队伍的整体素质。

对社区调委会主任、普法干部进行培训

（三）全面发展阶段（1997 年初~2015 年 1 月）

这一阶段，崂山区司法行政系统以更加有效的措施推动普法依法治理、矛盾纠纷排查化解、社区矫正和安置帮教、法律援助以及基层基础和司法行政队伍建设等各项工作，有力促进了全区发展稳定大局。经过多年的探索实践和考验洗礼，全区司法行政工作达到一个新的历史高度。

1. 人民调解工作。 1997 年，紧紧围绕中心工作和热点难点问题，崂山区组织开展民间纠纷排查工作，排查调解纠纷 50 余起，为香港回归和十五大胜利召开营造了安定的社会环境。2000 年，深入贯彻落实第四次全国人民调解工作会议精神，印发《人民调解工作实施细则》《调解中心调解纠纷操作规程》等规章制度，整体提升调解工作规范化水平。2002 年 9 月，按照司法部《人民调解工作若干规定》，从组织形式、人员素质、任务范围、工作程序、指导管理 5 个方面全面规范人民调解工作。2003 年，按照"五有""四落实"的标准，全面整顿村（居）调委会，统一了人民调解委员会印章，规范了人民调解文书格式，对档案管理提出明确要求。2004 年，建立健全街道人民调解委员会，恢复、重建企事业单位人民调解组织，大力推广区域性行业性人民调解组织，将矛盾纠纷排查调处工作纳入制度化、规范化轨道。2005 年，全区所有街道、社区均建立了人民调解委员会，区域性、行业性人民调解组织进一步发展。同年 6 月，开展了为期三个月的"民转刑"案件专项治理活动，构建以"四位一体"调解中心为主体，镇街、村居（社区）调委会为基础，其他调解组织形式为补充的基层矛盾纠纷排查调处网络体系。2006 年，建立健全了矛盾纠纷排查调处机制，重大社情报告制度，对矛盾纠纷做到早发现、早调处、早解决。2007 年，按照中央、省、市、区的工作部署，及时有效地化解因干群关系、农民负担、土地承包、拆迁征地等引发的矛盾纠纷，维护广大农民的利

纠纷调解到炕头

益。2008 年，认真贯彻"调解优先"原则，广泛参与医患关系、物业管理、交通事故损害赔偿、消费者权益等涉及民生问题纠纷的调解。2009年，主动应对金融危机影响，充分发挥司法行政职能作用，普遍开展人民调解委员会的调整整顿，选举聘任退休法官、检察官、民警、律师和专业技术人员加入到人民调解员队伍，深入重点行业、重点人群、重点领域积极开展矛盾纠纷大排查、大调解工作。2010 年，部署开展"人民调解化解矛盾纠纷专项攻坚活动"，全区司法行政系统和人民调解组织开展排查 4 千余次，排查各类纠纷 200 多件，在上海世博会、广州亚运会、维护学校幼儿园安全稳定中，有效预防和化解了一大批矛盾纠纷。同年8 月 28 日，国家主席胡锦涛签署第 34 号主席令，公布《人民调解法》，崂山区召开全系统工作会议，举办全区人民调解法培训班，层层深入学习领会贯彻落实《人民调解法》。2011 年，部署开展"争当人民调解能手"活动，取得明显成效。2012 年 2 月，崂山区印发《关于开展矛盾纠纷大排查大调解专项活动的意见》，为党的十八大胜利召开营造和谐稳定的社会环境。2013 年区人民调解工作指导委员会印发《关于进一步加强"三三二大调解"工作机制建设的通知》（崂调委〔2013〕5 号），在全区进一步加强以"三个紧密衔接"（人民调解与行政调解、人民调解与司法调解、人民调解与行业调解紧密衔接）、"三个联动联调"（司警联动联调、诉前联动联调、"双向"联动联调）、"两个无缝对接"（"援调对接""两所对接"）为主要内容的"大调解"工作机制建设。2014 年 5 月，成立"崂山区中心人民调解委员会"。至 2015 年 1 月，全区司法行政系统适应改革开放和经济社会发展带来的新情况新问题，为维护社会大局稳定、保障人民安居乐业、促进改革发展创造了良好社会环境，矛盾纠纷调处成功率始终保持在 98% 以上，全区未发生民转刑案件和因调解不及时导致的群体性事件，先后保障了 2008 年北京奥运会帆船赛、2014 年西太海军论坛、APEC 会议和世界园艺博览会等一系列重大国际活动安全顺利举办，确保了万无一失。

2. 基层基础建设工作。1997 年，按照司法部"烟台会议""荷泽会议"的部署要求，崂山区将司法所建设作为推动基层司法行政工作发展的龙头，全面组织推进。1999 年，在各乡镇、街道普遍建立了法律援助中心。2000 年，在四个街道成立调解中心，把人民调解与职能部门联系在一起，初步形成了"大调解"工作格局。2001 年 5 月，按照司法部《市县乡司法行政机关机构改革座谈会纪要》要求，进一步加强司法所建设，规范配置职能，充分发挥司法所维护社会稳定的第一道防线作用，认真做好司法所机构、队伍的稳定、巩固和发展。2002 年，在组织机构、人员队伍、业务工作、内务管理等方面出台了一些规章制度，推动司法所规范化建设进程，为保障党的十六大胜利召开做出了积极贡献。2003 年，为做好社区矫正试点工作的顺利开展，进一步加强司法所组织建设、制度建设、业务建设和作风建设。2004 年，按照司法部《关于创建规范化司法所工作的意见》，从组织、人员、工作、机制等方面加强司法所建设，努力达到组织健全、业务规范、队伍稳定、设备完善的目标。2005 年，《司法部关于加强司法行政基层建设的意见》出台，对新形势下加强司法行政基层建设，不断提高司法行政基层工作水平提出了明确要求。各司法所积极拓展工作领域，创新工作措施，组织进一步壮大，业务水平不断提升，在人员配备、理顺管理体制等方面都取得明显进步。2009 年，按照司法部《关于进一步加强乡镇司法所建设的意见》和《关于加强司法所规范化建设的意见》要求，全面推进司法所办公用房、组织队伍规范化建设，全面提高司法所履行职责能力。2010 年，主要开展了司法所标识统一工作，按照《关于统一司法所标识的通知》精神，督促各司法所全面贯彻落实。崂山区司法局被授予全省司法行政系统先进单位称号。2011 年，推广开展"星级司法所""五好司法所"创建活动，对相关业务进行整合修改，对组织队伍、基础设施、经费待遇、统一标识等进行完善细化。同年 7 月，区司法局沙子口司法所被司法部表彰为全国模范司法所，获此殊荣的基层司法所全国有 100 个，全省仅有 5 个，青岛唯一。2013 年 7 月，区司法局部署在全区司法所开展深化"法助人和"品牌创建活动。同年 9 月，区司法局印发《关于调整法制宣传教育科、基层工作科工作职责的通知》，对法制宣传教育科、基层工作科主要职责进行调整明确。2014 年，每季度组织司法所人员集中培训，进一步提高基层司法行政人员整体素质。王哥庄司法所、北宅司法所分别在全市司法工作会议上介绍普法依法治理和安置帮教工作的经验做法。新建 5 处新型社区"司法工作室"，于 5 月 1 日全部投入使用。

3. 法律服务工作。1997~1998 年，认真贯彻《律师法》，使律师工作得到了社会的认可和肯定，大量的刑事案件审判工作，在律师依法参诉过程中，得到公正审判。1999 年，开通"148"法律服务专线。2000

年，全面开展基层法律服务所调整整顿工作，指导建立健全内部管理和自律机制。进一步加大律师、公证和法律援助工作力度，协助有关部门妥善处理下岗职工、农村土地承包工作中的突出问题。2001年，按照全国部署，重新办理基层法律服务执业登记，法律服务人员结构得到优化，整体素质普遍提高；基层法律服务机构努力开拓业务领域，提高服务质量。2002年，积极与电信管理部门、运营企业沟通协商，顺利启动"12348"法律服务专用电话号码，提高服务社会效能。开展了法律服务所强化面向社区提供法律服务的职能，为推进社区依法治理和加强社区精神文明建设做了大量工作。同时，为基层党委、政府的依法决策、依法行政和企业的依法经营、依法管理提供了法律保障。2003年，进一步加大对律师刑事辩护工作的指导和监督，大力发展律师队伍，努力解决群众打官司难的问题。大力推进法律援助工作，努力为困难群众提供优质便捷的法律服务。2004年，胡锦涛总书记等中央领导同志对律师工作作出重要指示，为新时期加强律师队伍建设指明了方向。对此，崂山区开展了为期一年的律师队伍集中教育整顿活动，规范律师个人执业行为。2006年，积极参加涉法涉诉非正常上访集中整治行动，引导广大律师积极参与处置工作，加强对律师代理群体性事件、敏感案件的指导管理。2008年，深入开展"法律服务和法律援助工作为构建社会主义和谐社会服务"主题实践活动，积极开展法律援助、法律服务、公证、律师进基层、进社区活动，为解决民生问题服务。2010年10月，青岛市在崂山区举行"青岛市老年人法律援助示范点"揭牌仪式，青岛市首家老年人法律援助示范点正式成立，这是崂山区法律援助工作在老年维权方面取得的又一成果。2011年春节前夕，制发了《崂山区律师行业专项治理实施方案》，对区属律师事务所规范管理、执业行为等方面存在的突出问题进行治理，完善律师管理工作长效机制。同年1月，崂山公证处参与麦岛片区三个社区居民回迁安置，依法

律师走进社区法律讲座

保障 1600 余套房屋现场抓阄分房工作顺利完成。同年 4 月份，区司法局开展了"法律援助进企业"活动。同年 5 月，崂山区举行首届律师论坛，以"律师为崂山社会经济发展服务"为主题，16 家律师事务所主任及驻区市直律师事务所律师代表参加了论坛。全区律师行业蓬勃发展，由最初的 3 家律师事务所发展到 16 家，人员从 23 人发展到 92 人，代理案件 2537 件，创收过千万大关。2012 年 5 月，围绕"法律援助为民服务创先争优年"活动的开展，在全区开展"残疾人法律援助月"活动。同年 8 月，按照司法部《办理法律援助案件程序规定》，规范办理法律援助案件，保证法律援助质量，为公民获得法律援助提供便利，为受援人提供优质高效的法律服务。2013 年，通过开展"送法下乡""法律进万家""法律顾问进社区"等活动，走进千家万户，融入群众生活。积极参与对小微企业"法律体检"活动，为优化经济发展环境和促进社会和谐稳定提供优质法律支撑。6 月，组织开展"法助企兴"活动，协助全区企业依法经营、依法管理、依法参与市场竞争、依法维护自身合法权益，帮助企业解决生产经营过程中的涉法难题。7 月，在社区司法工作室设立"法律服务工作站"和"法律援助联络点"，在各司法所统一指导下，按照职责开展工作。9 月，建立法律援助与人民调解工作对接工作机制，进一步拓宽法律援助覆盖领域和社会弱势群体维权渠道。2014 年，崂山公证处开展争做"三零"公证处、争当"三零"公证员活动，启用网上操作管理及网络办证模式，公证合格率达到 100%，荣获省"十佳公证处"，并荣记集体二等功。将法律援助纳入区委、区政府民生工程，法律援助面达到 60%；建立信息化服务平台，开通官方微信，省法律援助中心在全省推广崂山经验，区法律援助中心被市司法局荣记集体三等功。开展律师护航"第一书记"活动，协助审查经济合同 24 份，涉及金额 1.4 亿元，受到群众好评。深化"法助企兴"活动，组织 20 家律师事务所和 5 家法律服务所与 200 余家企业采用担任法律顾问等多种形式"联姻"，结成帮扶对子，为企业挽回经济损失 1600 多万元。

4. 普法宣传工作。1997 年，崂山区开展了以领导干部学法用法为重点的全民普法工作。1998 年是实施"三五"普法阶段的第二年，组织开展了依法治区专项工作。1999~2000 年，组织开展"打击拐卖妇女儿童犯罪"专项宣传活动，重点突出对《妇女权益保障法》《未成年人保护法》等法律法规的宣传力度，使"打拐"斗争家喻户晓、人人皆知。

2001 年，全区司法行政系统深入宣传"严打"斗争成果，形成严厉打击刑事犯罪、惩治社会黑恶势力的高压态势和社会氛围。在顺利完成"三五"普法总结验收的基础上，崂山区立足实际认真起草了"四五"普法规划，增加了依法治国与以德治国相结合的内容；确立了每年 12 月 4 日为全区法制宣传日。2002 年，制订印发了加强领导干部学法用法和加强青少年学生法制教育的实施办法，普遍开展了"民主法制示范村""送法下乡"等系列活动。2003 年，积极宣传党的十六大和十六届三中全会精神，进一步加强宪法、税法等法律法规的学习，紧急编印发放防治非典法制宣传材料。2004 年，以新的宪法修正案为重点，深入开展全民宪法学习宣传活动，努力提高群众的宪法意识。2005 年，认真组织"四五"普法总结验收工作，"四五"普法取得明显成效。在调查研究的基础上，制定了"五五"普法规划。2006 年是"五五"普法规划实施的第一年，法律进机关、进社区、进学校、进企业、进单位、进乡村"法律六进"活动正式启动，法制宣传教育的覆盖面和渗透力进一步提高。"民主法治社区"创建活动广泛开展，多形式、多层次的依法治理工作深入推进。2008 年，大力开展维护社会稳定和奥运法制宣传教育，为维护青岛奥帆赛、残奥帆赛期间社会大局稳定营造了良好的法制环境。2010 年，《中共崂山区委 2010 年工作要点》将"法治崂山"创建工作列入其中，指出今年是"五五"普法的验收之年，也是"六五"普法依法治理工作启动年，"法治崂山"创建，建设法治政府，列入区委、区政府的一项重点任务。同年 1 月，在崂山法院举行"关爱明天 司法先行"活动启动仪式暨青少年法制教育基地揭牌仪式，崂山区青少年法制教育基地正式成立。崂山区被全国普法办表彰首批"全国法治县（市、区）创建活动先进单位"，沙子口街道小河东社区被评为"全国民主法治社区"，崂山区拥有 1 个国家级"民主法治示范村"，4 个省级"民主法治村"，25 个市级"民主法治村"，司法所建设、老秦头特色调解室、法治崂山创建、法律援助案件质量监督等工作走在全市前列。同年 12 月，省司法厅检查验收崂山区"五五"普法依法治理工作，从领导重视、氛围浓厚、重点突出、措施有力、效果明显 5 个方面高度评价了崂山区"五五"普法依法治理工作。2011 年是"六五"普法启动年，9 月 22 日，崂山区召开区委常委会，听取"六五"普法规划汇报，对"五五"普法取得的可喜成绩给予充分肯定；区委批转了《崂山区法制宣传教育和依法治区第六个五年规划（2011—2015 年）》，崂山区"六五"普法规划全面启动；全面增强普法经费保障力度，将保障经费按人均常住人口 1.00 元提高至 1.50 元，流动人口 0.5 元提高至 1.00 元，分别涨幅 50%；建立 20 余处青少年法制教育基地，联合关工委"五老"讲师团落实场地，开办崂山普法网页，建立干部在线学习网页，发送警示性、提示性、普及性短信息；调整普法讲师团，成立大学生法律服务志愿团，增强讲课覆盖面。12 月 15 日，崂山区召开"五五"普法总结表彰暨"六五"普法动员部署会议，总结"五五"普法工作，表彰先进，部署今后五年全区法制宣传教育和依法治区工作。2012 年，相继开展了"每月一法"、农村法制、深化"法律六进"服务科学发展、党的十八大等专题教育活动，提高居民群众的法律意识和法律素质。2013 年 3 月，青岛市"法治镇街"创建现场经验交流会在王哥庄街道召开，推广崂山区法治创建工作经验；全区有 3 个社区被命名为"全国民主法治示社区"，5 个社区被命名为"全省民主法治社区"，受到各级表彰的民主法治社区占社区总数的 78%。全年，通过开展"法律进社区""送法下乡""法律伴你行""法律故事会"形式加强普法教育，全区居民法律素质得到进一步提升。2014 年，崂山区"六五"普法规划实施顺利，以宪法为核心的法律知识进一步普及，公民的法律意识和法律素质进一步增强，依法治理工作进一步深化，各项事务的法治化水平进一步提高。王哥庄街道办事处和中建八局被评为省"六五普法中期先进单位"，2 名同志被评为省"六五普法中期先进个人"，崂山区被评为全国"六五普法中期先进区"；精心组织开展"信访法规宣传""迎世园普法宣传"和"法制灯谜竞猜"等普法活动，对全区 44 所学校法制副校长工作情况进行调整，充实普法网站，开通普法微博，新建法治文化公园 1 处，普法画廊 6 处；在崂山电视台成立法律传播中心，开办"以案释法"和"普法广告"两个栏目；全力迎接省"六

崂山区"五五"普法总结表彰暨"六五"普法动员部署会议

五"普法中期检查考核工作。1月下旬，省"六五"普法依法治理中期检查督导组对崂山区进行了检查督导，给予了充分肯定，认为崂山区普法依法治理工作有亮点、有特色、有经验、有成效，较好地完成了"六五"普法依法治理中期工作目标和任务。

5. 刑释解教人员安置帮教工作。 1997年8月，崂山区建立了刑释解教人员安置帮教工作协调小组，为实现社会治安的良性循环发挥了积极的作用。2000年，把衔接工作作为重点，建立了严格的回归登记制度，减少了漏管、失控现象的发生。2001年6月开始，组织对1998年以来回归社会的刑释解教人员集中排查，落实对重点对象的管控。2002年，加大职业技术培训力度，安置工作逐步向就业教育、技术培训、择业指导、推荐岗位、自谋职业、自主创业方向转变，取得明显成效。2003年7月，按照《关于开展社区矫正试点工作的通知》精神，建立和完善工作制度，社区矫正试点工作取得了较大进展。2004年，对回归人员登记建档，成立帮教小组，掌握现实动态，帮助解决生活就业难题。同年，按照司法部《司法行政机关社区矫正工作暂行办法》，对社区矫正工作机构、人员及职责、工作方法及措施等进行明确规范，为依法依规组织开展社区矫正工作奠定了基础。2005年，建立了有一定规模的安置实体和安置基地，巩固教育、改造、挽救工作成果，最大限度地防止和减少重新违法犯罪。2008年，以奥运安保为目标，探索教育改造安置帮教一体化工作新机制，最大限度地减少重新违法犯罪。2009年9月，《关于在全国试行社区矫正工作的意见》下发，对全面试行社区矫正工作提出要求，崂山区建立了完善了社区矫正工作队伍，加强对社区服刑人员的教育矫正、监督管理和帮困解难，在国庆60周年期间，实现零脱管、零漏管、零重新犯罪的目标。2010年3月，严格落实《青岛市未成年人轻罪犯罪记录封存暂行办法》精

非监禁刑犯罪人员送至帮教基地接受帮教

神，区司法局建议区法院对 2 名符合条件的未成年人档案进行封存，一名未成年人的档案暂时不予封存。2011 年 4 月，开展了向青岛监狱捐赠计算机活动，四年来已向青岛监狱捐赠计算机 30 台，累计培训学员 180 余人，其中 76 人取得青岛市劳动技能资格证书。7 月，明确所有经崂山区法院判处监外执行的犯罪人员，全部由崂山区司法局在宣判时统一接收，按户口所在地分类进入社区矫正程序。12 月，区司法局印发《崂山区适用非监禁刑人员审判矫正衔接工作暂行办法》，重点明确了对区人民法院判处适用非监禁刑罪犯的无缝隙衔接方法，克服了以往因地域限制造成脱漏管现象。2012 年 5 月，对全区 2007~2011 年度刑释解教人员进行一次跟踪考察。2013 年 4 月，印发《崂山区法律援助与社区矫正工作对接的实施细则（试行）》，满足社区矫正人员的法律援助需求，促进社区矫正工作科学发展。7 月，针对国内连续发生少数特殊人员报复社会、肇事肇祸等违法犯罪案件，崂山区按照街道不漏社区、社区不漏户的要求，深入开展"大摸底、大排查"活动，全面掌握两类人群底数和工作生活及服务管理现状。同时，部署在全区范围内开展社区矫正执法检查。2014 年，按照省政法四部门联合下发的"三规范一办法"，重新梳理了社区矫正工作程序，对审前社会调查评估和社区矫正人员接收、教育、日常管理、解除等环节进行了完善整顿，使执法规范贯穿社区矫正始终。举办 2 期培训班，提高执法水平和能力。全年共进行社会调查 70 人，人民法院采信率 98% 以上；新建"崂山区社区矫正管理服务中心"，建立矫正和培训基地 6 个。全面开展社区矫正风险评估，又犯罪率控制在 0.06% 以内。开展"特殊人群再起航""刑释解教人员社区就业援助暖心工程""服刑人员未成年子女春雨帮扶工程"和"实用技能培训进狱所工程"。

6. 司法行政队伍建设工作。 2001 年 4 月，崂山区深入开展争创人民满意的政法干警活动，大力加强司法行政队伍思想政治工作，不断提高爱岗敬业、严格执法、热情服务的职业道德修养。2010 年 6 月，司法部律公司黄奕处长到崂山公证处调研，对公证处现行体制、队伍管理、内部制度、业务发展等给予高度评价。2011 年 4 月，在全区司法行政系统开展以"想为什么入党，进一步增强政治意识；想为什么从警，进一步增强责任意识；想为谁执法（执业），进一步增强大局意识；想为谁服务，进一步增强群众意识；想今后怎么干，进一步增强服务意识"为主要内容的"五想五增强"大讨论活动，进一步提升司法行政队伍公正廉洁执法的能力和水平，以崭新的精神面貌和优异的工作成绩迎接建党90周年。6月，进一步推动"发扬传统、坚定信念、执法为民"主题教育实践和创先争优活动深入开展。2012年6月，印发《关于深入推进政法干警核心价值观教育实践活动教育实践阶段工作的通知》，积极争创一流业绩，打造司法行政服务品牌。12月，迅速在全区司法行政系统兴起学习宣传贯彻落实党的十八大精神热潮，推进"为民务实清廉"群众路线教育实践活动深入开展，2013年3月，在全系统基层党组织和党员中开展"亮标准、亮身份、亮承诺，比技能、比作风、比业绩，群众评议、党员互评、领导点评"活动，强化服务意识，改进工作作风，提高服务质量，密切党群关系，促进社会和谐。8月，深入开展创先争优活动，积极争创省"双十佳"（省十佳基层单位和十佳个人）。10月，出台了《律师事务所初审工作规范（试行）》《机关工作人员投诉处理办法（试行）》《司法鉴定投诉处理办法（试行）》《律师、律师事务所投诉处理办法（试行）》《公证投诉处理办法（试行）》5个文件，规范全系统作风纪律和执业行为。2014年，为切实体现"到基层去、到一线去、到困难群众中去"工作要求，结合党的群众路线教育实践活动，在区司法局机关开展了"三包三联"活动，深入基层110人次，入户走访300余户，帮助群众解决困难10个。结合党的群众路线教育，严格执行党的政治纪律，全力落实中央"八项规定"；切实加强勤政建设，重点治理"庸懒散慢拖瞒"问题。积极与建设单位以及中韩、北宅街道沟通协调，协助按时完成中科院兰化所、青岛科技大学创业园两个工程项目建设。

（四）改革发展阶段（2015年1月至今）

崂山区司法行政系统各项事业进入改革发展阶段。2015年2月9日，崂山区人民政府办公室印发《青岛市崂山区司法局主要职责内设机构和人员编制规定》（青崂政办字〔2015〕4号），对区司法局主要职责、内设机构、人员编制、派出机构等进行了明确。

1. 着重开展普法依法治理工作。 2015年，深入开展区、街、居"三级联创"和"自查评查"活动。5月份，区委、人大、政府、政协领导分别带队深入基层督导检查。创建法治宣传教育"一室一站一中心"，强化"100里法治文化宣传带"建设，建立11家"法治文化示范基地"和"法治宣传教育示范基地"，打造3个法制宣传广场，培养树立

320 个普法宣传点，举办各类法制宣传活动 30 余次，发放资料 2 万余份。开辟网上普法考试专栏，带动机关干部学法；成立"法治故事"宣讲团巡回宣讲；开展"法助企兴"活动，培养依法经营意识。推进社区居民和外来务工人员学法；开展了以法治进家庭为主要内容的"小手拉大手"活动。完善普法讲师团和法治副校长队伍，成立了"六老"（老教授、老专家、老法官、老检察官、老公安、老党员）普法志愿者队伍；组织了全区普法骨干业务培训班。全区"民主法治示范社区"创建率达到 75% 以上，"法治镇街"创建率达到 75% 以上；王哥庄、沙子口街道法治镇街创建工作在全市推广。2016 年，起草了崂山区"七五"普法依法治理工作规划，制定法治创建标准；突出领导班子集体学法和干部考法，全区公务员网上学法考法全部按照要求达标，事业编制人员学法考法工作顺利进行；突出青少年这个"关键群体"，充分发挥普法讲师团和法治副校长作用，成立青少年法治故事宣讲团，为 10 所学校进行巡回宣讲；建成东城国际小区法治文化公园、沙子口街道流清河社区法治文化公园；办好《法治崂山》和《普法公益广告》栏目，拍摄播放《法治崂山》专题 6 期、《普法公益广告》12 期；扩建升级枯桃法治文化公园，改造沙子口法治文化广场，让更多的居民群众在休闲娱乐中感受法治文化的教育熏陶。

2. 时刻紧抓刑罚执行工作。2015 年，崂山区开展"社区矫正工作人员素质能力提升年"活动，社区矫正调查评估 117 人，采信率 98% 以上；创新社区矫正"三三制"（人员、装备、基建"三到位"，调查评估、矫正执法、教育改造录音录像"三同步"，脱管失控、集中劳动、撤销缓刑假释处置"三举措"）管理机制，全区 310 名社区服刑人员无一脱漏管，无重新犯罪；完善"二月二"农场社区矫正基地建设，推动沙子口街道社区矫正管理服务中心建设；新增手机定位矫正对象

法治文化公园

64 名，警示教育 260 余人次，处理违法违规 12 人，办理特赦社区服刑人员 5 名。扎实做好 564 名在册安置帮教对象的教育服务工作，开展"特殊人群再起航"活动，强化"教育改造安置帮教一体化""刑释解教人员社区就业援助"等工程，捐赠教学计算机 7 台，受益学员 60 人次；走访需帮扶未成年子女 22 人、困难家庭 16 户；重点对象安置率 98%，帮教率 99%。2016 年，规范了 2 大类 35 项社区矫正和安置帮教工作档案，全年接收社区服刑人员 89 人，期满解除 60 人，在册 145 人，调查评估 95 人，新增手机定位人员 64 人，接收服刑人员 12 人，转出社区服刑人员 2 人。对现有社区服刑人员中判处缓刑的 149 名 65 周岁以下人员统一投保团体意外伤害及意外医疗险；为 4 个司法所配备打卡仪，完善监管措施。出台《社区矫正执法工作衔接规范》，制作《社区矫正工作规范 200 问答》，指导规范司法所日常工作。在沙子口司法所建立心理矫治中心，定期对涉毒矫正人员每月进行尿检；刑满释放人员重点帮教对象建档率 100%，重点帮教对象签订帮教协议书 100%；服刑人员基本信息核实率 100%，回执率 100%；塑造了 100 名回归社会"塑新"典型。邀请崂山道教冷智慧道长到青岛监狱开展道家文化讲座，取得良好效果。

3. 一切服务于公共法律服务体系建设。2015 年，崂山区完善"法律服务、法治宣传教育、社区矫正、矛盾纠纷排查调处"四个中心，健全区综合法律服务中心、街道公共法律服务站、社区司法工作室三级法律服务网络。组建了区委、区政府重大决策法律顾问团，参与全区"三大战略平台"建设；开展"律师护航发展在社区""律师联系社区司法工作室"等活动，协助调解纠纷 35 起，审查各类合同 30 份，涉及标的额 1.5 亿元，接待群众 650 人次。开展"公证服务质量提升年"活动，提高公证工作公信力，办结各类公证事项 5015 件，在全市公证质量检查中名列第一。开展"法律援助服务质量年"活动，创新

崂山区公共法律服务中心

"日常咨询看门诊、重特案件走急诊、群众不便去巡诊、疑难问题搞会诊、严控质量抓复诊"五种援助模式；出台涉军法律援助工作意见；完善法律援助微信公众网络和短信服务平台，提升便民化、信息化水平。修订《法律援助案件补贴经费管理办法》，激发律师工作积极性；完善刑侦法律援助工作衔接机制；受理法律援助案件 439 件，追索损失 510.5 万元。山东鲁宁律师事务所郝瑞堂律师荣获司法部"法律援助'1+1'中国法律志愿者行动优秀律师"称号。组织开展党员律师重温入党誓词活动，为 200 余名律师体检；加强律师金融、"新三板"上市法律法规培训指导；全区律师代理案件 1821 件，挽回经济损失 3000 多万元；律师所与司法所共同开展普法、社区矫正、人民调解和法律援助工作，经验做法在《法制日报》头版刊登。建成国家级法医临床实验室，办理鉴定业务 2374 件。2016 年，建成"崂山区公共法律服务中心"，为群众提供"窗口化、综合性、一站式"法律服务；进一步完善街道公共法律服务工作站、社区公共法律服务工作室，打造"法惠万家"公共法律服务品牌。积极探索"司法护老"新举措，成立"孝当先"社区司法工作室，6 家单位与相关律师签订了法律顾问合同。开展"平安和谐法治先行""私人订制"法治讲座、"送法进社区"等活动 50 余场次，受益群众 4000 余人。推动法律顾问全覆盖工程，探索在社区、学校建立律师事务所为调解组织担任法律顾问制度。崂山公证处办结各类公证事项 8518 件，未发生一例错、假证，无一件因公证复查投诉和信访情况发生。开展"司法鉴定行业秩序整顿年"活动，全年处理司法鉴定投诉 5 起，参加行政诉讼 4 件次。完成辖区 5 家法律服务所和 36 名法律服务工作者集中检查。积极推动法律服务所结对社区开展法律服务，加强基层工作力量和服务社区的水平。组织 17 名实习律师参加省市行业协会组织的培训学习，新设立律师事务所党支部 1 个，为律师办理执业、转所等手续 70 余人次；依法公正妥善处理投诉事项 3 起。依托各司法所法律援助工作站、社区司法行政工作室，建立了覆盖各类弱势群体的法律援助联络组织，方便就近申请法律援助；建立了 94 名律师、7 名法律工作者组成的专业化服务队伍，将案件指派给专业化服务队伍办理；对 50 余位法律援助联络员进行业务培训，提高业务素质；受理法律援助案件 247 件，办结 264 件，追索损失 541 万余元。

4. 不断加强基层基础建设工作。2015 年，崂山区开展"基层基础建设年"活动，全区司法所全部达到省级规范化标准；建立180个社区司法工作室，标准化司法工作室达70%以上，李霖调解室、马丽调解室等一批具有崂山特色、作用发挥显著、群众信赖的调解组织受到省委常委、市委书记李群的批示肯定，新华社、经济日报等多家全国性媒体进行了宣传报道；打造了交通安全事故和婚姻家庭纠纷2个规范化行业性、专业性人民调解委员会。全年共化解矛盾纠纷450余起，成功率达98.7%。完善人民调解优秀案件"以奖代补"政策，发放奖补资金及调解员补贴37万元。依托"12348"法律服务专线，建立区人民调解中心，完成了35起分流件。全区共建立各类调解组织211个，调解员601名。按照人民陪审员制度改革部署要求，为两级法院推荐110名人民陪审员备选人员。2016年，制定了《争创3个100实施意见》等文件，"规范化司法所"达100%，全区220名专职人民调解员轮训一遍。开展"3个100"（100名"调解能手"、100个特色鲜明、成效显著的优秀司法行政工作室、100个优秀人民调解组织）评选活动，有力地激发了基层人民调解组织和调解员的积极性，推动了基层调解工作健康发展。指导有关部门成立涉及食品药品、消费者权益保护等10家行业性、专业性调解组织；积极推选"最美人民调解员"3名，王哥庄司法所高存乐获评青岛市"最美人民调解员"，中韩街道华都社区调委会主任王莹被推荐参加"全国模范人民调解员"评选。加强人民调解委员会、司法工作室规范化建设，全区191个"司法工作室"统一形象标识并有效运转，创建率100%，规范化司法工作室90%以上。由区司法局、区法院、区房管局联合成立"物业纠纷人民调解委员会""物业纠纷巡回法庭"和"物业纠纷多元化调处中心"，建立起联动调处物业纠纷的快速通道。建立3个"警调联动"调解室，区法院建立"诉前人民调解室"，聘请5名优秀法律工作者担任调解员，调处矛盾纠纷20起。依托"12348"

李霖工作室开展普法进社区系列活动

法律服务专线，处理 9 起分流件。全区共建各类调解组织 217 家，调解员 619 名，成功调解纠纷 490 件，成功率达 99.8%。组织年度人民调解优秀卷宗评选活动，发放优秀案例补贴 30 余万元。

5. 整体推进司法行政队伍建设工作。 2015 年，崂山区参与"双包双促"和"千名干部进千企"活动；申报区司法局"特殊人群管理"工作成果；2 名同志被省司法厅记个人二等功。在全体党员中开展了"三学三讲"主题教育活动，教育和引导广大司法行政干警认真负责、敢于担当，忠诚履行职责使命。加强职业道德建设，自觉培育和践行社会主义核心价值观，持之以恒纠正"四风"。加强领导班子建设和党的建设，充分发挥党组织的政治核心和战斗堡垒作用。加强制度建设，不断推进队伍建设制度化、规范化。加强反腐倡廉建设，落实党风廉政建设责任，深入开展反腐倡廉教育。2016 年，把政治建警摆在首位，严明政治纪律和政治规矩，严明组织纪律，增强组织观念。制定了《崂山区司法行政系统党风廉政建设和反腐败工作意见》，深入落实中央八项规定精神。扎实推进党风政风行风建设，深入开展"两学一做"专题教育活动。全年，崂山区司法行政系统共对 5 名同志进行入党积极分子备案；收缴党费 24000 余元，全系统无一人因违法违规违纪受到党纪政纪和法律处理。各级报刊、媒体刊发展示崂山区司法行政工作的丰硕成果和良好形象、推广崂山区经验做法稿件 229 篇。开展了"双千""双包双促"活动，安排在 12 家律师事务所、2 家企业建立联系点，较好地完成了计划目标。开展志愿服务活动 6 场次，30 余人次利用节假日奉献爱心；开展了慈善一日捐活动，捐助爱心款 6000 元；走访看望患病职工及家属、困难群众 3 名；安排机关干部 300 余人次、车辆 80 余台次，协助社区做好护林防火工作。聘请心理学专家对机关干部开展针对性心理健康知识讲座。深入开展法治进机关活动，崂

专题党课

山区司法行政系统的 8 名同志参加执法证年审考试，一次性通过；机关公务员、事业编制干部全员参加网上学法，考试全部合格。

二、主要成就

崂山区司法行政工作经过实践探索，内涵日益丰富，领域逐步拓展，主题更加鲜明，体制机制不断完善，探索了一大批在全市、全省乃至全国有重要影响的经验做法，为深入推动司法行政领域各项工作提供了"崂山模式"。全区司法行政系统适应改革开放和经济社会发展带来的新情况、新问题，勇于创新，敢于攻坚，为维护社会大局稳定、保障人民安居乐业、促进改革发展创造了良好社会环境。

（一）保障了经济发展

崂山区各项司法行政工作能够始终立足于司法行政业务职能开展，主动融入经济发展改革大局，紧紧围绕中心工作，找准切入点和着力点，为经济社会持续健康发展提供有力的司法服务保障。不断健全完善服务发展的具体措施，创新机制，提升质量。更加注重运用法治思维和法律手段调节经济社会关系，依法保障企业和公民的合法权益；实践探索重点项目"团队化"法律服务模式，积极为企业发展提供绿色通道和"直通车"服务。围绕安商课题，针对金融工作开展法制宣传，加强警示教育，增强风险意识和识别防范能力，帮助解决困难问题。全面落实普法和依法治理规划，依法维护公平交易和有序竞争，始终狠抓行业依法治理工程，确保经济建设法治环境优良。

（二）维护了和谐稳定

崂山区不断完善矛盾纠纷排查调处机制，结合区情实际研究制定矛盾纠纷源头预防、动态管理、综合调处等多元化解机制，推进专业性、行业性人民调解组织建设，拓宽第三方参与矛盾纠纷化解的制度化渠道，充分发挥人民调解"第一道防线"作用。全面完善重点人群服务管理机制，对社区矫正、刑满释放人员等重点人群，依法落实教育、矫治、管理以及综合干预措施，始终严格执法、文明执法、法治引领、依法执行，提高服务管理水平，做到底数清、动态明、管得住、服务好。进一步完善规范执法监督制约机制，加大培训力度，提高干警运用新知识、新技术做好依法执法工作的本领，完善细化执法操作和管理规范，提升执法公信力。

（三）推动了民生改善

将关注和改善民生诉求作为司法行政各项工作的出发点和落脚点。全力推进区、街、居上下贯通的三级公共法律服务实体平台建设，确保城乡居民方便快捷地获得公共法律服务。将法律援助纳入区

为社区居民提供法律援助

政府民生工程，进一步延伸和拓展法律援助渠道和范围，法律援助面达到 65%。探索推动全区法律顾问全覆盖工程，深化司法所人员、律师、基层法律工作者联系社区制度以及"律师护航发展在社区"等活动，推进基本公共法律服务均等化、便民化。深化"司法服务下基层"，着力完善全区综合法律服务网络，不断提高法律服务供给能力和水平。

三、经验启示

（一）必须确保将党的主张贯彻到全区政法工作各个方面

党的领导是提升党对政法工作领导制度化、科学化水平的有力举措，对于促进政法机关工作与地方党委、政府工作更好结合融合，协调推动区域经济社会又好又快发展具有积极意义。在全区司法行政事业发展历程中，必须坚持党对司法行政工作的绝对领导，将党的主张贯彻到全区司法行政工作各个方面，确保全区司法系统战线经受住种种考验，圆满完成各阶段目标任务，实现全区司法行政工作始终沿着正确的发展方向，有力服务保障改革发展稳定全局。

（二）必须紧紧围绕社会和谐稳定的目标，全力筑牢"第一道防线"

随着工业化、城镇化的步伐加快，经济发展方式和经济结构调整的力度加大，征地拆迁、环境污染、违章建筑、医患纠纷、交通事故处理、人身伤害等引发的社会矛盾纠纷不断增多，司法行政机关预防和化解矛

盾的难度日益加大，维稳任务更加艰巨、繁重。司法行政机关作为维护社会稳定的专门力量，必须始终牢记稳定是根本大局，全力筑牢"第一道防线"，认真处理好维护稳定与维护权益、活力与秩序、民主与专政的关系，坚持底线思维、问题导向，以总体国家安全观为指导，更加注重依法治理，发挥制度体制优势，更好地肩负起维护社会稳定的责任，不断提高法治崂山建设的层次和水平；坚持德治和法治相结合，既善于运用法治思维和法治方式思考问题、推动工作，又善于教育引导人民群众更多选择调解、仲裁、行政裁决、行政复议等方式解决矛盾纠纷，提升维护社会和谐稳定的水平。

（三）必须强化职能作用，充分发挥司法行政服务群众、服务经济发展的独特优势

建设服务型司法行政机关，是根据多年社会主义市场经济实践和人民群众的迫切需求总结提出的执政理念。让群众享受更多更好的改革发展成果，是新时期做好司法行政各项工作的出发点和落脚点。司法行政工作与群众路线息息相关，要强化职能作用，切实把维护人民群众的利益作为根本宗旨，及时转变作风，主动深入基层，充分发挥律师、公证、法律援助、法制宣传、人民调解等职能作用，全力为群众办实事、解难题，不断提高做好新时期群众工作的能力。以理念思路、体制机制、方法手段创新为动力，把防控风险、服务发展和破解难题、补齐短板摆在突出位置，合力维护社会稳定、创新社会治理、深化司法改革，深入推进法治崂山、过硬队伍建设，突出司法行政服务群众、服务经济发展的独特优势，全面提高司法行政工作科学化、法治化水平。

执笔人：邵琰景
审核人：范成业
签发人：范成业

改革开放以来崂山区交通运输事业发展历程与成就

崂山区交通运输局

党的十一届三中全会吹响了改革开放的号角，经济社会迎来了大发展大繁荣。交通运输行业作为国民经济社会发展的基础性、保障性、先导性产业，也迎来了高速发展的黄金时期，崂山区交通运输事业其间大致经历了起步恢复、快速发展、品质提升三个阶段。

一、基本发展历程

（一）起步恢复阶段（1978~1993 年）

交通运输业是国民经济发展的基础产业，起着重要的基础保障与促进作用。进入 20 世纪 80 年代，在改革开放路线指引下，崂山区经济社会快速发展，崂山的交通运输业和其他行业一样进入一个新的历史发展时期。尤其是在 1983 年后，国家确定把交通运输作为社会主义现代化建设的战略重点之一，为公路发展奠定了政策基础。1987 年国务院发布的《中华人民共和国公路管理条例》、1988 年交通部颁布的《中华人民共和国公路管理实施细则》，使公路建设做到了有章可循，有法可依。

1. **主干道。**崂山区不断加大道路建设投入，主要对辖区莱青路崂山段、贾汉路、南王路、青王路进行了拓宽改造，道路通行条件得到了一定改善，带动了周边经济的发展。

莱青路崂山段南起大麦岛，北至崂山与即墨交界，途经石老人、沙子口、青山垭口、王哥庄，是崂山沿南、东海岸的一条环形旅游线，同时也承担着市区与崂山区连接的东部车流。改革开放前，虽然经过几次改建，但路基宽度仅有 6~8 米，通行能力不足。进入 20 世纪 80 年代，随着旅游业的振兴，进出崂山景区的车流大量增加，同时随着青岛城市空间向东部拓展，原有道路已难满足需要。为提高道路通行能力，崂山区政府于 1983 年和 1984 年，分别进行了流清河至垭口、大麦岛至沙子口、大河东至登瀛段的拓宽改造，并将大麦岛至流清河全段铺筑沥青路面。至此由青岛市区去崂山的风景区线路路基宽度达到 7~10 米，全部为沥青、块石路面，成为晴雨无阻较为通畅的路线。1989 年，为建设石老人旅游开发区，青岛市政府决定按一级公路标准进行麦岛至石老人段 7.3 千米路基改造工程。工程于 1990 年 3 月 1 日开工，同年 5 月完成。改造后该段路基宽度 41 米，沥青路面宽度 16 米，为石老人旅游开发区提供了良好的交通条件。至此，由青岛东去太清宫风景区的崂山旅游道路全部为沥青路面，为崂山风景区的发展壮大提供了交通保障。

贾汉路由城阳的贾家营村至沙子口汉河社区，是崂山旅游的内环线路，也是崂山区中部与城阳区连接的重要道路。随着崂山旅游的发展，原有道路路窄、坡陡，通行能力差，已不能满足日益增长的交通需求。针对这种情况，1986 年对乌衣巷至大崂段进行了拓宽、弯道取直改造；1990 年进行了大崂至北九水段混凝土路面铺筑及沥青罩面，进出北九水风景区的道路状况得到了一定的改观。

原王青路自王哥庄经雕龙嘴、返岭前等村至青山垭口，是崂山旅游的北线。改革开放前虽然经过几次改建，但宽度仅为 4~5 米，路面为沙

贾汉路环崂山西麓

土、条石路面，改革开放后已不能适应旅游事业和经济社会发展的需要。1985 年，青岛市政府把此路列为重点建设项目，进行了大规模的裁弯、降坡、改道、拓宽等改建工程，1988 年铺筑沥青、块石路面，1992 年对王哥庄至仰口路段改建，重新规划了线路，铺筑了沥青碎石路面，提升了道路

通行能力。

南王路自南龙口起，经沟崖、洪园、周哥庄、大崂、劈石口至王哥庄，在滨海公路通车前，是城区经北宅街道通往王哥庄街道的唯一路线。改革开放前此段道路为沙石路面，路基宽度 5~7 米，尤其遇到雨雪天气，道路通行困难。针对这种情况，1979 年和 1983 年分别对北宅至鸿园、鸿园至南龙口两段进行了路基改线，路面宽度达到 8 米，1988 年对鸿园至大崂段铺筑了沥青路面，道路通行条件得到一定改善，王哥庄片区与城区联系更加通畅。

李沙路是连接崂山区与李沧区的重要道路，是崂山区内的东西交通干线。该路最早建于德国强租胶澳时期，至改革开放前，路基 8~11 米。1983 年对道路进行了沥青罩面，1987 年进行了撒油养护。1992 年再次对该路面大修，在原路上铺筑水泥稳定砂基层和沥青路面。1993 年，市区公路管理处对李沧区郑庄至崂山区北龙口段进行了路基拓宽，由原来的 10 米拓宽至 20 米，提升了道路通行能力。

2. 进村路。20 世纪 50 年代以前，农村的街巷随房舍建筑自然形成，大都是弯曲狭窄、高低不平的土路。村内一般是小巷连着大街，大街直通村外。60 年代，对街巷进行过修整，但没有根本改观。70 年代末，随着农村建房规划的实施，对街巷重新规划，小巷宽 2~3 米，石砌或铺水泥；大街宽 4~8 米，铺沙石或水泥。1987 年，全县乡镇通村公路沙土路面占 88%，沥青路面仅为 10%。1991 年 8 月，崂山区实施社会主义新农村建设，要求每村硬化一条主干道。到 1993 年，全区行政村全部通汽车，公路路网密度每平方千米达 0.26 千米，公路硬化率达 80%以上，以上两项指标居山东省前列。

（二）快速发展阶段（1994~2009 年）

1994 年青岛市行政区划调整后，崂山区经济社会迎来了大发展大繁荣时期，进入了快速发展阶段。这一段时期，崂山区不断加大道路建设力度，完善区内道路交通网络布局，逐步形成了以青银高速、滨海公路、崂山路、李沙路、南王路等"一高、两环、三纵、四横"的交通干线公路公路交通网络。同时，加大农村公路网络建设，于 2007 年实现农村公路"村村通"工程，全区所有社区通上了沥青（水泥）路，全区路网建设迈上了一个新台阶，为全区经济社会发展提供了良好的交通基础保障。

1."一高、两环、三纵、四横"高等线干线公路网络形

成。交通基础设施建设对经济社会发展具有基础性和先导性作用，事关城市集聚辐射功能，是提升城市综合竞争力的关键。崂山区抓住经济快速发展的重大历史机遇，大力推进交通重点项目建设，形成了一高（青银高速）、二环（莱青路崂山段、南王路）、三纵（滨海公路、海尔路、G308 国道）、四横（李宅路、株洲路、李沙路、王沙路）为骨架的高等级干线公路网络，解决了制约崂山发展的"瓶颈"问题。

G035 青银高速公路崂山段：青银高速路是国家高速公路网青岛至银川的重要路段，也是青岛高速公路的重要组成部分，被誉为"山东经济的黄金走廊"。崂山段全长 5 千米，其中李家下庄至枣儿山区界 2.86 千米，1998 年 9 月开工建设，2000 年 12 月 23 日竣工通车，增强了青岛与其他市区的联系。

莱青路崂山段：南起大麦岛，北至崂山与即墨交界，途经石老人、沙子口、青山垭口、王哥庄等村，是崂山沿南、东海岸的一条环形旅游线。随着经济社会与崂山旅游的发展，原有道路已不能适应群众生产生活的需要，道路拓宽改造势在必行。1996 年对石老人村至西姜村路段进行改建；1998 年对西姜村至流清河进行拓宽改建；2002 年对大麦岛至松岭路进行大规模改建，路面宽 40 米，8 车道，完成道路地下管网和路面灯光照明工程，该段成为市区的主干路。

南王路：自南龙口起，经沟崖、洪园、周哥庄、大崂、劈石口至王哥庄，全长 24.807 千米，在滨海公路建成通车前是崂山主城区通往王哥庄的唯一路线。南王路沿线有多个社区，生产多种农产品，也是市民休闲观光的好去处。为促进农村经济的发展，崂山区多次投资进行道路拓宽改造，推进城乡一体发展。1995 年对孙家至王哥庄进行改建。1999 年 2 月对石岭子至大崂段进行改建，重新规划路线，途经周哥

20 世纪 90 年代初期海尔路中韩段修建场景

庄、书院、北头、大崂至孙家村，改线后公路较原南王路缩短近 3 千米。

滨海公路：滨海公路崂山段起点位于即墨市与崂山区交界处的江家土寨，终点位于松岭路与香港东路的交叉口，全线长度为 32.5 千米，一级公路，双向 6 车道（香港东路至李沙路段为双向 8 车道）。2004 年 11 月工程开工建设，2006 年竣工。滨海公路是崂山区东部南北向的重要干线公路，加强了东部主城区与北宅街道、王哥庄街道和即墨市的联系。

海尔路：南起香港东路，北至海尔路立交桥，途经中韩、北村、金家岭至山东头，全长 6 千米。1995 年道路建成通车，2003 年该路再次拓宽改建。海尔路是崂山区中部的重要干线公路，连接市区重要道路，建成后大大增强了崂山区中部与李沧区的联系。

G308 国道：G308 国道是青岛市通往内陆地区的重要国家级公路，G308 国道青岛段始建于 1984 年 7 月，1987 年 12 月竣工通车，2003 年再次进行改建，改建后路面宽 30 米，双向 8 车道，一级公路。它是崂山区的北通道，它实现与李沧区、城阳区和机场的交通连接。

李宅路：自李村起经老鸹岭、张村、枯桃村至南宅，道路全长 9.6 千米，承担分流香港东路车辆任务，也是驻地部队的必经之路。因此路坡陡路窄，车行不便，来往机动车辆多走沧沙线。为此，1990 年崂山区将其改建，路面宽 8 米，使其达到了四级路标准。2005 年崂山区投资对李宅路（张村至南宅）段进行改建，路面宽 24 米，达到一级公路标准。

株洲路：东起滨海公路，西至海尔路，全长 6.4 千米，1994 对此路进行建设后，将道路拓宽至 16 米，沥青路面，为三级公路。该路是崂山高科技工业园连接市区重要道路，也是崂山区内连接高等级公路的重要通道。

李沙路：崂山段全长 10.1 千米，途经南龙口、汉河、南宅等村，是崂山区连接李沧区的重要道路，主要承担进出崂山中部车流。1997 年 4 月至 7 月底，对沙子口至汉河段

株洲路

进行改建。1999年冬，对北龙口至汉河进行改建。改建后路面拓宽为16米沥青路面，标准为一级公路。

王沙路：王沙路崂山辖区内10.46千米，是连接市区、沙子口街道至王哥庄街道的主要通道。该路段1992年改建后，经过近10年的运用，已暴露出坡陡、路窄、标准低的缺陷，特别是冬季雨雪封山，山高坡陡交通不便，当地群众出行已成难题。2003年，崂山区将王沙路改建工程列为较大基础设施工程项目和2003年要办的实事之一，同年10月竣工通车。2004年5月对王哥庄至仰口路段进行改建，同年10月竣工通车。改造后全线为双向6车道，一级公路标准，通行能力大幅提升。

此外，崂山区加大道路建设投入，进一步完善区内道路网络，将重要区域打通连片。1996年建设了全长7.1千米的青岛市岸线旅游观光路东海路，1999年、2000年分两期建设了江家土寨至港东至晓望的新东海路，2001年改造了保张路崂山段，2004年建设了滨仰公路一期工程和鱼水路工程，2008年建设了滨仰公路二期工程。

2. 农村社区实现公路"村村通"。 1994年后，崂山区农村公路建设加快。11月环崂山区公路开始线型勘测。年末138个村，村村通公路。2001年4~6月，按上级要求进行进村路普查，摸清了全区公路现状，为国家制定公路规划和建设提供可靠的依据。之后对进村路进行改造，区政府、街道办事处和村委会按1:1:1的比例分摊进村路的建设资金，对部分进村路路面破损严重，甚至存在断头路的路段进行硬化、打通。2004年区委、区政府将高标准建好进村路作为当年重点办好的十二件实事之一，本着"统筹规划，分步实施，质量第一，造福于民"的原则，按照"条件成熟一处，组织施工一处，交付使用一处"的要求，对区内50个行政村45条进村路进行改造硬化。2004年底，全区累计完成进村路118条，路网面积密度达到0.97千米/平方千米，路

进村路实施道路硬化改造

网人口密度达到 14.81 千米/万人，均列全市第一位。

2006 年，对 4 个街道的 23 条进村路实施硬化改造。2010 年 10 月，新一轮农村道路硬化工程全面开工，对 4 个街道的 28 条进村道路进行硬化改造，均为沥青、水泥路面。到 2010 年末，全区 139 个行政村进村路全部硬化，在全省率化实现了村村通柏油（水泥）路的目标。

3. 公共交通。崂山的公共交通发展是完全依托于青岛市公共交通体系发展起来的，在崂山区运行的全部公交车由青岛市公交集团、青岛市交运集团经营。十一届三中全会后，随着青岛市公共交通事业的飞速发展和崂山客运班车的悄然兴起，通往崂山的公共交通班线与日俱增，崂山的公共交通事业逐渐发展起来。特别是 1989 年党的十三届四中全会召开之后至 2009 年的 20 年间，由于改革的不断深入和辖区路网建设的快速发展，带动崂山区公共交通进入了一个全面快速发展的时期。1978 年途经崂山区的公交线路仅有 10 条，至 2009 年通往崂山区四个街道和崂山风景区的公交线路达 51 条。营运线路的增加、线网密度的加大，形成了畅通、快捷的交通体系，为崂山区社会经济发展、旅游业发展和区城市化进程起到了积极作用，给群众生活带来了便利。

（三）品质提升阶段（2010~2015 年）

2010 年，崂山区公路路网布局基本形成，村村通上了"柏油路"，交通工作重点由新建完善公路路网为主向建设管理养护并重转变，在城乡结合部位进行传统公路向市政道路的升级改造，在传统公路安装路灯，对道路两侧实施绿化，在街道主要道路建设人行道、雨污水等设施，大力提升道路出行品质和经济社会发展的保障能力。

1. 干线公路市政化升级改造。随着崂山城市化的快速发展，原有的公路因为缺少市政管网、

崂山路

两侧缺少绿化，已经不能适应城市空间不断拓展的需求。崂山区加大传统公路向市政化道路升级改造力度，先后完成崂山路一期工程、崂山路二期工程、鱼水路拓宽改造工程，使城市空间进一步拓展。

崂山路是市区东部衔接香港路直达崂山风景区的主通道，改造前崂山路是按公路标准设计的，两侧没有人行道，最窄处为16米，车道为双向4车道，通行能力的不足和缺少市政基础设施，已不能满足城市快速发展的需求。崂山路工程作为一项拓展青岛城市空间、提升城市品质的重要工程，崂山区成立了以区委书记、区长任总指挥、相关部门组成的工程建设指挥部，协调各方面工作。一期工程西起滨海大道东至沙子口桥，长8千米。按照城市主干路兼顾一级公路标准建设，道路两侧敷设市政和商用管线17条，配备人行道、自行车道、绿道等慢行系统，景观绿化突出地域风光和山海文化。工程于2012年6月开工，2013年6月实现半幅通车，2013年9月实现全线双幅通车。崂山路一期工程在传统的公路上敷设了9大类市政和商业管线，成为全市一次性建成、敷设管网最全的市政道路。同时，充分考虑道路通行需要，设双向8车道、6车道以及3米宽的中央安全隔离带，全线设置绿道、人行道、自行车道，成为全市第一条两侧具备自行车道的市政道路。全线采用LED路灯，成为全市第一条全路LED亮化的市政道路。道路沿线绿化面积达到18.5万平方米，沿路绿化充分利用山海地势，自然灵动。崂山路的建设不仅解决了崂山路沿线供热、供气、交通等历史难题，还进一步拓展了发展空间、提升了城市品质。

为提升部队作战保障能力，2013年7月启动了鱼水路拓宽改造工程。工程全长约4.09千米，原道路双向两车道，承担着部队内部与外部畅通连接及特殊车辆的通行需求，但道路路面破损严重、车流量较大导致经常发生拥堵，且两侧没有绿化、没有路灯、没有雨污水等市政设施，已不能适应现代化部队作战和周边群众生产生活的需要，亟须改造。该道路是一条重要的国防战备道路，事关基地和海军建设，事关军地关系和双拥共建工作，也直接影响青岛的形象。崂山区委、区政府高度重视，成立了以区委书记、区长为总指挥，军地双方共同参与的工程建设指挥部，推进工程建设。改造工程对道路进行了改线，新建桥梁一座，改建桥梁一座，道路拓宽为双向四车道，道路两侧进行绿化、亮化、河道整治和污水治理等配套基础设施，于2014年3月竣工。鱼水路的建设，进一步完善了辖区公路网络布局，提升了道路周边环境，保障了部队战备需求，也给周边群众的生产生活带来了舒适便捷。

崂山旅游是崂山区三大经济平台之一，旅游业的兴旺带动了区域经济的快速发展，同时原有的老路已不能适应快速发展的需求。崂山路一期工程通车后，沿线居民要求崂山路继续向山区方面改造的呼声越来越高。为让更多的群众享受到城市发展带来的实惠，崂山区委、区政府于2015年4月底正式启动了崂山路二期改造工程。工程西起沙子口桥，东至崂山景区大河东服务中心，全长4.1千米，是一项由传统公路升级为一级市政道路的改造工程，于2016年6月竣工。改造后，地下一次性铺设了10类15条市政管线，两侧建设人行道，采用主辅路结合的方式，充分尊重了群众生活习惯，成为主路平顺畅通、辅路灵动便捷、人车分道专用、市政设施齐全、绿化自然古朴、交通管理智能的城市道路。

2. 农村公路管理养护。 为推动城乡一体化发展，实现崂山区全域统筹，构建城乡协调发展新格局，在全面完成了"村村通"工程的基础上，工作重心由建设为主向"建养并重、管养为主"转变。2010年初，崂山区出台了《崂山区农村道路管理养护实施意见（试行）》，2014年12月，在总结农村公路管理养护经验的基础上颁布了新的《崂山区农村道路管理养护实施意见》，建立起一支农村公路专业养护队伍，建立了区、街道、社区三级养护管理体制，统一了养护制度、标准、流程，优化了管理养护评价体系。2014年在全市率先出台了《崂山区农村公路路灯管理养护办法》，对分散在山区公路上的太阳能路灯建立了每2天巡查一遍的夜间巡查制度，保证路灯的亮灯率在98%以上。崂山区公路管理由粗放型管理逐步走向科学化、制度化、规范化。

崂山农村社区多处于山区，受自然条件限制，道路多临水、临崖建设，路窄、坡陡、弯急，原有道路虽然通上了柏油路，但经过多年使用开始出现破损、道路缺少安全防护设施等问题。针对这种情况，崂山区加大农村公路投入，2010年起实施农村公路大中修工程，改善农村出行条件。先后投资2600余万元完成了43.8千米的农村公路大中修。针对山区道路"坡陡、弯急、路窄"的现状，因地制宜地采取了"平顺、取直、加宽"的工程措施，不断提高山区道路的安全保障标准。按照生命安全防护标准，对山区道路上坡陡、弯急、路窄存在安全隐患的路段进行集中整治，特别针对公交车、校车线路上的安全隐患，采取增加小桥涵承重、临河临崖增设护栏等安全措施，提高农村公路安保等级，提高道路安全通行能力。为改善群众夜间出行条件，增强安全出行保障，2010 年起，按照"先干线、后支路、再进村路"的思路，崂山区率先在全市实施农村公路亮化工程。2010 年以来累计投资 3827 万元，在全区 82 千米的干线公路上安装新型清洁能源路灯 1781 盏，崂山区干线公路亮化率由不足 40% 提高到 95%。

3. 公共交通服务。由于客观原因和历史原因，以及紧邻市区的区域位置特殊性，1994 年崂山区区划后的一段时间里，辖区公共交通服务水平不高，公交场站建设相对滞后。截至 2009 年底，崂山区运行的公交线路虽然有 51 条，但多为由市区始发的延伸线或过境线，没有形成围绕崂山区政治、经济、文化、医疗中心，辐射四个街道的公交网络。随着崂山区经济发展和城乡一体化进程的加快，中心城区教育、医疗、购物、娱乐功能的逐步完善，群众对公共交通出行的要求日渐强烈，原有的延伸线和过境线已不能适应崂山经济发展的要求。建设便捷高效的公交网络既是群众呼声，又是繁荣城区、汇集人气的重要措施。2010 年，公共交通由市城乡建设委员会划归市交通运输委，公共交通基础设施保障由各区市负责，线路运营仍由青岛市公交集团和青岛市交运集团两家企业运营。崂山区加大公共交通投入，建设公交停车场站、完善公交网络布局、推进农村公交发展，至 2015 年底，崂山有公交场站 11 处、公交线路 95 条，公交运行车辆 1420 台，建立起以区行政中心向 3 个街道辐射的公交服务框架，公交站点 500 米覆盖率达 95% 以上。营运线路的增加，线网密度的加大，形成了畅通、快捷的交通体系。

公交场站是公交运行的重要基础保障，没有公交场站运营企业不愿来、也来不了，但建设公交场站涉及土地、规划等多方面的工作，协调难度大，建设周期长，场站建设跟不上发展的需求，直接制

在农村道路上安装新型太阳能路灯

约了崂山区区内公交线路的开通运营。崂山区积极协商相关企业和社区，大力推进区内公交停车场站的建设。在场站建设中，打破以往由政府投资建场站、修道路、保运营的包办模式，从调动社会资源入手，引导社区参与公交场站建设，采取租赁社区土地的方式，建设临时公交停车场。全区共有公交停车场 11 处，均为 2008 年以后建设投入使用，其中 2010 年后建了 8 处。

崂山区在公交场站建设的基础上积极协调市运管部门，采取了开通新公交线路、延伸公交运营区间，优化公交路线等措施，使区内公交网络覆盖率大幅提升。由于历史原因，加上山区复杂的道路环境，在 2010 年以前，途经崂山区农村社区的公共交通线路较少，尚有部分农村社区未通公交，即使通公交的社区发车密度也较低，农村社区居民出行不便。为改善广大山区群众的公交出行条件，崂山区加大对山区道路的整治力度，整修路面，砌筑安全挡墙，安装安全防护设施，合理规划线路，为开通公交车创造条件。针对农村群众出行人数较少，线路运营亏损的情况，崂山区实施公交冷线路补助政策，以提高运营企业的积极性。针对山区道路状况，量身定做了一批适应山区道路小体格的"山区公交车"，开通了具有崂山特色的"山地公交""赶集公交"。针对农村道路公交站点没有候车设施、遇有恶劣天气候车不便的问题，2015 年，启动了山区农村公交候车亭建设，在 25 条山区公交线路上安装候车亭 150 个，农村群众公交出行的便捷度和舒适度向城市看齐。

至 2015 年底，公交线路由过境的 51 条增加到 95 条，公交站点 500 米覆盖率由不足 60% 提升到 95% 以上，基本形成以城区为中心，连接各区、各街道、社区的比较完善的公交线网，打破了区内公交出行依赖于青岛市公交的跨区域线路和延伸线路的局限，实现区内公交稳步发展的新局面。

公交车延伸至竹窝社区

二、主要成就

（一）道路保障能力全面提升

交通作为国民经济的基础性先导性产业，是一个地区物质文明、精神文明和政治文明的重要标志，高等级公路的建设对拉动经济起着关键性的作用。改革开放以来，特别是在区划后20多年的努力下，崂山区公路建设取得了跨越式发展，形成了以滨海公路、308国道、青银高速等国家级公路为交通大动脉，以李沙路、王沙路、莱青路等省级公路为主线，以南王路、贾汉路等县乡路为支线的"一高、二环、三纵、四横"的立体式高等级道路网络，形成了较为完善的陆路交通网。崂山辖区内的村庄绝大多部分位于山区，崂山区提出了"建设新农村，交通要先行"的理念，统筹国家和省市区公路建设资金，连年加大对农村公路的建设改造力度，助推新农村建设进程。全区陆路交通网络的建设与进一步完善，大大改善了崂山经济社会各项事业发展的硬环境，加快了全区上下建设青岛高新产业核心区、国际性旅游度假区、现代服务业聚集区的步伐；大大改善了偏远山区交通设施落后的局面，焕发了崂山区乡村旅游的生机，增加了农民收入；大大方便了群众出行，使崂山区农民的生产生活得到彻底改观，加强了农民向市民、村庄向社区、农村向城市的"三个转变"，从而与青岛市中心更紧密联系在了一起。

（二）群众公交出行便捷舒适

海尔路和辽阳东路立交桥

改革开放以来，特别是区划以来，崂山区大力发展公共交通，基本上解决了长期存在的乘车难问题。公交线路从1978年的12条，到2005年的43条，再到2015的95条，农村社区公交站点500米覆盖率达到95%以上，基本实现了小区建到哪里，公交车就通到哪里。公交车辆逐步由小型公交车向现在的低地板、大玻璃、采光透气效果好的新式公交更新，大多数公交车上安装了电子语音报站器、电子显示屏、闭路电视监视系统、GPS定位系统、公交IC卡收费系统，为社会提供了更加舒适方便的公共交通服务。针对崂山区地处丘陵地带的特殊情况，定制了一批适应山地的小型公交，开通了"山区公交"；为方便群众生活，结合农村群众出行特点和生活习惯，开通了大受农村群众欢迎的"赶集公交"；为方便假日群众到北九水景区游玩，在旅游旺季开通了"旅游公交"。同时崂山公交为老年人、学生、残疾人、伤残军人实行优惠票价制度。公交服务能力大幅提升，群众公交出行更加方便快捷。

（三）客货运市场健康稳定发展

20世纪80年代以后，崂山区除国营运输外，私人购车、个体经营的运输业迅速发展起来，公路运输出现了空前活跃的新局面，多种形式并存的运输业缓解了运输压力，货运量、客运量逐年递增，促进了经济社会的发展。为保障客货运市场的长期安全稳定，崂山区针对不同时期的形势，开展了"平安交通"创建活动，积极推进行业安全生产标准化建设；完善安全生产督查检查机制，在综合检查、专项检查、日常检查的基础上，建立重要时段例行检查与突击检查新机制；加大道路"两客一危"等重点领域的安全监管力度；集中开展安全生产隐患排查治理攻坚行动，大力实施"公路安全生命防护工程"，保障出行安全；注重加强同公安、安监等部门的沟通协作，依法依规惩处各类违法违规行为。经过加强对营运市场的监管与服务，客货运市场迅速发展的同时，交通运输市场更加规范，行业管理能力全面提高，服务水平进一步提高，全区交通运输安全生产持续稳定，无重大事故发生，实现了客货运市场的健康稳定发展。

三、经验与启示

（一）必须坚持以人为本，做到发展为了人民，发展依靠人民，发展成果由人民共享

在崂山交通建设发展中，始终把人民群众的根本利益作为出发点和落脚点，始终贯穿着一切为了人、一切满足人、一切提高人的理念。关

爱生命，体恤民情，想群众之所想，急群众之所急，破解交通安全难点，化解百姓出行难的热点，重点解决山区道路坡陡、弯急、路窄，群众出行难问题，进行了公路拓宽改造、道路大中修、农村道路亮化、开通山区公交线路等措施，群众出行条件大幅改善。崂山路工程是崂山区自建区以来最大的交通基础设施建设项目，工程建设期长、涉及民生类问题多，崂山区广泛征求意见，诚心帮助群众解决实际问题，赢得了群众对崂山路改造工程的理解、支持。面对群众提出的各类问题，特别是涉及的历史遗留问题，第一时间主动回复，不隐瞒、不回避，保证了群众的知情权、参与权、表达权和监督权，以开放包容的姿态面对群众的质疑。坚持"听民言、聚民智"的群众工作路线，对意见建议分类梳理，合理吸纳，力争将每一条合理化建议应用到政府决策中，站在群众的角度换位思考，冷静处理，安抚和消除对立情绪。针对群众反映的问题不隐瞒、不回避、不拖延、靠前协调、主动解决，增进群众对政府的信任感。经济的发展成果必须要坚持人民共享。在崂山区的农村社区开通的公交线路，运营企业一直亏损，企业不愿在这样的风险大、不盈利的地区运营，但人民对开通公交的愿望强烈。针对这种情况，崂山区对山区运营线路按运营线路距离给予补助，解决企业亏损问题，从而解决了群众出行难问题。这种做法赢得了老百姓的支持与肯定。在广大人民群众的大力支持下，崂山区高等级的干线公路网络和四通八达的山区公路网络逐步形

2010年5月，海大崂山公交场站启用

成，同时，公路网络的完善也促进了崂山旅游的快速发展，改善了群众生产生活，为崂山区城乡一体化和经济的腾飞奠定了坚实的基础。

（二）必须创新管理体制机制，注重协调各方利益，促进协调发展

思想禁锢、观念陈旧，仍旧是制约各项工作的最大障碍。不冲破"思想瓶颈"发展就无从谈起。思想决定思路，思路决定出路。崂山交通破除束缚思想和手脚的框框套套，弘扬自主选择和首创精神，在没有现成经验的情况下，采取"好事快办、难事巧办、急事急办、特事特办"的方法，敢为天下先。在公交场站的建设上，在没有规划，或者有规划无法实施的情况下，创新思路，采取租赁社区土地的方式建设临时场站，解决公交场站不足的问题，为公交线网布局打下良好基础，解决了群众公交出行问题。在道路建设征地拆迁过程中，面对历史遗留问题，不推不等不靠，积极一次性解决，为其他道路建设提供了可借鉴的经验。农村公路基础设施建设上，率先在全市农村公路上安装路灯、安装公交候车亭，解决群众的出行安全问题。崂山交通的发展充分证明，只有创新管理机制，充分调动人民群众的积极性、主动性和创造性，最大限度地集中人民群众的智慧和力量，才能为人民办实事，将实事办好。

（三）必须有一支素质过硬的交通队伍，不断解决执行过程中遇到的新情况、新问题

崂山交通基础设施建设取得了丰硕的成果，关键在于有一支素质过硬的交通建设管理队伍。一流的队伍才能创造一流的业绩。一支作风顽强、信念坚定、思路清晰、精益求精的交通建设管理团队是攻克一切难关，夺取最后胜利的法宝。崂山区没有把加强党的执政能力和先进性建设当作一句空话，而是扎扎实实地落实到提高党政干部素质上，落实到作风建设、服务承诺、限时办结等制度上，落实到体恤民情的具体工作中。崂山路工程地处城乡结合部位，两侧沿线企业多、群众诉求多、过往车辆多、社会关注度高，工程建设遇到了前所未有的困难。工程建设管理团队发扬"靠上拼上豁上"的精神，全身心投入工程建设，解决工程建设中的各种拆迁阻工、交通调流、企业协调等问题，严把工程质量关，带病坚持工作，节假日不休息，一心扑在道路建设岗位上，在时间紧、任务重的情况下出色完成了道路建设任务。崂山路工程作为崂山风

景区提升工程、世园会配套工程、城市标志性工程，得到了市委、市政府的肯定和社会各界的认可，同时也涌现出了一支优秀工程建设管理团队，为崂山交通运输事业的发展提供了强有力的保障。

执笔人：王在峰

审核人：刘洪正

签发人：张贤玥

参考文献：

1. 青岛市交通委员会，《青岛交通改革开放 30 年》，山东省内部资料性出版物 2009 年版。

2. 青岛市崂山区交通运输局，《崂山交通志》，青岛市新闻出版局 1992 年版。

3. 青岛市崂山区史志办公室，《崂山年鉴》，黄河出版社 2015 年版。

崂山区农村社区集体资产经营管理体制改革的发展历程与成效

崂山区农业和水利局

2000 年后，在农村工业化加快发展和城镇化快速推进的新形势下，经济发达的城郊地区、沿海地区的农村客观地面临资源的非农化转移和重新配置，外部环境的变化和集体经济自身的发展有力地推动着农村集体经济产权制度改革迈出新步伐。

2004 年，崂山区"撤村建居"完成，"城中村"改造工作逐渐展开，农村集体经济收入增加，社区居民的就业渠道、居住区域、生活方式呈现多样化的发展趋势。为保障农民权益、维护农村社区稳定，激发农业农村发展的内生活力，加快城乡发展一体化进程，崂山区积极探索、创新体制，在依法保障农民集体经济组织成员权利的基础上，积极发展农民股份合作，在青岛市率先推行农村社区集体资产经营管理体制改革工作。农村社区集体资产经营管理体制改革是将现行的集体资产共同共有改为成员按份共有，赋予农民对集体资产股份占有、收益、有偿退出及抵押、担保、继承权，实现"同股同利"的目标，并逐步建立归属清晰、权责明确、利益共享、保护严格、流转规范、监管有力的农村集体经济组织产权制度。至 2016 年，已完成 1/4 社区的农村社区集体资产经营管理体制改革工作。

一、崂山区农村社区集体资产
经营管理体制改革发展历程

（一）第一阶段（2005 年 1 月~2007 年 12 月）改革试点启动阶段

1. 改革启动的背景。到 2004 年 8 月 27 日，崂山区内 139 个村委会全部改为社区居委会。而在农村城市化进程中，随着农村市场经济的发展和农村改革的不断深入，两大问题制约了农村集体经济的发展，也在一定程度上影响了农村社会的和谐稳定。

（1）"撤村改居"的完成和旧村改造的实施导致出现三大新矛盾。新进居民不断涌入与集体资产享有范围扩大的矛盾。随着外来人口的不断涌入，社区人口结构发生了很大变化，新进居民数量越来越多。按照社区建设的要求，在将来依法实施居委会换届选举时，新居民与原居民均有选举权和被选举权，居委会领导成员有可能由外来人员担任。如果不及时把集体资产与居委会剥离，有可能扩大集体资产获益主体范围，必然会遭到原居民的强烈反对，也违背"谁拥有、谁投资、谁受益"的原则。

本地居民居住分散与社区自治要求的矛盾。随着形势的发展，沿用村级管理模式的居委会，其本地居民不再固定于某一区域，如旧村改造后的社区居民分散于区内、市内甚至市外等地，社区无法进行有效管理和服务，组织一次会议相当困难，自治成为"空中楼阁"。同时，在外居住的居民更关心、担心集体资产的管理与分配，更容易导致一些矛盾的产生。

集体资产收益分配不规范与集体经济再发展的矛盾。每年社区干部为居民的保障待遇和福利分配只能高不能低伤透了脑筋，居民要求以现金的形式平均分配集体资产的呼声也越来越高，集体资产产权不清、运营效益低下，集体资产保值增值难度加大，可持续发展令人担忧等，成为上级担心、干部闹心、居民不放心的新病，由此引发了一些影响发展的不稳定因素。而解决这些问题的根本出路在于深化农村经营管理体制改革，建立起归属清晰、权责明确、管理民主、流转顺畅的现代产权制度，做到主体明晰、股权固化、盈利共享、风险共担，实现农村社区集体经济全面、协调、可持续的发展。

（2）"集权式"的经营管理模式无法适应城市化发展进程。改革前大部分社区没有集体经济组织，其经济职能由居委会代行。而这种"集权式"管理体制和运行机制已不适应市场经济发展的要求，迫切需要进行体制和机制创新，这是集体经济发展到一定阶段的必然趋势。而当时存在的集体经济产权制度显现严重弊端，抑制了经济健康发展。主要表现在三个方面：一是集体资产产权归属模糊不清。集体资产在名义上归全体集体经济组织成员共有，实际上则长期由居委会代为集中管理。集体经济组织成员个人应享有的份额并不明确，集体资产在一定程度上表现为"人人拥有，实则皆无"的悬空状态，致使在管理体制上出现所有者缺位等不合理现象，有损集体经济组织的市场竞争力，难以对资源进行优化配置。二是集体资产运营的监督制衡机制不完善。长期以来，集体资产的经营决策权主要由社区干部行使。现有的财务公开、民主理财等监督方式、方法缺乏明确的法律规范，无法保障民主监督效果。另外，在集体经济组织内部普遍缺乏对经营决策的责任制衡机制，容易形成集体资产管理漏洞，引起贪污腐败的发生，进而造成集体资产的流失。三是经营管理行为短期化严重。受社区干部任职期限影响，有些干部、群众只顾眼前利益，缺乏长期谋划，农民的权益得不到长久、可靠的保障。因此上访、上告事件时有发生，影响了农村社区的和谐稳定，制约了集体经济的发展壮大。

2004 年，崂山区着手探讨、研究农村社区集体资产经营管理体制改革工作。当年，崂山区 139 个农村社区有 17.33 万人口，农村经济总收入 170.60 亿元，农民人均所得 5915.8 元，农村集体经济纯收入 3.44 亿元，资产总额 31.68 亿元，负债总额

2005 年，举办全区农村社区集体资产经营管理体制改革清产核资工作培训班

9.62 亿元，净资产总额 22.06 亿元。在崂山区旧村改造计划全面启动并逐步实施的情况下，农村社区集体资产经营管理体制改革迫在眉睫。2005 年 1 月 7 日，崂山区政府工作报告提出："要积极稳妥地推进农村社区集体资产管理体制改革。扎扎实实地做好确定改革模式、完善配套政策、总结试点经验、制定实施方案等工作，改革村集体资产管理及运营方式，从根本上保护农民的资产权益"。崂山区吹响了农村社区集体资产经营管理体制改革的号角。

2. 学习外地经验。为打好改革第一枪，2005 年 5 月 26 日崂山区委、区政府组织考察组先后赴广东省东莞市、云南省昆明市西山区等地学习农村社区集体资产经营管理体制改革等方面的经验。东莞市主要做法：以确定的时点为界线，以"一刀切断"的方式界定配股对象和配置股权；以经营性净资产为股本金，设置集体股和个人股；建立股东（或股东代表大会）、董事会、监事会等"三会制度"，在改制初期与村民代表会议、村委会和监事会实行一套人马管理，待条件成熟后向"政经分开"过渡。昆明市西山区主要做法：一是根据集体经济实力等情况，将改革的村（组）、居委会分类成立股份有限公司、有限责任公司等多种形式的法人实体，或成立股份合作（社）企业。该类公司或企业的主要职能是受全体股东的委托，负责经营管理集体资产和进行收益分配，投资创办新的经营项目。二是集体经济组织股份制改革后，其管理职能由股东会、董事会（理事会）履行。群众自治组织的主要职能转到社区服务和管理工作方面上来，做到政社分开、政企分开。

通过考察学习，崂山区明确了农村社区集体资产经营管理体制改革的方向；理清了农村集体资产经营管理体制改革思路；掌握了解决农村社区集体资产经营管理体制改革疑难问题的方法，增强了改革的信心和决心。

3. 启动改革试点。为解决"集权式"

2005 年，凉泉社区成立凉泉股份经济合作社

管理和在城市化进程中"撤村改居"后带来的新问题，崂山区汲取考察学习的经验和精华，不断探索具有崂山特色的农村社区集体资产经营管理体制改革模式，以逐步建立权属明确、股权固化、运行民主、管理科学的集体资产管理制度，先后研究拟定了《青岛市崂山区农村社区集体资产经营管理体制改革工作指导意见（初稿）》《青岛市崂山区农村社区集体资产经营管理体制改革试点工作方案（初稿）》等一系列政策文件。2005年6月16日，区委常委会研究通过了《青岛市崂山区农村社区集体资产经营管理体制改革试点工作方案》《青岛市崂山区农村社区集体资产经营管理体制改革工作指导意见》。

2005年6月27日，区委、区政府印发了《关于农村社区集体资产经营管理体制改革的试行意见》（崂发〔2005〕28号）文件，成立了以区委副书记为组长的崂山区农村社区集体资产经营管理体制改革工作领导小组；确定了中韩街道办事处金家岭社区、山东头社区；沙子口街道办事处沙子口社区；王哥庄街道办事处曲家庄社区；北宅街道办事处凉泉社区共5个社区作为第一批改革先行试点社区。崂山区农村社区集体资产经营管理体制改革工作正式启动。

4. 第一批试点社区实施改革。 自2005年7月5日开始，各街道办事处成立了改革领导小组及办公室；社区成立了改革工作组，组长由社区党组织负责人担任，成员由社区干部、财务人员、民主理财小组成员、党员、居民代表组成，负责组织、领导、宣传发动等改革工作的具体实施。2005年7月12日、19日、25日，分别批复了王哥庄街道办事处曲家庄社区、中韩街道办事处山东头社区、沙子口街道办事处沙子口社区和北宅街道办事处凉泉社区实施集体资产经营管理体制改革的请示。同月，印发了《青岛市崂山区农村社区集体资产经营管理体制改革清产核资工作操作规程》。经过审验、评选等程序，确认并公布了实施审计和资产评估的中介机构名单。2005年8~10月，4个试点社区相继出台了《社区集体资产改制工作方案》《股东资格界定方案》《合作社章程》。

随着试点社区改革工作的推进，通过督导和调研发现之前印发的《改革工作指导意见》在执行过程中有诸多问题没有涉及或不够详尽。为此，2005年11月25日印发了《关于印发〈关于农村社区集体资产经营管理体制改革试点工作指导意见〉的通知》（崂办发〔2005〕17号），对区委、区政府《关于农村社区集体资产经营管理体制改革的试行意见》

（崂发〔2005〕28号文件）附件三的内容进行了修改和调整，原崂发〔2005〕28号文件附件三同时作废。修订后的文件，一是将试点社区减少为4个，中韩街道的金家岭社区暂不纳入第一批试点；二是对股东资格界定进行了更详细的表述，比如，明确了原则上集体股占社区经营性净资产的比例不超过30%，特殊情况下，最高不超过40%；三是提出理事会成员和监事会成员的产生方法；四是明确要求改革成立的股份经济合作社会计核算和财务管理仍执行《村集体经济组织会计制度》。

改革的实施是按照现代企业制度，遵循市场经济规律，以合作制为基础，借鉴股份制形式，把集体资产经营管理职能从社区居委会中剥离出来，把集体资产折股量化到人，建立股份经济合作组织①，以提高集体资产运行质量，促进集体资产保值增值，切实维护农村社区居民的合法权益。具体严把五项原则稳步推进改革：一是在改革模式上，选择组建股份经济合作社、股份有限公司、有限责任公司的改革模式，将集体资产折股量化到人。二是在改革性质上，坚持集体所有制不变。集体收益分配实行"盈利共享、风险共担、先提后用、按股分红"的分配形式。三是在股权设置上，确认2004年12月31日24时作为股东资格界定日，并以"一刀切断"的方式配置股权，将集体经济"人人有份"明晰为"一人一股"，实行"生不增、死不减，进不增、出不减"的股权制度。以清产核资确认的经营性净资产为股本金，按比例设置集体股和个人股。四是在组织设置上，参照《公司法》，建立"三会"，即股东代表大会、理事会、监事会；保证股东的"四权"，即管理权、监督权、分配权、民主决策权。五

王哥庄街道曲家庄股份经济合作社为股东代表颁发股权证

---

① 股份经济合作组织属于农村集体经济组织，是对农村社区集体资产经营管理体制改革成立的股份经济合作社、股份有限公司（有限责任公司）的统称。

是在运作管理上，贯彻执行《山东省农村集体资产管理条例》《青岛市农村集体资产管理条例》《村集体经济组织会计制度》，并将改革成立的公司纳入农村集体资产管理范畴。

2005年12月6日，王哥庄街道曲家庄股份经济合作社召开成立大会，崂山区首家农村社区股份经济合作社诞生。12月16日，中韩街道山东头股份经济合作社、北宅街道凉泉股份经济合作社成立。12月25日，沙子口街道沙子口股份经济合作社成立。4个试点社区量化资产总额3.11亿元；共计7607名社区居民成为股东。

5. 扩大改革试点社区范围。 2006年，崂山区在4个试点社区顺利完成农村社区集体资产经营管理体制改革的基础上，继续扩大改革试点社区范围。为进一步搞好崂山区农村社区集体资产经营管理体制改革工作，规范股份经济合作社财务管理，健全各项规章制度，2006年2月28日至3月5日，崂山区组织考察组，带着改革试点工作中遇到的具体问题先后赴北京市昌平区、浙江省温州市鹿城区和宁波市海曙区有针对性地学习了改革中股权设置、社区股份经济合作社财务管理、制度建设等方面的先进经验和解决改革中具体问题的方法，取得了良好的效果。北京市昌平区主要做法是股权设置集体股和个人股，个人股实行多股制；董事长、监事长、董事、监事等管理层认购经营管理风险股，作为虚拟股纳入经济合作社资产，并签订奖惩协议，实行动态管理；村委与经济合作社财务分社账管理。宁波市海曙区采用先改革再撤村建居的方式，主要做法是股权设置不提倡设置集体股，个人股实行多股制，并逐步建立了现金配股制度、收益送股制度；经营管理方面导入市场化经营机制：对比较小的经营项目，可让有经营能力的股民承包经营，允许其以股权作抵押承包，对比较大的经营项目，经股东代表大会讨论通

2006年8月，全区农村社区集体资产经营管理体制改革动员大会

过后，可按照公开招标的方式，向外发包；建立激励机制，实行经营班子年薪制和年薪加股权奖励相结合的方法；创新用人机制，实行岗位竞聘制，对中、高层管理岗位面向社会公开竞聘，筛选候选人。

2006年8月15日印发了《关于崂山区2006年农村社区集体资产经营管理体制改革的实施意见》，对2005年的《改革工作指导意见》进行了修订和完善。新制订的《崂山区农村社区集体资产经营管理体制改革工作实施细则》，进一步规范了改革程序，提高了改革的可操作性。2006年，中韩街道6个社区、沙子口街道6个社区、王哥庄街道4个社区、北宅街道4个社区，共20个社区纳入改革计划。

2006年8月22日印发了《关于成立农村社区集体资产经营管理体制改革工作组的通知》，成立4个区农村社区集体资产经营管理体制改革工作组，指导、协调和督促各街道的改革工作。为让新增试点社区的改革实施工作更加顺畅，区政府专门印制了《青岛市崂山区农村社区集体资产经营管理体制改革工作手册》，包括四部分内容，第一部分是领导讲话，阐明改革的意义和好处；第二部分是文件政策，汇集改革相关政策文件；第三部分是业务指引，提供2005年改革社区相关资料文本作参考；第四部分是经验交流，介绍2005年改革社区经验。2006年9月30日，印发了《农村社区集体资产经营管理体制改革工作简报（第3期）》，通报了改革进展，改革社区居民支持率分别为中韩97.8%、沙子口96.8%、王哥庄97.1%、北宅98%。改革社区最高支持率达99.5%，最低支持率也达到了91%。

2006年，青岛石老人实业股份有限公司1家公司、青岛市崂山区沙子口街道松山后股份经济合作社等16个股份经济合作社成立。2007年，青岛北都实业股份有限公司（属北村社区）、青岛浮昌实业股份有限公司（属大麦岛社区）、青岛金岭实业股份有限公司（属金家岭社区）相继成立。

（二）第二阶段（2008年1月~2013年12月）规范股份经济合作组织管理运营阶段

1. 加强股份经济合作组织财务监管。随着农村社区集体资产经营管理体制改革工作的开展，大量股份经济合作组织不断涌现，这类新兴组织肩负着发展壮大集体经济的重大责任，肩负着保障集体经济组织成员合法权益的责任。因此，如何管好、用好集体资产，成为股份经济合作组织管理的重中之重。为了加强改革后股份经济合作组织的资产和财务监管，崂山区结合实际，通过自上而下深入调研，提炼、归纳形成了"农村集体经济组织资产和财务管理十项规定"，明确将"社区股份经济合作组织"纳入区和街道两级财务监管范围，用 10 大项 56 条内容严格规范财务管理和运营。重点监管内容：一是财务"委托代理记账"[②]规定，农村集体经济组织财务委托街道代理记账，以加强会计核算监管。二是财务预决算规定，严格预决算审核、实施程序和收益分配制度。三是集体资产管理规定，明确集体资产范围，强化集体资产经营管理方式。四是货币资金管理规定，坚持账、钱分管原则；实行备用金限额制度和"三项资金"[③]统一管理制度，严格"三项资金"使用和监管。五是债权债务管理规定，严格控制债权债务的增加，采取措施化解农村债权债务。六是定期清理财务规定，定期盘点，做到账实相符，集体家底明晰。七是民主理财规定，严格民主理财程序，发挥民主监督作用。八是财务公开规定，按照"五个统一"[④]的要求实行"五榜公开"[⑤]。九是审计规定，实行农村财务常规审计和离任经济责任审计制度。十是财务管理责任追究规定，明确违法违规责任，着力提高农村集体经济组织资金和财务管理责任意识、管理水平和工作能力。《崂山区农村集体经济组织资产和财务管理十项规定（试行）》作为崂山区首个适用于股份经济合作组织的制度，经过多次修改和征求意见，于 2008 年 7 月 11 日正式印发。

2. 完成试点社区改革。 2008 年 10 月 12 日，中国共产党第十七届中央委员会第三次全体会议通过的《中共中央关于推进农村改革发展若干重大问题的决定》指出"我国总体上已进入以工促农、以城带乡的发展阶段，进入加快改造传统农业、走中国特色农业现代化道路的关键时刻，进入着力破除城乡二元结构、形成城乡经济社会发展一体化新格

---

② "委托代理记账"是在坚持农村集体经济组织财务所有权、使用权、收益权不变的前提下，经社区居民（代表）会议通过，将社区账务委托街道会计服务中心（站）代为管理的一种财务管理制度。

③ "三项资金"是指土地补偿费、土地租赁费、厂房租赁费。

④ "五个统一"是指统一公开时间、统一公开方式、统一公开内容、统一公开程序、统一归档管理。

⑤ "五榜公开"是指年度财务预算榜、收入和支出榜、专项资金收支榜、资产负债状况榜、年度收益分配榜。

局的重要时期"，为全面推动农村产权制度改革埋下伏笔。借助全国推进农村改革之势，2008年，沙子口街道汉河股份经济合作社成立。2009年，青岛金青实业股份有限公司（属王家麦岛社区）成立。2010年12月，青岛清河天任实业发展有限公司（属流清河社区）成立。至此，崂山区完成了28个社区的农村社区集体资产经营管理体制改革工作，成立了7家公司和21家股份经济合作社，有50746名居民变为股东。

2012年，启动改革试点后的第8年，崂山区139个农村社区达19.15万人口，农村经济总收入423.98亿元，是2004年的2.49倍；农民人均所得15283元，是2004年的2.58倍；农村集体经济纯收入6.83亿元，是2004年的1.98倍；资产总额91.59亿元，负债总额37.92亿元；净资产总额53.67亿元，是2004年的2.43倍。崂山区农村社区集体资产经营管理体制改革硕果累累。

3. 完善股份经济合作组织财务监管。通过对28个股份经济合作组织管理和运行的调研发现，股份经济合作组织在集体资产的管理和处置程序、经济合同管理等方面存在薄弱环节，在一定程度上影响了集体资产使用效益和股份经济合作组织管理运行效果。为此，崂山区于2013年8月30日印发了《关于加强农村集体资金、资产、资源监督管理的意见》，以进一步强化农村集体资产监管，稳定和完善农村基本经营制度，维护农村集体经济组织的合法权益。主要监管内容：一是明确农村集体"三资"[⑥]管理的范围。二是完善农村集体"三资"管理制度，要求资产、资源建立台账，资产、资源的承包、租赁、出让实行招投标或公开竞价等管理制度。三是健全农村集体"三资"监管机制，充分发挥民主理财职能和财务公开的监督作用。四是建立部门协调配合机制，区和街道相关部门统一精神、明确分

北宅街道沟崖股份经济合作社创立

---

⑥ "三资"是指资金、资产、资源。

工，全力做好农村集体"三资"监管工作。同日印发的《崂山区农村社区经济合同管理办法（试行）》主要从两大方面进行经济合同管理：一是规范合同的订立、变更、解除程序，避免暗箱操作，损害集体权益。二是重视合同监督管理，实行经济合同统一文本、统一备案管理，并引入群众监督机制，确保合同执行不走偏。管理制度的日益完善使股份经济合作组织的执行力不断加强，财务管理水平不断提升。如此，有利于提高集体资产的使用效益，有利于增强股份经济合作组织的发展活力，有利于发展和壮大集体经济实力。

2013 年 11 月 12 日，中国共产党第十八届中央委员会第三次全体会议通过的《中共中央关于全面深化改革若干重大问题的决定》提出："赋予农民更多财产权利。保障农民集体经济组织成员权利，积极发展农民股份合作，赋予农民对集体资产股份占有、收益、有偿退出及抵押、担保、继承权"，是要以体制改革为切入点，着力改变城乡二元结构现状，"形成以工促农、以城带乡、工农互惠、城乡一体的新型工农城乡关系"。农村产权制度改革工作的全国推广拉开序幕。

（三）第三阶段（2014 年 1 月至今）改革推广阶段

1. 新一轮改革启动的背景。2014 年 1 月 8 日，山东省召开农村工作会议，会上提出要加快推进农村集体资产股份合作制改革。在对农村"三资"清产核资基础上，对农村承包地之外的集体资源性经营性资产进行股份制改造，搞好资产经营。保障农民权利，赋予农民对落实到户的资产股份的占有、收益、抵押、担保、继承的权利。同时，会议印发了《山东省委、省政府贯彻落实〈中共中央、国务院关于全面深化农村改革加快推进农业现代化的若干意见〉的意见》。2014 年 1 月 19 日，中央 1 号文件《关于全面深化农村改革加快推进农业现代化的若干意见》，指出"全面深化农村改革，要坚持社会主义市场经济改革方向，处理好政府和市场的关系，激发农村经济社会活力；要鼓励探索创新，在明确底线的前提下，支持地方先行先试，尊重农民群众实践创造；要因地制宜、循序渐进，不搞'一刀切'、不追求一步到位，允许采取差异性、过渡性的制度和政策安排；要城乡统筹联动，赋予农民更多财产权利，推进城乡要素平等交换和公共资源均衡配置，让农民平等参与现代化进程、共同分享现代化成果"。2014 年 3 月 8 日，青岛市委办公厅、青岛市人民政府办公厅在全省率先下发了《关于推进农村集体经济组织产权制度改革的意见》，《意见》提出："2014 年，选择部分群众基础好、村（社区）'两委'班子坚强有力、经营性资产规模较大的村（社区）和集聚类新型农村社区率先改革；力争到 2016 年底，全市村级集体经营性净资产 1000 万元以上村（社区）基本完成改革任务；力争到 2020 年底，全市基本完成所有农村集体经济组织产权制度改革任务"的目标。崂山区积极响应中央、省市关于推进农村产权制度改革的精神，深入研究、剖析相关政策文件，积极做好新一轮改革前的各项准备工作。

2. 新一轮改革的启动。按照中央、省、市有关会议精神和相关文件要求，崂山区未盲目开展新一轮改革，而是对完成改革的 28 个社区近 10 年的管理和运营情况进行深入调研，发现已改革社区在实际运营过程中主要存在三方面问题：一是多套领导班子机构并存。部分改革成立的股份经济合作组织在运行过程中没有按照章程或《公司法》的规定换届，部分社区出现了三套领导班子（社区党组织、居委会、改革成立的股份经济合作组织）共存的局面，在实际工作中矛盾突出，运行不顺畅。二是新增居民不享受股权。以前的改革实行一刀切，"生不增、死不减、进不增、出不减"的静态管理模式，随着时间的推移，社区新增人口不断增加，要求享受股份的居民越来越多，成为社会的不稳定因素。三是因改革增加税费。从改革的实际情况来看，资产的性质、承担的农村管理职能等都没有发生实质性改变，但改革后却要缴纳改革前无须缴纳的资产过户和租赁经营等税费，给改革社区带来了一定的经济负担。

根据调研的问题和外地的先进经验，崂山区聘请了有改革经验的律师和审计、评估顾问，提出了初步解决方案。一是股份经济合作组织与社区同步换届进行交叉任职。在社区未完全城市化前，继续提倡社区党组织书记、社区居民委员会主任和股份经济合作组织理事（董事）长交叉兼职，股份经济合作组织理事（董事）会与社区党组织、社区居民委员会同步进行换届。二是实行静动结合的股权管理模式。股份经济合作组织的股权管理原则上以静态管理为主，但改革后股份经济合作组织因资产、资源全部量化或其他严重问题影响组织运转，需要进行股权调整时，应经民主程序表决通过后实施。三是积极提报减免税费的意见和建议。税费减免事宜超出了区级的解决范畴，崂山区将相关的减免税费意见和建议及时提报青岛市相关部门。针对这些方案的可行性，在听取区、街道和社区干部群众意见和建议的基础上，对原改革实施的一系列政策文件进行了完善。同时，结合崂山区实际情况，扩大股东资格界定范围，对部队士官的股东资格界定由原来的"初级士官"修改为："符合国家有关规定的士官"，使股东资格的界定与国家相关政策接轨，也更加公平、合理。

2015 年 7 月 22 日，印发了《关于崂山区农村社区集体资产经营管理体制改革的实施意见（试行）》，确定了 2015 年选择 20 个条件成熟的社区率先改革，并逐步全面推开；2020 年，完成全部农村社区集体资产经营管理体制改革。结合农村土地承包地确权颁证工作，要求暂不进行改革的社区，可率先进行"确权确股不确地"工作。随后，印发了《崂山区 2015 年农村社区集体资产经营管理体制改革工作实施方案》《崂山区农村集体资产经营管理体制改革工作规程》《崂山区农村社区集体资产经营管理体制改革政策解答手册》等一系列政策文件，以提高改革执行力和操作的规范性。2015 年 7 月 23 日，崂山区召开了全区农村社区集体资产经营管理体制改革工作动员大会，正式启动西麦窑、王山口、北涧等 16 个社区的农村社区集体资产经营管理体制改革工作。

3. 新一轮改革的实施。 新一轮改革与第一轮改革在政策上主要有七个方面的区别：一是改革模式方面。根据国家有关精神，新一轮改革鼓励社区改革为股份经济合作社，以有利于享受税收优惠和争取政策扶持。二是市场主体地位方面。第一轮改革成立的集体经济组织没有市场主体地位；新一轮改革成立的集体经济组织可以在工商登记注册。三是股东资格界定方面。第一轮改革可实行一股制或多股制；新一轮改革明确实行一股制。四是股权管理方面。区别于第一轮的静态管理，新一轮改革实行动静结合的股权管理方式，提倡在一段时

2015 年下发的全区农村社区集体资产经营管理体制改革文件

间内以静态管理为主，待管理机制、体制完善后，股份经济合作组织可根据经营需要或其他特殊情况进行股权调整。五是股权转让方面。允许股权向组织外转让，最高比例不得超过总股份的 49%。但为避免股东权益受损，建议在改革社区未将资源性资产全部量化之前，暂不适宜对外转让股权。六是换届选举方面。明确改革成立的集体经济组织的换届选举由街道负责组织实施，区农业主管部门负责业务指导。七是股权交易方面。为配合集体资产改革等工作，崂山区将成立农村产权交易机构，股权可以进行交易也可以进行抵押贷款等。

为确保按时、保质完成改革任务，崂山区从四个方面抓落实，全力推进农村社区集体资产经营管理体制改革工作。一是加强宣传，营造氛围。利用媒体平台、悬挂横幅、发放明白纸和疑问解答宣传材料以及社区党员和居民代表会议等多种形式，大力宣传改革政策和改革给老百姓带来的好处。发挥党员、居民代表、居民小组长和社区工作人员的能动性，营造了积极改革的社会氛围。二是明确分工，规范管理。区级建立了 4 个督查指导组，定期对改革工作进行督查、指导，协助街道顺利推进改革工作；街道一级结合改革任务成立了宣传组、清产核资和审计评估组、人口清查组、信访组等改革工作组，积极深入社区，加强对基层改革工作的指导，并采取分片包村、一对一指导的方式，确保了改革程序的规范化操作。三是培训业务，加强指导。2015 年 8 月 18 日，举办改革工作培训班，对改革有关人员进行了系统培训，进一步强化改革业务知识，提高改革工作的可操作性。全区印发 600 册《改制指导手册》、6 万份《改制政策问答》，做到改革工作人员人手一册，改革规定随时查阅；社区居民人手一份，改革疑问及时消除。及时梳理改革过程中遇到的新情况、新问题，请律师和审计、评估顾问到改革社区进行现场答疑解惑。四是定期调度，加大考核。采取"周调度、月总结和年考核"相

2015 年，农村社区集体资产经营管理体制改革培训班

结合的方式，全力推进改革工作。将改革工作列入全区对各街道考核体系，街道每周梳理改革最新进展情况，及时上报改革动态。对改革中好的做法进行归纳总结，每周通过信息动态的形式在全区进行交流。

2015 年 10 月 21 日，印发了《关于崂山区开展农村土地承包经营权确权登记颁证工作

栲栳岛股份经济合作社为股东代表发放股权证

的指导意见》，王哥庄街道和北宅街道尚未开展农村社区集体资产经营管理体制改革的 42 个社区启动了农村土地承包经营权确权登记颁证工作，以进一步稳定和完善农村土地承包关系，保障农民合法权益。

2016 年 5 月 25 日，印发了《关于积极稳妥推动 2016 年农村社区集体资产经营管理体制改革工作的通知》，结合 2015 年改革工作推进情况，对 2016 年改革任务进行了分解。董家下庄、砖塔岭、解家河、五龙社区等 24 个社区纳入改革计划。

2016 年 7 月 23 日，沙子口街道栲栳岛股份经济合作社、沙子口街道西九水股份经济合作社和南窑股份经济合作社召开了创立大会。2016 年 7 月 24 日，沙子口街道西麦窑股份经济合作社召开了创立大会。2016 年 10 月 22 日，沙子口街道北龙口股份经济合作社召开创立大会。5 个社区共量化经营净资产 9424.24 万元，6803 名社区居民成为股东。

二、崂山区农村社区集体资产经营管理体制改革的成效

（一）改革规范了集体收益的分配机制

改革明确了农村社区居民对集体资产所有权的具体份额，实行"盈利共享、风险共担、先提后用、按股分红"的分配形式，居民不仅有从事不同职业的劳动收入，而且还可以从股份经济合作组织的经营收益中获取股份收入，促进了居民持续增收。如金家岭社区，改革后每位股东第一年分红分别为 7600 元、2012 年为 15000 元、2013 年为 17000 元、

2014 年为 20000 元、2015 年为 22000 元，居民从改革中得到了实惠。

（二）改革增强了基层民主监督的管理意识

"资产变股权、居民变股东"，进一步增强了居民的主人翁意识，增强了干部民主管理意识。一是在监管机制上，社区居民更加关心公司制企业和股份经济合作社的经营和运作，监事会对董（理）事会经营行为的监督力度进一步加大。二是在决策机制上，通过建立董（理）事会、监事会、股东（代表）大会，使决策机制更加科学和完善，经营者的决策行为也更加民主和慎重。三是在激励机制上，农民变为股民后，个人的年终分红与公司制企业或股份经济合作社的经营效益直接挂钩，有利于调动参与管理的积极性，同时，提高了经营者的风险意识，增强经营者的责任心。

（三）改革推动了农村集体经济的可持续发展

社区改革后，根据实际情况，积极探索经济发展思路，不断完善企业经营管理体制机制，提高集体资产的运营和监管水平，促进了集体经济的可持续发展。已完成改革的社区中，农村集体经济组织纯收入过 500 万元的有 11 个。收入的逐步提高为社区可持续发展打下了坚实的基础。

（四）改革促进了农村社会的稳定

农村集体资产经营管理体制改革一次性将集体资产配置给社区居民，实行"固化股权、合理流动"，使集体资产产权关系得到了明晰，从体制上可以保证集体资产的保值、增值。同时，通过合理设置股权、固定股东人数，理顺分配关系，从而解决外来人员、新生儿、外嫁女、招婿郎等因人口流动、变动而引发分配不规范、不公平的问题，化解了农村社区经济发展与分配中的矛盾，赋予农村社区居民对于集体资产的所有权、知情权和决策权，保障农村社区居民的民主权利，促进和维护了农村社会的稳定。

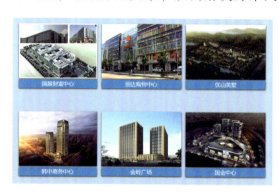

青岛金岭实业股份有限公司部分经营项目

三、崂山区农村社区集体资产
经营管理体制改革的启示

（一）深入调研、攻坚克难，维护社区稳定是前提

改革前的摸底调研要以摸清社区人员基本状况、福利待遇情况、资产资源规模和权属等为基础，拓展到基层组织建设和"两委"班子的稳定情况，"掌握第一手信息"。同时，要调动和发挥基层组织的战斗堡垒作用，用可持续发展的思路对待改革，协助社区积极梳理群众关心的热点问题，分析、解决影响改革开展的重点、难点问题，维护社区长久稳定，铺平改革前进之路。

（二）提前筹划、广泛宣传，赢得群众支持是基础

改革前要提前筹划，利用会议、培训等方式，向区、街道、社区有关人员提前宣传改革的意义和目的，提高改革凝聚力和推动力。在改革的过程中，要利用多种方式宣传改革，努力做到"家喻户晓，人人皆知"。同时，通过阐明改革政策制定的普惠性、公平性和公正性，让群众正确认识改革，并能够强烈支持、积极参与改革。

（三）遵守政策、尊重民意，提高改革执行力是关键

改革实施过程中，对于法律、政策有明确规定的，一律严格按法律、政策规定办理；没有明文规定的，则由居民代表大会讨论决定。确保上级政策要遵守，居民意愿要尊重。在不突破股东资格界定政策界限的前提下，积极引导社区采取"广覆盖"原则，一是鼓励界定范围向农村弱势群体予以倾斜，力争让更多的居民受益；二是对股东资格界定中的"界外人员"，可由社区研究，在"预提社会保障金"或"公积公益金"中给予一定的补助，充分体现集体经济的优越性。

（四）抓住重点、阳光操作，体现公平公正是保障

一抓清产核资，使群众明白集体资产家底，消除了群众对干部的疑虑，做到干部清白、群众明白。二抓股东资格界定，做到"三榜定案"，确保居民权益不被损害。三抓公开透明，按照政策要求依次将改革基准日、审计评估基准日；资产评估结果；享受股权人员名单及每人配股情况；股权量化方案；确定的股份经济合作组织理（董）事会、监事会成员和理（董）事长、监事会主席名单进行公告，主动接受群众监督、征

询群众意见，做到改革过程"人人尽皆清、人人皆参与"，坚决不留改革隐患。

  执笔人：郑　妍　吕爱军
  审核人：林元庆
  签发人：孙开团

参考文献：

1. 青岛市崂山区地方志编纂委员会，《崂山区大事记》（1994-2011），黄河出版社版 2013 年版。

2. 青岛市崂山区大事记编委会，《青岛市崂山区、青岛高科技工业园大事记》（1992-1998）1999 年版。

改革开放以来崂山区公共文化服务体系建设的基本历程、成就及经验

崂山区文化新闻出版局

公共文化服务体系是政府主导，社会参与形成的普及文化知识、传播先进文化、满足人民群众文化需求、保障人民群众文化权益的各种公益性文化机构和服务的总和，其特点是借助公共文化资源，发展群众参与性、资源共享性的文化。改革开放以来，国家对公共文化服务体系建设的政策逐步走向完善，形成了衔接紧密、脉络清晰的理论体系。按照国家部署，崂山区将公共文化服务体系建设作为崂山区文化建设的重要内容，一步步扎实推进，从雏形搭建到基本覆盖再到便民惠民，成为建设宜居宜业的现代化山海品质新城的重要助力。

一、基本发展历程

（一）起步发展阶段（1978~2004 年）

1. 开创筚路蓝缕的文化建设。 党的十一届三中全会后，崂山区公共文化服务工作逐渐发展。1978 年，设立县文化局，成为专职部门管理和开展文化活动。行政管理机构职能的日益独立和明确，为崂山地区公共文化建设提供了有力保障。1987 年，崂山县文化馆已有工作人员 15 名，分设音乐舞蹈、戏剧、文学、摄影、美术书画 5 个组，以多样化的艺术形式宣传党的路线、方针、政策，政治宣传成为这一时期文化馆的主要职能。20 世纪 80 年代，区内每年春节组织民间文艺汇演，表演形式有舞龙、高跷、秧歌等 10 余种。全区有县办电影队 7 个，乡镇办电影队 8 个，村办电影队 69 个，区、镇（单位）电影院 4 个。

2. 文化建设驶入正轨。1994 年，青岛市市区行政区划调整，新崂山区成立。建区伊始，崂山区文化事业工作迅速起步。区委、区政府结合海疆文化建设，把社会文化工作列入社会主义精神文明建设的重要内容，把文化建设纳入了崂山区经济和社会发展总体规划，有规划、有组织、有部署、有实效。加大对文化建设的经费投入，1997~2000 年，在各级政府的财政支出中，每年的文化事业经费（不含基本建设投资）投入分别为 209 万元、271 万元、353 万元、394 万元，分别相当于崂山区人口数额年均 10 元、13 元、17 元、20 元列支。

2002 年，党的十六大首次明确提出"文化事业"概念，崂山区不断加强公共文化设施配套建设。王哥庄街道投资 400 多万元建起了升腾文化广场；沙子口街道投资 500 万元建起了全省一流的文化娱乐中心；北宅街道投资 100 多万元建起了文化礼堂；北村小区投资上百万元建起了文化广场及各项配套设施；中韩街道石老人村投资 100 多万元建起了两个下沉式文化广场及各项配套设施，投资 5000 多万元建起了石老人公园，投资 20 多万元建起了石老人图书馆；沙子口街道汉河村投资 200 万元建起了汉河公园。运用税收、贷款、价格等经济手段，先后争取省、市在园区投资并兴建了山东省国际会展中心、青岛市文化博览中心、青岛市颐中体育中心、青岛市雕塑艺术馆；引进内资建起了青岛海洋游乐城、青岛海豚馆；吸引外资建起青岛国际高尔夫俱乐部等大型文化娱乐设施项目；鼓励支持个体经营者兴办了石宝斋、金石馆、白波画院等文化设施，使崂山区逐渐发展成为青岛市东部文化活动中心之一。建起村文化大院 70 个，其中，一类 27 个，二类 24 个，三类 19 个；村级文化广场 114 个；老年活动中心 85 个。

王哥庄升腾文化广场前的文艺表演

丰富多彩的文化活动层出不穷,满足了群众日益增长的精神文化生活需求。以传统节日为抓手,组织纪念改革开放 20 周年大合唱比赛、国庆 50 周年大型焰火晚会、迎澳门回归音乐会、中外友人圣诞联谊会、春节文艺晚会、庆建党 80 周年文艺汇演等重大节庆文化活动,平均每年举办崂山区性大型文化活动 10 次以上;每年举办音乐、舞蹈、书法、摄影、绘画等各门类单项活动 30 余次,使崂山区的文化活动形成了月月有重点、季季有主题的文化活动新格局。大力开展了村级图书室建设、送电影下乡、送戏曲、送春联、送书画等"送文化下乡"活动;崂山区与省文联结成了"三下乡"对子;协调市群众艺术馆、市歌舞剧院、区文化馆与 40 多个村庄和表演队建立了"三下乡"文农联姻联系点。崂山区每年组织"送文化下乡"活动 10 次以上,较好地解决了农民群众(特别是偏远山区群众)看戏、看电影、看书难的问题。各街道文化站、村(居)文化大院根据各自的实际,组织开展了民间广场文艺汇演、焰火晚会、庆"七一"、八一建军节军民联欢会、国庆节、文化艺术节、文化活动周等丰富多彩的文化活动。组建起了崂山古乐团、鼓乐队、军乐队、爵士鼓队、民间文艺表演队、合唱团、艺术幼儿园、职工艺术团等上百支业余文艺团体,经常参加青岛市和区内外的一些大型文化活动。其中,东韩村舞狮队代表青岛市参加了第三届克罗地亚里耶卡狂欢节。崂山古乐团自 2000 年成立以来,先后挖掘、整理了崂山古乐、崂山民乐 20 多首,出版了崂山古乐(音乐风光)VCD 光盘并举办了 38 场专场音乐会。

(二)全面发展阶段(2005~2012 年)

1. 理顺工作体制。2004 年 6 月,区文化局不再与区委宣传部合署办公,开始独立运行,文化工作体制进一步理顺,文化建设驶入蓬勃发展的轨道。2007 年 6 月 16 日,中共中央政治局会议专门研究公共文化服务体系建设问题。2008 年 6 月,崂山区文化建设工作会议召开,出台了《关于深入实施"文化强区"战略 推进崂山文化大发展大繁荣的实施意见》,要求按照"政府主导、社区建设、创新机制、持续发展"的要求,着力构建覆盖崂山区、功能齐备、服务优质的区、街、居三级公共文化服务网络。这是崂山区首次以正式文件形式确定公共文化服务体系建设工作的发展方向与奋斗目标。

2. 加强文化设施建设。文化设施的建设水平,直接关系到群众基本文化权益的实现和文化发展成果的共享程度。崂山区各级将实施"文化设施配送工程"，建立健全区、街、居三级文化设施网络，打造"十分钟文化圈"，作为加强公共文化服务体系建设的重点工作全力推进。在区级文化设施建设方面，区政府投入资金 380 余万元，对建筑面积 5500 平方米的区文化馆、图书馆大楼进行内部装修。文化馆设有多媒体教室、美术培训教室、健身中心、多功能厅、棋牌室等 17 个功能齐全的专用活动室，区图书馆有藏书 17.5 万余册，报刊 500 余种。2008 年起，区文化馆、区图书馆均免费向社会开放，年服务量达 10 万余人次，成为崂山区公共文化服务体系中心馆。市民可欣赏摄影、美术、书法等展览，参加秧歌、健身操、拉丁舞、器乐、合唱等各种艺术培训，免费享受图书、杂志借阅等服务，共享文化发展成果。2009 年，建筑面积 6.5 万平方米，总投资 3.5 亿元，集文化馆、图书馆、美术馆、档案馆等为一体的市民文化中心奠基开工，并于 2013 年正式投入使用。

在街道、社区文化设施建设方面，区政府连续三年将"新建、扩建社区文化活动中心"列入政府实事项目，按照"摸清家底、现场勘验、公开招标、统一配送"的方式，购置了电脑、图书、阅览桌椅、书架、乒乓球台、台球桌、棋牌桌等文化设施，面向崂山区各街道、社区进行配送。在"文化设施配送工程"的激励、带动下，每个社区都建起了功能完善的五室一场：图书室、阅览室、"共享工程"电子阅览室、综合文体活动室、文化培训室、文体活动广场。区、街道、社区三级累计投入资金达 6000 余万元，崂山区 139 个农村社区均建起了达到市级标准的社区文化活动中心。"文化设施配送工程"的深入实施，带动崂山区掀起了一股文化建设的热潮，小河东社区、西韩社区分

小河东文化活动中心电子阅览室

别建起了体现当地风土人情的民俗博物馆、村史馆，大石村、后登瀛、晖流等一批经济实力相对薄弱的社区，也建起了社区文化活动中心，对提升崂山区文明水平产生了深远影响。

仓廪实而知礼节，衣食足而知荣辱。为满足崂山区广大居民求读、求知的文化需求，崂山区配套文化设施建设，全力打造惠及全民的图书管理体系。创新开展"崂山区图书配送体系建设"，累计投入购书资金达300 余万元，由区图书馆作为崂山区图书配送中心，统一采购、统一编目、统一入网、统一配送，每隔半年循环一次，建立起功能完善的社区阳光图书室139 个，为小河东、北头、晓望、南姜等社区配送图书11 万册。根据各街道、社区不同的地域特色及生态农业配送图书，建立了枯桃花卉图书室、北头林果图书室、晓望茶业图书室、南姜渔业图书室等特色图书室，满足了不同社区居民对农业知识的差异性需求。同时，积极推进全国文化信息资源共享工程建设，建立起139 个电子阅览室，为崂山区群众开辟了一个不受地域、时空限制的文化传播渠道。建设开通"文化崂山"网站，设置了产业动态、节会活动、非物质文化遗产数据库、政务公开等十大板块，成为展示崂山文化的重要窗口。

3. 强化文化设施管理。在推进文化设施建设过程中，崂山区坚持一手抓硬件建设、一手抓软件管理，下大力气抓好基层文化活动中心规范化建设、管理、使用。制定了《社区文化活动中心管理制度》《基层图书室管理制度》等规章制度，区文化新闻出版局安排业务骨干到基层开展图书管理、非物质文化遗产的普查与保护、文化设施管理与使用等方面的业务培训，帮助他们做好制度上墙、档案完善等工作，营造出环境整洁、品位高雅的文化氛围，提高了公共文化的服务能力。同时，制定出台了《社区文化活动中心考核办法》，每隔半年对街道、社区文化活动中心考核一次，增强文化建设意识，提高文化设施利用率。将2009年、2010 年连续作为社区文化活动中心"管理水平提高年"，组织专人围绕社区文化活动中心是否正常开放、文化活动设施管理是否完善；社区文化活动中心电脑是否挪作他用等问题，对社区文化活动中心逐一检查。广大社区居民的基本文化权益得到切实保障。

4. 扶持群众文化队伍发展。崂山区享有"中国民间艺术之乡"的称誉，区内的舞龙、舞狮、高跷、秧歌等民间传统文化艺术具有上百年的历史。按照"一社区一特色、一社区一品牌"的目标要求，区政府以实施"文化设施配送工程"为载体，投入资金170多万元，鼓励、扶持基层社区因地制宜发展舞龙队、锣鼓队、秧歌队、高跷队、民乐队等特色民间文艺团体，为80多支群众队伍配送了锣鼓、长号、架子鼓、电吉他、和声电子琴、萨克斯等各种乐器及演出服装，崂山区139个社区建成沙子口艺术团、崂山道教武术团、崂山太清宫道乐团等特色鲜明的民间文艺队伍252支。2010年，命名了首批崂山区十大特色文艺团队。各街道、社区以群众文化队伍为骨干，积极利用文化信息资源共享工程获取节目资源，培育、推出了"放飞希望"广场文化周周演、"沙子口之夏"居民文化艺术月等一批具有崂山地域特色、深受群众喜爱的群众文化活动品牌，提升了社区居民的艺术品位与欣赏水平，满足了社区群众多方面、多层次的精神文化生活需求。

5. 组织多样化文化活动。围绕增强主流文化的影响力与感召力，精心策划举办了崂山旅游文化节、第九届国际茶文化研讨会、首届中国动漫与青少年健康成长高峰论坛、中国崂山论道、"为共和国放歌"庆祝新中国成立60周年、庆祝中国共产党成立89周年文艺演出、崂山非物质文化遗产节、崂山图书文化节、电视歌手大赛等系列大型文化活动，提升了崂山城区的人气指数，强力拉动了现代服务业的发展，实现了社会效益的最大化。连续多年倾力打造的"山歌海韵·乡音乡情"流动舞台进社区、"情系山区·放飞希望"流动舞台进校园、"重温经典·情满崂山"公益电影进社区活动，以其贴近生活、形式多样而深受广大社区居民、学生的喜爱，成为青岛市知名文化活动品牌。其中，"情系山区·放飞希望"流动舞台进校园曾荣获"中国十大演出盛事最佳公益演出奖"。

流动舞台进社区活动

（三）创新发展阶段（2013 年至今）

党的十八大召开以后，公共文化服务体系建设工作开始了改革发展的新步伐，十八届三中全会进一步提出了构建现代公共文化服务体系新要求，提倡政府购买服务、"互联网+公共文化服务"、社会力量参与等新的发展方式，推动了文化惠民工作与群众文化需求有效对接。崂山区按照市委、市政府率先全面建成较高水平小康社会的总体要求，牢固树立以群众为中心的工作导向，以改革创新为动力，以基层为重点，全力构建现代公共文化服务体系，促进基本公共文化服务标准化、均等化，推动群众文化生活向高品质转变。

1. 提升文化设施建设标准。针对部分街道、社区文化活动中心房屋简陋陈旧、缺少文体广场、面积不达标准等问题，崂山区出台了《关于进一步提升基层公共文化设施建设和管理服务水平的实施意见》，区街两级按 1:1 配套，通过以奖代补的形式，重点调动街道、社区积极性，按照资源充足、设备齐全、服务规范的高标准，利用两年时间分批次、分类别、分阶段逐步使街道文化活动中心全部达到青岛市一级综合文化站标准，社区文化活动中心全部达到市级标准化要求，并打造一批具有引领作用与示范效应的社区综合性文化服务中心。2016 年，崂山区投资 3000 余万元，完成了 30 个社区综合性文化服务中心的优化提升。

进一步抓好区级文化设施建设。2014 年，总面积 1200 平方米的崂山美术馆建成开放。先后举办了深圳国际水彩双年展青岛巡展、青岛国际水彩沙龙展、"东亚文化之都"中日韩水彩邀请展、首届崂山民间艺术爱好者优秀作品展等各类展览 50 余场，展出艺术作品 5000 余幅（件），不仅打造形成"水彩崂山"艺术品牌，更免费为辖区内民间艺术家搭建展示平台，成为独具崂山特色的艺术空间。推进公共文化服务总分馆模式，新建 25 个文化馆分馆、图书馆分馆及 20 个图书服务流动点。2016 年 2 月，崂山区首个 24 小时自助图书馆建成并试运行。自助图书馆装有先进的无线射频识别（RFID）技术，集自助借还、视频监控、安全门禁等功能为一体，容纳图书 4000 余册，市民只需凭有效借书证就可享受 24 小时全天候自助服务。

2. 扩大文化活动影响力。以崂山区合唱大赛、崂山区广场舞大赛等主题活动为载体，鼓励街道、社区层层发动、积极参与，从而带动基层文化活动开展。特别是连续举办 7 年的崂山非物质文化遗产节，通过设置民间艺术汇演、锣鼓大赛、秧歌大赛等版块，每届节会都能吸引40余支队伍、2000余名群众参加，并带动了街道、社区开展非物质文化遗产传承的积极性。在2016年非遗节举办过程中，各支队伍中都有以中小学生为主的传承人参与表演，成为节会新亮点，中央电视台新闻频道予以宣传报道。对流动舞台进社区公益演出活动进行升级，根据群众订单，以政府购买服务、公共招标采购的方式量身定做，汇集青岛市京剧院、即墨柳腔剧团等专业剧团、演出公司，免费将精彩的京剧、吕剧、柳腔、歌舞演出送到老百姓的家门口，各街道也以同样形式配套组织演出进社区，实现了"一村一年二场戏"的目标，进一步丰富了群众文化生活。

依托青岛大剧院的资源优势，经过连续5年的培育、扶持、推介，"崂山艺术讲堂"成功搭建起普通市民亲近艺术、享受文化的平台，成为具有广泛参与性与影响力的文化热点。截至2016年底，"崂山艺术讲堂"已连续举办120期，并同步在青岛党建频道播出，累计吸引观众近10万人次。通过采购专业院团资源，面向崂山区中小学生推出了"艺术梦想第二课堂"新品牌，组织专业院团走进学校，将经典儿童话剧送到崂山区中小学生身边。针对群众对文化培训需求量大的实际，集中力量打造"跟我学艺术"公益培训活动，培训范围坚持"零门槛"，培训内容广泛涉及合唱、曲艺、舞蹈、手工技艺等门类，并在青岛电视台崂山频道开设了专题栏目。每年举办各类培训110余期，培训群众文艺骨干6000余人次。招募文艺志愿者开展了"走基层、进社区、办培训"活动，推动公益培训下沉到社区。同时，推动公共文化服务+互联网融合发展，开通"文化惠民E点通"网络服务平台，涵盖在线抢票、培训预选、演出订制、电子版"文化旅游地图"等功

崂山艺术讲堂——中国著名指挥家张国勇讲解音乐会

能，进一步完善了群众文化需求反馈机制，更加便于群众及时了解文化惠民信息、参与各类文化活动。

3. 鼓励社会力量参与公共文化服务。出台了《崂山区鼓励非国有博物馆扶持办法》，通过开放时间、展览次数、社会评价等综合考量，对每家非国有博物馆给予 13~17 万元不等的资金扶持，鼓励其面向社会免费开放。2015 年，崂山区 7 家非国有博物馆免费接待游客 30 余万人次，区财政共发放了 112 万元补贴资金。同时，积极探索运用市场方式拓宽文化消费的新渠道。2015 年成功试点了电影惠民券发放活动，以街道、社区为单位面向居民发放 12 万张电影惠民券。居民仅需支付 5 元钱就可以观看自己喜欢的电影，其余差价由区财政补贴。在 100 天的活动期间，受益群众达 4.5 万余人次。以资金补贴形式扶持社区自行开展的文化活动，打造"家在崂山——社区群星大舞台"，为社区群众文化队伍搭建展示平台，引导社区群众自编、自导、自演，丰富居民文化生活。

二、主要成就

（一）经年奋进，硕果累累

随着"文化强区"战略的深入实施，崂山区文化建设工作实现了跨越式发展。在文化设施建设方面，2008 年，国家文化部公布了全国第二次文化馆评估定级名单。区文化馆直接越过三级馆、二级馆，破格进入"国家一级馆"，从而结束了崂山区文化馆没有级别的历史。在此后的 2011 年第三次文化馆评估定级、2015 年第四次文化馆评估定级工作中，区文化馆再接再厉，均被评定为"国家一级馆"。同样，区图书馆在 2009 年第四次公共图书馆评估定级、2013 年第五次公共图书馆评估定级工作中，均被评为国家一级馆。中韩街道被评为山东省先进文化乡镇（街道），中韩、沙子口、王哥庄三个街道文化活动中心被评为青岛市一级街道文化活动中心，北宅街道被评为二级。崂山世纪广场被评为全国特色文化广场，金家岭社区被评为全国文化先进社区，港西社区、小河东社区被评为山东省先进文化社区。2014 年、2015 年，崂山区共获 15 个省级示范农家书屋、书香之村、书香农家等表彰。在 1993 年被评为"山东省社会文化先进区"后，2001 年、2007 年，崂山区均顺利通过复评。2015 年，崂山区被评为山东省文化强省建设先进区。

（二）文化精品不断涌现

崂山区先后出版了《崂山的传说》《崂山民间故事、道教故事、历史故事连环画》《二龙山的传说》《青岛海洋民间故事》《崂山文化旅游地图》等文学作品共计 20 余种。电视理论文献片《伟大的创举》获中宣部第九届五个一工程奖；歌曲《记着老百姓》，分别获得国家、省、市反腐倡廉歌曲创作大赛二等奖、一等奖与特别奖；区美术家协会曲宝来、崂山水彩画院高东方的作品入围第十届中国艺术节全国优秀美术作品展；电视音乐片《天下崂山》获山东省第二十七届电视艺术"牡丹奖"一等奖；MTV《春之声》获山东省精品工程一等奖；歌曲《孝心不能等》获评山东省广播文艺奖原创歌曲类二等奖；《新崂山晨曲》获得 2004 年中国原创歌曲山东赛区十大金曲奖；歌曲《美丽青岛》《永恒》分别获得山东省精品工程展播一等奖、二等奖；儿童琵琶合奏《故乡的太阳》荣获全国器乐类比赛银奖；摄影《吉时》获全国群星奖银奖；长篇小说《雪域追梦》获山东省"五一文化奖"，长篇小说《胭脂女》获第六届"青岛市文学艺术奖"；《说说咱们的崂山茶》《政协颂》《山乡情暖》等获2006 年

崂山世纪广场文艺汇演

度山东省群众优秀小戏、小品、曲艺作品评选三等奖。自 1994 年以来，崂山区文化艺术类作品获得国家、省、市级荣誉达 200 余项。

三、经验启示

让群众享有健康丰富的精神文化生活，是全面建成小康社会的重要内容，也是现代政府的一项基本职责。完善公共文化服务体系、提高服务效能，是落实这一职责的主要途径。这其中，关键是要厘清政府、社会、市场的各自职能定位，积极探索公共文化服务的新思路、新模式，真正建立网络化覆盖、高效能运行、可持续发展的现代公共文化服务体系。

（一）要注重提高文化设施利用率

随着文化设施网络的基本形成，要从以"建"为重点向"建、管、用"并重转变，在"管"和"用"上下功夫，抓好软件建设，抓好活动开展，加强对各类文化设施的管理，确立公共文化服务标准体系，制定考核评价制度，提高公共文化设施的使用率和利用率。推动不同系统文化设施的统一规划、统一建设、统一管理，逐步实现不同层级、不同领域公共文化资源的互联互通和综合利用，建设综合性文化服务中心。

（二）要注重贴近群众实际需求

在增加公共文化服务供给的同时，应从"政府定制"向"群众订制"转变。建立健全公共文化需求的信息反馈机制，畅通基层群众对文化的建议和参与渠道，围绕群众需要提供服务、根据群众评价改进服务，多提供群众看得懂、用得上的文化产品，多开展群众喜闻乐见、便于参与的文化活动，不断提升公共文化服务的针对性、吸引力和满意度。

（三）要注重创新服务供给手段

伴随文化传播手段的日益多样化，群众的文化接受习惯也呈现新的特点。应立足基层特别是农村的具体实际，积极探索菜单式、订单式等多样化的服务方式，切实解决长期以来公共文化产品供给跟不上的问题。要抓住高新技术迅猛发展、文化与科技深度融合的有利契机，积极推进公共文化服务的数字化、网络化建设，大力发展新兴文化服务平台，努力构建数字化的现代公共文化供给网络。

（四）要注重鼓励社会力量参与

在坚持政府主导的同时，应创造有利于民办文化机构培育发展的良好环境，引导、鼓励社会资本进入公共文化领域，通过多种途径、方式鼓励社会力量对公益文化活动、项目和文化设施等方面的捐助。畅通社会力量进入公共文化服务领域渠道，通过政府采购、项目补贴等"民办公助"方式，引导社会力量以多种形式参与公共文化服务，逐步形成以政府投入为主、社会力量积极参与的公共文化服务投入机制。

执笔人：于　志
审核人：刘　剑
签发人：黄淑波

改革开放以来崂山区医药卫生体制改革的发展历程及成就

崂山区卫生和计划生育局

改革开放以来，崂山区认真贯彻落实国家和省市关于深化医疗卫生体制改革的决策部署，结合实际，全区上下齐心协力，开拓创新，不断进取，医疗卫生事业在发展中求改革，在改革中谋发展，彻底扭转了医疗资源贫乏和布局不均衡的落后局面，有效解决了广大群众的就医问题，初步建立了覆盖城乡居民的基本医疗卫生制度，积累了宝贵的历史经验。

一、基本发展历程

（一）推开起步，摸索前进阶段（1978~2002 年）

20 世纪 80 年代初，出现个体诊所。1988 年，卫生事业管理体制改革，建立了县、镇、村三级医疗预防保健网络，全县有医疗机构 105 个、床位 950 张、卫生技术人员 1334 人。到 1993 年，为适应卫生系统改革和市场竞争的需要，各医疗单位竞相添置、更新医疗设备，注重提高医疗水平，开展医疗科研，全区卫生机构达 111 家，拥有床位 1334 张、卫生技术人员 1737 人，房屋建筑面积 9.52 万平方米。崂山医院达到国家二级甲等医院水平，全区甲级卫生室 179 个。1994 年后，崂山区实施农村初级卫生保健，对基层卫生院实行分级管理，全区 138 个村（居委会）全部设置医疗点。1994 年 6 月，成立崂山区计划生育与卫生局，全区医疗单位有卫生技术人员 312 人，其中助级（师级）以上职称者 168 人，员级（士级）职称者 40 人。崂山区共有乡村医生 348 人，其中医生 309 人，卫生员 22 人，接生员 17 人。随着经济快速发展，但卫生事业发展却严重滞后，原崂山区人民医院调整为市八医，政府举办的四个卫生院设施设备陈旧、人员断层老化，全卫生系统仅有 8 名全日制本科生，农民群众的"看病难、看病贵"问题十分突出，为此，区委、区政府非常重视，通过系列措施初步确立和发展了农村合作医疗制度、街道卫生院体制改革和基层医疗卫生服务体系建设等。

1. 农村合作医疗制度初步建立。1994 年 12 月 10 日，崂山区包括养老、工伤、失业、医疗在内的"四位一体"社会保险试点工作全面开展，此项改革包括养老、医疗、工伤、失业四个配套规定。1996 年，制定了《崂山区公费医疗实施细则》，规定："经费定额，医疗定点，医疗费支出与个人挂钩，结余留用，超支分担"年定额经费分年龄段而定。文件还对公费医疗的超支分担、定点医疗、住院、转诊、特殊检查等作了详细明确的规定。此办法实行至 2002 年 4 月。

1997 年，中共中央、国务院作出了《关于卫生改革与发展的决定》，确定了"以农村为重点，预防为主，中西医并重，依靠科学与教育，动员全社会参与，为人民健康服务，为社会主义现代化建设服务"的新时期卫生工作方针，推动了形式多样、内容丰富的医疗卫生服务体系改革探索。该决定是医疗保障政策的转折点，明确了"基本实现人人享有初级卫生保健"的目标。8 月份，崂山区农村合作医疗启动。具体办法：区、镇、村、个人分别按 5%、10%、15% 和 70% 的比例进行。集资标准为中韩镇年人均 60 元；沙子口镇年人均 45 元；王哥庄镇年人均 42 元；北宅镇年人均 40 元。

1998 年以来，崂山区医疗卫生服务政策的重点是建立和加强城镇职工基本医疗保险制度与农村新型合作医疗制度，关注的重点是需求方，保证个人有能力支付所需要的医疗卫生服务。2002 年 4 月 1 日正式实施《青岛市崂山区城镇职工基本医疗保险暂行规定》，基本医疗保险费由用人单位和职工共同缴纳，退休人员不交费。医疗保险基金分为两个部分：个人账户基金和统筹基金，由区社保中心统一管理。2002 年 10 月，《中共中央、国务院关于进一步加强农村卫生工作的决定》颁布实施，新型农村合作医疗制度作为新时期农民医疗保障的主要形式得到确立。该《决定》的颁布，进一步推动了农村医疗保健体系建设，明确了要在2010 年前建成与农村经济社会发展水平相适应的农村医疗服务体系与农村合作医疗制度的目标。由此开始，政府对农村医疗卫生服务的投资显著增加。

2. 基层医疗卫生服务体系建设得到初步发展。1997 年 2 月，山东省政府印发《山东省乡镇卫生院管理办法》，就卫生院职能、任务和县、乡政府及卫生部门的管理责任作出规定。1997 年 9 月，崂山区妇幼保健院、崂山区卫生防疫站办公服务楼竣工。该楼总投资 670 万元，建筑面积 4100 平方米，占地 10000 平方米。1998~1999 年，山东省组织农村卫生"三项建设"攻坚战，各级卫生、财政、改革发展部门密切配合，加快乡镇卫生院改貌建设进度。1999 年 9 月 1 日，全区街道卫生院实行体制改革。各卫生院行政、业务工作调整由区计生卫生局管理，实行院长负责制，经费包干制（一包三年）。2001 年 5 月，根据中央、省、市疾病控制与卫生监督体制改革的总体要求，在原区卫生防疫站的基础上改制重新组建崂山区疾病控制中心与卫生监督所。2002 年 3 月 28 日，崂山区疾病控制中心大楼正式启用，区疾病控制中心率先于 2002 年年底顺利通过国家认可实验室现场评审，荣获国家认可实验室评审资格证书。

（二）历练考验，辗转求是阶段（2003~2008 年）

自 2003 年开始，全区在深化医药卫生体制改革，新型农村合作医疗试点、基层卫生机构规范化建设、国家基本药物制度落实等方面加大投入，加快推进落实力度，全区医疗卫生事业得到全面发展。

1. 以大病统筹为主的农村合作医疗取得成效。从 2003 年开始，国家组织建立新型农村合作医疗制度。坚持以政府投入为主，农民自愿参加，重在解决因病致贫、因病返贫问题。同时，建设城乡医疗救助制度。2003 年，山东省政府转发省卫生厅、财政厅、农业厅《关于建立新型农村合作医疗制度的意见》，提出到 2010 年在全省建立起基本覆盖农村居民以大病统筹为主要形式的新型农村合作医疗（简称"新农合"）制度。采取以县（市、区）为单位

崂山区卫生监督所和疾控中心揭牌仪式

统筹，以个人和财政每年各负担不低于 10 元的标准筹资，实行专户储存，专款专用。要求各地建立管理体制和专门制度，加强科学管理。临邑、五莲、曲阜、青州、广饶、招远、崂山被列为首批省级试点。2003年 1 月 1 日，崂山区在全省率先开展了农村大病统筹医疗，受到了广大农民的普遍欢迎。崂山区的大病统筹医疗起步早、力度大、覆盖面广，走在了全省前列，被省政府确定为第一批 7 个试点县（区、市）之一，被市政府确定为全市 4 个试点区（市）之一。经过一年的试运行，实现了"四个目标"。一是实现了最大范围参保的工作目标。全区 139 个村（居）参保率达到 100%，参保人口 15.4 万，参保率达到 92%。二是实现了按比例足额筹资的目标。实行了区、街道财政补助，村集体和个人筹资的原则，每人按 30 元筹资，共筹集 476 万元。三是实现了让群众受益的目标。全年有 1869 人次得到住院医药费报销，180 人获大病救助金补助，个人最高报销总金额 18750 元，其中 1 万元以上者 79 人，5 千至 1万元者 234 人，合计支出 343.2 万元。四是实现了一整套有效的管理目标。实行了区办区管的统一管理模式，提高了资金的整体抗风险能力；建立了对一般病人住院按比例给予报销、对特困家庭和高额医疗费支出病人进行专项资金救助的"双保"机制，有效缓解了农民因病致贫、返贫的问题。

2003 年 2 月 25 日，省委、省政府印发《关于进一步加强农村卫生工作的决定》，就贯彻落实中央、国务院决定，提出 10 条 28 项措施。这是省委、省政府首个以"决定"形式下发的农村卫生工作文件。2003 年 6月，根据青岛市崂山区机构编制委员会《关于印发《崂山区计划生育委员会、卫生局职能配置、内设机构和人员编制方案》的通知》（青崂编〔2003〕36号）要求，成立区农村大病统筹医疗办公室，编制5 名，为正科级全拨事业单位，负责建立和完善全区农村大病统筹医疗制

沙子口街道新型农村合作医疗动员大会

度，对全区农民大病统筹医疗工作进行组织实施、资金筹集管理和检查督导工作。

2004 年，崂山区在总结经验的基础上，改革创新，又推出新举措，建立和完善"以大病统筹为主，预防保健与大病救助兼顾"的新型农村合作医疗制度。成立了以分管区长为组长，有关部门负责人为成员的合作医疗领导小组，各街道办事处、社区居委会也都成立了相应的领导小组，负责合作医疗工作的领导、组织、协调、宣传发动、资金筹集和检查、监督；区合作医疗领导小组在卫生局设管理办公室，为全额拨款事业单位，核定编制 5 人；街道新型农村合作医疗管理办公室设在卫生院，设专职联络员 2 人；社区居委会有 1 名干部专门负责，形成层层落实、逐级负责的三级管理体系，为推动合作医疗奠定了基础。2004 年 3 月，根据青岛市崂山区机构编制委员会《关于区农村大病统筹医疗办公室更名为新型农村合作医疗管理办公室的批复》（青崂编办〔2004〕7 号），更名为区新型农村合作医疗管理办公室。

2004 年，崂山区将预防保健纳入农村合作医疗报销范围，该做法属全国首创，既提高了群众预防保健的意识，又节省了合作医疗资金。崂山区还在全省率先实行了"网上银行"医药费结报，将费用结算时间由 30 日缩减到了 7 日。

2005 年 10 月，《中共中央关于制定国民经济和社会发展第十一个五年规划的建议》提出，要认真研究并逐步解决群众看病难看病贵问题。继续深化医疗卫生体制改革，完善公共卫生和医疗服务体系。2005 年，崂山区拿出合作医疗沉淀资金和部分预防保健资金共计 300 万元，在全国率先启动了崂山区新型农村合作医疗乙肝免疫工程。确定了全省最高的医药费补偿，医药费的补偿比例增加了 5%~10%；参保人每人每年最高医药费补偿，由 3 万元提高到 5 万元，列全省第一。

2006 年 4 月 1 日，崂山区启动新型农村合作医疗"四减四免"惠民新政策，参加新农合的农民在卫生院门诊就医发生的挂号费、检查费、注射费、家庭病床出诊费全部免除、检查费、化验费、中药费、针灸、拔罐等中医治疗费用减免 50%。2006 年 10 月，《中共中央关于构建社会主义和谐社会若干问题的决定》提出，要维护公共卫生服务，深化医疗卫生体制改革，强化政府责任，严格监督管理，建设覆盖城乡居民的基本卫生保健制度，为群众提供安全、有效、方便、价廉的公共卫生和基本医疗服务。2006 年全市社区卫生和农村卫生工作现场会选择在崂山区北宅卫生院召开，臧爱民副市长和各区市领导到会，高度评价并在全市推广了崂山经验。

2008 年 1 月 1 日，崂山区政府把"调整新农合报销比例，为参合居民免费健康体检，提高农村社区居民的医疗保障水平"列为为民要办的10 件实事之一。"新农合"筹资标准由 110 元提高到 150 元，年度个人最高报销额提高到 6.5 万元，实施 40 岁以上参合居民免费健康体检工作。

2. 基层医疗卫生服务体系规范化建设得到加强。2003 年 2~3 月，广东、北京等地传染性非典型肺炎（简称"非典"）暴发，疫情迅速传入多个省份。4 月，山东省千佛山医院确诊全省首例输入性"非典"病人。4 月 16 日，青岛市委、市政府在市级机关会议中心召开全市领导干部会议，4 月 21 日成立青岛市防治"非典"工作领导小组。崂山区委、区政府高度重视"非典"防控工作，建立健全了覆盖全区的无缝监控网络，组织 6 支应急防治"非典"机动队，利用现有的卫生、计生网络，将全区各街道、各村所有卫生技术人员和计划生育工作人员共 500余人确定为专职疫情报告员和防病信息联络员，24 小时监控，汇报当地"非典"疫情。此项举措受到了市防治"非典"指挥部的充分肯定。全区共设交通检疫站点 5 处，检疫人员 10 万多人次，检疫消毒车辆 4.08 万辆；检测来自疫区人员 2027 人次；5 处发热门诊接诊发热病人 2355 人次，留验观察 33 人次。通过依法防治和科学防治，有效地控制了"非典"疫情的传播，保护了全区人民的健康，维护了社会和经济秩序的稳定，受到了省、市和社会各界的充分肯定和好评。同时，认真总结防治"非典"正反两方面的经验，重新修订了《青岛市崂山区防治非典型肺炎应急预案（试行）》；制定出台了《青岛市崂山区突发公共卫生事件应急处理办法》，设立并启动了覆盖全区的 56 个疫情监测点，初步建立起突发公共卫生事件应急反应长效机制。

2004 年 1 月 16 日，青岛市崂山区机构编制委员会文件《关于调整区计划生育、卫生管理体制的通知》（青崂编〔2004〕1 号）规定，崂山区计划生育委员会、区卫生局实行分离，不再实行一套机构两块牌子的管理体制。2004 年初，区卫生局分离设置为政府序列局，召开了区划后首次全区卫生工作会议，区委、区政府出台了《关于加快卫生事业发展的意见》和《关于全面加强基层卫生机构规范化建设的意见》。崂山区在全省首次编制了《崂山区区域卫生规划（2004~2010年）》，为卫生事业科学发展指明了方向。组织人事部门为疾控、监督各增加了10个编制，提拔重用了2名处级干部和11名科级干部，引进了65名硕士和大中专毕业生。

村（居）卫生室是农村三级医疗服务网络的基础，承担着卫生行政部门赋予的基本医疗和预防保健任务。2004年明确了街道卫生院以公共卫生为主的功能定位，投资180万元为4个街道卫生院及区妇幼保健医院安装了污水处理系统；投资120万元建设了王哥庄医育一体楼，开始卫生院的院容院貌和服务流程改造，将北宅卫生院建成了市级首批中医特色卫生院。投资96万元在全省率先建成了覆盖全区、乡镇级的3个"120"急救分中心，当年抢救和转诊病人2600多人次，成为全区居民和风景区游客的急救"绿色通道"。2004年12月16日，王哥庄、沙子口、北宅3个街道的卫生院和万杰医院正式挂牌为120院前急救分中心。2004年，崂山区在全市最早启动开展以"十统一、六规范"为内容和以"乡医举办、政府补助"为特点的卫生室规范化建设。按照"以奖代补"政策，对达到规范化标准的社区卫生室给予1万元补助资金，共发放奖补资金240万元，带动社会投资600余万元，建成了240家规范化卫生室，走出了一条政府政策引导、社会积极参与、多方力量兴办农村卫生事业的新路。

2005年3月15日，崂山区首家"慈善门诊"在北宅卫生院挂牌启动。2005年5月20日，崂山区第一个社区卫生服务中心—香港东路社区卫生服务中心建成。2005年11月8日，崂山区卫生局卫生监督所通过ISO9000质量管理体系认证，为全省首家通过ISO9000质量管理体系认

北宅街道卫生院

证的区（县）级卫生监督机构。

2006 年国家启动《农村卫生服务体系建设与发展规划》，中央和地方总计投资 217 亿元，改善农村县乡村三级医疗卫生服务条件。同时采取多种方式组织城市卫生支援农村，实施万名医生支援农村卫生工程。2006 年 3 月 8 日，崂山区新型卫生下乡支农启动仪式举行，来自全市各大医院的 34 位医生，分别对 4 个街道卫生院和区妇幼保健院进行对口帮扶。4 个卫生院的接诊人次、业务收入增长迅速（2004 年北宅 99 万、王哥庄 161 万、中韩 178 万、沙子口 184 万；2006 年北宅 175 万、王哥庄 268 万、沙子口 344 万、中韩 362 万），医疗质量和群众满意度显著提高。

2007 年，完成了崂山区社区卫生服务中心工程建设，投资 1000 余万元、建筑面积达 3500 平方米的沙子口卫生院综合楼圆满竣工，于 11 月 26 日投入试运营，北宅、王哥庄卫生院院容院貌持续改善，农民群众就医条件显著好转。本着"医育一体、资源共享"的发展原则，按照省级标准进一步强化了各卫生院的计划生育技术服务设施设备建设。区委、区政府高度重视基层医疗卫生事业发展，将卫生院公共卫生人员实行全额保障政策写入了区委《关于积极发展现代农业扎实推进社会主义新农村建设的实施意见》（崂发〔2007〕8 号），卫生院公共卫生人员全额保障纳入政府日程。

2008 年，崂山区在全区开展了驻区企事业单位卫生室规范化建设工作，对全区 39 家企事业卫生室进行了摸底了解，制定了规范化建设标准，召开了动员大会进行部署，到有关单位进行督导检查，对企事业单位、学校的卫生室按照规范化建设的要求进行统一建设和改造，提高了服务水平，为广大职工、学生的健康提供了可靠的保障。

3. 国家基本药物制度得到初步推广。2007 年，根据市卫生局要求，崂山区在 4 个街道卫生院实行药品"零差价"管理，群众"看病贵"特别是"买药贵"的问题有所缓解。

2008 年，国家建立基本药物制度，国务院对食品药品监督管理职能进行了新的调整，国家食品药品监督管理局划归卫生部管理。同年，崂山区实行药品集中采购和统一配送工作，开展了药品"统一采购、统一定价、统一配送"工作，并制定了 703 个品种的药品采购目录，规范了药品采购渠道、降低了药品价格，使广大居民得到了实惠。

（三）铸就制度，全面发展阶段（2009 年至今）

2009 年后，崂山区加强新农合信息化建设，国家基本药物制度扩面实施，基层医疗机构运行新机制得到完善，服务能力持续提升，建成迄今为止全市乃至全省规模最大、覆盖区域最广、服务群众最基层、社会效益最显著的远程医疗服务体系。

1. 实现了新农合制度全覆盖。 2009 年 1 月 15 日，崂山区政府将"提高新农合报销比例，实施新农合信息化建设工程"列为 2009 年为民要办的 10 件实事之一。新农合筹资标准由 156 元提高到 186 元，年度个人最高报销额提高到 7 万元。投入 60 余万元建设了新农合"一卡通"工程，参合农民在全市 22 家定点医院门诊就医及办理住院手续时，在收费处刷崂山区新型农村合作医疗卡，门诊医药费可当场减免，住院医药费出院结算时，参合农民只需缴纳个人自负费用，报销费用由定点医院先行垫付，定点医院定期到区新农合经办机构结算。2010 年 5 月 1 日，崂山区医疗救助信息管理系统正式启用，实现困难群众医疗结算"一站式"救助，在山东省率先完成医疗救助网络化运作。

2011 年，崂山区坚持推行单病种费用结算模式，对急性单纯性阑尾炎手术等 10 个病种规定一个限额标准，限额标准以内的费用按农村合作医疗政策核销、结算，超过限额部分由医院承担。坚持推行重大疾病报销模式，在全市率先将白血病、终末期肾病等 6 项重大疾病等纳入试点范围，补偿时不设定起付线，统筹范围内医疗费用按照 70% 的比例予以补偿，患者医疗费用实行即时结报。加强与市级重点医院的合作，充分发挥市级重点医院医疗资源丰富的优势，新增青岛市海慈医疗集团、青岛眼科医院等 10 家医院作为崂山区新农合综合性定点医疗机构，定点医院数量与报销比例居全

新农合居民就医报销"一卡通"

市首位。

2012 年，全区新农合人均筹资标准 400 元，参合率 100%，在全省处于较高水平，实现了新农合制度全覆盖。在全省率先开展了市级定点医疗机构新农合门诊大病医疗费联网结算，实现了门诊医疗、报销"一站式"服务。

2013 年，新农合保障水平不断提高，继续位居全省前列。全区新农合人均筹资标准提高至 535 元，连续 10 年位居全省首位。2014 年新农合人均筹资水平达到 535 元，参合率达 100%，均居全省前列。同年 1 月，根据崂山区编委办《关于调整新型农村合作医疗保险机构管理体制的通知》（青崂编办〔2014〕3 号）要求，新型农村合作医疗管理工作职能由区卫生局划转至区人力资源和社会保障局。区新型农村合作医疗管理办公室由区卫生局划转至区人力资源和社会保障局，人员编制一并划转。

2. 基层卫生服务体系健全完善。高标准推进街道卫生院与社区卫生室建设。2009 年 10 月 28 日，崂山区社区卫生服务中心崂山区医疗保健中心启用仪式举行。加上原有的沙子口、王哥庄、北宅街道社区卫生服务中心和先后建成的海都社区等 5 处社区卫生服务站以及 238 家规范化村卫生室，区、街、社区三级社区卫生服务网络初步形成。投入275 万元为街道社区卫生服务中心购置了彩超、全自动生化仪、CR 等先进的医疗仪器设备，就医环境和条件有了显著改善，卫生服务能力有了明显提升。2010 年 8 月 4 日下午，青岛市深化医药卫生体制改革工作领导小组召开扩大会议，市北、黄岛、崂山、胶南四区分别就改革社区医疗卫生服务中心管理体制、推进镇村一体化村卫生室监管、提高村卫生室服务能力

崂山区一体化卫生室乡村医生免费开展 65岁以上老年查体

等专题进行了交流发言。同年，作为健全基层医疗卫生服务体系的先进代表，崂山区在全省医改工作会议上做典型发言。2011年投资2200万元扩建王哥庄卫生院，投资140万元对沙子口、北宅卫生院进行修缮。着手制定了《关于推行街居卫生服务一体化管理提升农村社区卫生室服务能力的实施意见》、《崂山区基层医疗卫生机构布局规划》和《基层医疗机构绩效考核办法》等相关政策文件和规划。开展了卫生室标准化建设工作，投资600万元建成83家社区标准化卫生室，基本建立起设施齐全、功能完备的基层公共卫生服务网络。

2011年，崂山区在全省率先为乡村医生加入医疗质量责任险，解除了乡村医生的后顾之忧，进一步提高乡医的积极性。试点开展了名医下乡惠民支农工作，借助市、区大型综合和高端医疗机构的人才和技术优势，邀请省市级医疗专家到区属4个卫生院坐诊，使广大农村特别是偏远山区居民在不出社区、不增加医药费用下就能享受到三甲医院的诊治服务。

3. 在全省率先实现基本药物制度全覆盖。 2010年3月15日，崂山区政府举办的6家基层医疗卫生机构，按照省、市要求全面实行了国家基本药物并零差率销售。崂山区率先在全市推行国家基本药物制度，取得了很好的社会效益，切实缓解了百姓看病贵问题。2010年4月1日，全市推行国家基本药物制度情况现场会在崂山区召开，王修林副市长参加。2010年12月10日，市委常委、常务副市长王书坚到市北区延安路社区卫生服务中心、崂山区牟家社区卫生室和沙子口街道卫生院实地调研市北区、崂山区实施基本药物制度情况。市北区、崂山区分别对本区市实施基本药物制度工作进展和取得的成效进行了汇报。

2011年10月，出台《崂山区非政府举办的基层医疗机构推行国家基本药物制度及实行新农合门诊报销的实施方案》，将国家基本药物制度实施范围扩大至农村社区卫生室和社会力量举办的城市社区卫生服务机构。代表青岛市迎接了山东省推行基本药物制度及综合配套改革实施情况考核，取得了优秀等次第一名的好成绩。

2013年2月，国务院办公厅下发《关于巩固完善基本药物制度和基层运行新机制的意见》（国办发〔2013〕14号）。崂山区继续推行国家基本药物制度扩面实施，基层医疗机构运行新机制得到完善。开通了村工作站电子处方审核功能，对基层医疗机构合理用药及处方进行点评，加强对乡村医生合理用药监管，提高医师处方合格率，保障了群众用药安全。

2014年以来，崂山区健全药品供应保障机制，正式启用新版国家基本药物目录，社区卫生室药物配送供应机制得到了进一步完善，一体化卫生室基本药物平均配备170种以上。2015年，将国家基本药物品种由原来的307种扩至620种，在北宅街道创新开展便民药箱，采取"30+X"形式确定《北宅街道便民药箱目录》，为辖区居民免费代购药品，解决山区百姓买药难问题。

4. 远程医疗服务体系初步建立。 2013年，崂山区政府将远程心电诊断系统建设列为当年在改善人民群众生活方面重点做好的实事之一。前后投入100余万元，为83家卫生室、18家社区卫生服务站、5家社区卫生服务中心配备了电脑、打印机和当时最先进的12导联数字式心电图机等网络设备，使村卫生室、社区卫生服务站、社区卫生服务中心（卫生院）和青岛大学附属心血管病医院的远程心电诊断中心实现了技术上的连接，在全市率先创建了村卫生室和社区卫生服务机构做心电图、青医专家实时诊断的新型网上医疗服务模式，群众不出社区就可享受到三甲医院优质的心电诊断服务。同时，青岛大学附属心血管病医院为网上诊断的疑难危重病症患者开通绿色通道，优先会诊、优先入院，为农村地区、偏远山区群众的生命健康安全提供了切实保障。

2014年底，崂山区建成投入使用远程质量监管系统、远程医学影像诊断系统和远程实验室检验系统。前后投入近200万元，为90家区、街一体化管理的村卫生室和23家社区卫生服务站安装了监控云终端及相关设备，搭建了云平台，开通了远程视频监管、日常考勤记录、医疗统计分析、突发事件应急处置等功能。利用云平台，可随时随地调取监管对象的信息（视频、考勤、人流量等），实时监控医疗机构状况，监管医疗服务质量等。并可在第一时间获取非法入侵和火警信息，及时向上级监管单位、社会实时发送相关信息，有效保证群众就医环境安全，防范安全事件和医患纠纷发生，实现了云上把关。远程医学影像诊断系统，也是全市唯一建成并投入使用的区域性远程医学影像诊断系统。因崂山区没有二级以上区属综合医疗机构，患者进行高质量医学影像检查，需要到市区大型综合医院，挂号、检查和取结果往往需要多次往返，群众看病即不方便，又增加了就医负担。为此，崂山区投入300余万元，为区社区卫生服务中心购置了 DR、为北宅卫生院购置了 CR，加上前期为区社区卫生服务中心配置的数字式胃肠机、沙子口卫生院和王哥庄街道社区卫生服务中心配置的 CR 等先进的大型医学影像设备，依托市立医疗集团影像诊断中心，构建了远程医学影像诊断系统，有效解决了局域内医疗机构影像数据的协同和共享问题。通过该系统，将市立医院与全区街道卫生院、社区卫生服务中心联系起来，崂山区群众在街道卫生院、社区卫生服务中心看病，医学影像可以上传到市立医院进行评审读片、远程会诊，诊断结果在当日就可回传，极大方便了社区群众就近就诊，提高了诊断效率，降低了医疗成本。针对辖区内医学检验能力不足的现状，投资近 50 余万元，与民营的青岛兰信医学检验中心合作（全市唯一一家独立于医疗机构外运营的实验室），建立了远程实验室检验系统，实现了区域内医学检验信息的共享。区内医疗机构收集的标本经兰信医学检验中心检验后，检验结果可通过网络直接传送至各基层医疗机构并自助打印，不但为临床诊疗提供了高质量的诊断依据，进一步提高了医学诊断质量，还极大节约了患者等待时间。

二、取得的成效

（一）五项创新打造新型农村合作医疗崂山模式

作为全省新农合首批试点单位，着重实施"五项创新带动"，在体制机制、硬件建设、保障水平、基金监管等方面出实招、见实效，形成具有鲜明特色的新型农村合作医疗的崂山模式。崂山区人口参合率、群众受益面、大病最高补偿额和基金利用率等涉及群众切身利益的重要指标稳居全省前列，人均筹资标准和财政补助水平逐年增长。一是实施了新农合"四免四减"政策，即：参合居民在街道卫生院发生的挂号费、出诊费、诊查费和注射费按照 100%的比例给予报销，发生的检查费、化验费、中医治疗和中草药费按照 50%的

崂山区新农合单病种付费暨双向转诊签约仪式

比例给予报销。二是取消了门诊大病起付线，缓解参合居民看病贵的问题。实施了定点医疗机构门诊大病联网结算和异地居住报销政策，门诊医疗、报销实行现场结报的"一站式"服务，方便参合群众就医。三是建立了双向转诊激励政策，经定点医院上转的参合患者，执行住院补偿起付线减半、报销比例提高5%的优惠政策；经定点医院下转至社区医疗机构治疗的患者报销比例由85%提高至95%。四是拓宽单病种和重大疾病保障范围，补偿时不设定起付线，单病种限额内的费用按不低于75%的比例定额限价补偿，重大疾病统筹范围内医疗费用按照75%的比例予以补偿。五是实施了城乡居民大病救助政策，辖区户籍中等收入及以下的参合居民，因患重大疾病发生的医疗费用，经过市级救助后还可以享受区级相应救助，这样经过市、区两级的"特殊救助"，减轻了特殊困难群体及中低收入家庭的医疗负担，杜绝因病致贫、因贫返贫发生。

（二）基本药物制度不断巩固完善

崂山区在全省率先实现了基本药物制度城乡全覆盖，将国家基本药物制度由96家政府办社区卫生服务机构扩面至26个社区卫生服务站，取消基本药物加成，减轻群众用药负担。国家基本药物品种由原来的307种扩至620种。针对集中采购存在缺药、断药现象及时采取措施进行干预，建立了"库存预告机制""近效药退换机制""配送企业末位淘汰机制"，把获取的即时情报与药房和临床科室沟通，让患者了解真实情况。针对差异化需求，在北宅卫生院开展了便民药箱试点工作，让一体

化社区卫生室收集差异化需求品种，实行药品个性化"代购"，满足基本药物覆盖不了或者基本药物中长期断货的药品，解决了基层社区居民买药难问题。截至目前，便民药箱共计采购2.9万元，约占基药采购金额的5‰。自2009年医改以来全区累计销售基本药物1.62亿元，为老百姓直接让利减负2430万元。

心脑血管专家在王哥庄姜家社区开展义诊活动

（三）"名医下乡"工程实现精准化就诊

针对群众反映的医疗服务不到位的问题，自 2011 年试点实施"名医下乡"工程以来，各中心年均专家坐诊近千次、接诊 6000 余人次。2015 年扩面实施"名医下乡"工程，服务对象更倾向于地处较偏远的农村社区，下乡专家从 3、4 个专业扩大到 8 个专业。2015 年累计诊疗患者 1 万余人次，服务数量较上年增长了 80%，有效改善山区居民就医感受。期间，王哥庄社区卫生服务中心根据社区居民实际需求和专家建议，通过一体化卫生室宣传、便民服务中心预约及公众微信平台定期发布信息，实现了"预约服务、定期复诊"，有效解决了"专家不对口"和"就诊不连续"的问题，实现了"专家"与"专病"的精准对接和连续服务。多次邀请青大附院、市立医院、中心医院、八医等三级医院专家深入到王哥庄、北宅等偏远社区开展义诊，把专家级的服务送到老百姓家门口。

（四）远程医疗服务让"跑医"成为过去式

崂山区创新性构建了大规模、广覆盖、服务群众最基层、社会效益显著的远程医疗服务体系，使群众在家门口就能享受到省市级专家的优质服务，截至目前，已建成投入使用的远程医疗服务体系主要包括 5 个子系统，含 4 个远程诊断系统（远程心电诊断系统、远程医学影像诊断系统、远程实验室检验系统、远程预约挂号系统）和 1 个远程质量监管系统。通过建设远程医疗服务体系，崂山区居民在街道卫生院即可完成青医附院自助挂号就诊，群众到就近卫生室（站）或者社区卫生服务中心进行的相关专业检查，都可以在第一时间得到"三甲"医院专家级医生的远程诊断回馈和专业检验机构检验结果的远程打印，实现了"病人不动、医生移动"的医疗服务新模式，使上级医

远程预约挂号系统可在基层医疗机构实现青医、市立等三级医院远程预约挂号

院的优质医疗服务资源沉下来，将基层人才培养带起来，使更多的医生从中获益，促进了基层医疗水平的提高，节省了患者"跑医"看病的时间，使更多的患者能够得到及时救治，最大限度缓解了"看病难、看病贵"。

（五）全区医疗卫生综合实力显著增强

投入1.4亿余元先后完成了区社区卫生服务中心、区公共卫生大楼、沙子口卫生院综合楼、王哥庄中心卫生院的建设改造。全区建设了25处城市社区卫生服务站和91家标准化农村社区卫生室，确保了每一个城乡社区有1处标准化的卫生服务机构。连续4年，每年投入800万元专项资金用于改善基层医疗机构设备配置，为规划内村卫生室配全诊疗设备、配备降温防寒设施，解决水、电、降温取暖等费用，保障卫生室基本运行。引进了全省境内第一家外资医院——和睦家医院，并于2015年9月正式开诊；政府划拨近20亩（1亩=0.067公顷，下同）地扶持拥有青岛地区第一个全国重点学科的开泰耳鼻喉头颈外科医院做大做强。2015年崂山区各级各类医疗卫生机构395家，二级综合医院1家，三级综合医院1家，专科医院11家，门诊部以上医疗机构22家。医疗美容、眼科、口腔、中医等专科医疗机构的数量质量都有显著增长。崂山区错位竞争的医疗格局正在加快形成，满足了区内居民多层次、多样化的医疗卫生服务需求。

（六）实现基本公共卫生服务均等化

2009年起在全区范围内开展基本公共卫生服务项目，基本公共卫生补助标准目前已逐年提高至2015年的人均50元，基本公共卫生服务逐步实现均等化。近两年连续投入500余万元，为65岁以上老年人体检增加B超、肿瘤标志物等检查项目，受益人群2.74万，同比体检率上升20.1%。2015年，在全省率先投入300余万元为辖区3万余名60岁以上老年人免费接种肺炎疫苗。依托市级医院开展了"三位一体"生殖健康服务包查体活动，自2009年开展"两癌"筛查项目以来，有261人得到及时治疗。2015年将"两癌"免费筛查范围从农村妇女扩大至全区所有30~64岁适龄妇女。在全市率先将流动人口纳入免费产前筛查范围，共为4.06万流动人口育龄妇女提供了均等化服务，促进了流动人口的社会融合。截至2015年年底，全区累计规范建立电子居民健康档案29.82万份，规范管理高血压患者3.34万人，规范管理糖尿病患者1.6万人，为

2.03 万名老年人进行中医体质辨识与调养指导；累计管理重性精神疾病患者 1133 名，为 1.5 万余 0~6 岁儿童和 3400 余名孕产妇进行健康管理服务。

执笔人：李　君
审核人：孟庆萍
签发人：李兴水

参考文献：

1. 国家卫生和计划生育委员会，《中国卫生和计划生育年鉴（2014卷）》，中国卫生和计划生育年鉴社 2014 年版。

2. 山东省卫生史志编纂委员会，《山东省卫生志（1986-2005）》，山东人民出版社 2009 年版。

3. 青岛市深化医药卫生体制改革工作领导小组办公室，《青岛医改》（2009-2012）2012 年版。

4. 青岛卫生年鉴编委会，《青岛卫生年鉴（2013）》，青岛出版社 2013 年版。

5. 青岛卫生年鉴编委会，《青岛卫生年鉴（2014）》，青岛出版社 2014 年版。

6. 青岛市卫生和计划生育委员会，青岛市卫生科技宣传馆，《青岛卫生计生年鉴（2015）》，中国海洋大学出版社 2015 年版。

7. 崂山区志编纂委员会，《崂山区志》，方志出版社 2008 年版。

8. 青岛市崂山区地方志编纂委员会，《崂山区大事记（1994-2011）》，黄河出版社 2012 年版。

青岛市崂山区人民法院的
发展历程与成效

崂山区人民法院

青岛市崂山区人民法院共有 21 个职能部门和内设机构，另设法庭 3 个，分别是沙子口法庭、王哥庄法庭、北宅法庭。全院现有行政编制数 78 个，在职 69 人，从事审判执行的一线法官 30 人，另有事业编 49 人，政府雇员 45 人。历年来先后被评为全国法院文化建设示范单位、全国青少年普法教育先进单位、全国法院新闻宣传工作先进单位、全省法院人民陪审工作先进集体、青岛市基层公务员考核工作示范点等。

一、发展历程

（一）1978~1993 年，区划调整前的崂山区人民法院

1978~1988 年，名为崂山县人民法院。1989 年 1 月，改称崂山区人民法院。1981 年 1 月至 1987 年 3 月，审理各类刑事案件 744 起，依法惩处各类犯罪分子。1981 年 3 月，开始经济审判工作。1983 年 3 月至 1987 年 12 月，审结各类经济纠纷案件 1657 件，诉讼标的额 933.6 万元，结案率达 99.28%，经调解结案的占 95%。1990 年后，从严从重从快惩处各类严重危害社会治安分子，打击各类刑事犯罪和严重经济犯罪活动，维护社会和谐稳定。

（二）1994~2002 年，起步阶段

1994 年 6 月，随着青岛市行政区划调整，原沧口区法院 12 人和原崂山区法院 23 人组成新崂山区人民法院，并于同年 7 月 1 日正式对外办公。

院初期，崂山区人民法院内设机构为 10 个，分别是政工科、政研室、事审判庭、民事审判庭、经济审判庭、经济纠纷调解中心、告诉申诉、行政庭、执行庭、法警队；下设 4 个法庭，分别是中韩法庭、沙子庭、北宅法庭、王哥庄法庭。纪检组监察室合署办公。编制 52 人，45 人。办公地点为青岛市崂山区山东头村青岛面粉机械厂招待所，5 年 7 月迁移到原高科园崂山区委办公楼三楼。

立的崂山区人民法院结合区划调整后崂山区社会经济大环境的变化坚持公正司法、为民司法的宗旨，为经济社会的发展和人民群众乐业提供有力的司法保障。

. 依法履行审判职能，维护社会和谐稳定。 严厉打击各类刑事，强化惩处力度和保障职能，维护良好的社会治安秩序。1994~200年，崂山区人民法院共受理刑事案件 1179 件，对重大、典型、群众注度高、法制教育性强的案件进行公开审判，组织群众旁听，做好法宣传教育工作。1994 年 11 月上旬在崂山区召开了公判大会，分别在区四个乡镇对八案十三犯进行了公判，千余名干部群众参加了旁听。1年，依法对腐化堕落、给国家集体造成重大损失的王某所犯四罪进公开审判，并给予法律严惩。2001 年，顺利审结"8.19"崂山特大通肇事案，2002 年，审结崂山区人民法院第一起生产、销售伪劣产品，被告人徐某被判处罚金 20 万元、董某被判处有期徒刑一年，罚金五元，均及时做好以案说法、普法教育工作，引导人民群众增强法律意。

依法妥善审理劳动就业、征地拆迁、社会保险、住房消费等涉及人民群众切身利益的民生案件，增强服务大局的能动性和实效性，审慎处理好在经济结构战略性调整和加快转变经济发展方式过程中发生的各类矛盾纠纷，促进经济平稳增长。1994 年，经济纠纷调解中心妥善调处了崂山区中韩镇北村与中北电器总公司房屋租赁合同纠纷一案，收到良好的社会效果。2000 年，走访调查了几十家企业，围绕国企改革、转制和依法开展生产经营活动及在适应法律方面存在的问题，有针对性地进行了法律指导、宣传，并形成调查报告，为依法保障和加快企业改革提供了重要依据。2001 年，依法及时处理了涉及上运运动器材公司破产等重点案件，妥善解决涉及外商投资企业的经济纠纷案件 46 件，标的额达 1500 余万元。同年，受理崂山区王哥庄索具厂破产案，积极做好破产公告、清算，抓紧破产财产的拍卖变现工作，及时将 200 多万元工资发放到 660 多名职工手中。

依法做好执行工作，不断加大执行工作力度，切实维护好当事人的合法权益。1997 年第四季度，开展集中执行活动，通过《青岛日报》发布通告，督促被执行人在限期内自觉履行法定义务，对在限期内拒不履行生效的判决、裁定的被执行人，依法采取查封、扣押、冻结以及拘留等强制措施。1998 年，依法对影响崂山区重点工程建设的金家岭 45 户群众的房屋进行了强制拆迁，拆迁过程中，积极做好说服动员工作，最终大部分住户自动搬迁。顺利执行了朱张路、大麦岛等处的违章建筑，保障了园区规划建设的顺利进行。2001 年 7 月，在山东省法院系统率先实行执行裁决权和执行实施权相分离的执行工作机制。在执行局设立执行裁决庭，专门行使执行裁决权，解决了执行人员既裁又执的问题，有效避免了案件随意中止情况的发生。2002 年，开展"执行中止案件回头看"行动，对 1994~2000 年期间全部已经归档的执行中止案件进行审查，向 583 名申请人发出信函，对近百个中止执行案件的申请人提供执行线索的，立即恢复执行，受到了较好的社会效果。

2. 坚持司法为民宗旨，全力保障人民权益。充分发挥自身资源优势，积极开展普法宣传活动，通过以案说法、邀请人民群众旁听庭审、发放法制宣传材料书籍等形式，深入乡村、学校对党员干部、师生进行法制宣传教育活动。2001 年，开展"两送五个一"法制宣传活动，"两送"即向崂山区全区各街道办事处、132 个村民委员会和部分企业、事业单位、区机关单位和人大代表免费订阅《人民法院报》和《山东法制报》；"五个一"即向崂山区全区人民群众发出一封公开信，举办一次法制讲座，召开一次公判大会，举办一次法律咨询活动和一次基层走访调研活动。此次活动，共赠送《人民法院报》《山东法制报》各 232 份。

积极改进工作制度方法，为人民群众诉讼提供便利。2001 年建立了司法鉴定、评估、审计、拍卖统一委托工作制度，对委托事宜实行由办公室专人负责办理，统一委托有国家注册执业资格且信誉好的专业机构进行司法鉴定、评估、审计、拍卖工作，避免了司法鉴定评估多头委托造成的收费标准不一、鉴定结果不一致等问题。针对预收执行实际支出费用增加申请人负担情况，取消了该项收费，对困难企业、赡养、追加抚养费、劳动争议等经济确有困难的当事人，采取减、免、缓收诉讼费。同年，建立大信访工作格局，成立了监察室，集中统一管理协调信访工作，有效解决了信访案件久拖不决的问题。

（三）2003~2011年，发展阶段

2003年3月，崂山区人民法院由原崂山区委办公楼迁至金岭花园8号楼金岭商务楼办公。2004年11月，崂山区人民法院审判综合楼动工建造，2006年5月竣工，同年8月迁入办公，地址位于崂山区行政大厦东侧，云岭支路1号。崂山区人民法院审判综合大楼，占地面积16亩（1亩=0.067公顷，下同），建筑面积约2万平方米，设有大、中、小型审判庭20个，调解室9个，执行室7个。功能布局更加合理，实现了审判、办公、生活三区分离，是一座符合审判办公实际的现代化审判综合大楼。

自1994年建院，经过8年的基础沉淀，崂山区人民法院的各项工作已经打好了基础，逐渐走出了自己的路子。

1. 全面履行职能，切实保障经济社会发展。2003~2007年，崂山区人民法院共受理各类案件40092件，审执结39260件，结案率为97.92%，总标的额达72.69亿元。其中审结刑事案件1681件，判处罪犯2404人；审结民商事案件25369件，诉讼标的额为达53.29亿元；审结行政案件699件；执结执行案件10957件，执结标的额为19.4亿元。

崂山区人民法院在依法履行审判职能的同时，主动延伸服务职能，积极参与社区矫正工作。2004年，在全国首创了缓、管、免犯罪人员种植"自新林"制度，定期组织他们植树造林，绿化荒山，促进思想改造。2006年，继续配合公安、检察、司法等部门做好"缓、管、免"犯罪人员的回访帮教工作，组织30余名犯罪人员参加种植"自新林"等公益活动。2008年，中澳刑事被害人保护问题研讨会代表到崂山区人民法院进行调研，澳方代表对于崂山区人民法院的社区矫正工作和种植"自新林"的帮教形式及效果均给予了极高的评价。

充分利用审判资源，拓展青少年维权新思路，构建了青少年司法保护新机制。2006年，重视未成年犯罪人的身心健康和教育挽救，专门设立了圆桌形式的少年审判法庭，同时积极开展预防青少年犯罪工作，采取以案说法等形式，深入校园为1000多名中小学生举办了4次大型法制讲座。2008年，强化对未成年人犯罪的审判工作，成立了少年审判合议

庭，推行庭后回访、谈心帮教等举措，促使未成年被告人真心悔改、重新做人。2010年，与青岛市关工委联合率先在青岛市开展了"关爱明天、司法先行"活动，建立青少年法制教育基地，选派12名优秀法官担任中小学法制副校长，通过开展法制讲座、举办模拟法庭等形式，积极构筑预防未成年人违法犯罪的有效防线。

积极稳妥处理好涉民生案件，并着眼于维护公平有序的市场秩序，妥善处理合同、民间借贷及其他经济纠纷。2003年，实行小额诉讼案件和婚姻家庭案件速裁庭制度，依法简化送达、审理等诉讼程序。实现了简易案件快审快结，降低了诉讼成本，提高了办案效率。2004年，提出"无震荡"破产工作法，成功审理了在青岛市有重大影响、涉及债权达7亿元的青岛国际啤酒城有限公司破产案件，解决了长期以来影响崂山区经济发展的瓶颈问题，做到案结事了。2008年开通诉讼"绿色通道"，对追索赡养费、抚养费、抚育费等案件和涉及"三农"的案件，做到快立、快审、快结、快执。同年8月，通过"绿色通道"，110名四川籍农民与劳务公司达成调解协议，劳务公司当庭支付农民工劳务费50余万元。

加强执行工作规范性建设，创新执行方法，推出系列便民执行举措，充分保护债权人的合法权益。2003年，进一步建立健全了执裁分离制度，实行查封、扣押物品权和物品保管权、委托拍卖权相分离，案款收发与执行人员相分离，从程序上保护当事人的合法权益，确保债权的及时实现。2004年，建立了执行工作的"绿色通道"，无论夜间或休息时间，执行干警24小时随时执行任务。2005年，推出"诚信执行"，开通"执行在线"。2006年，与各级法院、公安、工商、房管、银行等部门联合搭建执行信息管理网络，建立执行威慑机制，2009年，成立崂山区执行指挥中心，开通24小时专线电话，安排

为四川农民工发放追讨的劳务费

全院干警轮流值班，提高了执行工作的快速反应能力。2011年，在执行过程中建立短信互动平台，执行法官将案件执行过程和工作措施通过系统转发短信的形式告知当事人，提高了执行过程的透明度。同时，建立社区执行案件协调机制，定期组织街道分管领导、涉案社区负责人召开案情通报和督办会议，有效解决了大量与社区相关的执行案件。2011年，崂山区人民法院被山东省高院评为首批"全省无执行积案先进法院"。

2. 创新便民举措，积极开展司法为民服务。 切实将人民群众的司法需求作为自身工作的出发点和落脚点，不断完善便民诉讼机制，提供便捷高效的诉讼服务。2003年，在山东省法院系统中率先推行了"风险告知"制度，按照案件的性质，将诉讼和执行可能出现的败诉和执行不能的情况列为"风险"内容，向社会公布，让当事人在诉讼或执行前预知因主观或客观原因自己可能要承担的风险和后果，提示其增强风险意识和承受能力，明白法律程序。2004年，针对外企和独资企业上班时间请假难的情况开设了"假日法庭"，在休息日和节假日为请假难的当事人开庭。2005年，成立便民调裁处。对案件事实清楚，双方当事人无较大争议的简单案件，在充分尊重当事人意愿的基础上，采用随立随调的办案方式，适用简易程序，快速审理。推出"便民鉴定服务制度"，针对部分当事人到鉴定机构进行伤残鉴定确有困难的情况，指定鉴定机构登门提供鉴定服务，解决了当事人的实际困难。2006年，设立了老年维权法庭，从立案、审判到执行，以方便快捷的方式实现老年人的合法权益。2008年，建立了山东省第一家便民诉讼中心，设立了导诉服务、立案服务、便民服务、法律咨询和信访接待五大服务区域，为当事人提供导诉、立案、查询、咨询、证据提交、风险告知等"一站式"服务。2009年，开发了便民诉讼中心管理软件，使当事人的诉求直接

法律宣传

到达责任法官，限期办理或做出回复，并建立"远程立案"系统，当事人在王哥庄巡回法庭起诉的同时就可以完成所有的立案、交费手续。

依法保障困难群众的权益，2003 年，与崂山区司法局联合出台了《关于完善崂山区法律援助制度若干办法的补充意见》，加大了对涉及下岗职工、农民工等弱势群体追索保险金、劳动报酬等劳动争议、劳务纠纷案件的审判和执行力度，开展了多次涉及弱势群体案件的专项执行活动。建立"绿色诉讼通道"，依法为弱势群体当事人行使权利提供便利，对追索劳动报酬、赡养费、抚养费等案件和涉及"三农"的案件，进行快立、快审、快结、快执。设立刑事被害人救助基金，对生活困难而被告人确无赔偿能力的被害人及时予以救济。积极开展司法援助，为刑事被告人指定了辩护律师。降低诉讼门槛，对生活确有困难的当事人，依法准予缓、减、免交诉讼费，2003~2011 年，共减、免、缓交诉讼费 639.57 万元。

积极参与综合治理，深入开展法律宣传。2003~2011 年共开展法律讲座和咨询服务 69 次，开办社区法庭 46 次。2003 年 4~8 月，开展"双访双送"活动，即"访五百家企业，访五百户群众，送法律，送平安"。活动期间，共印制了 1000 多份诉讼指南宣传手册，购买了 1000 多册法律单行本和法律书籍，发放到部分村委、企业、部队官兵和各界群众手中。2004 年，提出了深入机关、街道、企业、学校，提高公务人员依法行政水平、提高群众学法用法守法意识、提高企业依法经营管理意识、提高青少年法制观念的"四个深入，四个提高"法制宣传目标，先后为崂山区人大代表、政协委员订阅《人民法院报》和《山东法制报》等报纸近 370 份；推选了 7 名优秀法官担任中小学法制副校长；安排了 6 批大学生来院旁听庭审；举办了十余次面向各界的法律咨询宣传和法律讲座。2005 年，成立了由 25 名审判一线法官组成的法律宣讲团，深入社区开展了形式多样的法律宣传教育活动。2010 年，建立青少年法制教育基地，选派 12 名优秀法官担任中小学法制副校长，通过开展法制讲座、举办模拟法庭等形式，积极构筑预防未成年人违法犯罪的有效防线。

3. 加强文化建设，打造法院文化品牌。坚持文化兴院，建成具有法院特色的机关文化体系，凸显法院文化底蕴和公正精神，增强公众对法院司法裁判的认同感和满意度，塑造法院自身的公正司法形象。2010 年，被最高人民法院评为"全国法院文化建设示范单位"，成为山东省唯一获此荣誉的基层法院。

注重载体建设，打造法院文化建设的基础和依托。2006 年 8 月正式启用了设计威严、布局合理、功能齐全的审判综合大楼。新的审判综合楼按照现代法院模式设计，把办公区与审判区、生活区功能分开，避免了法官与当事人的庭前接触，保障了司法中立，方便了当事人诉讼。一楼办公大厅设有法文化玄关、审判区大厅建有古代清官图浮雕，彰显出法院文化特点。2008 年，建立了法院文化长廊，在走廊里悬挂法律格言、名言警句，营造风清气正、积极上进的司法文化氛围。扩建了标准化的图书馆和电子阅览室，供干警借阅书刊、查阅资料，营造了良好的励志和学习氛围。2009 年，建立院史室，全方位展现建法院发展历程，制作纪念崂山法院建院十五周年大型画册《司法之翼》及崂山法院文化建设宣传光盘，增强干警的荣誉感和归属感。

培育司法精神，凝聚法院文化建设的核心力量。2003 年，设立了"干就干一流，争就争第一"每月办案明星榜和每季度工作回顾展橱窗，充分发挥榜样的力量，形成了争先创优、比学赶帮的氛围，激励干警干事创业。2004 年，成立了合唱团、乒乓球队、篮球队和健美操队，坚持寓教于乐，以文化品位提升精神和道德品位，丰富了干警的业余生活，营造了健康向上的文化氛围。2010 年，提出了"精致审判，高效执行，规范管理，争创一流"的法院文化建设品牌，形成了包括使命、核心理念、司法理念、学习理念、工作理念、管理理念、创新理念、服务理念、作风理念、发展理念等一整套的机关文化体系。注重培养干警的社会责任感和奉献精神。2003~2011 年，崂山区人民法院干警为困难群众、困难党员、病残儿童、慈善基金、生病干警家属累计捐款 19 多万元。2008 年汶川地震发生后，崂山区人民法院干警为灾区捐款共计 80945 元，人均捐款 800 余元。在 2008 年奥运帆船比赛水域受到浒苔侵袭时，全院开展"我为奥运做贡献"党员主题日活动，2 次组织党员干警打捞浒苔 20 多吨，保证了奥帆赛的顺利举行。

（四）2012~2017 年，创新阶段

崂山区人民法院在新的法治建设征程中，恪守"让人民群众在每一个司法案件中感受到公平正义"的初心，勇于担当，砥砺前行，为崂山区经济社会发展提供有力司法保障，开拓进取，定纷止争，为人民群众安居乐业提供优质司法服务。

1. 保驾护航，服务中心工作大局。坚持审判执行第一要务，2012~2016 年共审执结各类案件 29609 件，服判息诉率达 88.79%。其中审结刑事案件 1509 件，判处罪犯 2017 人，审结民商事案件 19749 件，行政诉讼案件 408 件，执结执行案件 7266 件，标的额 41.9 亿元。

全力服务工作大局，结合崂山区经济社会发展重大战略部署，做好司法保障工作。2012 年，依法审理了"聂磊涉黑案"分案、案值高达 2000 余万元的于某某等 15 人虚开发票系列案等一批有社会影响的刑事案件。2012 年，组织干警参与世园大道建设被征收房屋居民的思想劝服工作，仅用 4 天时间便妥善处理了崂山区政府申请执行张某房屋征收案，保障了世园大道建设的进行。2016 年，主动发挥法院职能作用，出台了《关于为建设创新崂山、财富崂山、美丽崂山、幸福崂山提供司法服务和保障的意见》，并向崂山区委、区政府报送《崂山审判参考》及《崂山区行政诉讼有关情况报告》，有针对性地提出意见建议，为法治政府建设提供司法服务。围绕金家岭金融区建设，2016 年成立金融审判庭，开辟诉讼绿色通道，妥善化解金融纠纷，维护和规范金融市场秩序。2017 年 1 月 20 日，对 7 起危险驾驶（醉驾）案件进行了集中宣判，通过真实的案例提醒广大市民坚决摒弃酒后驾车、醉酒驾车的恶习，共同维护交通安全。

不断改进工作，提供审判工作质效。2013 年 2 月，率先在青岛市法院系统成立了小额诉讼审判法庭，简化办案程序，创新办案方式，实现了案件审理的高质高效。2013 年小额法庭收案 797 件，结案 777 件，案件调撤率达到 99.1%，95% 以上的调解案件实现当庭给付或一周内履行完毕。2013 年，判决了全国首例小区业委会诉物业公司电梯广告收益案件，中央电视台经济频道《第一时间》做了长达 10 分钟的专题报道，引起了广泛的社会关注。2015 年，崂山区人民法院与崂山区人民检察院、崂山公安分局、崂山区司法局联合会签了《刑事案件速裁程序实施细则》，对案件事实清楚、证据确实充分、被告人自愿认罪、情节较轻的案件，尽可能适用速裁程序。2015~2016 年审结刑事速裁案件 156 件，平均审理期限缩短至 5 天。2015 年，新《行政诉讼法》施行后，切实落实行政机关负责人出庭应诉制度，并建立应诉反馈制度，2015~2016 年，共有 72 起案件的行政机关负责人出庭应诉，出庭率为 32%。

加大执行工作力度，切实解决执行难题。2012 年，对拒不履行法律义务的被执行人依法采取罚款、拘传、拘留、限制高消费、追究刑事责任等强制措施。11 月 26 日，判决了崂山区人民法院首例拒不执行判决罪，判处其拘役五个月，缓刑六个月。2013 年，建立内部的立案、审判、执行协调配合机制，以及外部的政府法院联动机制、司法查控网联动机制、机场限飞联动机制、社区协执联动机制和公检法打击"拒执罪"联动机制 "六项联动" 机制，提高了执行工作质效。2014 年，实行 "失信被执行人名单" 制度，先后公布了 5 批共计 150 余名失信被执行人信息，87 名被执行人被有效限制了高消费。其中 19 名被执行人主动履行法律义务，结案标的达到 1100 万元。2016 年，积极落实青岛市全市法院执行款物管理工作专项检查，对 20 多年来累积的执行暂存案款全部进行清查、登记，共梳理未过付执行案款 941 笔，涉及案款 6372.4 万元，并对不符合暂存规定的案款限期发放或妥善处理。2017 年 7 月，在青岛市法院系统中率先开通 "执行一案一账户"，每起执行案件在承办法官送达时便生产一个银行子账号，案款的进出都在该子账户中完成，并通过此账户将执行款转给申请执行人，实现了案款管理的科学化、规范化、信息化，避免了案款长期滞留、发放滞后现象。

2. 一心为民，全力化解矛盾纠纷。 联合多方力量，建立多元化纠纷解决机制。2015 年，在崂山区人力资源和社会保障局设立劳动争议案件巡回法庭，通过座谈研究、与仲裁员共同调解案件、群体性案件提前沟通等形式，联合化解劳动争议。2015 年，针对近年来崂山区群体性物业纠纷频发的现状，设立物业纠纷案件巡回法庭，并与崂山区司法局、崂山区房管局建立物业纠纷调解联动机制，加强对行政调解与人民调解的司法指导和诉调对接，及时化解各类物业纠纷。2015 年，与崂山公安分局、崂山区司法局联合设立道路交通事故联动调解中心，协调交警大队、司法鉴定所、保险公司、人民调

诉调对接中心人民调解员调解案件

解委员会、法律援助中心共同参与联动调解，调解不成则直接进入审判程序，搭建了交通事故纠纷调解、理赔、诉讼一站式服务平台。2016年，将民事审判二庭职能调整为审理道路交通事故责任纠纷案件，在交警事故处理中心设立了道路交通事故巡回法庭，通过联动调解、巡回审判，为道路交通事故纠纷案件的高效化解提供了便捷途径。

挖掘自身潜力，大力推进诉调对接工作。2016年初，成立诉调对接工作领导小组，制定了诉调对接中心的实施方案、工作流程和工作标准，负责对诉至法院的纠纷进行分流、引导，委派、委托调解、专职调解、案件流转。2016年4月25日，诉调对接中心试运行。2016年6月1日，诉调对接中心正式启动运行。当日，青岛市中级人民法院党组成员、副院长王雷在崂山法院诉讼服务中心参与山东省基层法院诉调对接工作视频调度会并展示崂山区人民法院诉调对接工作落实情况。2017年，对原有的诉讼服务中心进行改造升级，安装多功能的自助查询、自助立案、自助缴费等系统服务终端，方便当事人自助办理业务；撤除柜台玻璃，降低柜台高度，在时空和心理上拉近与当事人的距离；细化服务流程，精确节点时间，力求让当事人能够以最快的速度、最简便的方式办妥除庭审之外的一切诉讼事务；设立执行办事大厅，将执行立案、咨询、信访工作整合到诉讼服务中心工作中；建设独立的信访安检通道，实现安检、信访与审判办公相隔离，有力保障来院当事人的人身安全。同时，由诉讼服务中心统管立案、诉调对接和速裁工作，推进3个部门工作的衔接畅通，方便当事人诉讼。

崂山区人民法院诉调对接中心负责对诉至法院的纠纷进行分流、引导，委派、委托调解、专职调解、案件流转。该中心设有人民调解室3个、司法确认室2个、指导分流室、行业调解室、行政调解室、特邀调解室、诉前鉴定室各1个，以"指导分流室"为中枢，对来院群众进行诉前辅导，根据诉前辅导结果进行分流或诉讼，实行案件层级化解。2016年6月~2017年6月，诉调对接中心共分流案件3201件，调撤1114件。此外，2016年建立了2个"法官工作室"，专职审理速裁及司法确认案件。2名法官2016年办案1515件，占崂山区人民法院受理的民商事案件的27%。在此基础上，2017年结合司法责任制改革，继续增强速裁力量，成立了4个速裁团队，以"1名主审法官+1名法官助理+1名书记员"的模式进行案件审理。

发挥司法温情，建立少年审判工作机制。2013 年 8 月，成立了"心灵驿站"心理干预工作室，指派 3 名优秀法官到山东省高院参加培训并取得心理咨询师资格。法官在审理未成年人犯罪案件中，对被告人进行心理测评和心理辅导，疏导其消除紧张情绪，同时提出个案矫正建议，帮助被告人认知行为产生根源，克服心理障碍，调整思维和行为模式，促其认罪、悔罪，以最大程度避免再次犯罪，积极重返社会。2014 年，在以往委托社区矫正组织进行调查的基础上，从青岛市、崂山区两级关工委、团区委聘请了多名专门的社会调查员，对未成年被告人进行庭前人格调查，在庭审过程中作为品格证据进行宣读，作为量刑的重要依据，为失足青少年迷途知返提供机会。2014 被中国关工委、司法部和中央综治办评为"全国青少年普法教育先进单位"。2015 年 7 月，在青岛市法院系统率先成立涉少案件调解中心，邀请关工委委派"五老"参与涉少案件调解工作，从"教"字着眼，从"帮"字入手，精心编织青少年合法权益保护网。实行轻罪犯罪记录封存制度，2013~2016 年，共为 17 名青少年封存犯罪记录，帮助其重返校园。

3. 积极进取，稳步推进各项改革。打造人民陪审员管理新模式，勇当人民陪审员制度改革的先行者。2012 年 12 月，研发崂山区人民法院人民陪审员信息管理系统，将人民陪审员选任、使用、管理和考核等内容全部纳入系统中，操作简便，统计准确，使人民陪审员管理由"粗放型"向"精细型"转变，实现了人民陪审员选任、管理、考核"一网通"。2014 年 6 月，崂山法院与软件公司联合开发的人民陪审员信息管理系统，获得了《国家版权局计算机软件著作权登记证书》，成为全国首家开发使用人民陪审员信息管理系统的法院。2013 年 1 月 17 日，青岛市法院人民陪审员管理工作现场会在崂山区人民法院召开，重点学习和推广崂山区人民法院人民陪审员信息管理系统。2013 年 11 月 8 日，山东省法院人民陪审工

人民陪审员调解工作培训班

作（青岛片）调度会在崂山区人民法院召开，山东省高院政治部法官管理处处长姜明川，青岛市中级人民法院副局级审判员张庆申，青岛、烟台、威海、潍坊、日照等中院政治部领导及法官管理处处长出席了会议，共同学习、推广崂山区人民法院人民陪审员管理工作先进经验。2015年以来，最高法院咨询委员会四名委员，全国人大常委会委员、内司委副主任委员何晔晖，部分全国人大代表来青岛法院调研或视察时，对崂山区人民法院研发的人民陪审员信息管理系统给予了高度评价。福建高院、陕西高院等20多家外地法院来崂山区人民法院学习交流，并在一定范围内推广使用。

2015年4月，十二届全国人大常委会第十四次会议作出的《关于授权在部分地区开展人民陪审员制度改革试点工作的决定》，共授权北京、河北、黑龙江、江苏、福建、山东、河南、广西、重庆、陕西10省、市、自治区的50个法院为试点单位。其中山东省有5家，分别是山东省青岛市中级人民法院、山东省青岛市崂山区人民法院、山东省威海市环翠区人民法院、山东省枣庄市峄城区人民法院、山东省章丘市人民法院。被确定为试点单位后，崂山区人民法院根据试点工作方案，从符合条件的选民名单中，随机抽选法官员额数5倍以上的人员作为倍增陪审员候选人，从中选出42人由区人大常委会任命，陪审员人数已达到102人，是员额法官人数的3.78倍，其中来自社区和基层群众的比例占71.6%。2016年9月，根据最高人民法院、司法部发布的《人民陪审员制度改革试点方案》中的要求，首次采用"3+4"的"大陪审"模式审理案件，被《人民法院报》头版报道。随后，积极总结，将"大陪审"模式推广在民事、刑事和行政领域共12起案件中适用。2017年5月11日，最高院组织的人民陪审员制度改革试点工作会议在北京国家法官学院召开，崂山区人民法院参会并作经验交流。

优化审判资源配置，做好司法责任制改

适用"3+4"大陪审制审理案件

革的践行者。十八届三中全会《决定》明确提出"让人民群众在每一个司法案件中都感受到公平正义"的目标，并从维护宪法法律权威、深化行政执法体制改革、确保依法独立公正行使审判权检察权、健全司法权力运行机制和完善人权司法保障制度等多个方面推动司法体制改革。中央全面深化改革领导小组第二次会议审议通过了《关于深化司法体制和社会体制改革的意见及贯彻实施分工方案》，明确了深化司法体制改革的目标、原则，制订了各项改革任务的路线图和时间表，自此，司法责任制改革的大幕拉开。2015 年 9 月，最高人民法院出台《关于完善人民法院司法责任制的若干意见》，各地法院开始进行司法责任制改革。2016 年 10 月 17 日，崂山区人民法院召开全面推开司法责任制改革动员大会，会议认真贯彻落实中央、省委、市委、区委和上级法院关于司法体制改革的部署，这标志着崂山区人民法院司法责任制改革正式启动。2016 年 11 月中旬，崂山法院组织法官进行了考试和考核，最终按照规定比例遴选入额法官。2017 年 4 月底，依照法定程序向崂山区人大常委会汇报遴选情况，并及时办理履职报备，完成 27 名入额法官履职的法律程序。5 月 17 日，举行了员额法官宪法宣誓仪式。

2017 年 4 月下旬，推进审判团队化建设，对法官和辅助人员进行优化重组，按"法官+助理+书记员"模式，组建人员配比以"1+1+1"为主，以"2+1+1"为辅的专业审判团队，设立 5 个速裁类案件审判团队，10 个民商事审判团队。2017 年 5 月，出台了《团队化执行工作方案》，建立以执行法官、执行辅助人员、司法警察为主体的新型执行队伍。组建 7 个执行团队，分别承担执行综合、速执、实施、保全等工作。2017 年 6 月，在每个团队中各设立一名廉政监察员，对团队的纪律作风状况进行日常监督。同时，落实院庭长办案制度，出台了《关于院领导和庭长办案及审判管理监督的规定》及《关于审判团队工作职责的规定》，对院庭长办案、审

成立法官工作室审理速裁案件

判管理监督、审判团队职责进行明确分工，进一步优化审判职权配置。2017 年 4 月，最高人民法院出台《关于落实司法责任制完善审判监督管理机制的意见（试行）》。随后，崂山区人民法院根据意见，成立专业法官会议。出台专业法官会议规则，成立 5 个专业法官会议，研讨审判中遇到的法律适用难题，统一法律适用和裁判尺度。推行案件繁简分流。对民商事案件重新梳理，形成速裁、立案、侵权、物权劳动和金融商事五大案件单元，促进案件繁简分流，提高审判质效。改革分案模式。实行电脑随机分案为主，人工指定分案为辅的分案模式，保持同类案件办案法官的收案数量均衡。推行"要素式"审判方式改革。提炼案件审理要素，创新要素式庭审方式，制作"填充式"格式文书模板，为传统的诉辩形式、庭审模式和裁判文书样式"瘦身"。

二、工作成效

（一）忠实履行职能，为社会和谐稳定提供有力保障

始终把实现公平正义作为人民法院工作的价值追求，以让人民看得见、听得懂、做得到、靠得住的司法方式确保司法公正。认真执行宽严相济的刑事政策，依法惩治犯罪，确保社会稳定；妥善审理各类民商事纠纷，平等保护各类民事主体合法权益；及时审理行政纠纷案件，监督和支持行政机关依法行政，切实维护行政相对人的合法权益；不断探索化解"执行难"的新思路，着力加强执行联动机制建设，维护法律和司法权威；同时注重运用多元化纠纷解决机制化解矛盾纠纷，为建设现代化山海品质新城提供了优质司法保障。

（二）服务发展大局，为经济平稳快速发展保驾护航

始终自觉把法院工作置于中心工作的总体布局中，深入研究和把握审判工作服务中心工作的切入点。坚持严格公正司法，审慎处理好在经济结构战略性调整和加快转变经济发展方式过程中发生的各类矛盾纠纷。加强法院与辖区各相关部门之间的协作配合，通过典型案件、重点案件的审理，保障创新驱动，防范和化解金融风险，保护生态环境，促进经济提质增效升级。积极承担总结审判经验、发布审判信息、提出司法建议、开展决策前瞻性调研等工作，为崂山区经济社会发展提供决策依据。

（三）创新为民举措，为人民群众提供优质司法服务

始终坚持司法为民宗旨，积极回应新形势下人民群众的新需求，不断创新形式，开拓司法服务的广度和深度。建立便民诉讼中心，为当事人提供导诉、立案、查询、咨询、证据提交、风险告知等"一站式"服务，设立"假日法庭""老年维权法庭""劳动争议案件巡回法庭""物业纠纷案件巡回法庭""道路交通事故联动调解中心及专门法庭"，开发"远程立案"系统，方便当事人诉讼；推出"庭前絮语"制度、"当事人评价"软件，请当事人对庭审结果予以评价，并将评价结果纳入法官考核；积极开展普法宣传，走进社区、学校、企业，围绕人民群众关心的热点、难点问题开展法制讲座；构建青少年司法保护的新机制，切实保障未成年人合法权益；庭外延伸职能创新帮教，实行轻罪犯罪记录封存制度，切实维护人民群众合法权益。不断健全网上案件查询、公众开放日、新闻发布会、微博直播庭审等制度，深入推进审判流程公开、裁判文书公开、执行信息公开三大平台建设，促进阳光司法。建设高清科技法庭，实现庭审在线直播；丰富接访方式，建立远程视频接访系统；完善法院网站建设，与上级法院对接；筹划执行信息指挥中心建设，搭建远程查控指挥调度平台，充分发挥信息技术在法院管理中的作用。

（四）加强队伍建设，打造一支优秀法官队伍

始终注重队伍建设，坚持从优待警、从严治警。认真开展各项教育实践活动，注重干警理论学习，不断增强干警的政治敏锐性和辨别力，提高领悟和执行党的决策的水平和能力；注重理想信念教育，通过举行"12.4宪法日"纪念活动、法官宣誓、听取优秀法官事迹报告会等多种方式，强化职业荣誉感，培育职业信仰。努力提升队伍司法能力。积极组织干警参加各类业务培训，开设图书室、电子阅览室，编辑内刊《崂山审判》《崂山法苑》，举办理论与实务研讨会、裁判文书评比等

举行首批员额法官宪法宣誓仪式

活动，营造浓厚的理论研讨氛围。建立干警身体健康档案，每年组织干警体检；定期开展心理健康咨询，缓解干警心理压力；建立"法官沙龙"，为干警提供法学探讨、经验交流、陶冶情操的平台；建立健身中心，成立法官艺术团、篮球队、乒乓球队、合唱团等文体队伍，定期开展各种文体活动，丰富干警生活。大力加强队伍廉政教育。强化日常警示教育，借助短信平台，每周向干警发送廉政格言、警言警句短信，积极营造风清气正的工作氛围。多途径完善社会外部力量监督，充分运用好民意沟通邮箱、微博、当事人案件评价机制、案件回访、执行短信互动平台等方式，着力畅通和拓展民意沟通表达渠道，认真受理群众举报和反映的相关问题。着力打造一支理想信念坚定、业务素质扎实、心系诉讼群众、严守组织纪律的优秀法官队伍。

　　执笔人：王莹莹
　　审核人：朱　强
　　签发人：李伦山

参考文献：

1. 青岛市史志办公室，《青岛市志》，新华出版社 1999 年版。
2. 崂山区志编纂委员会，《崂山区志》，北京方志出版社 2008 年版。

改革开放以来
崂山区共青团事业的建设与发展

共青团青岛市崂山区委员会

1949 年 10 月，新中国成立后，中国新民主主义青年团崂山工作委员会成立。后经多次更迭，于 1988 年 11 月，青岛市区划调整成立新崂山区，中国共产主义青年团崂山县委员会相应更名为中国共产主义青年团崂山区委员会，即共青团青岛市崂山区委员会，简称崂山团区委。

共青团崂山区委受中共青岛市崂山区委和共青团青岛市委的双重领导。主要工作职责是领导全区共青团工作；在区青联中发挥核心作用；受党的委托领导本区少先队工作；依法对区级青年社团和青少年教育、活动、服务阵地等进行归口管理或业务指导。教育、引导本区团员青年，围绕党的中心任务，组织开展形式多样、适合青少年特点、健康有益的活动。调查研究本区青少年生存发展和青少工作状况；参与制定并实施本区青少年工作和青少年事业发展规划；开展青年统战工作；做好青少年外事工作，建立、发展同世界各国青少年的联系，促进国际交流与合作。

改革开放以来，崂山团区委紧紧围绕地方经济社会发展实际，针对青少年现实需求和团的中心工作，在区委、区政府和上级团组织的正确领导下，立足职能定位，瞄准思想引领、创新创业、志愿服务、青少年权益保护和加强基层团建等领域，转变作风、狠抓落实，真心关爱青年，竭诚服务青年，续写了崂山青年运动的崭新篇章，谱写了忠诚、担当、务实、奋进的青春华章。

一、改革开放以来崂山区共青团事业发展历程

（一）20世纪80年代，崂山共青团工作在恢复中发展

1977年8月，党的十一大向全党提出要加强党对共青团的领导，把共青团组织整顿好、建设好，充分发挥共青团应有的作用。从1978年中共中央发出《关于召开共青团第十次全国代表大会的通知》，全国团的系统领导开始恢复。

1978年，共青团第十次全国代表大会胜利召开。在党的十一届三中全会重新确立了马克思主义的思想路线、政治路线和组织路线，把党和国家的工作重点转移到社会主义现代化建设上来，制定了改革开放的总方针之后，随着全党工作重心的转移，共青团实现了指导思想的根本转变，坚持以"四化"建设为中心，逐步开展了大量的基础工作。这一时期，崂山县团委先后组织开展了"学雷锋，树新风"活动，并陆续开展"全民文明礼貌月"活动，组织"青年服务队""学雷锋小组"等，促进了社会风气的好转。各级团组织广泛开展"争当新长征突击手"活动，把青年的青春、智慧和力量凝聚到"四化"建设上来。

1984年底，改革重点从农村转向城市。在新形势下，崂山县共青团工作积极对青年进行解放思想、树立经济建设为中心的教育。积极开展"我爱祖国我爱党"教育活动，并发展为热爱祖国、热爱党、热爱社会主义制度的"三热爱"教育，通过这些活动和形式，帮助青年坚定正确的政治方向。各条战线的团组织开展了富有特色的工作，团结带领广大青年立足本职岗位创造一流业绩。积极协助有关部门安置待业青年。千方百计为青年自学成才铺路搭桥，想方设法活跃青少年业余文化生活。健全和加强了团的系统领导；通过开展创先进团支部活动、基层组织整顿和学习教育活动，基层团组织建设得到加强；通过开展"做一名合格共青团员"的教育活动，团员质量得到

学雷锋树新风活动

了提高。

1984 年 12 月，团的十一届三中全会召开，研究和确定了在改革形势下共青团的工作任务，通过了《关于在经济体制改革中充分发挥共青团作用的决定》，要求各级团组织带领青年为经济振兴而投身改革，引导青年为中华民族的腾飞而立志成才，倡导青年为克服旧观念和创造美好生活而努力奋斗，搞好团的自身改革，增强团组织的活力。在中国经济体制改革全面展开的历史条件下，共青团按照党的要求在适应改革中奋力开拓，各方面工作都有新的发展。

这一时期，崂山共青团面对复杂的社会思潮、社会问题和青年思想问题，始终坚持青年思想政治工作的党性原则和正确的政治方向，积极探索适合青年特点、生动有效的途径和方法，为坚定青年的理想信念，引导青年跟党走社会主义道路做出了积极贡献。以坚定青年的理想信念为要务，先后开展了以"一个中心、两个基本点"等内容为主题的形势政策教育和党的基本路线教育等主题教育活动；着眼于提高青年的基本素质，开展了理想信念教育、革命传统教育、职业公德教育等活动；坚持在两个文明实践中培养"四有"新人，大力开展实践教育活动；坚持开展健康有益的群众性文化活动，把思想政治工作寓于青年的文化生活和娱乐活动之中；坚持把关心人和教育人结合起来，从解决青年实际问题入手解决青年的思想问题；组织实施社会公益事业，资助贫困失学儿童重返校园；启动"希望工程"工作，推动了社会主义精神文明建设。在服务经济发展中不断拓宽工作领域，积极把团的工作全面推向经济建设的各个领域。着力加强团组织自身建设，建立多种形式的基层团支部，改变了一些松散瘫痪的基层团组织的面貌；加强对团干部的教育培训，提升团干部素养，优化完善了团的工作机制。

（二）20 世纪 90 年代，崂山共青团在适用改革中继续探索前进

从 20 世纪 90 年代初到 2002 年党的十六大确定全面建设小康社会的奋斗目标，共青团工作在市场经济条件下持续开拓创新。1992 年，以邓小平同志年初视察南方重要讲话和三月中央政治局全体会议为标志，中国改革开放和现代化建设进入了一个新阶段。同年 10 月，党的十四大明确提出建立社会主义市场经济体制，全国的共青团事业在适应改革中继续探索前进。

1993年5月，团的十三大召开，总结了改革开放15年来青年和共青团工作的基本经验，明确了当代青年肩负的历史责任，确定了新的历史发展阶段共青团应当承担的基本任务和历史担当。共青团在深化改革和市场经济发展过程中，立足本职，围绕中心，紧跟形势，服务大局，实现了新的跨越。

这一阶段，崂山共青团广泛开展理论学习活动，用马列主义、毛泽东思想和邓小平理论武装全团、教育青年，推动全团的理论学习不断深入，思想政治工作取得了新成就。围绕党和国家工作大局，以开发青年人力资源为着力点，广泛开展了培养青年岗位能手活动、青年创新创效活动，大力推动青年创新创业，为经济建设做出了积极贡献。不断开拓社会服务的新领域，广泛开展青年志愿者行动、青年文明号创建活动，促进了青年思想道德建设。坚持为青年服务，实施帮助青年创业计划、促进农村青年增收成才项目，帮助青年提高就业和创业能力。针对青年日益增长的精神文化需求，创建青年文明社区、举办青少年读书节活动，深化青少年维权岗创建活动，在服务青年和维护青少年合法权益上取得新成就。坚持党建带团建，进一步加强团的组织建设，开展创建"五四红旗团委"活动，同时在巩固国有企业团组织建设的基础上，着力推进新经济组织、新社会组织等新领域的团组织建设。

（三）21世纪初的10年，崂山共青团在继承中发展开创新局面

这一阶段，中国共青团事业在服务科学发展、促进社会和谐的进程中继续前进。2002年，党的十六大提出了全面建设小康社会的奋斗目标，中国进入全面建设小康社会、加快推进社会主义现代化的新的发展阶段。

深入开展社会主义荣辱观教育活动

2008年6月，在共青团十六大闭幕之后，时任中共中央总书记的胡锦涛在同团中央新一届领导班子成员和团十六大部分代

表座谈时，明确要求共青团要大力加强自身建设，全面履行职能作用，着眼新的形势和任务，进一步提高组织青年、引导青年、服务青年、维护青少年合法权益的能力和水平，力争使团的基层组织网络覆盖全体青年，使团的各项工作和活动影响全体青年，切实增强团组织的创造力、凝聚力、战斗力，更好地发挥共青团作为党联系青年的桥梁和纽带的作用。共青团在推动科学发展、促进社会和谐中坚持与时俱进、开拓创新，各项工作在继承中发展，开创了新的局面。

这一时期，崂山共青团引导团员青年认真学习邓小平理论、"三个代表"重要思想和科学发展观，用马克思主义中国化的最新成果构筑青年一代的精神支柱。在全党深入开展保持共产党员先进性教育活动的新形势下，崂山团区委适时在全区团组织中开展了增强团员意识教育活动，还广泛开展了以理想教育为核心，以社会主义荣辱观教育为主线，以"学习、创造、奉献"为主题的"我与祖国共奋进"主题教育实践活动并取得了明显的成效。这一时期崂山共青团还启动了"青年马克思主义者培养工程"，配合上级团组织构建团干部"百千万"教育培训工程，不断创新理论建设的形式和载体。在实践教育活动中，崂山团区委积极开辟网上青少年教育阵地，大力建设青少年爱国主义教育网站群。紧紧围绕党政工作大局，不断深化青年文明号、青年创新创效、青年文明社区创建等活动，动员城市青年为推动城市科学发展、构建和谐社区注入了新的活力，为服务城市经济社会发展做出了新贡献。

针对青年职工、进城务工青年等青年群体，广泛开展进城务工青年发展计划等活动，帮助越来越多的青年实现就业创业。广泛动员社会资源，努力提高青少年综合素质，维护青少年合法权益，丰富青少年精神文化生活，在服务青年需求上迈出新步伐。创建"五四红旗团委"活动逐步深化，团区委、基层团委和团支部三级联创活动的广泛开展，有力地促进了基层团建整体水平的提高。同时，还不断加大了非公有制经济组织和新型社会组织的建团力度。青年中心建设也有了新的发展，有效提高了农村和城市社区青年的组织化程度，促进了青年工作社会资源的合理配置和有效整合，活跃了基层的青年工作。

在加强自身改革和建设的同时，崂山共青团着眼青年成长发展的多样化需求，为青年提供了切实有效的服务。全区各级团组织从青年最关心、最直接、最现实的问题入手，重点围绕青年就业创业、扶贫济困和权益保护等方面，扎扎实实地开展了工作。从青年就业创业的需求出发，崂山共青团全面推进青年创业行动、青年就业促进计划，推出了一批青年创业小额贷款项目，新建了一批青年创业见习基地和青年创业孵化基地，从培训、融资和经营方面为青年就业创业提供支持。青年志愿者活动有了迅速发展，高效优质地完成了2008年北京奥运会青岛赛区的青年志愿者报名、培训及服务任务。同时，通过开展"真情助困进万家"、社区志愿服务和谐行动、"四进社区"等活动，为贫困学生、进城务工青年、下岗失业青年、农村贫困青年、残疾青少年、农村留守少年儿童和流浪未成年人等青少年群体提供了及时有效的服务。在维护青少年权益方面，认真贯彻落实《中华人民共和国未成年人保护法》《中国人民共和国预防未成年人犯罪法》，深化了创建优秀"青少年维权岗"活动，初步实现了服务青少年与青少年接受服务的有效对接。积极协助区政府有关部门，积极开展了扫黄打非行动，针对影响青少年健康成长的突出问题进行综合治理，切实加强社会监督，为青少年健康成长努力创造一个良好的社会环境。

（四）2012年至今，崂山共青团把握时代机遇不断取得新发展

2012年党的十八大确立了全面建成小康社会和全面深化改革开放的目标任务，共青团也在进一步找准在国家经济建设、政治建设、文化建设、社会建设、生态文明建设中充分发挥青年生力军作用的切入点和着力点。

卫生志愿服务活动

党的十八大以来，崂山区经济社会发展取得了新的重大成就，崂山大地呈现欣欣向荣、又好又快发展的新气象，崂山共青团事业也取得了长足进步。这期间，崂山青年们迎来了党的十八大、五四运动九十五周年、新中国成立六十五周年、团的十七大等重大历史时刻，亲历了全面深化改革的伟大实践，

体验了当代中国青年的激情与梦想，见证了崂山新一轮更快更好发展的重要时期，分享了作为当代崂山青年的光荣和自豪。全区广大青年创新进取、敬业奉献，创造出了优异的业绩，涌现出一大批先模人物，"全国农村青年致富带头人""青年文明号""创新创业之星""优秀青年志愿者"，等等，既是青年成长成才的典范，也是全区青年学习的楷模。

这期间，崂山共青团牢牢把握时代机遇，不断取得新发展。在区委、区政府和上级团组织的正确领导下，全区各级团组织立足职能定位，瞄准思想引导、创新创业、志愿服务、青少年权益保护和加强基层团建等领域，转变作风、狠抓落实，真心关爱青年，竭诚服务青年，续写了崂山青年运动的崭新篇章，谱写了忠诚、担当、务实、奋进的青春华章，奠定了崂山共青团事业长远发展的坚实基础。

1. 高举旗帜、创新模式，青少年思想引领取得新成效。 强化理想信念教育。牢牢把握党的十八大、五四运动、国庆、团的十七大等重要契机，将思想引导融入具体活动，积极举办专题讲座、知识竞赛等活动，引导全区青少年以青春之热情、青春之责任，积极向上、奋发有为，坚定理想信念，定位人生航向，丰富思想引导形式。在学生团员中广泛开展学习习近平总书记系列重要讲话精神进支部、进社团、进网络、进团课"四进四信"活动，开展"红领巾心向党"系列活动，增强了青少年对团队组织的归属感、光荣感；组织开展"奋斗的青春最美丽"分享交流活动，激发青年向上向善新动能；广泛开展"与信仰对话"等活动，丰富"红领巾相约中国梦"主题教育活动内容，引导青少年把"我的梦"和中国梦联系起来。提升思想引导实效。开展主题团日等特色活动，搭建榜样走进你我身边的桥梁，促进社会主义核心价值观的弘扬，加深了青少年对核心价值观内涵要求的认识和理解；拓展青少年思想教育新阵地，通过开通微博、微信公众账号等方式，抢占网络主阵地，讲出崂山好故事，传播青春正能量。

"红领巾相约中国梦"主题教育活动

2. 融入中心、主动作为，服务全区改革发展做出新贡献。
凝聚青春力量，服务全区重点战略实施。拟定《关于团结动员全区广大
团员青年投身蓝色硅谷和金融中心建设的实施意见》，在制度层面上完善
工作规划和实施举措，凝聚全区团员青年的智慧和力量；组织"邀崂山
论道话财富聚集"驻青金融监管机构青年干部崂山行活动，开启金融监
管机构青年走进崂山新篇章，在密切联系的同时扩大宣传，提升影响；
发布《崂山区服务创业青年明星榜》，集中宣传青年创业典型，吸引更多
青年服务旅游大发展。整合各方资源，助力青年创新创业创客。组织创
业导师等开展创新创业系列宣讲活动；遵循青年成长规律，采取结对帮
助、创业成果展示等方式，在全区青年中营造了浓厚的创新创业氛围；
发挥区青年创业协会等组织优势，为创业青年提供项目路演等服务，有
力支持了青年创新成果成功转化；精心打造青年创客联盟、创客咖啡等
实体阵地，并组建机关青创联盟，帮助大学生成功创业、带动就业。搭
建合作平台，服务青年投身经济建设。发挥区域产业优势，积极为创业
青年与金融聚集区和蓝色硅谷产业创业带内的金融机构及科技型企业搭
建合作平台，助力源海底海洋生物、万里江食品等青年创业企业在四版
挂牌；发挥驻区高校和科研院所密集优势，牵手海大博士团将先进海洋
渔业、养殖业和食品保鲜等技术向创业青年输送，让更多青年走上开发
本土资源创业之路；发挥金融区金融机构聚集优势，助力创业青年获得
融资"绿色通道"，获得多家金融机构低息贷款支持和专业创业指导服
务，近百家青年创业企业获得蓬勃发展。

**3. 立足需求、真诚奉献，服务青年的能力和水平得到新
提升。** 提升青年就业本领和能力。联合区人社局等开展送就业岗位、送
政策进社区活动，服务崂山籍应届毕业生就业创业；以互联网+为依托，
广泛动员各种资源举办电商等内容丰富的"订单式"免费培训，促进了
参训青年实用劳动技能的提升；在众创空间和驻区高校开设"青年创业
讲堂"，邀请知名企业家等开展专题讲座，为有志于创新创业的青年送去
思想启迪、方法指导和智慧支撑。满足青少年精神文化需求。广泛开展
青少年读书节、青年联谊会、球类比赛、流动舞台进校园等丰富多彩的
文体活动，促进了青少年文化修养的提升，加强了青少年之间的交流与
沟通；推进"外来务工青年发展计划"，在进城务工青年中开展以送知
识、送文化、送健康、助安全为主题的"三送一助"等活动，鼓励和引

导成立外来务工青年社团组织，建设"外来务工青年文化驿站"，为外来的城市建设者搭建成才平台和生活新家园。服务青年成长成才需要。创新"推优入党"工作机制，做好优秀团员入党的推荐、考察、培养等工作，将优秀团员青年及时发展到党组织中来；以提高青年人才素质为统领，全面提升各行各业青年综合素质；在机关，以三创之星、青年岗位能手为抓手，激发创先争优工作热情；在企业，举办青年企业家联谊会，邀请专家学者开设管理、融资、品牌创建等方面讲座；在非公领域，注重青年人才挖掘，先后培养推荐了5名优秀青年获评全国农村青年致富带头人、省市优秀青年人才。

4. 整合资源、汇聚合力，青少年的成长环境进一步优化。

维护青少年合法权益。完善预防青少年违法犯罪工作组织建设，健全督查、联席会议和重大事项会商机制，并建立和实行考评和奖惩、责任追究制度，形成了预防合力；积极开展"共青团与人大代表、政协委员面对面"活动，及时将青少年事务工作通过人大代表、政协委员转交党政决策，加快形成社会各界共同关注、共同参与、共同治理的好局面。深化青少年法治宣传教育。突出对青少年法治理念、法治思维和法治信仰的培育，选聘专业人士组建法治教育宣讲团，累计开展宣讲、普法实践活动等，引导青年学生助力法治崂山建设。依托青年律师组建"独角兽"青少年法律维权服务站等平台，为权益受到侵害的青少年提供法律咨询、援助等服务，提升专业化维权水平；开展"彩虹伞、平安暑期自护教育"活动，将法制宣传与急救知识等相结合，提高了青少年的自护能力；广泛开展"为了明天——青春向毒品说不"活动，并成立150人的禁毒志愿者团队护航青少年健康成长。提高重点青少年帮扶水平。有效整合青联、青年创业协会等力量，强化结对助学活动，累计筹集资金60余万元资助100余名困难家庭青少年继续学业；启动"学校放假

"独角兽"青少年法律维权站开展寒假前法制安全培训

社区开学"——快乐假期实践营活动，举办各类青少年喜闻乐见的活动；开展"心愿直通车"圆梦活动，累计帮助460余名弱势青少年实现成长心愿。

5. 找准路径、协同参与，团的工作影响力进一步扩大。打造网络新媒体，唱响青年好声音。坚持进军网络新媒体的主攻方向，升级微博、微信等新媒体平台功能，动员和鼓励团员青年登记成为青年网络文明志愿者，首批按时完成登记2600余人，并在各次网上集中活动中发出崂山青年好声音；注重网络青年人才队伍建设，组建团属新媒体工作志愿小组，提升了共青团新媒体的覆盖度与影响力；注重发挥媒体的思想引领，以贴近青年群体的视角，通过微信、微博等及时发布上级重大政策等消息，第一时间将团的各项工作推送出去，让团组织的声音第一时间传播出去；开通"青年之声"互动平台，让广大青年的心声第一时间传递上来。扩大联系范围，提高工作覆盖面。建立青年社会组织工作联动机制，积极与青年社会组织建立合作关系，并在青联专门设立青年社会组织界别，吸纳优秀青年社工成为青联委员，密切了与青年社会组织的联系；累计筹集资金20万元，以崂山区青少年为主要服务对象，开展了"青少年急救知识普及和能力提升""困境青少年幸福感提升"等服务项目。改进志愿服务模式，助推公益崂山建设。积极拓展团组织的社会职能，引进青岛报业集团"关爱空巢老人"团队，进驻麦岛、奥林等5个社区，为空巢老人送去关爱；面对浒苔大规模入侵岸线形势，组建200多人的青年志愿者队伍，组织开展"清理浒苔 保护环境"集中活动6次，让青年志愿者的旗帜在清理浒苔一线高高飘扬；积极推进"洁美崂山"志愿服务活动，共建美好家园；招募53名大学生志愿者为蓝洽会提供服务保障，展示了青春风采，叫响了崂山共青团"青春崂山 青年先锋"工作品牌。

麦岛社区青少年服务中心举办青少年人生规划座谈会

6. 重心下移、夯实基础，团组织和青年组织建设实现新发展。传统领域团建得到巩固。深化推动基层服务型团组织建设，先后建成4个新型社区青少年服务中心，其中麦岛中心成为全市唯一一家入选全国首批支持范围的中心，打造了团组织服务青少年的坚固阵地；探索团建新路径，推进非公企业、新社会组织团建工作，先后指导华仁药业等137家企业完成了非工团建，并针对金家岭金融聚集区特点，在团市委指导帮助下组建了团工委，实现了共青团组织对金融聚集区各金融业态的广覆盖；扎实做好农村社区团建工作，结合社区两委换届，指导完成了农村社区团组织换届工作。团属事业发展得到蓬勃发展。顺利完成青联换届，112名青联委员组成了崂山区第五届青年联合会，推动了青年统战工作开展。落实《中共青岛市委关于进一步加强少先队工作的意见》，加强少先队辅导员队伍建设，更好地推动了十次少代会工作计划的落实。强化理论研究，组织完成了《农村青年致富带头人队伍建设研究》等课题研究，理论指导的作用得到进一步发挥。团员和团干部队伍建设得到加强。严格做好规范团员发展和管理工作。狠抓制度的规范落实，组织开展专项自查，及时发现纠正并认真研究解决各类问题，确保规定落实到位。推动团员成为注册志愿者工作，中学志愿服务工作蓬勃开展，促进了团员队伍先进性的发挥。积极选送团干部参加调训，提升了团干部的理论水平和业务能力。

二、改革开放以来
崂山区共青团在建设与发展中的探索

（一）以共同理想引领青年，坚定走中国特色社会主义道路的理想信念

1. 深化党史国史和主题宣传教育。按照青年不同类型、不同特点，有针对性地开展思想引导。创新教育引导形式，结合青少年思维方式，创新引导的路径、载体和方式，以广大青少年喜闻乐见的形式，讲好党史国史、发展成就、青春奋斗三类故事，培养青少年的爱国情怀，激发向上向善力量。针对青年参与意识、主体意识日益增强的特点，推进青年分享交流活动，扩大各界青年的参与度。广泛开展"红领巾相约中国梦"等主题教育活动，使广大少年儿童从小养成良好的道德习惯，

引导学生把个人梦想和中国梦紧密联系起来，培养对党和祖国的朴素感情。

2.践行社会主义核心价值观。抓住"五四""七一"等重要节点，在青少年中持续开展主题团日、"核心价值观记心中"等活动，加深青少年对社会主义核心价值观内涵要求的认识和理解，引导青少年乐于奉献，勇于担当。注重典型示范带动作用，不断加大青年典型的培树和推荐，以优秀青年的辐射作用影响更多青年，让广大青少年学有榜样。

3.引领青年参与经济社会建设。组织动员广大团员青年围绕降本节能、安全生产、科技创新等方面，广泛开展青年突击队、青年岗位能手、青年安全生产示范岗评比等竞赛活动，深化青年文明号创建活动，完善青年文明号创建标准和规范，开展青年文明号节约和信用示范行动，引导广大青年立足岗位创先进，扎实奋斗争优秀，汇聚青春正能量。

（二）以建功立业感召青年，踊跃投身改革发展的伟大实践

1.带领青少年投身改革发展主战场。围绕全面深化改革，立足职能搭建平台，组织引导青年培育"创新、协调、绿色、开放、共享"的理念，把青年生力军作用和人才第一资源作用，转化为推动经济社会发展的强大动力；围绕推进美丽崂山建设，积极开展青少年生态文明建设实践活动，大力倡导绿色生产、生活方式，为城乡生态环境持续改善贡献力量。

2.动员青年积极参与创新创业创客行动。主动顺应大众创业、万众创新趋势，坚持以引导聚氛围、以平台强支撑、以服务促发展，积极整合团内资源、争取党政资源、动员社会资源，加快各类"众创空间"建设，并寻求以资本支持青

青年文明号、青年岗位能手表彰仪式

年创新创业的有效途径，持续优化扶持青年创新创业的各类服务，为青年成功创业提供有力支持。实施"青少年创新意识培养工程"，带动和引导青少年参与创新创业。

3. 深化巩固青年就业工作。充分发挥区创业孵化基地优势，帮助待业青年、未就业大学生尽快实现就业。深化青年就业见习基地建设，在增加见习基地数量的同时，着力提高见习基地利用率和见习青年留用率。坚持"互联网+"导向，深化农村青年电子商务教育，推动一批农村青年电商脱颖而出。继续发挥专业合作社青年带头人示范作用，带动更多青年农民增收致富。

4. 以志愿服务为核心助力公益崂山建设。深化青年志愿服务品牌创建活动，开展"冬日暖阳""春风志愿行动""关爱空巢老人""倾心呵护健康"等志愿服务行动，发挥青年志愿者在重大赛事活动中的积极作用，在全社会掀起"争做志愿者、创造新生活"的高潮。

（三）以服务维权凝聚青年，服务青少年健康成长

1. 引导青少年参与法治崂山建设。探索青少年参与法治崂山建设工作机制，通过开展法治宣讲、法治课堂等宣传教育活动，突出对青少年法治理念、法治思维和法治信仰的培育，提升青少年的法制意识。建设普法和法律服务志愿者队伍，开展校园法治宣传教育活动和青少年普法实践活动，引导青少年尊法学法守法用法，依法理性表达利益诉求，助力法治崂山建设。

2. 构建服务青少年工作体系。立足共青团自身职责定位，创新和丰富青年志愿服务、希望工程、青年文明号和心愿直通车等活动品牌，不断增创共青团工作新亮点、新优势。扩大服务范围和领域，有针对性地开展心理疏导、婚恋交友等服务，特别是做好对留守儿

崂山区预防青少年违法犯罪暨未成年人保护工作会议

童、外来务工人员子女等的服务。着力构建网格化管理服务体系，通过开展购买服务、志愿者招募等方式，吸引志愿者、青年社会组织等参与服务青少年。

3. 做好重点青少年群体帮扶工作。发挥好预防青少年违法犯罪专项组的职能，实现成员单位的有效衔接。依托城乡社区社会治安综合治理网格化管理系统，把青少年权益维护工作纳入社会管理综合治理、平安建设的总体部署中。整合各方资源，积极开展结对助学活动，为贫困家庭青少年发展提供多方帮助。以项目化运作为抓手，教育引导青少年远离毒品、健康成长。

4. 维护青少年合法权益。深化"共青团与人大代表、政协委员面对面"活动，推动将青少年权益问题纳入各级人大、政协执法检查、集中调研等工作，进一步畅通青少年利益诉求渠道。加强"12355"青少年服务台建设，推动服务的阵地化、有形化。加强未成年人司法保护，深化"合适成年人"工作，形成具有崂山区特色的未成年人司法保护新模式。

（四）以团建创新组织青年，不断巩固和扩大党执政的青年群众基础

1. 坚持党建带团建，不断增强各级团组织活力。紧紧依靠区委和各级党组织的领导，把团的建设纳入党的建设的整体格局，以实际工作成效服务于党的基层组织建设，通过多层次宽领域的组织格局建设，逐步形成特色鲜明、生命力旺盛、可持续发展劲头强的全区青年工作新局面。加快构建以街道团委为中心，以新型社区团组织为支撑，青年工作站、雷锋志愿服务站、青年社会组织等共同参与的新型共青团和青年工作网络，建设专兼职相结合的青少年社会工作者队伍。积极推进非公经济组织和社会组织的团建工作，扩大非公领域基层团组织的覆盖面，不断增强团组织的凝聚力和向心力。加强青联、青年创业协会、少先队等组织建设，形成特色鲜明的工作格局。组织青联、青年创业协会之间的联谊会活动，促进会员间的交流与发展。加强少先队基层组织建设，注重党、团、队组织意识的衔接，促进少先队工作整体活跃。改进引领带动社会组织模式。通过建立青年社会组织孵化中心、开展公益创投等形式，创造条件培育孵化一批机制健全、社会公信力强、有广泛代表性的青年社会组织，引导它们参与共青团工作、承接青少年事务。积极拓展团组织的社会职能，探索承接政府职能转移和参与政府购买服务，推动有关部门将青少年事务社会工作纳入政府购买服务范围。

2. 加强团干部队伍建设，永葆共青团组织的活力。强化团员意识，锤炼过硬作风，打造一支信念坚定、敢闯敢干的团干部队伍，不断开创新的工作局面。不断加强团校建设和各类青少年活动阵地建设，拓展、健全和完善崂山区青少年校外教育和校外实践的阵地网络。加大对团干部政治理论、业务知识培训，不断提升团干部的综合素质。全力做好农村青年骨干、企业青年骨干等的思想引导和活动凝聚工作，充分发挥他们在各级基层团的活动中的骨干作用。不断加强创新能力建设，打造团属新媒体工作阵地。推进网络新媒体建设，传播网络青春正能量。做强共青团网上阵地，提升各类新媒体平台功能，探索全新的互动方式，让广大青少年能够在互联网、微信等平台上找到自己的组织并参加活动，提升团属网络阵地的有效覆盖。动员和鼓励团员青年登记成为青年网络文明志愿者，主动发声，积极引导广大青少年传递中国好声音，争当中国好网民。引导和带领全区广大团干部开动脑筋，争取在继承的基础上不断超越，以敢闯、敢试、敢为天下先的勇气，提炼出具有普遍意义、值得推广的工作模式，使崂山共青团事业取得更大的进步。

3. 加强体制机制建设，确保团的工作有效运行和可持续发展。不断完善团的各项工作机制，推动基层服务型团组织和社区青少年服务中心建设，着力打造"青年服务青年"实体阵地。持之以恒推动团干部队伍作风建设和团员队伍建设，抓好团员发展和管理。建立健全共青团事务公开制度，推动团内民主建设，活跃团内民主生活，保障团员权益，主动接受青年和社会监督。建立健全依靠青年推进工作制度。深入研究新形势下做好青年工作的特点和规律，积极探索青年喜闻乐见、便于参与的工作

基层团干部培训班

方法和形式。始终坚持以青年为中心，让青年当主角，充分调动青年的积极性、主动性、创造性。完善考核机制，不断提升团组织的执行能力，拓宽服务青年的路径和载体，帮助青年实现愿望，不断增强团组织的吸引力、凝聚力和战斗力。

三、改革开放以来崂山共青团事业的经验与启示

在改革开放的伟大进程中，崂山共青团带领一代又一代青年积极响应党的号召，与祖国共奋进，与时代同发展，满怀豪情地投身建设祖国的火热实践中去，在改革开放和社会主义现代化建设的各条战线上辛勤工作、开拓进取，为推进中国特色社会主义事业做出了贡献。崂山共青团以自己积极的探索和果敢的实践跟上了时代的步伐，显示出旺盛的生命力。崂山区改革开放的征程，留下了崂山青年奋斗的足迹，留下了崂山共青团工作的宝贵经验。

（一）解放思想，紧扣时代发展完成共青团工作中心的转移

1978年12月，崂山共青团解放思想，坚决抛弃不适应改革的老观念、老框框、老办法，带领青年为改革献力量，"以四化为中心活跃的团工作"被提到了指导思想的高度，贯彻于改革开放的全过程，成为共青团工作的主旋律，并紧随改革的深化不断丰富和完善。围绕"四化"建设这个中心，崂山共青团开展了"争当新长征突击手""争当精神文明建设先锋""青年岗位能手""青年志愿者行动""我与祖国同奋进"等丰富多彩的活动，取得了显著成绩。

（二）深化认识，坚定"党有号召、团有行动"的工作理念和自觉意识

改革开放以来，崂山共青团切实履行共青团的根本职责，坚持用中国特色社会主义理论体系武装青年，为党的事业培养和输送青年马克思主义者和接班人；积极引导青年在推进科学发展、促进社会和谐、全面建设小康社会的奋斗中贡献青春和力量；竭诚服务青年，加大共青团在青年中的亲和感和凝聚力；全力以改革创新精神推进团的建设，提高基层团组织的吸引力和活力；努力建设一支政治过硬、作风扎实、自律严格的高素质的团干部队伍。

（三）强化引导，着力培养青年马克思主义者和社会主义事业接班人

共青团历来重视用马克思主义思想武装青年，改革开放以来更致力于用马克思主义的最新成果——中国特色社会主义理论体系武装青年，坚定青年的理想信念。

为了更有效地组织青年学习掌握马克思主义中国化的最新成果，在团中央的组织号召下，崂山团区委于20世纪末启动实施了"青年马克思主义者培养工程"。这项工程的主要内容，即坚持用马克思主义最新成果武装教育青年，培养造就用马克思主义最新成果武装的青年马克思主义者和中国特色社会主义事业的可靠接班人，引导青年"永远跟党走，争做新一代"。这项培养工程已在全区各级团组织广泛实施，尤其是在高校大学生、团干部和青年知识分子中，活动热情高涨，大学校园的理论社团非常活跃，出现了"学理论，正人生，用科学理论导航"的新风尚。

（四）转变观念，把服务青年作为共青团全部工作的出发点和落脚点

改革开放以来，共青团在拨乱反正中逐渐恢复了为青年服务的职能，并在改革的深化过程中不断强化。进入21世纪，党更从巩固和扩大党执政的阶级基础和群众基础的战略高度对共青团服务青年的工作提出更高的要求。崂山区共青团服务青年的工作取得了开拓性的进展，对服务青年在提高团在青年中的吸引力和凝聚力、巩固和扩大党执政的青年群众基础、发挥国家政权重要社会支柱作用的意义，普遍有了新的认识。全区各级团组织根据青年成长过程中的特殊需求提供服务，新时期更加注意体察青年需求的变化，把服务工作做到民主参与、社会竞争、人际沟通、生活时尚、权益维护等新的领域。在青年服务中注重"雪中送炭"。经常到青年

崂山团区委获评山东省"服务青年项目创新工程示范县（市、区）团委"

中去，了解青年最急迫的需求，把青年成长过程中遇到的难题作为服务的重点，把困难最大的青年群众作为服务的重点对象。法治中国建设的提出，加快了法治政府和法治社会建设的推进。崂山共青团主动适应全面依法治国新形势，通过协助政府管理青年事务，力求把服务青年的重大项目列入政府工作规划。服务手段多样化，着眼于服务质量和服务效果的提高。帮助青年了解劳务市场的供需信息、提供就业咨询、开展新知识新技能培训、扶持自主创业、协助政府推进就业创业行动、推动青年就业创业政策的制定和落实等手段，效果比较明显。重视提高协调和整合的能力，善于运用市场机制，借助社会各种组织的力量，整合社会各有关方面资源，发展青少年公益事业，共同来为青少年服务；善于将青少年的需求纳入政府发展规划，促进制定有助于青少年发展的政策法规。

（五）培树品牌，引导青年在改革大潮中建功立业

改革开放以来，全国共青团动员和组织青年紧紧围绕五个文明建设（物质文明、精神文明、政治文明、社会文明、生态文明），实施两项青年工程（青年人才工程和青年文明工程），在两个服务（服务大局和服务青年）中，开展了一系列"围绕党的中心任务，照顾青年特点"的活动，开发了许多著名的活动项目，推进了共青团活动项目的品牌化。主要有争当新长征突击手、青年志愿者行动、希望工程、青年岗位能手、青年文明号、雏鹰行动、青少年维权岗、青年文明社区、"新世纪我能行"体验教育活动、崂山十佳青年评选活动等。

（六）社会化运作，网络化手段，事业化发展，推进工作方式创新

在改革开放、发展社会主义市场经济的时代背景下，共青团工作相应发生了四大转变：工作领域由团内系统向社会系统拓展；工作对象由传统的机关、学校、公有制经济实体向各类社会组织和经济实体拓展；工作职能由传统的团务向承担政府和社会职能拓展；工作评价由团内自上而下式的单向向社会开放式的多向拓展。面对这些变化，许多传统的工作方式已不能适应，崂山共青团在探索中不断创新，创造了不少适应时代发展的新方式和新经验，其中运用最广、效果最佳的有社会化运作、网络化手段和事业化发展等。

1. 社会化运作。 即以时代发展为参照，以社会为坐标，同市场经济的结构、秩序衔接，使团的工作融入社会，依托社会延伸共青团的工作手臂，达到"以社会之长，补团之短"，这也成为共青团服务党政工作中心、参与社会管理创新的有益探索。如争取社会各有关方面的支持，优化工作环境，提升资源聚集度和工作合力；将团务提升为社会事务，将共青团的青少年工作纳入社会管理和政府青少年事务管理范畴，实现青少年事务社会化；遵循经济规律，将市场改革开放与共青团工作多形式获取和整合社会资源为团所用；借助企业管理经验，应用现代科学方法和量化考核办法进行管理和评价；关注社会和青年需求的变化动向，捕捉社会和青年中的热点问题和突发事件，建立预警反馈机制。

2. 网络化手段。 即坚持"互联网+"的发展方向，在共青团工作中充分运用互联网、微信、微博等"两微一网"现代科技和新媒体手段，走进网络时代，打造共青团工作的网络平台，持续推进网上团建和智慧团建创新开展。1999年团中央开通的"中青网"（全称为中国青少年计算机服务网）和"中国共青团"网站，以及新开通的"青年之声""1+100"网络平台和"青春崂山"微信公众订阅号等新媒介，已成为崂山区青少年思想交流的家园、文化活动的阵地。用网络构建思想教育、组织建设、开展活动的新载体，开启青年网上交流的绿色通道，把青年的求学、求职、恋爱婚姻等热点问题引入网络进行交流、咨询和辅导，开辟了共青团工作的新阵地。通过运用这些现代手段，将团的各级组织、各条战线最紧密地联结起来，达到信息资源共享，提高工作效率，降低工作成本，开创了团结、教育、服务青年的新局面。"鼠标一点，团的组织就在身边"，数字化载体在共青团工作中的广泛运用，大大拉近了共青团与青年之间的距离。

3. 事业化发展。 即共青团根据经济社会发展的现状和青少年的

青岛科技大学志愿者服务基地

发展需求，探索选择既必要又可行的事业化项目，以项目化运作方式提升工作的系统性、科学性和有效性，最大限度地发挥共青团的组织优势，促进团的事业发展。崂山共青团在事业化发展方面已见功效的有：建立和发展青少年活动阵地，如青少年服务中心、青年志愿者服务基地、青年创业孵化基地等；扶持、建立、支持一批青年创新创业项目、青少年扶贫项目、公益创投项目等；组织优秀的青年代表加入青联委员队伍中等。有了这些载体，共青团增添了自己的物质资源和平台资源，工作也有了一定的物质依托。

（七）以改革精神推进自身建设，在创新中焕发团组织的凝聚力和活力

改革开放以来，在发展社会主义市场经济的条件下，伴随社会结构的变化，团员青年的群体结构发生了多样化趋势，农村进城务工青年、非公有制经济从业青年、待业青年、下岗青年、城市青年漂族等新兴青年群体涌现，给传统的、单一的团组织体系带来了巨大的冲击。面对这种新的挑战，崂山共青团鲜明地以改革创新精神，在适应和推动改革中探索共青团建设和发展的新举措。

一是紧随改革的进程和上级精神推进团的自身改革。为适应改革开放的时代大潮，崂山共青团在自身改革中，按照"团要管团，团结青年"的思路，确立"大团建"的组织格局。实施"大团建"，就是把团的建设尤其是基层建设置于改革开放和经济建设的大环境、大背景、大趋势之中，通过带领青年投身经济建设主战场，在发展社会生产力中发挥团员青年的生力军作用，展现共青团组织的活力。

二是将团的建设纳入党建统一规划，"党建带团建"有了新的发展。中国共产党是中国社会主义事业的领导核心，共青团是党的助手和后备军，党的建设和团的建设有着"天然"的紧密联系。新的历史时期，崂山区共青团的各级组织尤其是基层团组织，紧跟党的发展步伐，越来越自觉地按照党的基层组织建设的总体部署，把团建置于党建的总体格局之中，做到规划同步定，任务同步下，活动同步搞，考核同步走，评优同步议，不断优化团建的环境和氛围，落实基层团组织的整体建设，促进基层团组织的整体提高。

三是工作到支部，全团抓落实。团的自身建设关键在基层；基层组织建设决定着共青团最本质的影响力、战斗力和生命力。团的基层组织

整体建设，是"工作到支部"的落实和深化。崂山共青团上下"以支部为基础，以团区委为主导，以阵地为依托，以活动为联结"，取得了全面建设基层组织的新经验，进一步加大了团的基层组织建设的力度，把资源向基层倾斜，把活动放在基层，把对青年的吸引和凝聚摆在基层工作的首位，使团的基层组织网络覆盖全体青年，使团的各项工作和活动影响到全体青年。

执笔人：张雯雯

审核人：王孝友

签发人：宋晓容

参考文献：

1. 青岛市崂山区史志办公室，《崂山区社团志》，五洲传播出版社 2005 年版。

2. 山东共青团网，《改革开放 35 年共青团工作经验探析》，2014 年 10 月 9 日/2016 年 11 月 15 日版。

3. 中国共青团网，《团史纵览》，2016 年 11 月 15 日版。

4. 赵英民，许海燕，《改革开放以来共青团工作指导思想探析》，浙江青年专修学院学报 2008 年版。

5. 易佐永，《改革开放中广州共青团工作的启示》，青年探索 1992 年版。

改革开放以来崂山区档案事业发展的基本历程、成就及经验

崂山区档案局(馆)

1978 年，党的十一届三中全会的召开，拉开了中国改革开放的序幕。30 多年以来，崂山档案事业沐浴着改革开放的春风，不断解放思想、开拓创新，历经恢复整顿与重视基础建设，依法治档与规范化建档整体推进，档案现代化、信息化、网络化全面快速发展三个阶段，档案事业取得了长足发展，在全区经济社会发展中发挥着不可替代的作用。

一、全区档案事业发展的基本历程

（一）恢复整顿与基础建设阶段（1978 年 8 月~1987 年 9 月）

"文化大革命"中，全县档案事业的发展受到很大干扰。据统计[①]，崂山县 17 处公社自建社以来，除少数沿海一带公社的档案接收进县档案馆外，大部分公社的档案没有接收进馆。1978 年党的十一届三中全会以后，县委、县政府采取有力措施，拨乱反正，全县档案工作转入恢复整顿阶段。

1. 全县档案工作机构恢复与整顿。党的十一届三中全会后，崂山县委、县政府非常重视档案工作，将档案工作的恢复整顿纳入党委、政府重要工作。1980 年 1 月，中共崂山县委办公室公布，恢复"崂山县档案局"，列政府序列；同年 12 月，成立了档案局和档案馆党支部；县

---

① 《崂山区档案志》，方志出版社 2011 年 6 月版，第 1 页。

档案局、馆人员增至 5 人。

1981 年 2 月，根据中央和省、市委关于档案事业发展要求，中共崂山县委出台了《关于崂山县档案馆的体制和领导关系问题的通知》，批准崂山县档案馆为县委和县人民政府直属的科学文化事业机构，县档案馆和县档案局合署办公。为尽快恢复县档案局、馆工作，1983 年 12 月，县委从各公社共抽调 13 人，到县档案馆帮助工作。

1984 年 6 月，崂山县机构改革，县档案局和县档案馆合并为崂山县档案科②；同年 8 月，崂山县档案科撤销，恢复崂山县档案局、崂山县档案馆③，县档案局与档案馆合署办公，一个机构，两个名称；1987 年 4 月，县档案局、档案馆编制增至 16 人。

全县机关事业单位及各公社（乡镇）档案室建设进一步加强。党的十一届三中全会后，重点加强全县机关档案室建设工作，至 1980 年底，全区 97 个机关单位档案室全部恢复建立，逐步配备了硬件设备，每个档案室配备了一名兼职档案员，建立健全了工作制度，机关档案工作全面恢复。在企事业单位档案室建设方面，崂山县作出了有益的探索。1980年，崂山县科技档案大会召开，全县科技档案进入一个全面恢复和发展的时期，至年底，全县有 70% 的企事业单位建立了科技档案室，统一配备了专、兼职档案员。至 1980 年，全县 13 个人民公社④全部建立了综合档案室，配备了专兼职档案员，各公社档案工作随即展开。

20 世纪 80 年代初，崂山县委机关综合办公楼

---

② 《中国共产党山东省崂山县组织史资料 1926–1987》，1988 年 10 月准印出版，第 180 页。

③ 《中国共产党山东省崂山县组织史资料 1926–1987》，1988 年 10 月准印出版，第 185 页。

④ 《崂山区档案志》，方志出版社 2011 年 6 月版，第 52 页。

2. 重视全县档案馆(室) 的基础建设。县档案馆馆库标准化建设。改革开放前，崂山县档案局（档案馆）在县委机关综合办公楼办公，档案库房为一般办公用房代替，保管档案橱柜大多是木制的五斗柜和少量符合标准的铁皮柜。改革开放后，县委、县政府对档案工作日益重视，档案馆馆库建设被提上议事日程。1982 年 3 月，崂山县委收到县档案馆《关于建设县档案馆的请示报告》后，崂山县决定建设档案馆楼，1983年 5 月拨基建专款 20 万元，按照"档案馆建筑设计规范"要求，建设标准化县档案馆楼。1984 年 12 月，县档案馆楼在县政府大院建成并投入使用，建筑面积为 1034.7 平方米；高标准建设档案库房 687 平方米，顶层、底层和墙体均进行了隔热、防潮处理，配有去湿机、吸尘器等，达到了防火、防虫、防潮、防鼠、防光、防盗、防尘等要求，满足了档案工作的需要，达到了县级档案馆的标准化要求。

全县机关、企事业档案档案室基础建设。崂山县非常重视机关档案室标准化建设，采取印发规范、专业培训、具体指导、检查表彰等一系列措施，促进全县机关档案室的升级达标。同时，加强全县企事业单位档案室标准化建设，1986 年崂山县委办公室印发了《关于工厂档案室工作标准（试行）的通知》，统一指导全县的企事业档案室标准化建设。为把全县企事业档案室标准化建设落到实处，首先在青岛市东风造船厂进行了建设档案室的试点，从档案室的档案硬件设备，到落实"六防"措施，再到企业档案的集中统一保管，为全县企事业档案室建设树立了榜样。在试点成功的基础上，县档案部门与县经济委员会联合召开全县企事业综合档案室建设现场会，推行档案室标准化建设，取得了良好的效果。

1987 年国家档案局《国营企业档案管理暂行规定》颁布后，7 月，全县各工厂、企业按照文件精神建立综合档案室，规范制度，配备人员，实行档案统一保管。此后，全县各企业都把档案工作纳入企业管理之中，实行企业档案的统一管理。同年，国家档案局发出了《关于企业档案达标升级的通知》，根据省、市档案局要求，崂山区以县印染厂为档案综合管理达标省级活动试点企业，具体指导了印染厂档案综合管理工作，使县印染厂率先通过市档案局考核验收。随后，在全县企事业单位推广档案标准化管理经验，促进了全县企事业单位档案室的标准化建设。

3. 重视全县档案业务基础建设。改革开放前，许多档案规章制度被废除，档案整理工作没有科学合理的标准，档案组卷不科学、装订不整齐、保管期限划分不合理,档案资料大多处在散乱、绳捆、袋装等不科学状态；改革开放后，崂山县通过举办培训班、现场观摩会、印发归档范围文件、现场业务指导、等一系列有效的措施，推动了档案事业的全面发展。

统一业务标准，开展县档案馆馆藏档案的清理、整理和鉴定工作。1979 年 9 月，贯彻执行国家档案局提出的"恢复、整顿、总结、提高"的方针，根据标准，崂山县档案馆重点对文件不全、标识不准确、案卷质量差的档案进行鉴定、清理、整理，通过调整，符合保存的档案 5429 卷，不符合保存的档案 2480 卷，暂存待销毁。1983~1984 年，再次对这些馆藏档案进行鉴定，通过清整，馆藏档案基本达到标准要求。

在对馆藏档案清理整理同时，加大了全县机关、事业单位档案接收进馆工作，据统计，档案进馆量最大的为 1985 年和 1986 年两年，两批共收集档案 45 个单位、45 个全宗、5186 卷。

推行全县案卷业务标准化。1979 年 8 月，县委办、县革委办制发了《关于文书档案处理工作的几项暂行规定》，对全县文书档案的处理作出了具体的规定。1984 年机构改革后，先后印发了《关于文书档案案卷质量标准》《关于文书档案保管期限的意见》等一系列档案业务工作实施细则和管理标准，指导、规范了全县档案业务工作，到 1984 年，全县文书处理、立卷归档等工作都达到了新水平。同时，全县各级建立健全档案机构规章制度，为全县档案工作在很短的时间内得到恢复打下了基础。

为使全县案卷业务标准化落到实处，从 1980 年开始，全县开展档案工作检查评比活动。每年年初制发档案工作检查通知，采取自查、互查、抽查的方式，有组织有领导地对全县各单位文书、科技档案案卷质量进行检查，找出不足，及时整改。通过检查评比，促进了全县档案业务工作的标准化。

加强业务培训工作，统一全县档案业务工作标准。1980 年起，每年至少举办一期全县档案业务培训班，组织全县档案员学习《科学技术档案管理学》《科学技术档案工作条例》《文书档案整理细则》等档案业务标准。通过业务培训，规范了全县档案业务工作标准，提高了全县档案工作人员的业务素质，建立了一支适应档案工作发展需要的档案队伍，促进了全县档案事业的全面恢复。

4. 档案的开发利用方面。以编研为中心的档案资料开发利用功能逐步凸显。1980 年后，县档案馆档开始档案资料编研工作；1987 年县档案局设立档案编研科，档案资料的编研工作逐步开展。

档案查阅利用工作由单纯的为"平反"政策服务，向为出具就业、结婚证明，向为机关工作服务，为领导干部进行科学决策、促进对外开放、开展宣传教育、化解矛盾纠纷、增加经济效益、维护社会安定等领域拓展，为编史修志、领导决策、文物保护、土地山林纠纷解决、风景名胜保护等提供有效服务，档案利用领域扩大，利用效果逐步显现。

总之，此期间通过采取有力措施，崂山县档案局（馆）及全县机关、街道、企事业单位档案室全面恢复（建立）起来；档案工作人员队伍逐步聚集起来并得到初步培训，档案管理制度得以恢复和建立，积存了多年的零散文件和被打乱的档案得到清理、整理，被打乱的工作"秩序"得到恢复重建，馆、室档案保管条件得到初步改善。全县档案工作恢复整顿任务基本完成。

（二）依法治档与规范化建档整体推进阶段（1987 年 9 月~1999 年10 月）

1988 年 12 月，崂山县撤县设区⑤，崂山县档案局（馆）改称崂山区

青岛东风船厂职工档案室

档案局（馆）；1993 年 10 月，根据崂山区编委《关于机构编制管理的规定》，撤销崂山区档案局，区档案馆为区委直属机构，业务归口区委办公室，为正处级单位，设编制 20 人；同年 11 月，档案馆定编 17 人。1994 年，青岛市市区行政区划调整，成立新的崂山区，原区档案馆

⑤《中国共产党山东省崂山县组织史资料 1987-2003》，由天马图书有限公司 2005 年 2 月版，第 14 页。

整建制划归新崂山区。1995 年 2 月，崂山区编委同意区档案馆加挂区档案局的牌子⑥，单位性质不变。1999 年 10 月，崂山区档案（局）馆迁入新行政大楼。

这一时期是我国深化改革、扩大开放的时期，是社会主义市场经济和民主法制建立、健全和完善时期。1987 年 9 月《中华人民共和国档案法》（以下简称《档案法》）实施后，依法治档、档案事业规范化发展成为崂山档案事业发展的主旋律。

1. 档案工作步入"依法治档"轨道。1987 年 9 月颁布实施、1996 年修改的《档案法》，在中国档案历史上具有划时代的意义，第一次以法的形式规定了各级政府、各级各类档案部门、公民的权利和义务，明确了违反《档案法》的法律责任。1990 年颁布、1999 年修订的《档案法实施办法》，1994 年山东省人民政府印发《山东省档案管理规定》，档案法规体系基本建立，档案执法主体进一步明确，档案法制意识逐渐增强，档案执法力度逐渐加强。按照上级有关档案法制化建设要求，全县大力贯彻学习宣传《档案法》，依法加强对档案工作的领导。1988 年 4 月，县人大常委会专门听取全县学习、宣传、贯彻《档案法》情况的汇报，并查看了档案库房的设备管理和使用情况；5 月，县人大常委会公布了《崂山县人民代表大会常务委员会关于贯彻执行〈中华人民共和国档案法〉的决议的通知》，将健全档案机构、档案设施和规范档案业务，纳入到全县法制化建设轨道；1996 年《档案法》修改后，崂山区将《档案法》宣传纳入"三五"普法宣传教育计划。通过设立档案馆日，采用报栏、标语、传单等形式，大力宣传档案法律、法规；通过举办档案工作人员培训班，强化了档案工作人员知法、守法、执法意识；积极开展档案执法监督检查活动，在全县营造了较好的依法治档氛围。

通过学习贯彻《档案法》，全区进一步健全档案工作机构和加强档案馆舍及配套设施建设，档案事业列入国民经济和社会发展规划，为依法治档，创造了良好的法制环境。

2. 全面推进各级档案馆（室）规范化建设工作。1987 年《档案法》实施后，全省开展的以档案馆事业为主体，以机关、企事业单位档案工作为基础，把竞争激励机制引入目标管理活动中，崂山各级在

---

⑥《崂山区档案志》，方志出版社 2011 年 6 月版，第 38 页。

档案室升级达标活动中，取得了很大的成绩，全县（区）档案馆（室）规范化建设工作位居青岛市县区前列。

县（区）档案馆规范化管理水平进一步提高。大力开展依法治档工作，区档案馆档案规范化管理水平进一步提高。针对特殊的地理条件，根据档案安全保管要求，1989年，区档案馆配置了大型立式空调机，确保了档案库房的除湿效果；同时做好防火、防尘、防潮、防鼠、防光、防高温、防污染等工作，区档案馆安全保护科学规范。立卷工作方面，从文书档案处理、立卷归档、安全保护等方面，全部严格按标准要求，或破卷重立，或变更档案装具等，查缺补漏，立行立改，各项业务全部符合业务标准要求。档案开发利用，1988年后，满30年的档案编制总目录和专题目录，向社会开放，取得了一定的社会效益。档案的征集、进馆方面力度不断加大，至1994年，区档案馆依法接收43个单位、43个全宗、5683卷档案；到1999年底，区档案馆馆藏档案达到4万余卷。1990年12月，区档案馆规范化管理达到省级三级标准；1991年11月，达到省二级标准。

全县（区）机关、企事业单位档案室规范化建设水平达到新高度。机关档案室规范化水平方面。1990年青岛市印发《关于全面实行档案综合管理的通知》后，区委、区政府要求全区各机关单位的文书、科技、会计、声像档案全部交由各机关单位档案室统一管理，按时入档，入档范围进一步扩大。1990年5月，山东省档案局制发了《山东省机关档案工作定级、省级试行办法》和《山东省机关档案工作定级标准》，全区开展了机关档案定级工作，到1994年底，全区共有90个机关综合档案室达到省先进水平，其中区直机关77个，占机关总数的85.6%；1994年区划调整后，全区通过档案达标升级、年度考核等多种途径，加强机关档案室规范

崂山区法院档案室

化建设，到 1997 年，在开展机关档案规范化达标升级活动中，有 27 个单位达标升级，其中，达到省一级档案先进单位标准的 2 个，达省二级标准的 18 个。1998 年后，崂山区国税局、崂山区法院等机关单位，相继通过了档案工作规范化目标管理省级先进认定。

企事业单位档案室标准化建设方面。1988 年，根据《山东省企业单位档案管理升级试行办法》《山东省企业档案管理升级试行标准》以及《山东省企业单位档案管理升级暂行办法》文件精神，在全区范围内全面开展企业档案室标准定级工作，到 1994 年底，全区共建成国家二级档案室 8 个，省级档案室 21 个。1994 年青岛市档案局下发《关于转发山东省档案局山东省企业档案管理认证工作暂行办法的通知》，全区开展企业档案室认证工作。至 1999 年，有 41 年企事业档案室档案工作目标管理通过了国家级或省级认定。

专业档案室建设方面。随着国民经济的快速发展，档案门类进一步细化，全区专业档案室建设有了新的发展。1994 年 11 月成立了崂山区城建档案馆，为区城市规划建设局的全额拨款正科级事业单位，编制 5 人，对外挂崂山区城建档案馆牌子，履行全区城建档案的综合管理职能；1995 年成立了房产档案室，隶属崂山区房地产开发管理局，系自收自支科级事业单位，履行房地产开发管理局授权的各项职能；1997 年成立了干部档案室，隶属崂山区委组织部，系正科级全额拨款事业单位，编制 2 人，配主任 1 人。

全县（区）乡镇（街道）、村级（社区）档案室的标准化、规范化建设进一步加强。乡镇（街道）档案室规范化程度普遍提高，到 1992 年，全区各乡镇档案室规范化水平均达省三级以上。1994 年后，新崂山区所辖乡镇档案室标准化、规范化工作随即展开。按照机关档案工作标准要求，各乡镇所属站所部门全部建立了档案室。1999 年，随着城市化建设步伐加快，撤镇设 4 个街道办事处，各街道站所档案室同时纳入监督，执行机关标准，建立档案工作站，负责本街道机关、各部门形成的档案的收集、整理、保管、统计、鉴定和提供利用工作。是年，有一个街道办事处率先达到省二级水平。

农村（社区）档案室建设全面开展。1992 年，崂山区委在城阳镇仲村召开了农村建档工作现场会，拉开了全区农村建档工作，至年底，全区 13 个镇的村级建档工作全面展开。1996 年，崂山区下发了《关于加强全区村级档案管理工作的意见》，制发了《崂山区村级建档工作实施细则》，对农村建档提出新的标准要求，指导全区村级档案室创建工作。至1999年，全区139个农村社区按"五有一统一"（即有分管领导、有档案员、有档案制度、有档案保管场所和档案装具）要求，对各门类和载体的档案实行集中统一保管、统一对外服务，全部建有档案室。

3. 规范全区档案业务工作。全区从加大档案人员业务培训、加强全区档案业务指导等入手，崂山区多措并举，规范了全区档案业务工作。

加大档案工作人员业务培训，促进档案工作规范化。实行持证上岗制度。针对档案工作人员流动快、新手多、兼职多的特点，崂山区加大了对档案工作者的业务培训和学历教育力度，全区实行档案工作人员持证上岗制度，每年都举办档案业务工作学习班，对档案工作人员实行岗前培训，考试合格者，发给上岗证，方可从事档案工作。1997年11月，青岛市档案局实行《青岛市档案工作人员上岗证书》后，崂山区再次组织上岗培训，先后举办13期培训班，培训学员1500余人次。

举办专门业务培训班，有针对性地开展档案专门业务培训。1988年3月，举办了文书档案立卷业务培训班，专门培训档案立卷知识；1995年3月，举办了文秘档案培训班，学习了《山东省机关档案工作规范、乡镇机关档案分类排列标准》及《档案法》，为档案管理标准化及依法治档打下了基础；1997年，采用集中学习和平时学习相结合的办法，举办了机关、企业两期培训班，定向培训机关、企业档案人员。

举办档案业务工作继续教育班，培养档案业务人才。1992年9~10月，组织50人参加了青岛市档案局、青岛广播电视大学举办的《档案干部继续教育电视讲座》；1993年9月，组织了45名档案干部参加山东省委党校举办的档案文秘专业大专班（崂山班）学习，培养了一批档案管理人才；举办档案职称评定专业培训

王哥庄街道长岭社区档案室

班，共三期，培训人员 200 多次，学习了《文书学》《档案管理学》《科学技术档案管理学》课程等，为文书、科技档案工作的开展和档案工作人员职称评定起到了积极的作用。

加大档案业务指导力度，强力推行全区档案业务规范化。机关事业单位业务指导方面，每年定期举办一次档案业务培训班，对全区机关档案工作标准进行统一要求；继而，持续地对全区机关事业单位档案业务进行指导，推进了全区机关事业单位档案业务工作的标准化、规范化进程。在创新立卷形式、规范立卷标准和质量方面，作了有益探索。1998年，全区召开了文书档案立卷工作现场指导会议，采取协作组集中立卷的形式，以协作组长为业务骨干，以组为单位，统一立卷现场指导，互帮互学，使档案形成前的监督与指导落到实处。企业档案业务指导方面，1988 年 4 月，根据市档案局《关于青岛市企业档案分类编号试行方案》，崂山区采用召开会议、现场指导等形式，指导全区企业档案工作人员对企业档案进行科学分类、编号。同年，国家档案局发出《关于企业档案升级》通知后，全县立即开展指导企业档案升级工作。指导"三资"企业建档工作。1994 年在流亭镇"三资"企业建档试点基础上，根据《合资合作企业档案管理办法》，从"三资"企业档案分类方法和步骤入手，指导 12 家"三资"企业建档工作；1997 年，坚持按统一立卷、统一卷皮、统一铅印案卷目录、统一装订案卷要求，完成全区"三资"企业立卷工作。农村建档业务方面，1992 年，在城阳镇仲村召开全县村级档案工作现场会，推广了农村建档工作经验，并在现场指导农村建档业务工作，为农村档案工作的开展，奠定了坚实的基础。1995 年，再次开展全区村级档案综合管理试点，在试点成功的基础上，加大农村档案业务指导力度，到 1999 年，全区农村建档率达 100%。

4. 加大档案信息资源的开发利用。编研方面，1989 年编纂了《崂山县组织史资料》，1990 年编纂了《崂山县档案志述略》《崂山名胜九宫八观七十二庵简介》；1994 年区划调整后，编纂了《崂山基础数字汇编》等有关书籍，既向社会公布了一部分档案资料，又为领导决策、经济发展提供了依据。

开发利用方面，1998 年后，全区上下广泛发动，认真组织，积极号召区内广大档案工作者开发利用档案资源，宣传各项事业成果，每年在省市开展的档案信息资源开发利用活动中都有成果奖获得。1998 年，崂山区参加的全省档案开发利用档案信息资源成果活动中，申报 6 项，有 1 项获得二等奖，3 项获得三等奖；1999 年，有 2 项获得省二等奖，6 项获得省三等奖。

（三）档案现代化、信息化、网络化全面快速发展阶段(1999 年 10 月~2015 年底)

1999 年 10 月，崂山区档案馆迁入新崂山区政府大楼，标志着全区档案事业进行全面快速发展阶段。区档案工作加大资金投入和人才队伍建设，以档案资源建设为基础，以拓展档案馆服务功能为主体，加大档案现代化建设力度，以信息化、网络化建设为重点，以档案法治为手段，以技术和人才队伍建设为支撑，把创新作为推动档案工作的动力，不断创新思想、创新观念、创新手段、创新方法、创新机制，信息化、网络化建设迈出坚实步伐，档案业务工作和全面建设实现整体跃升。

1. 加大档案人才培养力度，创新档案管理体制。2001 年，《区机关事业单位目前机构编制调整情况及有关问题的通知》规定[⑦]：区档案馆为区直属正处级事业单位，加挂档案局。同年，成立文档服务中心。2002 年，《中共青岛市委、青岛市人民政府〈关于中共崂山区委机构改革方案〉和〈崂山区人民政府机构改革方案〉的批复》，区档案馆为区委办公室领导的事业单位，加挂档案局的牌子，授权行使有关行政职能，编制 19 人。2003 年《关于崂山区档案馆编制及内设机构调整的批复》，区档案馆加挂区文件管理中心牌子。至 2015 年，崂山区档案馆共加挂了区档案局、区党史研究室、区史志办公室、区文件管理中心牌子，形成了有利于档案行政管理保管

崂山区行政大厦东 15 楼——崂山区档案馆一角

---

⑦ 《崂山区档案志》，方志出版社 2011 年 6 月版，第 37 页。

和利用两项职能的合一管理体制，顺应了档案事业的发展需求。

在档案人才队伍建设中，区档案局（馆）创造性地开展业务目标考核和精神文明考核的双考核管理制度。从2000年开始，每年将局（馆）各项工作进行分解，落实到科室，责任到人，开展了"争创文明科室，争做五星干部"活动。坚持"日清、周结、月考、季评、年终总评"的考核办法，使考核工作精细化、无缝隙。同时，将考核结果与评先树优、职称晋升、干部提拔挂起钩来，促进了档案人员干事创业；强化机关文化建设，2004年以来，提炼出了"存史资政、传承文明"等十大局（馆）机关文化理念、科室服务品牌和个人座右铭，培养了干部职工爱岗敬业、锐意进取的创新力。

自2000年以来，区档案馆连续15年在青岛市档案业务工作考核中名列第一，先后获得省、市及档案系统先进集体，2007年被评为山东省文明单位；2008年8月，被评为全国档案系统先进集体、山东省先进基层党组织。

2. 加大全区档案事业的投入。1999年10月，加大了对全区档案事业的资金投入，全区档案馆（室）馆库面积不断增大，档案安全保管科学规范，信息化、网络化手段不断增强，档案教育功能不断加强，区档案馆全面建成"五位一体"档案馆，各机关、学校、街道、社区、企业档案事业全面、快速发展。

加大资金投入，促崂山区档案馆的信息化、网络化进程，全面建成"五位一体"档案馆。1999年10月，区委、区政府搬迁新址后，将总建筑面积2350平方米的区行政大楼东塔楼15层全部划归区档案馆使用，馆库面积达714平方米。2003年，区政府大楼西塔楼2楼东侧划归区档案馆使用，建成区文件管理中心，面积达360余平方米。2008年，为适应档案资料的逐渐增多及档案管理的规范化、科学化要

自动档案库房

求，区委、区政府又将行政大楼西塔楼 15 楼全部划给区档案馆使用，区档案馆总面积增至 5000 平方米。2014 年，区档案馆搬入崂山区市民文化中心，自此，崂山区档案馆总建筑面积增至 7700 平方米，适应档案事业发展的需求。

档案安全保管科学规范。档案馆建立了档案收集、保管、整理编目、利用、统计、鉴定、安全保卫等规章制度，加强了档案"九防"措施，馆藏档案资料整理规范，全宗划分清楚，类目编制规范，资料分类科学，对破损、蜕变的档案及时抢救，完善了检索工具，形成了科学实用的检索体系。尤其是 2014 年区档案馆搬迁新址后，运用现代化手段对档案实施全过程保护，至 2015 年，通过配备恒温恒湿机、工控机、综合控制器、传感器、摄像设备等，建立了档案库房温湿度调控、防盗、防火三位一体的档案智能化管理平台。对重点档案、资料采取特殊保护措施，磁性载体档案保存于防磁柜中；对明清、民国时期档案资料，制作保护装具；明清诰敕文书移至保险柜；较为齐全完整的《青岛日报》等资料制作保护套，进行缩微处理；重要文书档案、老照片等通过扫描、数码相机翻拍等手段进行复制。建立档案特藏室，珍品档案入室保管，藏展结合，实现全方位视频监控和门禁管理。

档案资料逐渐丰富。加大档案执法力度，畅通档案接收渠道，资料接受最多的 2004~2005 年，两批共接收 1994~2001 年间 44 个单位、44 个全宗、5250 卷档案。从 2000 年开始，开展档案主题征集活动，每年不定期征集了大量档案资料。从 2003 年开始，开展各类实物档案、资料寄存活动，至 2015 年，共寄存各类实物档案、资料等 860 余件。开展多渠道档案留存活动，2003 年开展"崂山区城乡记忆工程"，运用摄像、照相等技术手段，对城乡基本面貌及农村社区改造前的原貌进行抢救性拍摄记录，2004 年形成近 2000 分钟的录像档案信息数据

崂山区城乡记忆工程部分成果

库，此后每年拍摄收集珍贵照片，建起了"崂山城乡记忆库"。2005 年起，派专人参与全区重要活动的现场拍摄与档案资料接收工作。2006 年在全区开展"社区老档案抢救工程"，共征集 1976 年以前的社区老档案 1679 卷。2007 年与半岛都市报社联合，在全市开展"崂山记忆"档案资料征集活动。采用"走出去与请进来"相结合的方式，2011~2015 年，共征集照片、实物、各地志鉴、资料约 13000 件。通过购买与捐赠相结合等方式进行征集，购买了《中华佛教二千年》《中国历代碑刻书法全集》等大量与崂山历史文化有密切联系的珍贵资料，填补了馆藏空白。2012 年开展口述资料征集工作，建立了口述史资料数据库。至 2015 年，馆藏内容丰富、门类齐全、结构合理、地方特色突出、文化氛围浓郁，有馆藏 220 个全宗，档案 63495 卷（件），馆藏资料 26201 册，录音录像 230 盘，照片 35000 张，计 12.5 余万卷（册）。馆藏档案有中共崂山地方组织档案、政权系统档案、政协及民主党派档案、群众团体档案和城阳区代管的档案等，档案门类有文书档案、科技档案、专门档案、声像档案、实物档案等 40 余类。

突出地方特色，整合档案信息资源。结合档案馆以贴近时代、贴近社会、贴近发展、贴近群众的创新理念及"和而不同、突出重点"和"保护开发并重"的思想，加强档案信息资源的征集和开发。至 2015 年底，区档案馆建设了地情、党史、家谱、珍品等专题展示厅，是区委、区政府命名的爱国主义教育基地。陆续编辑出版了《崂山区志》《崂山区大事记》《崂山年鉴》等各种资料书籍 800 余万字；对满 30 年的档案进行整理，编制成总目录和专题目录向社会开放。2001~2015 年，崂山区获山东省档案信息开发利用成果奖 186 项，400 余人次获档案信息开发利用突出贡献奖，连续多年被评为档案信息资源开发利用先进集体。

在全国率先建成区（县）级文件管理中心。

文件管理中心

2003 年建成区文件管理中心，创新了机关档案管理模式，节约了政府管理成本，而且搭建了政府联系群众的桥梁，成为崂山经济社会发展的信息服务中心，引起了全社会的广泛关注。2005 年，区文件管理中心被区委、区政府指定为查阅公开现行文件场所，创造了全国政府信息服务和公开中心的经验，受到国家档案局的肯定，同年 6 月，全国已公开现行文件现场会观摩会在崂山召开。2009 年建立了崂山电子文件中心。至 2015 年，有 2000 多个现行文件、2000 多个法规、36 万多条数据，各类政务信息 40 余万条，并开展红头文件送下乡、进社区、到街头活动，打造了"文件中心、真情为民"服务品牌。文件管理中心被评为青岛市政务公开示范窗口、青岛市基层行风建设示范窗口、青岛市巾帼服务示范窗口。

加大信息化、网络化建设，在全省率先建成县（区）级数字档案馆。从 2001 年开始，加大投资力度，建设数字档案馆。2002 年，区档案馆实现局域网、金宏网、国际互联网三网运行。2003 年，以档案原件扫描为突破口，开展档案数字化转换工作。以流程重建、数据共享、三网互动为主，建设数字档案馆。2004~2005 年，建成数字档案信息传输、采集、存储、利用、档案库房自动监控等 8 个基础设施平台，构建了目录、全文、多媒体 3 个大型数据库，研究并开发了《数字档案馆信息管理平台》《崂数 2003 数字档案馆》档案管理软件系统 2 套，建设特色网站 1 个，数据量达 60 万条，全文数据库 150 余万页，多媒体数据库 1.5 万余分钟，照片 3.5 万余张，被山东省档案局评价为"填补了省内区县数字档案馆的空白"。2006 年围绕《网络环境下档案馆室资源共享研究》课题，建立了电子文件管理中心，2007 年，该课题通过了国家档案局科技成果鉴定，获国家级优秀成果三等奖。到 2008 年，实现各类档案目录信息、开放档案全文信息和已公开现行文件的网络查询服务。2009 年，《区县级数字档案馆数据保护研究》通过省档案局科技项目鉴定，构建了"多介质存储、分层次保护、一体化管理"的崂山数据保护模式。

2000 年，崂山区档案馆晋升为山东省规范化目标管理一级档案馆；2004 年，崂山区档案馆晋升为山东省特级档案馆；2008 年 8 月晋升国家一级档案馆，为青岛市第一个获得此荣誉的县区档案馆。

加大资金投入，全面提高全区机关、企事业单位档案规范化、信息化、网络化水平。机关档案工作规范化、信息化建设方面。到 2002 年，全区 90%的机关通过省二级以上认定。2003 年，山东省档案局停止了机关档案工作达标升级活动，在原机关档案达标升级活动的基础上，出台了《山东省档案管理考核办法（试行）》，以档案年检的形式对机关档案室规范化管理进行验收，重点突出了档案现代化管理和利用。为此，全区机关档案加强了规范化管理力度，至 2005 年，区辖 4 个街道和区统计局、金岭实业等 7 个单位达到省二级标准，区统计局在全区机关中率先晋升为省特级档案室，全区 85%以上的机关单位达到了省规范化目标管理考核标准。2006 年起，山东省《关于开展机关、企业、科技事业单位档案规范化管理考核活动的通知》，采用机关档案室先进标准年检制，凡是达到省级标准的档案室必须每年定期年检保持级别，否则取消年度先进资格，至 2015 年底，全区有 3 个单位通过省级示范、先进单位验收，5 家单位达到省特级标准，34 家达到省规范化管理水平。

机关档案数字化建设方面。自 2002 年起，大力实施《青岛市〈归档文件整理规则〉实施细则》，开始推广应用了易初管理系统，实现文档一体化、馆室业务一体化。至 2007 年底，全区所有机关企事业单位和各街道全部应用了易初软件，实现了档案管理的信息化、数字化和现代化。自 2010 年起，全区所有机关单位普及使用"新电子文件归档系统"归档，全部实现档案管理的信息化。

专业档案（室）的信息化建设方面。城建档案馆（室）对规划、建设、招投标、环保、人防、竣工等工程建设形成的 5 万余卷专业档案，全部用《城市档案信息计算机管理系统》软件进行管理。房产档案室档案信息大部分录入电脑，通过内部房地产信息管理系统，实现电脑查阅，方便快捷；原始档案建立台账，随时登记，实行动态管理。干部档案室实现了干部档案管理的信息化，2001 年通过国家一级管理水平验收。

企事业档案规范化、信息化建设方面。到 2000 年，有 15 个科技事业单位达到省一、二、三级目标管理规范化先进水平；2001 年，有 7 个单位分别达到省级以上先进；民营企业 2004 年有 1 家企业达到了省一级标准、2 家达到省二级标准，2005 年有 5 家通过省级档案工作先进年检。2006 年，根据《山东省企业档案管理认证工作暂行办法》和《山东省档案管理考核办法》，制定了《关于开展机关、企业、科技事业单位档案规范化管理考核的通知》，有 17 家单位档案室通过了升级考核，引导扶持的民营企业建档工作中，有 4 个百强民营企业、8 个非百强企业建立了规范化的档案室。企业职工档案管理不断创新，2009 年青岛市东风船厂通过了青岛市中小企业职工档案管理示范点验收，2010 年该规范化管理经验在全市职工档案管理现场会上进行了经验交流。2011 年再次开展事业单位规范化建档工作，完成 28 个门类专门档案清理整理工作，华楼景区管理处等单位档案室晋升省一级标准。

全区学校档案室信息化工作全面开展。2007 年，全区教育系统开展"以档促教、以教兴档"工作，规范了学校档案室规范化建设工作；2008 年，根据档案信息化工作要求，全区学校统一安装了"E-archives"学校档案管理软件，对学校档案全面数字化，实现了学校档案工作的信息化管理。2011 年开展学校规范化建档工作，其中，登瀛小学等单位档案室晋升省一级标准；至 2015 年，有 1 家学校档案室获省特级标准，35 所学校档案室创建了省二级以上的规范化档案室，学校档案信息化建设工作位居全市前列。

街道（社区）档案室规范化、信息化管理水平大大提高。街道档案室规范化、信息化建设方面。崂山区撤镇设街道办事处后，为推动全区新农村档案工作深入发展，档案室规范化、信息化工作成为必然。通过持续不断地推进档案室规范化、信息化建设，1999 年，北宅街道档案室达省二级水平；2002 年，另外 3 个街道档案均达到省一级先进标准。2004 年开始，各街道站所档案室全部达到省规范化管理水平；至 2005 年底，共有 15 个街道站所档案室达到省一、二级水平。2006 年后，各街道执行山东省《关于开展机关、企业、科技事业单位档案规范化管理考核活动的通知》，实行新的档案管理考核办法，到 2015 年底，四个街道档案室均保持省一级管理水平，有 18 个站所晋升山东省档案管理考核一级单位，13 个站所达到省二级标准。

农村（社区）档案室规范化、信息化建设方面。2000 年，根据崂山区印发的《关于进一步规范行政村档案

石老人社区档案管理示范点

整理标准的意见》，全区50%社区建起了规范化的档案室；2004年，印发了《崂山区行政村（居）档案星级评定办法（试行）》，在全区社区中开展星级档案室创建活动；2005年制定了社区档案管理标准，加强对和谐社区创城档案的指导；同年，印发《关于开展小康社区示范点档案建设活动的通知》，把档案室建设纳入小康社区创建中。2006年，大力开展社会主义新农村建设档案工作，在青岛市召开的社会主义新农村档案建设现场会上，崂山区石老人、小河东社区创建的集统一保管、提供利用为一体的新型社区档案室管理模式，成为全市典型，被称为"石老人模式"；2007年，制发了《关于社区集体经济改制材料归档办法的通知》《加强社区两委换届选举档案管理的通知》等文件，强化了监督指导工作，同时将档案开发查询点列入社区档案室建设，提高了农村档案规范化管理水平；在加强全区社区档案工作规范化管理的同时，区政府加大社区档案信息化建设的投资力度，为社区档案室配置了电子设备，使社区信息全部实现了网上查询服务，为在提高社区管理水平、深化社区居务公开、维护社区集体利益和安定团结、解决纠纷和历史遗留问题、留存社区历史和传承文明等方面均发挥了重要作用。2008年，青岛市"档案文化进社区"现场会在崂山区中韩街道西韩社区召开，西韩社区创建的集档案保管、政务信息公开查询、民生档案开发利用、村史展览教育四位一体的规范化、系统化、集约化的新型社区档案信息中心，成为青岛市典型。2010年，全区开展"社区档案示范区"建设工作，有7个社区通过了市级档案管理示范点验收，35个社区达到了区级示范点水平，建立起了规范化的档案室和档案信息开放查询点。2011年，104个社区完成档案室规范化室建设，崂山区成为山东省第一个新农村档案工作示范区。2012年，完成剩余35个基础条件薄弱社区档案室的建设，至此，全区社区档案示范区建设工程全面完成。2014年，在新型社区档案分类、分层次工作开展中，王哥庄街道采取的"三统一"模式（即统一建立档案室及便民查询点，统一配备档案装具），成为全区典型。至2015年，全区139个社区全部建立了规范化档案室和文档便民信息查询点。

2015年，崂山区以开展"建家庭档案、树文明新风、传中华美德"活动为契机，采取宣传教育、发放明白纸、介绍家庭建档流程和规范等形式，开始启动家庭档案创建工作，为全市首创。

3. 依法治档，加大档案执法检查与档案业务指导力度。本阶段，崂山区加大了《档案法》宣传力度，采用档案知识竞赛、学习班、"档案宣传月"、制订普法计划、在《新崂山》刊物上开辟档案法规知识专栏，以及与区电视台合作为全区 20 多个单位建立新闻宣传报道档案等形式，有效地提高了全社会档案法制意识，形成了有法可依、有规可循、较为普及的档案法制宣传氛围，为依法治档奠定了坚实的基础。

加强档案执法检查，促进全区档案业务管理的规范化。重点项目专项检查方面。1999 年，依法对青岛啤酒节等重大节庆活动档案资料的规范、完整实施监督检查；2001 年，对列入市、区重点事项、重点建设、科研项目的档案管理重大项目均及时通知及办理档案登记，并深入检查；2005 年，制定了《关于进一步加强全区档案管理工作的意见》《崂山区专门档案管理办法》等文件，加强了档案的管理，下半年对区重点建设项目、换届选举、外资企业等重点档案进行了联合执法检查；2006 年再次进行专项检查，对 5 个存在问题的单位责令限期整改，并将检查和整改结果在全区通报，按照《区重点建设项目、重大活动档案资料监督通知书》要求，对海水浴场改造、滨海步行道崂山段等 117 项市、区重点项目和节庆活动进行了监督，提高了档案的管理水平。2013 年后，成立了重点项目档案监管小组，将涉及区域重点工作的金融新区、蓝色硅谷产业创业带、风景旅游度假区档案工作纳入了监管范围。

村级档案及社区两委换届档案执法专项检查方面。2004 年，制发了行政村（居）星级档案评定办法及标准，逐年对村级档案进行星级评定，促进了全区村级档案的规范化建设；2007 年，对社区两委换届选举档案的监管和归档情况进行专项检查，确保了换届选举档案的完整。2013 年后，实行社区档案考核与年检制度，将"农村社区"规范化建档工作常态化、规范化，巩固了社会主义新农村建档工作成果。

加强档案执法检查

民生档案执法检查方面。2008 年，对区劳动与社会保障局、民政局等涉及民生档案的单位进行专项检查，发现问题，限期整改；2009 年 11 月，检查了区卫生局医疗保险、医疗纠纷、医疗机构审批等档案和海洋与渔业局的中心港建设，行政许可、处罚等档案；2010 年 11 月，对中韩街道车家下庄、东韩社区拆迁过程中档案处置及拆迁档案整理进行了专项检查，确保了拆迁档案的完整与安全。

依法治档，档案工作纳入全区科学发展考核体系。2001 年起，对全区国有企业现状进行调查登记，加强国有产权变动企业档案的监管工作；2006 年，根据《关于开展机关、企业、科技事业档案规范化管理考核活动的通知》要求，对国有企业省规范化管理考核；2014 年，区委、区政府将档案工作纳入了全区科学发展考核体系，赋予档案部门对街道、机关单位工作进行考核的权力，是全区 22 个专项考核内容之一，为依法治档、监督打下了基础，为青岛市首创。2015 年，率先在全市将机关专业档案收集、归档，纳入年检范围，实现"五同步"，即同步布置、同步指导监督、同步计划、同步培训、同步考核，取得了良好的效果。

加强档案业务指导，实现全区档案事业全面发展。为加强对全区档案业务指导，规范全区档案工作，崂山区先后出台档案整理标准和档案室管理规范。2000 年制定了《关于进一步规范行政村档案整理标准的意见》，2001 制定了《崂山区各街道档案管理站工作目标考核标准》和《关于 2002 年国有企业、科技事业单位档案登记的通知》，2003 年出台了《关于扶持和促进民营企业档案工作的意见》、下发了《关于成立民营企业档案工作协作组的通知》，2004 年制定了《青岛市领导干部离任档案移交暂行规定》《关于加强社区党组织和社区居民委员会换届选举期间档案管理的通知》《关于在行政村开展星级档案评定活动的通知，2006 年制发了《关于进一步加强专门档案工作的意见》，2007 年制发了《关于加强民生档案的意见》及 2008 年制定的《做好奥帆赛期间档案工作的意见》，2009 年制定的《档案信息保密工作意见》、2010 年制定的《社区档案示范区建设实施方案》，2013 年制定的《关于进一步加强全区档案资源建设的意见》等，2011 年组织编写了《机关、社区档案业务标准汇编》，完成了 70 余个机关单位年检和 2002~2010 年区直机关归档文件数据质量检查工作，率先推行机关电子归档系统。2012 年制发《青岛市崂山区档案馆接收档案办法》及《崂山区档案馆接收单位、档案门类一览表》等，2013 年修改了《崂山区档案接收进馆细则》，2014 年将档案管理与便民查询点岗位纳入了全区《新型社区服务中心运行管理暂行办法》等，统一了各项档案业务标准，规范了档案业务。

为使这些细则、措施落到实处，崂山区每年都举办档案人员培训班，或档案人员上岗证培训班，或档案业务培训班，分门别类地进行档案业务讲解、指导，至2001年，全区66个机关单位案卷合格率达100%，全区国有企业档案登记率达100%。2002年开始，根据《青岛市〈归档文件整理规则〉实施细则》要求，实行文书"立卷改革"，原来实行"按卷管理"的文件，改革成"按件管理"。根据新的要求，崂山区及时指导，到2004年，全区67个机关单位2003年度归档文件全部整理、归档。2006年，根据《关于开展机关、企业、科技事业档案规范化管理考核活动的通知》要求，对全区国有企业、科技事业的单位档案的规范化进行指导；2007年完成51个机关、4个街道文书档案保管期限和文件材料归档范围的划分，稳步推进机关文书档案年检，机关档案业务建设更加规范。2007年后，档案业务指导又有新拓展，先后深入指导清整了拆迁档案、破产企业档案、园林市政档案、环境普查档案等；2010年对地下管线普查、对科学发展观教育等专题档案进行跟踪指导，最终接收进馆。

民营企业建档工作方面。强化分片负责民营企业建档的组织、协调工作，并在西韩预制构件厂召开现场会，总结交流民营企业建档经验，扶持和促进全区民营经济建档工作，至2015年，全区大多数民营企业建立了档案室。

科技事业单位档案业务指导方面。2001年，根据省市《关于进一步加强企业档案工作的意见》，对全区各单位科技档案的形成、种类及其归档范围、案卷质量、查考、利用和保存价值等提出进一步的要求；2007年，为促进教育系统档案业务的开展，在青岛高新职校召开了教育系统档案业务现场会，

科技档案分类整理

现场指导全区教育系统档案业务工作的开展；同时，持续不断地对城建、农业、水利、卫生、教育等科技事业单位的科技档案进行分类指导，至2015年，全区科技事业单位档案工作全部实现规范化管理。

农业与农村档案业务工作的指导方面。1999年，编写了《农村档案整理规程》，举办了7期农村档案人员的培训，并深入各村具体指导建档工作；会同市档案局在中韩街道召开涉农部门档案工作会议，推出农村建档典型，其先进经验被国家档案局作为全国农村档案工作交流会书面交流材料，中韩街道被评为山东省农业农村档案工作先进单位；至1999年底，全区139个社区档案，全部达到青岛市农村档案工作合格标准，其中40%达到市级先进村，位居全市前列。2000年，印发了《关于进一步规范行政村档案整理标准的意见》，全区社区档案工作有了较大提升，有20多个社区档案室分别达到国家、省级标准。2001年，指导社区服务机构建档工作，全年有25个行政村的档案工作达到市先进水平，2个达到市级示范村标准；2003年，指导农村社区档案管理工作，50%的农村社区档案管理达到了省三级标准；2005年，指导和谐社区档案示范点创建活动，建立了与社会发展相适应、集政务信息公开查询、地情资料查询、农经信息查询利用为一体的新型档案农村管理模式，培育了金岭、石老人等国家级档案社区示范点；2007年9月份在沙子口召开全区农村档案工作现场会，下发了《关于进一步加强社会主义新农村档案管理工作的通知》，推动了全区新农村档案工作的持续快速健康发展；2011年，全区新农村建设档案工作以全省最高分通过山东省示范区验收；至2015年，全区社区档案均达到示范建设工程标准。农业特色档案指导方面，2000年，指导4个街道分别建立了樱桃节档案、海珍品养殖档案、崂山茶栽培档案和农业观光园等地方特色档案和涉农部门档案；2001年又指导了小城镇规划建设档案建档工作。

重大活动档案业务的指导方面。指导了青岛国际啤酒节，2000年第五次人口普查、2003年非典型性流感（简称非典），2005年党员先进性教育，2005年和2006年崂山旅游文化节、2007年污染源普查，2008年和2009年浒苔灾害处置，2009年科学发展观学习活动，2009年甲型H1N1防治，2010年重大项目、重大节庆、重大事件的档案业务，保存了珍贵的档案资料。

加强对全区基层单位档案业务信息化工作的指导。为加强对全区机关单位档案业务信息化指导，通过举办培训班、发挥协作组的作用、现场指导等形式，对全区档案业务数字化指导，到 2004 年，全区 67 个机关单位 2003 年度归档文件全部依托"易初档案管理软件"及"崂数2003"，全部建立了目录数据库和原文数据库，此后，每年开展机关档案数据检查工作。2007 年建立了照片档案和电子照片库，机关档案业务信息化建设全面展开。

加强对全区企事业单位档案业务信息化工作的指导。2007 年，对东风船厂进行多次指导，联合市档案局为其免费安装了现代化企业档案管理软件，实现计算机信息化管理，2009 年该厂档案室成为全市职工档案示范点，2010 年该厂在全市职工档案管理现场观摩会上进行了典型经验交流。

加强对农业和农村档案业务信息化工作指导。街道档案业务的指导方面，2007 年，根据市档案局《关于学习贯彻市委常委会议精神加快档案事业发展的意见》，大胆创新街道、社区档案管理与服务的新模式，培育了一批示范点，沙子口街道建立的"嵌入式"档案信息服务中心的做法在全市推广。2008 年，开展了"档案文化进社区"活动，指导西韩社区建立了集档案保管、政务信息公开查询、民生档案开放利用、村史展览教育四位一体的规范化、系统化、集约化的新型社区档案信息中心；2009 年，按照"分类指导、梯次发展、全面创新"要求，指导全区社区三级档案信息公开利用服务网络建设。2010 年在全区开展"社区档案示范区"建设工程，采取了"抓两头，带中间"的方式，通过奖补的形式，帮助全区农村社区建设规范化档案室和档案信息服务中心。

4. 增强档案资料的开发和服务利用功能。便民服务功能进一步增强。为方便人们对档案资料的查阅，在区档案馆设有专门的接待室、阅档室。2008 年，按照国家一级馆标准，实行开架服务，查阅者可以通过计算机进行查阅，并可进行文件资料咨询、阅览、摘录、复制，也可通过电话、信函、传真、发送电子邮件查阅有关文字资料，进行文档一站式服务，实现了与百姓之间的零距离沟通。至 2015 年，区档案馆建立起了完备的档案利用服务制度，为档案利用者提供了便利。仅 2015 年，就接待查阅利用 795 人次，提供文档 3500 余册。为修史编志，文物保护、土地纠纷、落实待遇等工作提供了有效服务，真正起到了资政参考、服务大局、科学决策、化解分歧、维护稳定的作用，受到社会各界的好评。

加大档案资料编研工作，增强资政育人功能。先后组织编写了《崂山区志》《崂山春秋》《崂山民俗志》《中共崂山组织史资料》等1500多万字的资料，为开展区情教育奠定了基础。充分发挥"第二政策研究室"的作用，开展调查研究，撰写了《关于增辟区级爱国主义教育基地的思考》《关于开展村村修志工程的建议》等十多篇调研报告，被区委、区政府领导批阅采用，为领导决策提供了有效服务。

充分发挥档案馆文化教育功能，更好地服务全区精神文明建设。1999年来，举办各种专题的档案展览，探索编研工作服务于两个文明建设的有效途径。自2002年，区档案馆每年都举办一个全区性的展览，如"庆祝新崂山区建区十周年展""岁月留痕、历史记忆——崂山区档案馆珍藏照片展""和谐崂山大型图片展""光辉的历程、辉煌的业绩"建党90周年展等。2000年建成档案陈列室，以图片、实物形式，展示崂山区历史文化和特色馆藏。2008年建成档案特藏室。藏展结合，突出展览。开展"6·9国际档案日"活动，较好地宣传了档案文化。举办了档案馆夏令营活动和"我爱崂山、我爱家园"摄影比赛，与区文明办、团区委联合在崂山仰口湾侵华日军登陆处创建了一处区级爱国主义教育基地。2011年在崂山党建网、《新崂山》、崂山电视台等设立纪念建党90周年专题活动，设计制作了"中山路除叛""崂山抗日游击队"等作品，加强对爱国主义教育，较好地为全区精神文明建设服务。2016年建成"走进崂山"地情综合展厅，展厅位于崂山区市民文化中心B座负一层，建筑面积1300平方米；展厅分为"海上崂山、人文崂山、风云崂山、建业崂山、幸福崂山"五个板块，采用实物、图片、声像等形式，全面展示了区域内自然地理、历史沿革、政治经济、文化社会、民俗风物等概况，真实记载了勤劳质朴的崂山人民生存、发展、创业的历史。

改革开放30多年来，崂山区档案事业取

2009年5月，举办"见证——纪念崂山解放60周年图片展"

得了很大的成绩，站在一个新的历史起点，但仍存在档案事业发展与经济社会发展不平衡、社会档案意识不强、档案信息化建设步伐缓慢、档案信息资源共享机制还未形成、档案事业技术人才不能满足创新档案工作需求等制约档案事业发展的因素。

二、经验启示

改革开放30多年来，档案在记录历史、传承文明、服务社会、造福人民，在全面建成小康社会的进程中发挥着越来越重要的作用。从档案事业的发展来看，只有把牢政治方向，践行"四个意识"，档案工作就能保持正确的前进方向；只有紧紧围绕党和政府工作大局，把档案服务作为首要任务，档案工作就会充满生机和活力；只有积极争取区委、区政府的关心重视和支持，档案工作外部环境就能够得到不断改善；只有坚持统筹兼顾、与时俱进、开拓创新，档案工作就能够不断取得新的进步，实现新的跨越。

（一）围绕中心，服从和服务于全区工作大局是档案事业发展的生命力

30多年来，从改革开放的恢复整顿到20世纪80年代的探索发展，从90年代的创新提高到21世纪的科学化发展，全区档案事业走过了不平凡的历程，取得了丰硕成果：区综合档案馆成为国家一级档案馆，基层档案室规范化管理达到较高水平，档案的公共服务能力得到了显著提高。这些成绩的取得，就在于档案工作始终坚持围绕中心，服从和服务全区工作大局，使档案工作真正"是维护历史真实面貌的重要事业，是党和国家各项建设事业必不可少的环节"[8]，从而赢得了党委、政府的重视、支持。

党委、政府重视档案事业，增强了干好档案工作的信心。30多年来，历届党委、政府都非常关心支持档案工作的开展，一是大胆创新档案管理体制，将史志、党史研究、文件管理中心与档案馆（局）合署办公，实现了机构精简、资源共享、优势互补、高效多能的档案管理新机制。二是区级领导分工中有专门分管档案工作的领导，党委、人大、政

---

[8] 1985年2月，中共中央和国务院对档案工作文件的批示。

府、政协等领导每年都要视察档案工作，专门就档案工作作出批示，大大地鼓舞了档案工作者干事创业的干劲。三是召开档案专题会议，听取和研究全区档案工作，及时解决档案工作中遇到的困难和问题。四是出台加强档案工作的意见，营造了全社会关心档案人、关心档案事业、重视档案工作的良好氛围，提高了档案工作人员做好档案工作的自豪感和自信心。

党委、政府的重视，为全区档案馆库条件的改善，档案公共服务功能的不断拓展奠定了基础。正是由于党委、政府对档案工作的重视，区档案馆由改革开放初期的几间平房，发展到2015年的7700平方米的现代化大楼；从简易木质橱柜，发展到今天的集约化存储密集架；从传统的保管功能，发展到现在的温湿度自动调控等多功能一体的智能化管理平台；从仅能提供保管利用服务，发展成为集保管利用、政务信息开放查询、爱国主义教育等为一体的综合服务功能的"五位一体"档案馆，成为区委区政府政务信息公开中心。档案馆在完成自身由小到大、由弱到强蜕变的同时，带动了全区机关、企事业、街道、社区、学校等全方位、多层次规范化档案室建设的全面发展，形成了以馆带面、上下呼应、优势互补的强大的档案管理与服务网络，在全区经济社会发展过程中发挥着重要作用，为档案馆向公共服务发展奠定了坚实的基础。

党委、政府的重视，全面推进了档案资源建设，档案馆藏结构日趋完善。30多年来，正是由于党委政府的重视、支持，全区能始终把档案资源建设作为立馆之本，依法接收、定向购置、协议寄存、社会征集、主动拍摄等多措并举，率先实施了"崂山记忆工程"，使大批有价值、有地方特色的档案资料集聚进馆。馆藏档案取得了由建馆之初的单一文书档案，发展为以文书档案为主、实物档案为辅的门类齐

档案库房温湿度检测调控系统

全、卷宗丰富的档案的成绩，全区各级各类档案室也保存着100余种专业档案，这些档案从不同角度和层面记载了崂山悠久的历史、灿烂的文化，是崂山人民团结奋斗、进行革命和建设的见证，是崂山人民宝贵的历史财富，档案事业已与全区经济社会紧密相连并协调发展。区档案馆实现了从门类单一、馆藏较少，逐步发展成为馆藏丰富、门类齐全、结构合理的地方历史文化宝库、信息资源集散中心，由传统档案馆向公共档案馆发展的转型，档案记录历史、传承文明、服务社会的价值和作用日益凸现。可以说，档案工作围绕中心、服务、服从大局，赢得了区委、区政府的重视，为全区档案事业的发展注入了强大的生命力。

（二）坚持依法治档，是档案事业发展的重要保障

30多年的发展，从行政推动，发展到依法管理，不仅丰富了档案资源，而且提升了服务能力，实现了依法治档的目标，保障了全区机关、企事业、街道、社区等领域档案工作的全面、协调、可持续发展。

从恢复整顿之初的《机关文书处理和档案工作办法》的制定，到20世纪80年代科技档案、企业档案、农村档案等管理办法的出台，从20世纪90年代依法管理档案到21世纪档案行政执法责任制的推行，从21世纪初文书档案立卷改革，到2008年国家档案局"八号令"新归档标准的贯彻实施，全区档案工作不断探索与实践，走在了改革发展的前列，档案工作围绕中心、科学管理的能力越来越强，档案工作逐步从机关向企事业、街道、社区延伸，总建档率达到了100%，规范化管理达到了95%以上。

档案事业的发展进一步要求档案工作者不但要学法、知法、懂法、用法、守法，还向全社会普及档案法律法规，让每一位公民、每一个单位明白，依法移交档案是法律规定的义务，做遵守《档案法》的模范，档案事业才能取得进步、得到发展。

从崂山档案事业恢复到标准、规范化、信息化发展过程，可以看出，只有坚持依法治档，才能更好地遵循档案工作自身发展规律，有利于档案收集、保护，有利于档案信息资源的开发、利用，有利于发挥档案的社会效益和经济效益，有利于提高档案管理水平，更好地管理档案和提供档案信息为社会发展和进步服务。坚持依法治档，才能有效地提高档案的行政效率，对档案行政管理具有积极的引导和促进作用。坚持依法治档，才能维护档案的安全与完整及合理合法利用，保证档案事业平稳

健康发展。坚持依法治档，才能对档案工作进行有效的规范与管理，建立统一的工作标准，实行档案标准化管理，使档案人员有明确的章法可循，按章办事，对违法违规行为执行依法查处，实现法律面前人人平等。这对维护档案及档案工作自身形象，在社会上形成良好影响与口碑，增强人们对档案工作的信任、理解与尊重起着十分重要的作用。坚持依法治档，才能使档案事业知名度显著提高，人们对档案的了解加深，促进社会各界对档案的普遍利用，实现档案资源的合理使用。

（三）坚持改革创新，是档案事业发展的不竭动力

　　档案工作是一项重要的基础工作，档案部门必须密切关注党和国家的工作大局、工作重心，密切关注社会对档案工作提出的新要求，以此来制定新的档案管理制度，开辟新的工作领域，才能不断取得新的进步，实现新的跨越。

　　创新档案服务方式，从主要面向机关，发展到面向社会、面向大众，从只提供档案资料查询，发展到提供已公开现行文件、政策法规、民生档案信息、政务公开信息以及开展爱国主义教育等多领域服务，档案工作由"养在深闺人未知"变成"服务社会众皆知"。为民服务渠道日益拓宽，从传统的档案查阅到政务公开信息利用服务，从全国首个区县级文件中心建立到区、街、居三级文档便民服务网络的完善，档案服务领域围绕社会需求不断延伸，服务的效能不断提高，累计接待利用 11 万人次，查阅资料 20 余万卷（册），档案馆已成为政府与百姓沟通的"桥梁"。文化服务功能不断强大，相继举办了"岁月留痕、历史记忆"等

20 余次大型图片展，建立了崂山特藏室、"走进崂山"展厅和党史展厅，10 余万名学生、官兵、党员和群众进行参观，档案成为了解崂山发展历史、开展区情教育的活教材，档案馆成为全区政务信息公开窗口和爱国主义教育基地，打造了市级基层行

"走进崂山"展厅

风建设示范窗口和"存史资政、传承文明"的服务品牌。

创新档案管理方式，推动全区档案管理实现大的飞跃，从"一把锥子、一根线绳"的手工式操作、经验式管理模式，发展成为计算机归档、网络化管理与利用的智能体系，实现了档案资源数字化、服务利用在线化、档案管理现代化的目标。信息时代的到来，网络技术的应用，推进了崂山档案管理技术的创新和变革，推动了档案事业的腾飞发展，档案现代化管理工作从无到有，从有到优，档案管理水平发生了由量到质的深刻变化。率先建立了档案资料目录中心，率先建立了包含 8 个基础平台、3 个大型数据库、2 套档案管理系统、1 个特色网站的数字档案馆，填补了省内空白。省级科研项目"区县级数字档案馆数据保护研究"，构建了"多介质存储、分层次保护、一体化管理"的区县级数据保护模式，为数字档案馆的数据安全提供了保障；国家级科研项目"网络环境下档案馆室资源共享研究"的成功，为利用信息技术和网络优势，整合档案信息，实现更大范围的档案信息社会共享，辟出了一条新的途径；崂山区电子文件中心的率先建设和应用，也为区县级档案信息的查询，实现互联共享发挥了示范作用。

坚持创新争一流，推动崂山区档案馆一步一个脚印，一年一个新台阶，实现了从"三位一体"向"四位一体""五位一体"的功能跨越。1980 年被评为青岛市档案工作先进单位，1990 年晋升为省三级档案馆，1991 年晋升为省二级档案馆，2000 年晋升为省一级档案馆，2004 年成为全省首家区县级数字档案馆、省特级档案馆，2008 年 10 月晋升为国家一级档案馆，先后获得全国档案系统先进集体、省文明单位、省先进基层党组织等荣誉称号，连续多年在全市目标考核中名列前茅，区档案馆从无到有，从小到大，从弱到强，基本实现了全市当龙头、全省创一流、全国争先进的目标。

档案业务培训

（四）建设一支政治素质高、业务能力强、爱岗敬业的档案队伍是促进全区档案事业发展的关键

30多年来，区委、区政府牢固树立人才兴档意识，深刻理解"业由才兴、才由业聚"的道理，把人才问题作为全区档案事业发展的重大问题来考虑，把建设一支政治强、业务精、作风硬、纪律严的高素质档案干部队伍作为工作的重中之重。

充实档案工作人员，重视对工作业务的培训。改革开放初期，为了加快促进全区档案事业的恢复，崂山县委、县政府从1980年起，为区综合档案馆增配工作人员，或抽调人员到县档案馆帮助工作，加快了区综合档案馆工作的恢复。同时重视基层档案员的配备，全区机关单位档案室、各国有企业档案室、科技事业档案室、乡镇综合档案室等恢复建立后，全部配备了专（兼）职档案员。

《档案法》实施后，档案事业发展走上了法制化轨道。健全了全区档案机构，明确了区档案馆为区委办直属正处级事业单位，各基层单位档案室明确了相应的级别，配备了相应级别的档案管理人员；提高档案工作人员待遇，在改善他们工作环境的同时，大力开展档案工作人员职称评定工作，设档案研究馆员、馆员、助理馆员等职称等次，打通了档案工作人员在职称晋升、工资待遇提高等方面的通道，提高了他们干事创业的信心，为全区档案事业的发展打下了很好的基础。

推行上岗培训，把一批档案业务门外汉培养成熟悉档案业务的工作人员；坚持业务培训，全区档案业务的标准化、规范化程度进一步提高。通过培训，提高了全区档案工作人员的业务素质，建立了一支适应档案工作发展需要的档案队伍。

加强机关自身建设，以先进的机关文化理念培育人，以科学的双考制度管理人，以特色主题教育活动激励人，以真挚的情感关爱人，充分发挥档案工作者的主人翁精神，在平凡的档案工作中培育了想干事、会干事、干成事的高素质干部队伍，推动了崂山档案事业的科学发展。

执笔人：李　忠　杨美清
审核人：王清华　张　冰　臧先锋　闫雪梅
签发人：张　星

改革开放以来崂山区
电子政务事业发展实录

崂山区电子政务办公室

电子政务，主要是指政府运用计算机、网络和通信等现代信息技术手段，实现政府组织结构和工作流程的优化重组和再造，构建精简、高效、廉洁、公平的政府运作模式，以便全方位地向社会提供优质、规范、透明、符合国际水准的管理与服务。具体来说，主要指各级政府机构的政务处理电子化、网络化和信息化，包括内部核心政务、信息公开与发布、信息传递与交换共享、公众服务等的电子化、网络化和信息化。

20世纪90年代后，崂山区电子政务事业从政府部门办公自动化开始，先后经历起步发展、初步发展、加速发展、全面发展和创新发展阶段，积极运用现代通信、互联网、大数据等先进信息技术，主导政务网络、政府网站、云计算中心及多项办公应用系统建设，围绕区委区政府中心工作，不断深化政府信息与政务公开，推动政务管理服务与互联网融合，为促进政府职能转变和改革创新工作提供了有力保证。

一、发展历程

（一）起步发展阶段（1994~1998年，开启办公自动化）

面对政府电子信息化日益广泛和深入的趋势，1992年，国办印发了《关于建设全国政府行政首脑机关办公决策服务系统的通知》，开启了我国电子政务发展的帷幕。1993年底，国家启动"三金"（金桥、金关和金卡）工程建设，政府信息化基础建设正式起步。同期，青岛市于1994年开始全市党委系统计算机联网工作。

1994 年 4 月，新崂山区成立，9 月崂山区政府成立了崂山区经济发展研究中心，担负推进政府办公自动化职能。1995 年 2 月，崂山区经济发展研究中心加挂信息中心牌子，进一步明确了办公自动化方面的工作职能和任务。同时，建立了区级政府工作站，通过微机实现了与市委、市政府间的联网通信。1995 年 10 月起，实现了利用计算机通信网络传送非密级文件和信息的功能。1997 年，为落实国家、省市有关要求，崂山区按照统一机构、统一规划和实施、统一软件和数据的"三统一"原则，高标准建设了与全市机关统一的通信平台和通用办公决策服务系统，实现了电子邮件、公文处理、政务信息处理、决策支持和接入 internet（互联网）的功能。1998 年崂山区政府网站开通，网站开设了园区概览、政务公开等 8 个一级栏目，涵盖了全区的政治、经济、文化、生活等方面。在宣传政府形象、推进信息公开等方面，起到了积极作用。

这一阶段，崂山区基本建成了与市级通信的基础通信网络，与市级统一的内部办公网络和对外发布信息的政府网站，基本实现了办公自动化、电子化，网络化办公初具雏形。但这一阶段的网络化、自动化办公，尚处于初级阶段，联网部门少、自动化程度低、办公应用没有得到推广，电子政务基础建设还很不完善。

（二）初步发展阶段（1999~2004 年，推进办公自动化，建设政府网站）

1999 年，国家实施"政府上网工程"，2002 年 8 月，中办、国办转发了《国家信息化工作领导小组关于我国电子政务建设指导意见》，确定了"两网"（政务内网、政务外网）、"四库"（人口、法人、自然资源和空间地理基础信息库和宏观经济数据库）和"十二金"（金关、金税、金卡、金宏、金财、金盾、金审、金保、金农、金质、金水及办公业务资源）业务资源系统的建设内容，政府上网全面展开。青岛市提出以"金宏工程"为基础，全面推进政府上网，逐步形成网络环境下"一体化政府"，为社会提供"一站式服务"的目标要求。

1. "四统一分"体制首次建立。2000 年 1 月，崂山区成立了崂山区计算机信息中心，负责全区政府通信网络、"金宏工程"以及政府网站建设。2000 年 3 月，崂山区认真贯彻"统分结合、有序推进，互联互通、资源共享，应用导向、注重实效，防管并举、确保安全"的方针，按照"以体制增效益，以应用促发展，实现低投入、高起点、争一流"的发展思路，着手建立电子政务"四统一分"体制，即"统一机构、统一规划、统一网络、统一软件、分级负责"的建设和管理体制，同时积极建设区级党政群机关电子政务系统。有步骤地着手建设部门内部网络、推进无纸化办公、探索发展网上审批和服务，并积极建设政府中心网站。

2. 政府门户网站正式开通。 为解决政府网站功能单一、信息不全面等问题，崂山区组织了政府网站的改版。新网站的栏目设置和结构充分体现了政府为社会服务的宗旨，促进政府部门从管理职能向管理服务职能转变，促进政府部门同社会各界沟通。2002年2月，新版崂山区"政府公众信息网"正式开通并对外发布。同年5月，将《新崂山》和《崂山讯息汇编》制作成电子文本杂志，定期在政府公众信息网发布，使更多的人通过更多途径了解崂山。2004年3月，"崂山区政府公众信息网"进行改版，本着能够及时反映区委、区政府的中心工作和工作重点，反映各部门政务公开，反映社情民意、为民服务的原则，设计了较为合理的信息资源结构，网站包括12个主要栏目，同时注重加强政府与社会的沟通，开设了"区长信箱""信访信箱""纪检监察信访信箱""行政效能投诉信箱""我为崂山献计献策""区长公开电话""政府采购""热点动态""专题栏目""高新区ISO14001专栏"等社会公众比较关注的栏目。新版网站更名为"崂山区政务网"，于3月下旬

崂山区政务网

正式开通，成了区委、区政府与社会沟通、为社会服务的重要窗口之一。2004年9月，崂山区着手整合网上政务信息和服务资源，加快推进"一站式"服务，按照"统分结合，以统为主"的资源管理体制，依托政务门户网站，开始整合部门网上信息和服务资源。同时按照全市统一部署，对区政府门户网站进行了升级，统一和规范了各部门网站域名。以实现网上"一站式"服务为目标，遵循"以民为本，以服务对象为中心"的原则，探索资源综合规划，集中管理和统一服务，进一步提高电子政务公共服务水平。

3. 电子政务应用初见雏形。2000年3月，崂山区政府全面接入"金宏工程"。2002年10月，完成了区级领导"金宏政务办公系统"的接入与运行。2003年6月，根据青岛市部署，崂山区着手建设内部多媒体网络会议系统。2003年9月，区委办、政府办下发了《关于进一步加强金宏网使用管理的通知》，按照区机构改革后的新的机构设置重新整理了金宏网用户通讯录，规范了机构名称，正式在金宏网进行了更新。2003年11月，组织了"金宏电子政务系统"升级，进一步强化了机关公文、信息传递无纸化和办公管理电子化，提高了机关办公效率。2004年2月，着手扩展金宏网（政务内网），积极推进无纸化办公，将金宏网延伸到区级领导桌面和区政府有关部门，努力实现公文流转无纸化。同时，开发完成内部网政务信息管理平台，主要包括新闻管理、公文库、部门工作动态、每日经济快讯和视频新闻系统。完成了崂山区金宏收文短信群发平台的建设。实现计算机系统和手机之间的即时通信，为崂山区党政机关即时消息通知提供了简单、高效、方便、经济的手段。2004年5月，建立了金宏网内部下载中心，制作了金宏系统自动安装包，实现了楼内、远程用户金宏办公服务系统的简便安装。整理了金宏电子政务系统常用软件，提供下载，方便各部门安装使用。

服务器机房

这一阶段，崂山区电子政务建成了以政务网络、基础软件、门户网站、安全支撑四个平台，政务信息、数据交流、应用服务、流程管理、认证授权五个中心和一套目录服务体系为主要内容的"451"电子政务核心技术体系。政府上网、电子政务自动化、网络化的雏形基本形成。

（三）加速发展阶段（2005~2010年，完善政府网站功能，推进电子政务应用）

2006年3月，中办、国办印发了《国家信息化发展战略（2006~2020)》，国家信息化领导小组印发了《国家电子政务总体框架》。2006年4月，青岛市也相应印发了电子政务发展"十一五"规划纲要，确立了政务信息数字化、政务流程网络化、办公过程无纸化、审批服务一体化的发展目标。

1. 电子政务体制初步理顺。 为加快推进电子政务建设和应用，2005年11月，崂山区成立了电子政务协调领导小组，在区级层面明确了电子政务建设和发展的组织协调机构，进一步理顺了全区电子政务工作领导体制。同时根据青岛市统一部署，着手构建"861"电子政务技术支撑体系，即建立完善八个平台、六个中心、一套目录服务体系，进一步提升服务能力和水平。围绕行政管理改革创新和高绩效服务型机关建设，积极有序推进和扩展电子政务应用。

2007年7月，崂山区成立了信息化工作领导小组，全面负责电子政务各项建设工作。2008年12月，区委、区政府下发《关于加强全区电子政务建设的意见》，明确按照集中统一管理体制和集约化发展模式，广泛采用信息网络技术，进一步畅通民主渠道、深化政务公开、强化行政监督、规范行政行为、完善决策服务、优化政务流程、推进信息共享、整合政府服务的总体要求。2010年5月，崂山区计算机信息中心更名为电子政务办公室，编制增至14名，内设3个科室（综合科、网络技术科和电子政务科)，进一步健全了电子政务建设的组织领导体系。

2. 基础网络建设得到加强。 2008年5月，依托区级电子政务网络平台，着手建设高效畅通、满足社区管理和服务需求、功能完善的社区网络和综合电子政务平台，提高社区管理服务信息化水平。到2009年底，崂山区政务外网已覆盖4个街道158个社区，普通社区接入带宽为6M，所有社区党员远程教育中心、文化体育活动中心等场所都已接入社区网络。社区政务外网总出口带宽达到100M。

3. 政府网站功能不断完善。随着信息化手段不断加强，政府网站功能得到了进一步扩展，政务公开和服务水平不断提升，网上信息服务进一步深化、细化、规范化。同时在网上集成知识管理系统，开发信息资源，建设决策资源网，推动学习型机关建设。

2008年11月，崂山区启动政务网站"在线访谈"，扩大网上互动应用，拓展公众参与渠道，提高政务公开和公共服务水平。2010年8月，崂山区政府门户网站——"崂山政务网"完成了优化改版。在原有基础上，进一步完善了网站栏目，充实了信息内容。"今日崂山"栏目包含经济建设、社会发展、人文艺术、崂山旅游、大事记、自然资源、行政区划、历史沿革等12个主要栏目，下设了52个栏目，全面介绍了崂山区经济社会等各方面发展建设情况。与其他区市门户网站相比内容最为全面。"办事服务"栏目整合了全区47个部门的办事服务事项，共计910条，全部在门户网站展现。为全面准确梳理各部门办事服务资源，根据编办对各部门职责的描述，分别设计了47个部门办事服务资源调研表，列出了各部门的业务事项，要求各部门确认并录入门户网站系统。通过这种梳理方式取得了很好的效果。"信息公开"栏目设了26个主栏目，下设了48个栏目，主要公开《政府信息公开条例》要求公开的信息。网站还设有6个动态政务信息栏目，主要发布全区及各部门的工作动态、通知公告等。

4. 网上政务服务逐步丰富。实现了网上审批。2005年11月，组织开展了网上审批试点工作。全面推行网上审批，推动政府流程再造，实现审批、管理、服务网上流转。通过统一的网上审批平台受理审批申请和反馈审批结果。通过人工受理的，统一使用审批平台进行登记和反馈，受理或登记的信息自动转入金宏网办理，实现网上统一流程控制和监管。2007年9月，构建了行政许可事项的信息发布、受理登记、内部流转、结果反馈和监督考核等环节的网络化技术平台，进一步优化了行政许可办理流程，推动了政府服务创新，提高了行政效率，降低了行政成本。10月，构建了基于行政许可平台的社会监督和行政监督系统。在公开办事过程和规则的基础上，公众可以随时通过查询事项办理状态及结果对行政许可工作进行监督。政府各级监察部门可以随时监控行政许可业务办理过程，提出监督意见、调查处理过程、实时统计分析行政许可业务办理情况、投诉情况并提出进行相应处理意见。2008年4月，崂山区着手建设区级行政审批服务大厅。遵循"功能齐全、设施领先、运行有序、监管到位"的理念，着手整合部门审批服务职能，建设区级审批服务大厅和网上审批系统平台。全区23个部门120余项行政许可和非许可审批事项在统一的网上审批平台流转办理，实现服务内容和办事结果集中、全程公开"一站式"服务，并积极推进网上直接受理。

积极推进网上执法。为推进行政权力规范透明运行，2009年10月，着手建设行政执法信息数据库，2010年4月，按照行政处罚权规范透明运行工作实施方案，全面梳理了行政执法依据，并依托市电子政务共享平台建立了执法信息数据库。

提升办公自动化水平。扩大金宏电子政务系统应用，形成一网式协同办公环境，实现全区各部门网络化办公，提高机关办公效率和质量；2008年3月，继续在全区范围推动各部门扩大金宏电子政务系统应用范围，扩展应用领域，继续推进网上督查系统应用，实现公文流转、信息编报、督查考核管理、人民来信来访办理网络化。

2005年3月，积极推进软件正版化工作，举办了软件正版化工作第一阶段培训会议。11月进行了正版软件的集中采购。2006年2月，召开了软件正版化清理更换工作会议，完成了正版软件的分发。3月，顺利通过了市软件正版化联席会议检查。2010年12月，按照《市、区两级机关软件正版化实施办法》，初步建立了安全可靠的网上政务管理和服务应用环境，对全区计算机进行了摸底普查，同时完成了盗版软件清理和正版软件配发工作。

2010年9月，着手建立完善数字证书发放管理机制，同时对12个重点领域的网上政务管理和服务进行电子签名认证改造。崂山区按要求部署数字证书发放与

区委区政府门户网站政府在线栏目荣获"2010年政府网站政民互动精品栏目"奖

信息化系统改造工作，完成金宏办公系统、行政审批系统的数字签名认证工作。统一电子签名认证应用，形成一证式网上信任服务环境，全面推广"电子政务一证通"数字证书。

着手建设一批应用平台。2007 年 10 月，崂山区着手利用金宏网，建设集视频会议、可视电话、实时文字交流、实时文件分发等功能于一体的平急结合网络视频会议系统。2008 年 2 月，着手整合现有应急资源，建设"统一指挥、功能齐全、反应灵敏、运转高效"的应急指挥平台，实现突发公共事件的监测监控、预测预警、信息报告、综合研判、辅助决策和总结评估等功能，初步满足应急管理的需要。

推进社区电子政务应用，提高基层管理水平。将政务网络延伸至社区，以金宏电子政务系统为平台，开展建设社区管理信息系统；根据各部门具体业务需求，利用统一的网络平台、基础办公平台、流程管理平台、知识系统平台和通用信息管理平台，构建部门业务管理系统。

建成空间地理信息平台。2009 年伊始，崂山区着眼政务信息资源共享使用，着手开发建设崂山区空间地理信息公共共享平台。11 月，完成该平台系统开发及数据库建设项目硬件设备安装部署。2010 年 4 月，该平台部署完成。9 月，该平台顺利通过验收和科技成果鉴定，并得到专家一致认可，认为该项目在区级空间地理信息公共共享平台的建设技术方面达到国内领先水平。

5. 政务信息公开全面启动。2007 年 4 月《中华人民共和国政府信息公开条例》正式公布，于 2008 年 5 月 1 日起施行。为做好政府信息公开工作，崂山区开始着手规划建设统一的政府信息公开管理平台，并于同年 11 月正式部署上线运行。2008 年，依托崂山区政府门户网站，开发建设了网上依申请公开政府信息系统，公众可以通过网上向区直有关部门和单位提交政府信息公开申请，拓宽了公众获取政府

崂山区空间地理信息公共共享平台科技成果鉴定暨验收会

信息的渠道和路径。2009年9月，崂山区委办公室、崂山区政府办公室印发《关于加强政府信息公开新闻发布及敏感舆情监控处置工作的通知》（崂办字〔2009〕22号），决定成立崂山区政府信息公开工作领导小组，领导小组办公室设在区计算机信息中心。区政府办公室为区政府信息公开工作的主管部门，区计算机信息中心为具体工作机构，具体承担区政府信息公开的日常工作，负责推进、指导、协调、监督崂山区的政府信息公开工作。为进一步做好政府信息公开工作，2010年8月，结合崂山区实际印发了崂山区政府信息公开相关配套制度。在制度层面为规范政府信息公开工作打下了扎实基础。

这一阶段，初步构建了"861"电子政务技术支撑体系，即建立完善八个平台、六个中心、一套目录服务体系，进一步提升服务能力和水平。围绕行政管理改革创新和高绩效服务型机关建设，积极有序推进和扩展电子政务应用。

（四）全面发展阶段（2011~2015年，全面推进网上政务服务，不断完善电子政务应用）

2011年4月，国办印发了《关于进一步加强政府网站管理工作的通知》，同年9月，国办转发了《关于开展依托电子政务平台加强县级政府政务公开和政务服务试点工作意见》。2011年5月，青岛市印发了《青岛市电子政务发展"十二五"规划纲要》。电子政务建设进入了全面发展阶段。

1. 推动电子政务"六个转变"。结合崂山区电子政务发展实际，拟制了《崂山区电子政务十二五发展规划》，针对政府社会管理和公共服务职能进一步强化、公众参与意识不断增强、行政权力规范透明运行要求更加迫切，后台集中化、前端移动化成为新趋势、三网融合和物联网技术开辟信息化应用新领域的趋势和需求，确立了电子政务发展统筹整合、均衡发展、协同共享、安全可靠的原则，提出了由技术驱动向政务驱动转变、以政府为中心向以人民群众为中心转变、以部门为中心向以流程为中心转变、以信息服务为主向以办事服务为主转变、信息分散独享向信息集中共享转变和单一集约化模式向复合集约化模式转变（六个转变）的总体目标，明确了完善核心技术体系、推进技术资源整合共享，建设基础信息数据库、推进信息资源整合共享，深化共性基础应用、推进管理服务整合协作，推进各领域电子政务，提高部门信息化水平的工作任务。

2. 强化网站服务功能。为进一步做好政府部门"网络在线问政"常态化工作，2011年2月，崂山区开设了网上评论系统、在线访谈、意见征集、网上听证、政府在线、崂山政务微博等十余个交流互动应用，使公众能够在网站参政议政，领导能够通过网站倾听民声、关注民情、体察民意。2011年开展网上调查、意见征集50余期，参与网民56000余人次；38个政府部门网上政府信箱受理市民咨询、求助、投诉、建议3400多件；举办在线访谈32期，区政府副区长参加访谈1次，部门主要负责人参加访谈22次，网友在线人数总计10546人，网友提问1262个，嘉宾现场答复1215个，现场答复率96.27%，对于现场未能答复的问题，访谈结束后5个工作日内予以答复，并通过门户网站及时反馈，总回复率100%。同时，开发了在线访谈"满意度调查"功能，确保访谈取得实效。进一步畅通人民群众的知情、参与、表达、监督渠道，充分发挥听民意、解民忧、聚民智、惠民生的作用。

为加强工程建设领域项目信息公开和诚信体系建设工作，2011年9

在线访谈

月依托政府门户网站，建设项目信息和信用信息公开共享专栏，集中公开项目信息和信用信息，并着手建立守信激励和失信惩戒制度。及时梳理各部门现有业务系统及项目建设情况，结合实际提出信息整合方案，建设了项目信息公开共享专栏并向社会公开发布相关信息。着力推进工程项目领域信息公开，在内部办公网络部署工程项目领域信息公开系统，在网站信息公开栏目开辟专栏展示相关信息。

围绕以人为本、服务唯诚的建站理念，以打造人民满意的服务型政府网站为目标，加大部门政务信息资源整合力度，不断提高网上办事服务水平，充分发挥门户网站在增强机关效能、服务全区经济社会发展中的积极作用。着眼"信息公开、在线办事、公众参与"三大功能定位，按照建设为民、务实、清廉政府的要求，将崂山政务网打造成为准确、及时、高效的信息发布、互动交流和公共服务于一体的政府网站。崂山政务网连续多年在青岛市各区（市）网站绩效评估中位列第一。

注重加强内容体系建设。借助全国政府网站普查的有利契机，按照《国务院办公厅关于加强政府网站信息内容建设的意见》《山东省人民政府办公厅关于调整政府网站信息内容建设日常考核量化评分办法的通知》和《青岛市政府信息公开办公室关于发布青岛市政府网站信息内容建设日常考核量化评分办法的函》要求，调整设计栏目，完善信息内容支撑体系，加大政府网站对各部门信息资源的整合力度，建成了统一的政府信息公开目录和数据库，整合了43个部门和单位，涵盖12大类19小类的政府信息7万余条，通过网站集中提供"一站式"信息公开服务。对政府部门网站进行了日常监测，针对存在严重安全问题且不按时整改的网站责任部门，以区政府"督查通报"的形式进行通报，督促部门按期完成整改。

建立全方位服务体系。以统一电子政务平台为依托，整合了19个部门网站、34个部门网上审批系统、27个部门网上执法系统和6个领域电子监察系统，实现一网式协同办公和信息资源集中管理，节省了建设和运维费用。规划建设了崂山政务网微信服务大厅，整合了区教体局、区人社局、区卫计局、区食药局等15个部门和区委宣传部"微崂山"微信公众号，方便网民通过微信查阅相关部门的服务信息及政策解读，打通了服务群众的"最后一公里"。在加强政府门户网站运营管理的同时，还规划建设了多语种的外文网站、手机版网站及无障碍网站，努力扩大政务服务范围，积极消除外籍人士、残障人士等特定人群的数字鸿沟。

畅通多样化的网上互动渠道。定期开展部门领导网上在线访谈。累计举办在线访谈 261 期，36 个政府部门上线，网友在线人数达到 10 万多人，网友提问 6439 个，答复率 100%，搭起了政民沟通的桥梁。建立了"意见征集""网上调查""在线评论""代表建议、政协提案办理""区长公开电话热线回复"等系统，形成功能完善、形式多样、方便畅通的

崂山政务网英文版首页

公众知情、参与、表达、监督渠道。建成了集 40 个部门的"政府在线"（政府信箱）体系，实现了市民咨询、求助、建议、投诉的网上统一受理、分办、反馈和满意度统计，每年办理群众来信近 2000 件。开通了"崂山发布"政务微博和微信公众平台，累计发布信息 1.9 万余条。

为进一步整合涉外政务信息和服务资源，加强政府外文网站建设，提升政府涉外服务水平，2014 年 6 月，崂山区对网站英文、日文和韩文 3 个版本的栏目内容、页面布局和页面展现进行调整，在栏目设置上充分考虑外籍人士的阅读习惯，同时借鉴青岛政务网等优秀外文网站建设经验，整合常用服务类信息，进一步提高网站服务能力和水平。同时加强涉外政务信息和服务资源整合，进一步促进经济、社会、文化和对外交流。

3. 深化电子政务应用。为进一步加快运用现代科技手段预防腐败体系建设步伐，2011 年 3 月，崂山区拓展政府投资项目、财政专项资金、行政处罚自由裁量权、民生服务保障 4 个领域；深化工程建设领域突出问题专项治理等 9 个领域系统建设，提升已经投入运行的行政审批等 7 个领域，进一步健全完善了重要领域行政权力运行监督制约机制。

按要求建设综合电子监察平台，实现对行政审批、政务公开、行政执法、行政效能、安全生产监察等6个重要领域权力运行的网上监督，构筑起覆盖全区、上下联动的实时全程网上行政监督体系。

为规范金宏视频会议系统配置和管理，2011年8月，崂山区着手对行政大厦会议系统进行升级改造。对集中管理的11个会议室，进行了多媒体信息化升级改造，全面提升了电视电话、网络视频及各类多媒体会议功能。

对加强网上行政处罚及执法监督工作，促进行政执法机关规范行使行政处罚权，2011年11月，崂山区着手推进行政执法网上运行，建设开通了"网上行政处罚服务大厅"，进一步完善了网上处罚业务系统功能，25个执法部门3091项行政处罚事项，除保密事项外全部统一纳入网上执法平台运行，同时规范行政处罚事项611项。

2012年5月，着手搭建"一站式服务"平台，构建统一、方便的"网上全民服务大厅"。梳理服务事项，优化服务流程，同时构建了网上服务平台，进一步深化服务事项公开，实施网上监督。

根据《网上政务服务体系建设方案》，2013年6月，崂山区全面梳理面向社会的各类政务服务事项，编制网上政务服务目录和指南，升级网上审批系统，健全审批证照（批文）库，开通审批绿色通道，搭建网上全民服务大厅，全面优化网上审批，推进网上便民服务体系建设。同时建立了信息资源共享交换目录，进一步完善中央数据库建设，为信息资源整合共享奠定基础。

2014年4月，为进一步深化办事服务事项梳理，加快部门网上政务服务应用整

崂山区网上行政处罚服务大厅

合，继续推进政务服务事项网办深度和业务量，采用青岛市统一的网上办事服务平台，建设崂山区网上办事服务系统，开通网上办事服务分大厅，梳理全区直属部门与街道办事处、公共企事业单位的网上办事服务事项，主要梳理办事服务事项的名称、责任单位、服务依据、服务流程及时间等服务指南相关信息，并通过办事服务大厅在互联网进行发布。

2014 年 4 月，落实机关领导干部实行网上办公有关要求，全面推进金宏办公系统建设，进一步深化电子政务应用，提高办公效率，节约行政成本。崂山区升级原有金宏办公系统，将金宏办公应用推广至全区所有工作人员。初步探索手机及平板电脑的移动金宏客户端应用，极大方便了出差及节假日期间的正常公文流转。

4. 强化基础网络建设。2012 年 7 月，发改委、公安部、财政部、国家保密局、国家政务内网办联合印发了《关于进一步加强国家电子政务网络建设和应用工作的通知》。崂山区全面整合市直各部门延伸到基层的业务专网，形成一套统一的网络，并通过综合利用已有电子政务外网、部门可访问互联网的专网接入等多种方式，实现所有社区网络全覆盖。

为加强政务网站安全管理，2013 年 4 月建立了网站安全管理制度，进一步完善网站安全防护措施，制定了《崂山区政务网站信息安全应急预案》，力争在最短时限内，及时、果断处理在崂山区政务网站范围内传播的有害信息，遏制有害信息在网络中扩散，最大限度减轻社会危害，维护信息网络安全。

2015 年 2 月，为全面提升电子政务网络和综合应用保障能力，崂山区投资 590 余万元在行政大厦东塔楼 15 层新建电子政务核心机房。2015 年 10 月，电子政务核心机房建设项目通过技术验收，并完成了网络迁移。至2015 年底，崂山区建立了区、街、社

电子政务核心机房及云计算中心

区三级集约高效的电子政务网络体系。政务外网已覆盖 4 个街道 158 个社区和 28 个新型社区，新型社区接入带宽为 20M，普通社区接入带宽为 10M，所有社区党员远程教育中心、文化体育活动中心等场所都已接入社区网络；金宏办公专网已覆盖 4 个街道 28 个新型社区，均通过光纤接入，接入带宽为 6M。社区政务外网总出口带宽 300M。

5. 开启信息资源整合共享。2012 年 5 月，崂山区着手开展政务信息资源共享工作，开展政务信息资源共享调研，拟稿《崂山区政务信息资源共享管理办法》，梳理全区各部门对信息资源的共享需求，初步开展崂山区政务信息资源共享工作。

2013 年 4 月，国家发改委、中编办、工信部、财政部、审计署、质检总局、国家政务内网办印发了《关于进一步加强政务部门信息共享建设管理的指导意见》，同年 9 月，崂山区按照青岛市相关要求开展政务信息资源共享工作，按照资源集中采集，信息无偿共享的原则，开始规划建设崂山区政务信息资源共享平台。2015 年 2 月，崂山区着手规划建设电子政务云计算平台。同年 12 月，崂山区电子政务云计算平台通过技术验收。

这一阶段，电子政务建设体制机制进一步理顺，技术保障体系基本完整，网上政务服务体系进一步完善，办公自动化、网络化程度达到较高水平。电子政务对政府职能转变、政务服务流程再造的作用发挥明显。

（五）创新发展阶段（2015 年至今，运用大数据、云计算等信息化手段，全面推动"互联网+政务"发展）

2015 年 7 月以来，国务院先后印发了《关于积极推进"互联网+"行动的指导意见》《政务信息资源共享管理暂行办法》和《关于加快推进"互联网+政务服务"工作的指导意见。青岛市也印发了《青岛市"互联网+政务"行动计划（2016~2020）》。

崂山区结合实际，研究拟制《崂山区"互联网+政务服务"行动计划实施方案》，围绕推进城市治理体系和治理能力现代化，适应以简政放权、放管结合、职能转变为重点的行政管理体制改革要求，发挥电子政务集中统一管理体制优势，充分利用已有电子政务建设和应用成果，形成"互联网+政务"创新发展新模式和城市竞争力新优势的创新发展目标，同时提出具体举措，全面推动电子政务创新发展。

2016 年 1 月，崂山区电子政务云计算共享平台投入试运行，6 月正式运行。已为 14 个部门 19 个系统提供了平台支撑，较好实现了基础软硬件及网络设施的集约化共享利用。

为推动"互联网+政务"发展，2016 年 5 月组织开展审批系统业务标准化工作。对原有审批平台系统进行升级，并按照区编委办批准的 207 项行政许可事项清单进行业务标准化梳理入库。同时通过青岛市审批平台与山东省政务服务平台实现互联互通，实现了行政审批信息集中统一在山东省政务网的汇总共享。推动行政审批事项全流程网上深度办理，通过青岛市统一认证平台与微信、支付宝等社会平台合作，实现一站式登录。通过审批平台梳理系统升级，将原有政务服务事项按照青岛市政务大厅要求进行标准化改造再梳理，实现与山东省政务网的互联互通。截至 2016 年底，347 项政务服务事项 100% 实现办理时间、办理地点、办理流程、办理依据、提交材料网上公开的一级标准；253 项达到网上预审的二级办理深度以上，156 项达到到场一次提交材料及领取相关审批证件的三级深度，41 项达到全流程网上办理的四级深度。

随着互联网+、大数据和云计算等信息化应用不断深入，电子政务进入了"互联网+政务"的创新发展阶段。在建设法治政府、创新政府、廉洁政府和服务型政府的进程中，必将发挥更加重要的推动作用。

二、主要成就

（一）门户网站建设全国领先

崂山区始终坚持为民服务、务求实效的理念，深度整合全区政务信息资源，强化在线办事服务功能，拓宽政民互动渠道，使网站真正成了全区信息公开的第一平台、联系群众的桥梁纽带、便民服务的通道窗口，"媒体聚焦"栏目获得 2016 年全国政府网站信息公开精品栏目奖，连续 7 年在全国区（县）级政府网站绩效评估中进入十强，并多次荣获"中国政务网站领先奖"荣誉称号。

1. 突出目标引领，建设服务型政府网站。按照建设为民、务实、清廉政府的要求，着力打造准确、及时、高效的信息发布、互动交流和公共服务于一体的政府网站。

注重信息公开。始终把满足社会公众对政府信息的需求作为出发点和落脚点，按照青岛市统一部署，大力推动行政权力、财政资金使用、公共服务、公共资源配置、重大建设项目、食品药品安全等14项重点领域的信息公开工作，及时发布关注度较高的经济发展和社会民生方面的政策信息，并同步进行深入浅出、通俗易懂的解读，使政府网站成为公众获取政府信息的主渠道。2015年，崂山区主动公开政府信息7500余条，特别是在推进全区财政预决算和"三公"经费公开方面，组织全区60余个部门和单位进行了相关公开工作。2016年，为加强政府信息公开目录系统建设，组织41个部门和单位结合部门公开需求和三定方案，编制了部门信息公开个性化目录，进一步完善政府信息公开平台，增强信息公开实效。

注重为民服务。一是掌握全区网站资源。借助全国政府网站普查的有利契机，下发了《关于开展政府网站普查统计工作的通知》，既掌握了全区的网站资源，又规范了部门网站管理。二是建立全方位服务体系。建设了微信服务大厅，整合15个部门的微信公众号，方便网民通过微信查阅相关部门的服务信息及政策解读；重新改版了外文版网站，与世界进行零距离沟通和互动，为外籍人士提供便捷服务。开通了"崂山发布"政务微博和"微崂山"微信公众平台，累计发布信息1.9万余条，打通了服务群众的"最后一公里"。三是实时跟踪反馈民生问题。建成了集40个部门的"政府在线"（政府信箱）体系，实现了市民咨询、求助、建议、投诉的网上统一受理、分办、反馈和满意度统计，每年办理群众来信近2000件，获得了"全国政府网站政民互动精品栏目奖"。

注重管理创新。信息内容的准确性、时效性、全面性、规范性、易用性是网站高质量服务、可持续发展的重要保障。通过协调权威机构

"政府在线"体系

帮助测评、邀请青岛新闻网崂山论坛版主座谈、聘请网民代表当监管员等方式，及时查找网站信息质量、服务质量方面的问题并加以完善。改简单的手工检查网站维护模式为系统化、规范化运维管理模式，通过购买第三方专业服务，实时监测网站运行情况，在发现页面无法访问、空链接、错别字等问题后，及时以任务工单、手机短信等形式向网站管理员反馈，有效杜绝内容偏差、信息错误和技术故障。

2. 坚持三个结合，构建网上政务服务大体系。网站建设中注重与政务公开、服务资源整合、政民互动相结合，实现政府网站一体化服务。

与政务公开紧密结合。崂山区发充分发挥电子政务网络和办公应用高度统一且广泛普及的优势，采用"内网录入转外网发布"模式，在金宏内部办公系统部署"政府信息公开管理系统"，系统包含主动公开目录、依申请公开目录、备案目录。按"一站式"服务思维，主动公开目录整合了 41 个部门和单位的信息资源，汇聚 12 大类 19 小类的政府信息公开目录，实现了动态汇聚、监控各部门政务信息，保证了各部门政府信息公开的时效性和准确度。依申请公开目录备案各部门属于依申请公开范围的信息，督促其依法依规进行答复。备案系统目录包括工作体系、不予公开信息、月度报表，备案各部门政府信息公开机构及人员信息、不予公开范围信息、每月各部门政府信息公开情况统计，初步建成了统一的政府信息公开数据库。

与服务资源整合紧密结合。一是开通了网上便民服务大厅。开辟了市民一站通、企业一站通、部门办事窗口、街道办事窗口等服务频道，建立了妇女、儿童、老年人、残疾人、企业人员等 34 类特定对象服务通道，把 63 个部门和街道 1000 余条办事服务事项做了分类展现。设置了建设、教育、就业、社会保障、医疗卫生等 12 个专题服务栏目，满足了公众在日常生活、工作、学习等方面的需求。二是深入推进网上审批。全区 28 个部门 207 项行政许可事项在统一的网上审批平台流转办理，实现服务内容和办事结果集中、全程公开"一站式"服务，并积极推进网上直接受理。截至 2016 年 5 月，累计办结 63000 余件。三是开通了"网上行政处罚服务大厅"。全区 28 个执法部门 4717 项行政处罚事项，全部统一纳入网上执法平台运行，处罚结果统一在行政处罚服务大厅进行公示。

与政民互动紧密结合。一是定期开展部门领导网上在线访谈。累计举办在线访谈 261 期，36 个政府部门上线，网友在线人数达到 10 万多人，网友提问 6439 个，答复率 100%，搭起了政民沟通的桥梁。二是畅通了多样化的网上互动渠道。建立了"意见征集""网上调查""在线评论""代表建议、政协提案办理""区长公开电话热线回复"等系统，形成功能完善、形式多样、方便畅通的公众知情、参与、表达、监督渠道。

（二）电子政务应用不断深化

1. 实现行政审批标准化，建立统一的网上审批平台。 着眼打造一站式服务的网上政府，不断完善网上审批平台，实现了全区 28 个部门 207 项行政许可事项服务的网上办理。截至 2016 年底，累计办结各类审批事项 80900 余件。同时积极推进"外网受理反馈—内网办理"、"两网结合，统一监督"的网上办事工作模式，将审批系统与办事服务大厅进行对接，强化了政府网站便民服务功能。

着眼打造一站式服务。为打造一站式服务的网上政府，不断完善网上审批平台，建设了依托内网的网上审批系统和依托外网的行政审批服务大厅、事项梳理系统。梳理系统梳理的事项包括办事指南、表格、内部审批环节，数据会同步到审批内网和外网。办事指南和相关表格会在审批外网同步公示。梳理系统梳理的内部审批环节（办理人、时限）则会在审批内网生效。建立统一互联互通的网上审批平台，在规范审批行为、提高审批效率、推进网上审批、方便办事群众等方面取得了巨大的

一站式服务网上审批平台

进步，进一步优化了经济发展环境。

创新实施标准化建设。着眼于加快政府职能转变、深化行政体制改革，积极推进行政审批标准化，对行政审批及其相关服务事项进行了梳理规范，针对审批信息不一致、审批流程不统一、办件超期以及随意要求申请人追加申报材料等审批自由裁量权过大的问题，对全区范围的审批标准进行统一，创新实施标准化建设，对全区行政审批服务事项的项目名称、实施机关、项目类别、设立依据、申报材料、办理程序、收费标准、法定期限、承诺期限、办理地点、咨询电话 11 项内容进行了梳理，形成了崂山区行政审批服务事项标准化材料汇编。标准化后的行政审批服务事项公开透明、标准明确，行政审批机关之间的审批信息实现共享，减少对申报材料的重复审查，压缩了自由裁量空间，防止了随意审批、厅外审批等问题。

实现高效率办事。积极推进"外网受理~内网办理~外网反馈""两网结合，统一监督"的网上办事工作模式，将审批系统与办事大厅进行对接，强化了政府网站服务功能。办事企业和群众可随时通过网站、微信等查阅行政许可事项目录和信息，了解审批条件、审批流程、申请材料、时限要求、收费标准等内容。审批信息双向互通透明，部分事项的审批材料可从网上申报，证照可通过快递送达，全程不须到现场，为办事企业和群众提供规范、高效的网上审批服务。

2. 加快创建服务型政府，挖掘政务服务事项网上办理深度。 全面梳理，动态管理。按照青岛市部署，完成政府职能部门和街道的办事服务事项梳理、审核工作，并纳入全市统一办事服务目录、指南。通过梳理各类政务服务事项和权力清单，梳理规范后的事项信息通过政务网站公开发布并实行动态管理。参与事项梳理的责任单位有 65 个，各类政务服务事项已分配 3323 项，已取消 2697 项，未确认 65 项（垂直部门），已确认 1167 项，新增 606 项。其中便民服务事项未确认 46 项，已取消 1446 项，已确认 589 项。2016 年对梳理系统进行升级，按照审改办要求对该系统进行重新梳理录入，并实现与青岛市和山东省政务平台的统一对接。

拓宽渠道，网上办理。按照青岛市相关要求，推动"互联网+政务服务"，依托政务服务平台，逐步开发部署崂山区政务服务事项网上办理。挖掘政务服务事项网上办理深度，强化权力全流程网上运行，逐步形成了网上服务与实体大厅服务、线上服务与线下服务相结合的一体化新型政府服务模式，提高了行政服务效率和依法行政水平，提升了政府网上公共服务能力。积极拓宽网上政务服务渠道，依托微信、支付宝等互联网平台开展身份互认工作，逐步实施政务服务事项全流程网络平台流转办理。

3. 推行网络办公，实现全流程网上公文流转。办公自动化业务系统的应用，是电子政府的一个重要组成部分。坚持积极引导，推进了网上办公业务系统的应用。加大工作力度，提高了网上办公系统的使用范围。明确人员责任，保障了系统应用的顺利运行。增强安全意识，确保了办公自动化安全可靠。

扩大使用范围，推广绿色办公。为便于工作人员使用，金宏办公系统从2004年开始采用无客户端的浏览器模式，用户数量从100多个上升到1000用户。金宏用户数量达到3000余个，真正实现了全流程网上公文流转的无纸化办公模式，从简单的部门之间公文流转推广到上下级及平级部门之间、部门办公室与领导和业务科室之间，以及部门和全部工作人员之间的无纸化流转。积极推进部门内部公文流转，截至2013年，80%以上单位实现内部文件网上传阅，50%以上部门实现领导网上阅批。办公系统年均收文流转总数约为40万，发文流转约3000件，年均便签总数300万余条。

完善系统功能，实施新版升级。依托金宏办公系统开发完成信访管理系统等20余个业务系统，督查考核等20余个通用业务模块在金宏办公系统中运行应用。根据全市统一部署，结合崂山区实际情况，2015年规划并实施了新版金宏升级工作。新版金宏系统提高了系统安全性，增强了用户使用体验，界面更加简洁，并实现用户界面自定义调整。金宏应用系统实现旧文件查阅系统，进一步提高金宏系统的运行效率。同步开发完成金宏移动办公系统，为300余名用户按需开通网上移动办公系统。

定期检查维护，保障系统安全。做好金宏办公系统安全培训工作，定期对系统进行安全检查及数据维护，保障系统正常运转，规划设计好、建设管理好、运行维护好网络办公基础设施和应用系统。金宏网不是保密网，只是一个内部工作网，任何时候都不准处理、存储涉密文件。入网计算机不得同时访问互联网；加强用户和密码管理，按规定做好病毒防护、身份认证、访问控制、数字签名、信息加密等安全保密工作。

4. 构建网上行政执法平台，保障行政权力网上运行。建设统一的网上行政执法业务系统，推进网上行政执法和电子监察，实现行政权力网上运行、执法信息网上公开和执法过程网上监督，在规范行政行为、保障群众权益等方面发挥了积极作用。

崂山区网上行政执法业务系统主要由网上行政执法平台、网上行政处罚服务大厅和网上行政执法电子监察系统三个部分组成。网上行政执法平台依托政务内网，具备信息服务、行政执法、案源管理、档案管理、自由裁量权管理、黑名单管理、文书管理、事项梳理、统计分析等功能，实现执法案件办理从登记、立案、调查、执行到结案、复议全过程电子化处理，累计处罚案件 12800 余件；网上行政处罚服务大厅依托互联网，向社会公开了 28 个执法单位的 4717 项处罚裁量标准、案件的处罚流程和处罚结果等信息，设置了咨询电话和投诉举报窗口方便群众监督和投诉；网上行政执法电子监察系统依托政务内网，主要是对网上行政执法行为实施全过程监察。

规范执法透明公正。开发部署行政执法裁量标准梳理系统，梳理行政职权和权力清单，进一步明确了权力设置的依据、条件、标准和程序等内容。网上公开处罚裁量权既实现了行政执法过程电子化、信息化，又使行政执法信息透明公正。在制定裁量标准、清权确权的基础上，着力对各项行政执法权的行使范围、条件、标准等具有弹性空间的内容进

网上行政执法平台

行细化量化、分档设限，明确行政裁量标准，压缩自由裁量空间。各级执法人员在网上办理执法案件时，必须遵循设计好的业务流程，确保行政裁量标准得到严格执行。

强化监督检查过程。在强化监督检查，实施电子同步监察方面，有效管理案件办理的环节和过程，杜绝人为因素的干扰，实现对执法行为的全过程、全方位监督。开发行政执法监察系统，各行政执法单位的主要领导、分管领导、纪检监察人员和法制监督职责人员具有行政执法业务监察功能，通过监察系统可以了解本部门行政执法卷宗，并对流转过程中发现的问题提出监察意见。着重对网上受理、网上执法、效能监察、安全保障等环节进行规范，规范网上行政执法平台的运行和管理，确保网上行政执法平台的建设和管理有章可循。

形成动态更新机制。行政执法业务系统根据执法部门提报的执法工作人员账号进行注册，并按照执法人员权限及科室负责人、部门和单位领导按照不同权限进行设置，在人员调动情况下及时调整人员权限设置，保障系统正常运行。青岛市最终确认的行政执法裁量权标准下发后，鉴于法律法规的不断完善，处罚裁量标准需由法制部门审核备案后、由各单位自行录入处罚平台，形成动态更新机制。对执法事项进行了统一编码并统一在互联网对处罚裁量和处罚结果进行公开。以网上行政执法平台为载体，深入推进规范权力运行工作，促进权力公开透明运行，保障了群众的知情权、参与权、表达权和监督权，保证了处罚裁量权和行政职权及时更新，增强了权力运行的透明度。

（三）信息资源共享有序推进

1. 规划建设电子政务云计算平台，实现资源统一管理和按需分配。崂山区电子政务云计算平台项目于 2015 年 2 月开始建设，12 月完成验收，2016 年 1 月正式投入运行。云计算平台的建设为崂山区电子政务提供了更加灵活、更高性能、更高可靠性和更加丰富的服务，进一步提高了电子政务的集约化水平和统筹整合能力，为建设网络环境下的一体化节约型高效型政府起到了积极作用。

充分利用技术优势。云计算的核心思想是资源整合与按需分配，它将大量计算资源、存储资源和网络资源统一管理和调度，构成一个资源池向用户提供服务，以实现集中共享、按需申请、弹性分配和统一监管。其中数据库服务器用来提供数据服务，应用服务器通过虚拟化技术为业

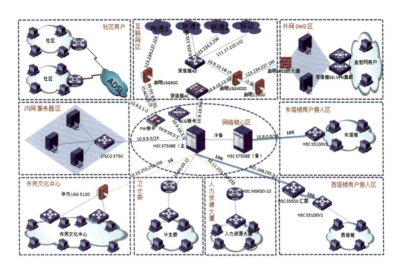

崂山外网拓扑图

务应用提供资源，两套存储实现双活自动切换（主存储发生故障时，业务自动切换到备存储，整个过程自动执行，业务不停机，无须人工参与）。FC存储交换机用来将服务器和存储连接成SAN（数据存储网络），实现高速数据传输。备份软件提供数据备份服务。云计算虚拟化中心和主机虚拟化软件将物理主机虚拟成多台虚拟机，单台物理机上可以同时运行多台虚拟机，运行的虚拟机之间相互隔离，虚拟机可以移动或克隆，物理机发生故障时虚拟机可以按照既定的策略发生漂移。

保证系统安全可靠。经过试运行和测试，电子政务云计算平台运行稳定、安全可靠，并已通过信息系统安全等级保护第二级备案。该平台部署一卡通系统、审批业务系统、人力资源和社会保障局系统、政务外网网站系统等，未发生一次系统故障或业务中断。下一步，金宏办公系统、行政处罚系统等其他业务系统也将逐步迁移到该平台上来。除涉密系统以外，区直各单位和各部门，原则上不需要单独申请采购硬件设备，电子政务云计算平台可满足全区未来几年的业务增长需求。

规范平台统一管理。为有效解决电子政务基础设施重复建设、资源分散等问题，降低行政成本，实现集约化管理和应用，充分发挥电子政务云计算平台的作用，制定《崂山区电子政务云计算平台管理办法》。各单位可以按照管理办法的要求按需申请和使用，政务云计算平台提供最及时、最安全、最便捷的技术服务支持。

2. 完善了人口、法人、地理信息等中央数据库，促进资源整合和共享。 根据《青岛市政务信息资源共享管理办法》，拟定《崂山区政务信息资源共享管理办法》，利用青岛市统一的政务信息资源交换共享平台，实现了对政务信息的申请、审批、交换、共享、利用等进行严格的流程监管和行为审计，使信息资源采集、交换、比对、入库、管理、使用均处于可控状态；初步形成了《崂山区政务信息资源共享目录》。实现了政务信息资源共享管理、目录、平台和数据中心"四统一"，为领导决策和跨层级、跨部门的业务协同提供了有力支撑。

（四）基础设施建设转型升级

构筑了全区机关共享的电子政务基础设施，形成了以集中统一、统筹整合为主要特点的集约化发展模式，形成了全区机关一网式协同办公环境，网上办事服务水平不断提升，多部门之间信息共享和业务协同初见成效，电子政务整体建设和应用水平在全市领先。

1. 建成了电子政务核心机房。 2015 年投资约 600 万元建设了崂山区电子政务核心机房。机房位于区政府行政大厦东塔楼 15 层，总面积 336 平方米，主要包括主机房、UPS 配电区、屏蔽机房等。机房整体建设参照《电子信息系统机房设计规范》（GB50174-2008）中 A 级机房的标准，本着实用、可靠、节能的原则，既能够满足当前业务需求，又能适应未来 5~8 年机房扩展的需要。机房设计立足于高起点，采用国际先进、成熟、实用的技术，构建合理且适当超前的技术体系架构，各个系统通过集成，实现资源共享、信息共享，实现对机房的现代化、科学的运营管理；机房各系统上具有较大的扩充灵活性。设计以及产品选型都采用模块化、开放式结构，以适应系统灵活组网、扩展和集成的需要。例如，配电开关及配电柜预留足够的开关容量；为未来系统扩容、变更、升级等可能性而预留相应的管线和接口

电子政务核心机房主机房

等，便于设备后期的维护和扩展；在机房工程的设计、施工及运行中充分贯彻节能、环保、减排的原则，建设绿色机房。采用先进的节能降耗模块化 UPS，同时对政务云计算平台高密度服务器区采用封闭冷通道设计，提高冷却效率，降低能耗。

2. 升级改造了电子政务线路。优化调整，健全基础网络支撑平台。落实国家关于电子政务网络建设和等级保护的有关要求，对崂山区电子政务骨干网络进行调整优化，出口总带宽 1.5G，实现了联通 100M MSTP 和青岛移动 100M MSTP 线路双运营商线路与市级网络连接。对各部门的下联网络全面支持 MPLS VPN，形成统一完整、安全可靠的电子政务网络，顺利承接省、市延伸到崂山区的业务应用，并满足崂山区各级各部门政务应用需求。

统筹整合，推动业务信息系统互联互通。依托全市统一的电子政务网络平台，整合各部门已建业务专网，并将符合条件的各部门已建非涉密业务信息化系统，迁移到统一电子政务网络或与统一电子政务网络互联互通，满足全市各级各部门政务应用流程互通、信息共享的需要。

扩展延伸，实现电子政务网络纵向到底横向到边。根据青岛市《关于实施六整合一集中工程建设政务管理服务四级一体化信息平台的通知》要求，建立区、街、社区三级集约高效的电子政务网络体系。通过光纤网络将统一的宽带网络纵向延伸到崂山区所有街道、社区以及社区党员远程教育中心、文体活动中心等场所，实现电子政务网络全覆盖。政务外网已覆盖 4 个街道 158 个社区和 28 个新型社区。

3. 完善了安全保障体系。崂山区严格落实国家、省市关于电子政务网络安全等级保护工作的有关要求，建设完善网络安全技术和管理体系，加强网络接入用户、终端以及应用系统的安全管理，严格落实安全保密技术措施，确保电子政务系统满足安全等级保护第二级防护要求。

加强对重要系统、重要应用、重要数据的安全管理。着手建立信息系统安全责任体系，明确职责和责任人。加强对开发、运维以及工作人员的安全管理，规范各项流程，完善政府购买服务人员管理办法，组织签订相应保密协议，确保管理规范有序。完善网站安全保障体系，加大网站安全监控力度，建立健全监测预警机制，落实网站安全保障责任，把安全管理制度应用于运行维护全过程。部署防攻击、防病毒、防篡改、防木马等安全技术防护措施，及时修补漏洞，确保网站安全。

三、经验启示

崂山区电子政务工作，自 1994 年伊始，从单纯推进机关办公自动化到全面推进"互联网+政务"服务，经历了从无到有、从小到大、加速发展到创新发展阶段，做了大量的工作，取得了一定成绩。在不断适应互联网时代经济社会发展需要，推动政务管理和服务与互联网深度融合，促进法治政府、创新政府、廉洁政府和服务型政府建设方面取得了一定成效。

回顾发展历程，全面推进电子政务建设要牢固树立"互联网"思维，紧紧围绕推进城市治理体系和治理能力现代化，适应以简政放权、放管结合、职能转变为重点的行政管理体制改革要求，顺应世界"互联网+"发展趋势，发挥电子政务集中统一管理体制优势，以政务服务平台为基础，以公共服务普惠化为主要内容，以实现智慧政府为目标，运用互联网技术，推动电子政务应用由以内部流转为核心的管理业务应用向以市场监管、社会治理和公共服务为核心的互联网应用转变。充分利用社会化互联网服务资源拓展优化政务管理和服务，通过构建集约化、高效化、透明化的政府治理与运行模式，向社会提供新模式、新境界、新治理结构下的管理和政务服务产品，用"互联网+"应用倒逼政府改革创新，形成新的改革创新驱动机制，为法治政府、创新政府、廉洁政府和服务型政府建设提供强有力保障。

（一）坚持需求导向

要紧紧围绕人民群众知情、参与、表达、监督和生产生活便利化的需求，政府简政放权、放管结合、转变职能的改革需求，治理体系和治理能力现代化建设的需求，突出应用，注重实效。要以企业和社会公众为中心，优化政府业务流程，认真梳理政府宏观决策、经济调节、市场监管、安全生产监管、城市管理、社会治理和公共服务等各领域的痛点难点问题，积极探索利用互联网、云计算、大数据、物联网等新的技术、思路和模式加以解决，切实提升政府履职能力和治理水平。

（二）坚持集约发展

要紧紧围绕"一体化政府"建设，进一步健全电子政务集中统一管理体制，加强顶层设计，完善统筹机制，全面推行电子政务云服务模式，实现资源集约化利用，降低成本，提高效益。深化电子政务技术整合、信息资源整合和应用整合，推进跨部门、跨层级、跨领域互联互通、资源共享、流程再造，坚决遏制分散建设、信息孤岛、业务割据等弊端。推动协同创新、整合创新，建设网络环境下的一体化政府，提高政府整体效能。

（三）坚持开放共享

要破除信息资源部门所有观念，按开放共享为常态、不开放共享为例外原则，推动信息资源向社会开放和跨部门、跨层级共享，通过加强信息共享和数据交换，开展跨部门、跨层级的业务联动，实现信息资源的增值开发利用。通过发展政府大数据和政府公共数据资源开放和应用开放，推进政府技术资源、信息资源和应用资源平台化，广泛吸引公众和社会力量参与决策、监督、管理和服务，形成公众参与、社会共治的新常态。

（四）坚持安全保密

要严格区分涉密、非涉密两类信息系统和信息资源，全面贯彻实施信息系统分级保护和等级保护相关规定与标准规范，坚持安全保密与系统建设同步设计、同步建设、同步运行原则，确保信息系统和信息资源自主可控、安全可靠，涉密系统和资源安全保密。要落实国家信息安全和互联网安全保护相关管理要求，加强对大数据相关技术、设备和服务提供商的风险评估与安全管理，有序推进国产操作系统、大型数据库管理系统等核心技术的应用。加强数据安全和隐私保护，切实保障政府网络安全。

执笔人：曲　波　赵永胜　王　勃
审核人：蔡　琴
签发人：刘　青

崂山区村庄改造基本历程与成就

崂山区房屋征收管理局

崂山城市规划覆盖的社区 58 个（中韩街道 30 个、沙子口街道 21 个、北宅街道 7 个）。改革开放以来，特别是 1994 年新的行政区划调整之后，崂山区将村庄改造作为推动城市化进程的重要抓手，经历了从单一到系统、从零散到集中、从自主开发到统筹推进的过程。30 多年来，崂山区认真贯彻落实党的各项方针、政策、路线，全面推进村庄改造工作，大力开展城区建设，在实践中探索形成了一套适合崂山区情发展的村庄改造新路子，改造规模不断扩大，基础设施日臻完善，居住品质大幅提升，城镇特色更加鲜明，城区面貌和群众的生活环境发生了翻天覆地的变化，实现了"农村向城市、村庄向社区、农民向市民"的转变。通过村庄改造，使崂山区实现了由过去青岛的郊区，向青岛主城区和现代化新城区的发展，成为崂山区有史以来城市化建设发展最快、最好的时期，城市集聚带动效应进一步显现，有力地促进了全区经济社会的协调、健康、快速发展，推动了人民群众生活水平不断提高。

截至 2016 年底，全区基本完成改造社区 11 个，安置面积约 200 万平方米。正在实施改造社区 16 个。搬迁总面积（含住宅、非住宅及无手续房屋）约 213 万平方米，安置面积约 216 万平方米。

一、基本发展历程

自改革开放后至 20 世纪 90 年代初，崂山区经济社会发展取得了长足进步，人民生活水平显著提高。而另一方面，城市化建设进度相对缓慢，区域总体仍然呈现"大农村"面貌，在村庄改造方面一直没有实现

"零的突破"，其主要受以下几个因素影响。

一是土地资源限制。受自然地理影响，崂山区整体"山多地少"，土地资源稀缺，成为制约村庄改造开展的"硬约束"，在配置安置用地和集体经济发展用地上难以提供有力支持，村庄改造难以开展。

二是环境保护限制。辖区内崂山风景名胜区是国务院批准的国家级风景名胜区，受此影响，北宅、王哥庄街道若实施村庄改造必然与风景区保护形成矛盾。此外，北宅街道大部分区域位于崂山水库上游汇水区域内，作为青岛市重要水源地，大规模建设活动必然对此产生影响。

三是规划限制。规划覆盖是实施村庄改造的先决条件，崂山区作为一个新城区，规划工作相对滞后，分区规划、街道总体规划、片区控制性详细规划编制进度不一，村庄改造工作缺乏城市规划的有效指导。

四是经济社会发展水平限制。村庄改造是一项资金投入大、建设周期长的系统工作，无论是实施房屋搬迁还是安置房屋建设，均需要大量资金投入，因此村庄改造的实施与否实际上与城区经济社会发展水平息息相关。

1984年5月4日，中共中央、国务院批转《沿海部分城市座谈会纪要》，正式决定进一步开放包括青岛在内的14个沿海港口城市；1992年5月4日至6日，全市对外开放工作会议召开。会议首次提出"一园二区三线"的对外开放布局，决定在崂山区中韩街道建立青岛高科技工业园。1993年3月，青岛高科技工业园宣布成立。崂山区对外开放发展迎来了契机，同时实施村庄改造的条件也逐渐成熟。一方面，高科技工业园成立后一大批项目需要落地，亟须释放土地资源，拓展发展空间，提升项目承载能力，保障项目顺利落地；另一方面，随着经济社会发展，群众对于实施村庄改造、改善居住环境的呼声日益高涨，社区通过村庄改造做大做强集体经济、推动自身产业转型发展的愿望愈发迫切，1994年以金家岭社区改造为起点，崂山区村庄改造实现破题，并相继经历多种模式发展阶段。

（一）社区自主改造阶段

崂山区村庄改造始于20世纪90年代中期，以金家岭社区改造为起点，改造模式主要通过社区自主开发，即通过测算将改造用地包括安置用地、补亏用地、集体经济发展用地打包划拨或出让给社区，由社区自主搬迁开发。

1995年，崂山区制定了《关于颁布崂山区房屋拆迁管理暂行规定》《关于公布城区改造的优惠政策》《关于加快实施主干道两侧村庄城市化建设改善城市景观形象的通知》等一批村庄改造政策性文件，多个社区的改造工作相继启动，以金家岭、石老人、西韩、小埠东、大埠东5个社区改造项目最具代表性。

1. 金家岭社区。金家岭社区位于崂山区政府驻地西侧，地处崂山区行政中心，是崂山区率先实现由农村向城市过渡的村庄之一，全区首个村庄改造试点社区。1994年4月，崂山区投资1.5亿元在金家岭进行整村改造试点，建金岭新村和金岭花园2个住宅小区。时至今日，已先后完成金岭新村、金岭花园、金岭世家等住宅小区共计60余万平方米及配套服务设施的建设。综合商圈和高端写字楼云集，小区鳞次栉比，到处充满现代气息，呈现出一派现代化新城区的喜人景象。

2. 石老人社区。1995年11月，高科园城区改造区域控制性规划方案评审会召开，确定对山东头、中韩村、石老人村、大麦岛、王家麦岛、徐家麦岛"四片六村"实施改造。借助崂山区发展的黄金地带及良好的区位优势，石老人社区自1996年湛流干路拓宽开始实施拆迁，至2007年底完成全部建设及安置，共拆迁居民房屋1700余户，安置房屋2600余套。项目总占地600亩（1亩=0.067公顷，下同），建筑面积40余万平方米，总投资约6亿元，共建楼座52个。同时，社区自筹资金对道路进行拓宽、硬化、绿化、亮化，通过改造，精心打造出既有现代化规划理念，又延续青岛历史文脉、体现生态自然特色的居住小区。

金岭新村

3. 西韩社区。西韩社区位于张村河畔西岸，与海尔工业园遥相呼应，与市北区、李沧区交界相连，308国道、长沙路、海尔路等交通要道贯穿社区周边，具有极好的区位发展优势。改革开放后，西韩社区走上了快速发展之路，成为崂山区经济强村之一。2003 年初采取自主开发建设的形式，投资 9 亿元启动整村改造项目，为海尔集团腾出约 800 亩发展用地，使海尔集团在崂山区获得充足发展空间。改造后的西韩新苑，共占地 704 亩，建筑面积 71 万平方米，其中居民安置房 23 万平方米。居民人均居住面积达到 65.8 平方米。经过改造，社区道路、宽带、供热、供气、太阳能等基础设施完善，小区内幼儿园、小学、中学、文化活动中心一应俱全，居民居住环境和生活质量明显提高。

4. 小埠东社区。小埠东社区位于海尔路与辽阳东路交错处，交通位置十分优越。社区改造工作于 2005 年 7 月正式启动，仅用 10 天的时间即完成全村 215 户居民拆迁工作。改造后的小埠东社区，共 5 栋楼座，总面积约 8.6 万平方米。2010 年 12 月回迁工作全部结束。

5. 大埠东社区。社区位于浮山北麓，东邻小埠东社区、青岛颐中体育中心，西邻市北区浮山后社区，东北邻高科园装饰城，银川路和辽阳东路分别从社区通过。2005 年大埠东社区开始整村改造，当年 10 月份拆迁结束，2010 年 5 月回迁结束，社区居民全部入住新居。新设计的居民小区落成后，社区绿化覆盖率达到 55% 以上，现人均居住面积达到 50 平方米以上。现在的大埠东社区周边高楼拔地而起，已成为一个融合高档住宅、生活舒适、绿色成荫、商业发达的居住小区。

（二）采取"项目招拍挂"模式阶段

2005~2010 年，崂山区村庄改造工作主要以"项目招拍挂"的模式进行，该模式为搬迁安置与土地出让一并挂牌出让给开发单位，由开发单位负责整个社区的改造。麦岛片区、北村、午山、中北崂片区和四姜片区改造项目参照该模式进行。

1. 麦岛片区。麦岛片区地处崂山区与市南区结合部，包含王家麦岛、徐家麦岛、大麦岛 3 个社区。2005 年 4

麦岛片区拆迁现场

月，正式启动海口路、海兴路道路拆迁，拉开了麦岛片区改造的序幕。2005年6月，3个麦岛完成了海口路、海兴路涉及370余处住宅房屋的拆迁工作。2005年8月，3个麦岛共2400余户居民签订了拆迁协议，至10月份大面积拆迁结束。麦岛片改造项目总规划面积126万平方米，项目分开发区和回迁安置区两部分。安置区包括麦岛家园及新增安置区两部分，总建筑面积52.3万平方米，共18个楼座。2007年4月，正式开工建设麦岛家园回迁安置区，2010年底完成竣工验收，2011年1月正式回迁。

麦岛片区完成改造是崂山区村庄改造的一个重要节点。打破了制约市、区改造发展的瓶颈，促进崂山区与主城区进一步深度融合发展，成为东部新区的有机组成部分。同时，该项目改造过程中的相关工作机制和工作程序，为以后崂山区村庄改造工作开展提供了宝贵经验，其拆迁安置补偿方案成为后续多个村庄改造项目政策制定过程中的重要参考。

2. 北村社区。北村社区地处海尔路以西、辽阳路以北，属于典型的城乡接合部位置。2006年5月启动改造工作，同时也标志着崂山区浮山新区村庄改造开发建设工程陆续全面展开。2005年8月，拆迁安置协议签订和住宅拆除工作完成。改造后的北村社区总规划建筑面积达80多万平方米，建成60多栋高层住宅，绿化面积40%以上。整个小区美观大气，既保留城市文脉，又具有时代气息。

3. 午山社区。午山安置区项目位于滨海大道以东，规划环午山路以西，青岛二中以北，规划翠岭路以南，项目占地面积约248.5亩，建筑面积约45万平方米，安置区共53栋住宅、1栋幼儿园、1栋养老院及3栋商业网点，项目总投资约19.6亿元。2010年10月，市政府确定该项目以"项目招牌挂"模式进行村庄改造，当年12月完成挂牌成交，项目竞得人为山东省鲁商置业有限公司和福建金帝集团有限公司联合竞买体。至2016年，安置区项目9个地块中5个地块共计31栋楼座已完工；1个地块共计14栋住宅楼座中，12栋已主体封顶，正在进行砌体和装饰安装相关工作；其他3个地块（含9栋住宅、3栋商业网点、1栋养老院）正在加快推进手续办理工作。

4. 中北崂片区。项目位于沙子口街道中崂、北崂社区，于2012年8月完成项目招拍挂，项目竞得人为青岛城市建设集团房地产开发有限公司、青岛环宇房地产发展有限公司、青岛恒泰君合置业有限公司联合竞买体。安置区占地约83.2亩，规划建筑面积约4.5万平方米规划，共建设18栋楼座，一期已建成10栋，剩余7栋住宅和1栋办公楼建筑单体方案已审批，施工图设计已完成，土地证已经办理完毕，开始局部主体施工。

5. 四姜片区。 四姜片区改造项目位于崂山路两侧，涉及沙子口街道东姜、西姜、南姜、北姜4个社区，土地总面积约1282.72亩，规划总建筑面积约117万平方米。项目总搬迁面积约66.64万平方米，于2010年12月份进行了项目招拍挂，项目竞得人为青岛海信房地产股份有限公司、青岛环宇房地产发展有限公司、青岛青建地产集团有限公司、青岛源诚投资有限公司、青岛崂山五环房地产开发建设有限公司联合竞买体。至2016年北姜、西姜安置区已基本完工，南姜安置区已对部分具备施工条件的部位进行了土石方开挖，东姜社区尚未启动搬迁。

（三）采取"净地招拍挂"模式阶段

2010年崂山区以中韩片区为试点，推行"净地招拍挂"模式进行社区改造，即由区政府负责提供政策支持与资金保障，以街道办事处作为房屋搬迁与安置房建设的组织和推进主体，腾出净地后通过"招拍挂"出让土地回笼资金。东韩、车家下庄、宋家下庄、牟家、松山后、钟家沟社区按照该模式进行了改造。

1. 中韩片区。 中韩片区改造项目包含东韩、车家下庄和宋家下庄3个社区。2010年4月，为配合海湾大桥海尔路立交桥项目建设，崂山区先期启动深圳路打通工程沿线房屋拆迁工作，并顺利完成。借深圳路打通工程住宅拆迁的契机，启动了中韩片区改造工作。宋家下庄社区、车家下庄社区、东韩社区先后于2010年5月开始签订协议。至2016年，安置区内房屋搬迁工作已全部完成。

牟家社区安置区建设

其中，东韩安置区占地面积约 108.7 亩，总建筑面积约 23.9 万平方米，共规划建设 16 栋高层住宅及 1 栋社区服务楼；车宋安置区占地面积约 153 亩，总建筑面积约 33.7 万平方米，规划建设 19 栋住宅及幼儿园、社区居委会各 1 栋。东韩、车宋安置区所有住宅楼座已全部主体封顶，并进入装饰装修阶段。

2. 牟家社区。 项目位于滨海大道以东，中国海洋大学崂山校区南侧。占地面积约 168.2 亩，规划建筑面积 20.5 万平方米，规划建设住宅 33 栋，另外有 2 栋 3 层网点和 1 栋 3 层 6 班幼儿园。该项目以"拆建分离净地招拍挂"模式进行村庄改造，并通过"先建后拆"方式，待安置区竣工后启动搬迁工作。至 2016 年，安置区主体工程已基本结束，正在组织竣工验收工作。

3. 松山后社区。 项目位于九水路以西、松山后路以北、松山后村原址。安置区共有 2 个地块（C 区、A 区），规划用地面积共计约 116.28 亩，规划总建筑面积 14.9 万平方米。至 2016 年，C 区已基本完工；A 区室内工程基本完成，太阳能安装、天然气管道、围墙砌筑完成，正在进行铺装和绿化相关工程，同步进行监控安装以及车行出入口雨棚施工。

4. 钟家沟社区。 项目位于午山社区以南，王家村以北，滨海大道东侧。安置区项目规划用地面积约 64.6 亩，规划建筑面积约 10 万平方米，共有 7 栋 18 层住宅。7 栋住宅已于 2015 年底全部封顶，至 2016 年，进行外墙腻子、卫生间防水相关施工。

（四）采取"土地开发整理"模式阶段

2010 年底，市政府下发《关于进一步加强城中村（居）和旧城改造土地管理工作的通知》（青政办发〔2010〕37 号），要求在全市推行"土地开发整理"模式进行社区改造。通过招标确定土地开发整理单位进行土地开发整理，腾空的净地除预留安置区建设用地、集体经济发展用地后通过招拍挂进行出让，回笼资金。目前，该模式在西陈、北涧社区推行。

1. 西陈社区。 项目东靠东陈社区，西临李沧区李家上流社区，南与沟崖社区接壤。于 2013 年 8 月启动搬迁，至 2014 年 2 月已全部完成安置区内房屋协议签订工作。项目安置用地位于东陈社区，面积约 30 亩，地上规划建筑面积约 5.3 万平方米，共 5 个楼座（其中 2 个 10 层楼座，3个11层楼座），地下建筑面积约1.8万平方米。至2016年，已完成安置区土地预审，资金监管协议、土地开发整理协议及补充协议已签订，规划设计方案已在社区公示并经区规划专题会议研究通过，正在向市政府报批规划设计方案。

2. 北涧社区。该项目位于规划涧西路以西、天水路以北，共涉及搬迁住宅房屋104处，于2013年11月启动搬迁，至2014年1月全部完成安置区内协议签订工作。项目安置用地约30亩，地上规划建筑面积约3万平方米，共8个楼座；地下建筑面积约1.6万平方米。至2016年，项目土地预审、立项、《建设项目选址意见书》、环评已办理完成，规划设计方案已经市城规委会议研究并原则同意，正在办理土地划拨手续。

（五）2012年后的工作举措

1. 构建了新的村改工作体系框架。完善工作体系。2013年3月，十一届区委第22次常委会议决定设立崂山区城中村和旧城区改造办公室，与区房屋征收管理局实行一套机构、两块牌子，形成"区两改工作领导小组——区两改项目建设指挥部——各街道指挥分部"的体制框架。

规范工作流程。制定了《崂山区城中村改造工作相关部门职责分工表（试行）》《崂山区城中村改造工作流程及部门责任分解表（试行）》，明确各单位职责分工、村改工作重点环节、时间节点等重要内容；制定了住宅房屋搬迁安置补偿方案、村庄改造项目土地前期开发整理实施协议（试行）、村庄改造安置区工程建设项目代建合同（试行）、村庄改造项目搬迁补偿资金五方监管协议（试行）等标准化方案文本；研究制定了《崂山区村庄改造项目资金监督管理暂行办法》《崂山区集体经济发展用地暂行意见》等制度文件。2016年10月，下发《关于进一步

车宋安置区项目

规范房屋征收和搬迁工作职责分工的通知》。

加强两改工作考核。以两改工作专项考核为抓手，将各街道、各部门村改工作情况纳入全区科学发展综合考核体系，使两改工作在全区科学发展综合考核体系成为单列考核项目。以两改专项考核办法为总依据，建立并实施周巡查、月调度和年终考核相结合的考核机制。

2. 安置区建设与房屋搬迁取得突破。 安置区建设方面。村庄改造安置区关系群众切身利益，始终受到社会各方面的高度关注。为统筹加快各安置区建设进度，制订总进度计划，及时掌握项目进展并进行调度，积极协调解决手续办理和建设过程中存在的各类问题。2012年以来，全区累计实现安置区开工面积约174万平方米，主体封顶面积约154万平方米，完工面积约76万平方米。至2016年，东韩、车宋、钟家沟、午山（5个地块）安置区项目已全部主体封顶；牟家、松山后、西姜、北姜安置区已基本完工，中北崂、汉河、北涧、西陈等多个安置区建设前期工作抓紧推进。

房屋搬迁方面。将破解"搬迁难"作为工作重点，积极破解东韩、车宋、午山、钟家沟、北姜、西姜、中北崂、松山后等多个项目安置区困扰数年的搬迁难题，启动并完成北涧、西陈社区安置区搬迁。2012年以来，共推进搬迁社区13个，完成各类房屋（含住宅、非住宅、无手续房屋等）搬迁8300余处，总体搬迁率达到95%。

3. 村改房屋调查摸底与成本测算等基础性工作基本完成。 调查摸底范围逐步扩大。立足全域统筹，积极将村庄改造范围由以中韩街道为核心的中心区域向北宅、沙子口、王哥庄区域扩展，先期开展好调查摸底工作。重点是紧密结合金融新区、张村河片区、北宅石岭子以南片区、崂山湾国际健康生态城等多个重点规划区域开展村庄改造调查摸底工作。2012年以来，累计完成21个社区调查摸底工作，涉及各类房屋19500余处，总面积约320万平方米，为后续盘子盈亏测算、改造方案编制等工作打牢了扎实的数据基础。

成本测算与方案编制扎实开展。对张村河片区、北宅石岭子以南片区、沙子口街道控规范围内的社区及王家麦岛东村、王家村等39个社区村改盘子进行了初步测算和盈亏平衡分析。对四姜、午山等历史遗留项目村改盘子进行了估算分析。完成崂山湾健康城六大板块34个社区搬迁安置成本初步估算。

切实维护社会稳定大局。不断提升运用法治思维和法治方式化解矛盾纠纷的能力，深入推行村庄改造"四个意向调查"（改造意向调查、搬迁补偿方案意向调查、安置房屋户型意向调查、评估机构选择意向调查）机制，建立实行社会稳定风险评估机制，加大法制宣传力度，维护了和谐稳定的社会局面。

二、主要成就

（一）村庄改造改变了城区面貌

通过实施村庄改造，加速了崂山区城市化进程步伐，使崂山区的城区面貌发生了翻天覆地的变化，展现出现代化城区新面貌，促进崂山区进一步融入青岛主城区，共享城市发展成果。

1. 通过村庄改造，城市基础设施配套进一步完善。通过改造，城区道路、绿化及供水、供气、供热等基础配套设施进一步配套齐全，被改造社区实现了功能齐全、配套完善、品质优良、环境优美，城区功能得以改善，促进崂山区更加成为舒适宜居的新城区。

2. 通过村庄改造，城区特色进一步彰显。坚持高起点规划，将村庄改造与产业规划紧密结合起来，围绕金融新区、张村河片区、科技城创智谷、崂山湾国际生态健康城等重点产业规划片区同步规划村庄改造工作，突出崂山特色。

3. 通过村庄改造，城市发展空间进一步开拓。崂山区土地资源稀少，要实现大项目落地必须通过村庄改造腾出空间。通过改造，促进土地集约利用，一批商业、服务、金融等不同业态的项目落地开花，城区面貌焕然一新。

（二）村庄改造提高了群众生活品质

村庄改造实现了"三个转变"。一是农村村民转变为城市居民，居民的文化素质不断提高，日常生活不断丰富。二是农村村委会转变为居委会，居委会的职能随着改造后社区的发展逐渐显现出来。三是农村转变为城市，在配套设施和公益设施方面，由原来的农村转变到现在配套完善、环境优美的城市社区，社区居民居住环境有了质的提高。

1. 促进了社区整体居住品质的提高。"污水横流、尘土飞扬"曾经是农村生活环境的真实写照。"楼座有序、环境整洁、设施完备、居民便捷"是改造后社区的真实反映。就崂山区而言，从根源上、从整体上实现生产、生活转变的方法必须通过村庄改造。通过改造建造起质量过硬、居住舒适的楼房，社区的水、电、气、供热、道路及宽带等基础设施一应俱全，在便利居民生活的同时，改变了居民的生活态度和民风习俗。

2. 完善了社区居民就业和保障。村庄改造已成为推进经济持续发展、扩大城市就业的重要措施，利于拓宽就业渠道，扩大就业容量。同时，就业是民生之本，让处于社区居民转移就业，特别是让那些靠房屋出租获得收入的"食利一族"转移就业，也是改善民生的重要途径。通过改造为社区预留出经济发展潜力，使社区有能力为居民提供更好的社会保障，大大减轻了居民缴纳养老保险金的压力。

3. 丰富了居民文化生活、提高了居民综合素质，为社区稳定奠定了群众基础。社区在改造中规划并建设了文化活动室和图书室等公共场所，居民不出社区即可享受上网、书籍等文化设施和文化资源，提高了居民接触社会、接触外界的能力。建立了社区文化活动广场，居民利用场所的优势，组建了乐队、舞蹈队等群众性活动队伍，有能力加大文化资金投入，丰富居民的文化生活，提高社区居民素质。

（三）村庄改造促进了经济社会发展

1. 以村庄改造为契机，推进了社区集体经济发展，实现了社区资产保值增值。整村改造的核心就是经济发展，改造后的城市消费成为经济发展的核心增长极。崂山区始终坚持以社区经济发展的"盘子"来规划村庄改造发展的"路子"，以村庄改造发展的"路子"来

2001 年的金家岭——中部老村　　　2016 年的金家岭——金岭尚街

增大并稳固经济发展的"盘子"，实现了两者的有机统一，促进了经济和社会的发展。

2. 以村庄改造为突破，建立了社区支柱产业，实现了社区长效发展。 在整村改造中，打造适合社区发展的支柱产业，促进经济长效发展，是保障社区发展的重要任务，是保障居民利益的具体措施。整村改造作为一个扩大投资、推动消费、促进发展的过程，其本身就是一种经济活动。更为重要的是，整村改造有利于调整区域经济结构、打造社区支柱产业。

3. 以村庄改造为依托，储备和积累了优良资产，实现了社区的可持续发展。 在整村改造过程中，如何在改造后把最优良的资产留下形成社区的可持续发展，避免出现"空心城市化"，是必须认真思考和解决的问题。通过村庄改造，为社区规划经济发展用地、经济发展用房，使社区在改造后的发展中增添了后劲，实现可持续发展。通过村庄改造实现"三赢"：一是社区群众赢得了权益，其基本权益及集体权益得到了较好的保障；二是社区集体赢得了发展，通过改造进一步实现社区资产保值增值，不断壮大集体经济；三是政府赢得了社会效益，在改造中，改善了城市面貌和环境，提升了城市形象，促进了区域经济发展。

执笔人：马黎明　滕顺思

审核人：马黎明

签发人：朱文彬

参考文献：

1. 崂山区地方志编纂委员会，《崂山区大事记》(1994-2011)，黄河出版社 2012 年版。

2. 崂山区房屋征收管理局工作总结（2008-2015 年）

图书在版编目（CIP）数据

崂山改革开放实录. 第一卷 / 中共青岛市崂山区委
党史研究室编. -- 青岛：中国海洋大学出版社，2017.9
ISBN 978-7-5670-1597-5

Ⅰ. ①崂… Ⅱ. ①中… Ⅲ. ①改革开放-概况-崂山
区 Ⅳ. ①D619.524

中国版本图书馆 CIP 数据核字（2017）第 250075 号

出版发行	中国海洋大学出版社	
社　　址	青岛市香港东路 23 号	邮政编码　　266071
出 版 人	杨立敏	
网　　址	http://www.ouc press.com	
电子信箱	1193406329@qq.com	
责任编辑	孙宇菲	电　　话　　0532-85902349
印　　制	青岛泰兴印刷有限公司	
版　　次	2017 年 11 月第 1 版	
印　　次	2017 年 11 月第 1 次印刷	
开　　本	787mm × 1 092mm　1/16	
印　　张	25.5	
字　　数	377 千	
印　　数	0001-1000 册	
书　　号	ISBN 978-7-5670-1597-5	
定　　价	198.00 元	